Universum

Physik

Abitur

Abiturtraining Physik

Optimale Prüfungsvorbereitung

Physik

Abiturtraining Physik

Autorinnen und Autoren: Dr. Hans-Otto Carmesin, Stade; Dr. Bardo Diehl, Kahl; Tina Degering, Minden; Franziska Lehmann-Eser, Karlsruhe

Teile dieses Werkes beruhen auf Arbeiten von: Dr. Hans-Otto Carmesin, Anneke Emse, Dr. Reiner Kienle, Dr. Josef Küblbeck, Carl-Julian Pardall, Martin Piehler, Inka Katharina Pröhl, Jochen Schäfer, Dr. Ursula Wienbruch

Beratung: Anneke Emse

Redaktion: Dr. Manuel Becker
Redaktionelle Mitarbeit: Franziska Trnka
Umschlaggestaltung: klein & halm Grafikdesign Studio, Berlin, SOFAROBOTNIK GbR, Augsburg & München (Logo)
Umschlagfoto: Illustration Magnetfeld magnetic field artwork: science-photo.de
Layoutkonzept: klein & halm Grafikdesign Studio, Berlin
Technische Umsetzung: L42 AG, Berlin
Grafik: newVISION! GmbH Bernhard A. Peter, Pattensen; Rainer Götze; ww-visuell Werner Wildermuth, Würzburg

Weitere Abiturtrainings

Abiturtraining Biosphäre	978-3-06-015789-1
Abiturtraining Fokus Chemie	978-3-06-015184-4

www.cornelsen.de

1. Auflage, 1. Druck 2024

Alle Drucke dieser Auflage sind inhaltlich unverändert und können nebeneinander verwendet werden.

Druck: AZ Druck und Datentechnik GmbH, Kempten

ISBN 978-3-06-011823-6

Inhalt

Inhalt

So arbeitest du mit dem Abiturtraining

Methoden

Im Methodenteil findest du hilfreiche Tipps für deine Lernphase. Hier lernst du, wie du dein Lernen organisieren und optimieren kannst.

Methode

Den Arbeitsplatz organisieren

Wie du deine Lernumgebung gestaltest, hat direkten Einfluss darauf, wie erfolgreich und konzentriert du lernen und arbeiten kannst. Die folgenden Vorschläge helfen dir, dich und deine Umgebung optimal für die Lernphase vorzubereiten.

1 Ein organisierter Arbeitsplatz

Arbeitsplatz festlegen • Ein fester Ort zum Lernen lässt dich besser fokussieren. Ein separater Schreibtisch in ruhiger und heller Umgebung ist optimal. Das Bett ist zum Lernen nicht so gut geeignet, da dein Gehirn es mit dem Schlafen assoziiert. Wähle also deinen Schreibtisch als festen Arbeitsplatz für die Prüfungsvorbereitung.

Alles griffbereit haben • Halte deinen Schreibtisch so leer wie möglich. Lege nur die Materialien bereit, die du für deine Lernphase brauchst. Dazu gehören z. B. deine Aufzeichnungen aus dem Unterricht, dein Schulbuch, Papier und Schreibmaterial sowie ein Laptop oder Tablet.

Viel trinken • Stelle dir gleich zu Beginn ein großes Glas Wasser bereit. Bei so viel Denksport benötigt dein Gehirn ausreichend Flüssigkeit. Achte deshalb darauf, beim Lernen regelmäßig zu trinken.

Frische Luft tanken • Dein Gehirn braucht beim Lernen viel Sauerstoff und deshalb frische Luft. Am besten öffnest du vor dem Lernen und auch währenddessen regelmäßig die Fenster.

Ablenkungen minimieren • Stelle sicher, dass dich dein Handy beim Lernen nicht ablenkt. Pausiere unnötige Apps oder nutze extra Konzentrationsapps, um dich in der Lernphase nicht ablenken zu lassen. Falls du dein Handy gerade nicht zum Lernen brauchst, kannst du es in ein anderes Zimmer legen. Kopfhörer oder Ohrstöpsel können dir dabei helfen, dich nicht von Geräuschen in deiner Umgebung stören zu lassen.

Angenehme Atmosphäre schaffen • Wenn du deine Umgebung individuell gestaltest, z. B. mit Pflanzen, kann das dazu beitragen, dass du dich beim Lernen wohlfühlst. Das ist wichtig, damit du deine Lernphase mit positiven Eindrücken verbindest und deine Motivation steigt. Achte aber auch auf genug Platz und wenige Ablenkungen.

Lernoutfit tragen • Vermeide es, locker im Pyjama zu lernen. Wenn du für deine Lernphase stattdessen Kleidung wählst, die du auch in deiner Prüfungssituation anziehen würdest, kann das deine Konzentrationsfähigkeit und Lernbereitschaft fördern.

Gemeinsam lernen • Sich online oder offline mit anderen zum Lernen zu verabreden, kann motivieren. Ihr könnt ruhig nebeneinander lernen oder euch Lerninhalte gegenseitig abfragen und erklären. Im Internet findest du auch Videos, in denen Menschen für mehrere Stunden konzentriert lernen und arbeiten (Suchbegriff: "study with me"). Dadurch fühlst du dich in deiner Lernphase nicht allein und wirst motiviert, deine Lernzeit sinnvoll zu nutzen.

Ein aufgeräumter und organisierter Arbeitsplatz hilft dir dabei, motiviert und fokussiert zu lernen.

12

Methode

10 Tipps für deine Lernphase

Du sitzt endlich am Schreibtisch und möchtest anfangen zu lernen. Hier sind 10 Tipps für dich, mit denen du deine Lernphase bis zum Abi erfolgreich nutzen und dein Lernen effizienter gestalten kannst.

1 **Ausreichend schlafen** • Schlaf ist besonders wichtig, damit dein Gehirn die erlernten Inhalte verarbeiten und ins Langzeitgedächtnis übernehmen kann. Nur mit ausreichend Schlaf kannst du am nächsten Tag ausgeruht starten und produktiv sein. Daher sollte ausreichend erholsamer Schlaf für dich eine hohe Priorität haben.

2 **Überblick verschaffen** • Mache dir einen Überblick, wie viele Tage dir bis zur Prüfung zur Verfügung stehen und was du bis dahin können musst. Indem du deine Ziele und Lernzeiten planst, kannst du besser einschätzen, wie viel Zeit dir für die einzelnen Lernfelder bleibt.

3 **Produktiv sein** • Kenne und nutze deine produktivste Phase am Tag. Morgens können sich viele Menschen am besten konzentrieren. Nach Mahlzeiten hat man meistens ein Konzentrationstief. Du siehst dich eher als Nachteule? Wenn du nachts lernen möchtest, verwechsle eine produktive Lernphase nicht mit gestresstem, übermüdetem Pauken.

4 **Prokrastination vermeiden** • Du schiebst dein Lernen immer vor dir her und kommst mit der Prüfungsvorbereitung nicht voran? Prokrastinieren ist ein Schutzmechanismus deines Gehirns, um dich vor Stress zu schützen. Besonders beim Lernen für das Abitur scheint die Menge an Lerninhalten ein unüberwindbares Hindernis und sorgt für Stress. Suche dir aktiv Möglichkeiten, um deinen Stress zu managen. So kannst du deinem Gehirn signalisieren, dass alles in Ordnung ist. Wenn du dir den Lernstoff in kleinere Portionen einteilst, wirkt der Aufwand machbar und nicht so überwältigend. Setze dir daher lieber mehrere kleine Lernziele statt einem großen.

5 **Zeiten einteilen** • Lerne in festgelegten Zeitblöcken. Du musst nicht 24/7 produktiv sein. Pausen sind sogar sehr wichtig für das Lernen. Nutze hierfür z. B. die Pomodoro-Technik. Dabei dauert eine Arbeitsphase 25 min mit anschließend 5 min Pause. Nach vier Arbeitsdurchgängen legst du eine längere Pause ein. Die Zeitspannen kannst du natürlich individuell an deine Bedürfnisse anpassen.

6 **Pausen machen** • Mache genügend erholsame Pausen. Diese sind wichtig, damit dein Kopf das Gelernte verarbeiten kann. Nach einer Pause bist du dann wieder aufnahmefähig und kannst effektiv weiterarbeiten. Nach einer erfolgreichen Lernphase solltest du dich auch belohnen. Triff dich mit Freunden, mache Sport, bewege dich an der frischen Luft oder gehe anderen Offline-Hobbys nach. Es ist daher sinnvoll, wenn du dir deinen Tag vorher in produktive Phasen, Pausen und Freizeit einteilst. Achte also darauf, dass du dich beim Lernen konzentrieren kannst.

7 **Fragen formulieren** • Sich Lösungen und Zusammenfassungen durchzulesen, reicht für ein umfassendes Verständnis meistens nicht aus. Versuche, vor und nach dem Lernen eines Themas aktiv Fragen zu formulieren und zu beantworten. Nur so kannst du dich selbst überprüfen und feststellen, ob du alles Notwendige verstanden und Wissenslücken geschlossen hast.

8 **Hilfsmittel verwenden** • Es gibt viele Hilfsmittel und Medien, um ein schwieriges Thema besser zu verstehen. Es kann hilfreich sein, sich die Erklärung eines Themas von mehreren Quellen (z. B. Schulbuch, Websites, Erklärvideos) einzuholen. Pass auf, dass die Inhalte dabei relevant und die Quellen vertrauenswürdig sind.

9 **Recherchieren** • Um tiefere Zusammenhänge zu erkennen, kann es dir helfen, zusätzliche Infos zu recherchieren. Diese bieten deinem Gehirn mehr Anknüpfungspunkte und du kannst dir die notwendigen Inhalte besser merken.

10 **Aus Fehlern lernen** • Du wirst bei der Prüfungsvorbereitung immer wieder Fehler machen. Lass dich davon nicht abschrecken. Fehler zu machen ist hilfreich und sogar wichtig für den Lernfortschritt. Sie helfen dir, Schwierigkeiten zu erkennen, aus ihnen zu lernen und dich zu verbessern.

2 Gutes Planen zahlt sich aus

13

Inhaltsteil Abiturwissen und Übungsaufgaben

Im Inhaltsteil findest du zu jedem Thema eine Einstiegsseite mit zwei QR-Codes und eine „Ich kann“-Liste zum Abhaken.

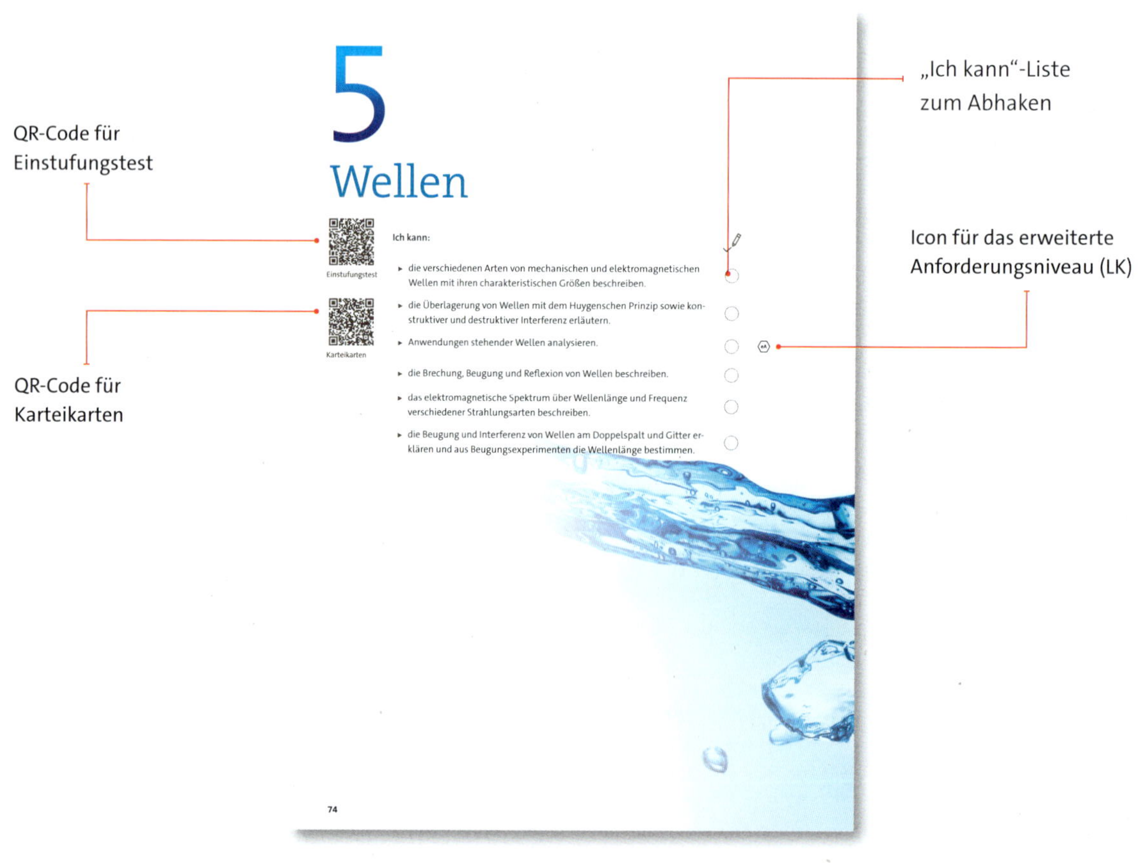

5

Wellen

Einstufungstest

Karteikarten

Ich kann:

- die verschiedenen Arten von mechanischen und elektromagnetischen Wellen mit ihren charakteristischen Größen beschreiben.
- die Überlagerung von Wellen mit dem Huygenschen Prinzip sowie konstruktiver und destruktiver Interferenz erläutern.
- Anwendungen stehender Wellen analysieren. eA
- die Brechung, Beugung und Reflexion von Wellen beschreiben.
- das elektromagnetische Spektrum über Wellenlänge und Frequenz verschiedener Strahlungsarten beschreiben.
- die Beugung und Interferenz von Wellen am Doppelspalt und Gitter erklären und aus Beugungsexperimenten die Wellenlänge bestimmen.

74

Abiturwissen

Zu jedem Thema findest du die abiturrelevanten Themen in übersichtlichen Boxen zusammengefasst.

Ein QR-Code für Zusatzinhalte.

Icon für das erweiterte Anforderungsniveau (LK)

Icon für Schlüsselexperimente

Kreise zum Abhaken der gelernten Boxen

Sprechblase für wichtige Fachbegriffe

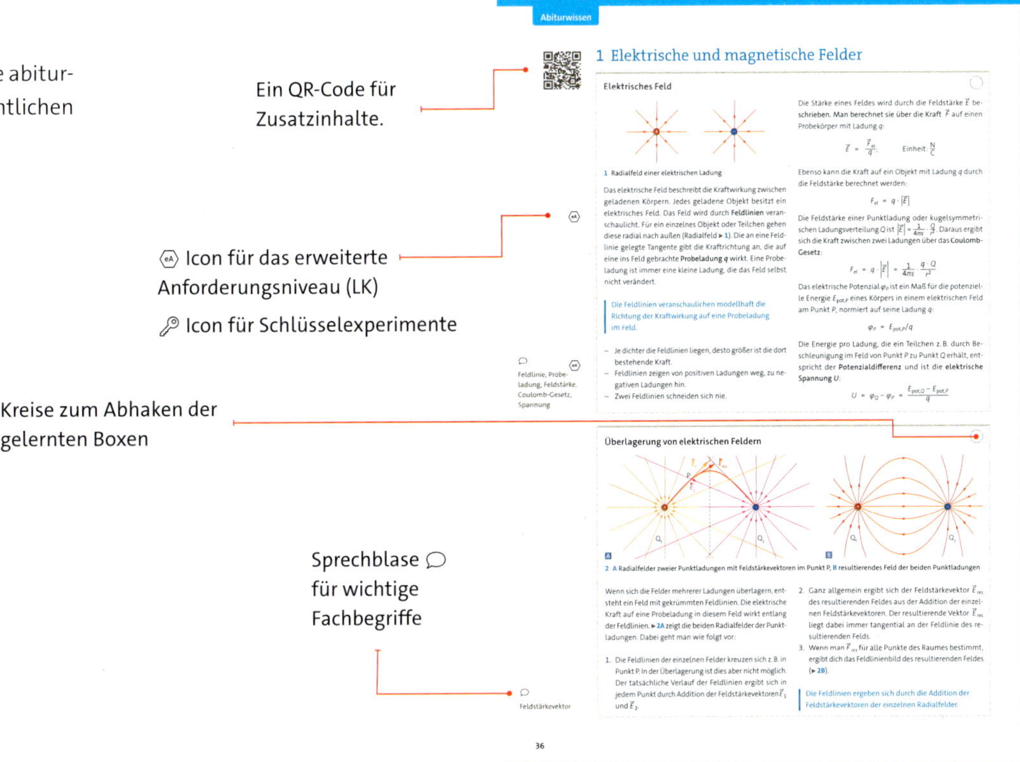

Check-up

Im Check-up zu jedem Thema kannst du dein Wissen an realistischen Übungsaufgaben testen.

Angabe von Anforderungsniveau und Schwierigkeit der Aufgaben

Ein QR-Code für Lösungen.

Zeichenbereich für Aufgaben

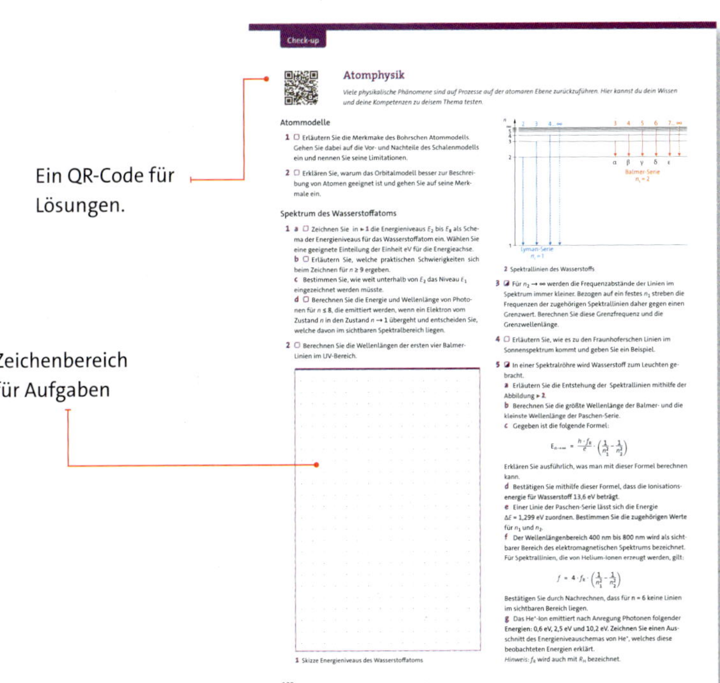

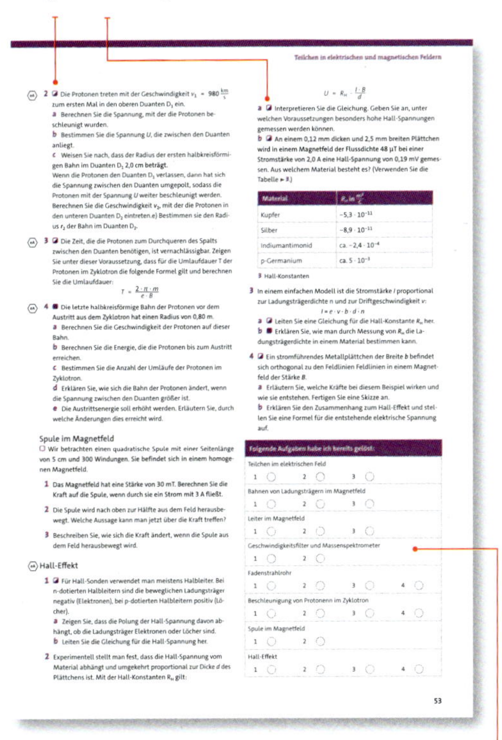

Tabelle zum Abhaken gelöster Aufgaben

Klausutraining

Mit den originalen Abituraufgaben kannst du dich testen und optimal auf die Realbedingungen vorbereiten

Ein QR-Code führt dich zu den Beispiellösungen der Klausur.

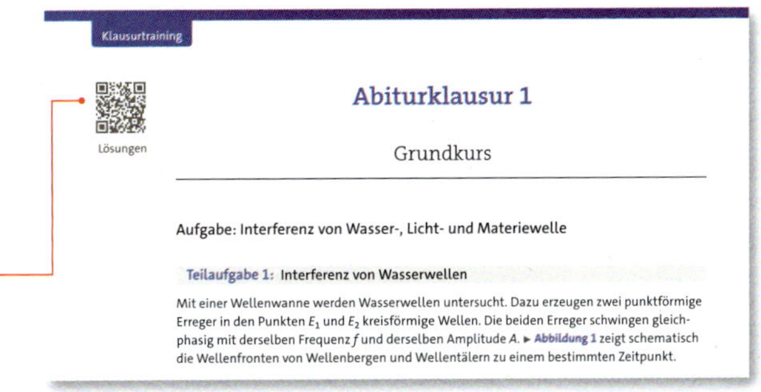

Eine mündliche Prüfung vorbereiten

Eine mündliche Prüfung ist für die meisten Prüflinge ungewohnter als Abiturklausuren zu schreiben. Folgende Schritte können dir helfen, dich auf die mündliche Prüfung vorzubereiten.

1 Probe vorher die Prüfungssituation, du kannst dich auch dabei filmen.

Schritt 1 • Zu Beginn solltest du mit einer umfangreichen Recherche im Themenfeld starten (▶ S. 17). Setze dabei nicht so sehr auf künstliche Intelligenzen, da diese nur unzureichend auf Quellenangaben zurückgreifen können. Ordne das Themenfeld erst einmal ganz allgemein ein, um später auch über den Tellerrand hinaus Fragen beantworten zu können. Je genauer du dich mit dem jeweiligen Themenfeld auseinandergesetzt hast, umso besser bist du auch auf mögliche Fragen in der Prüfung vorbereitet.

Schritt 2 • Versuche, das Thema auch in die Themenfelder des aktuellen Lehrplans einzuordnen. Gehe dafür z. B. Kapitelübersichten durch. Während der mündlichen Befragung wird fast immer auch auf weitere im Lehrplan gesetzte Themenbereiche eingegangen. Wenn du alle großen Themenblöcke kennst, kannst du dir den Übergang zum nächsten Themenblock besser vorstellen und wirst so nicht überrascht.

Schritt 3 • Trage selbst erarbeitete Texte zur Probe deiner Familie oder Freunden vor und bitte sie, dir Feedback zu deiner Vortragsart zu geben. Sprichst du z. B. zu laut oder zu leise? Redest du eher zu schnell oder zu langsam? Kannst du verschiedene Punkte gut in einen Zusammenhang bringen oder ist der Übergang manchmal unklar? Du kannst auch mit anderen Prüflingen zusammen Prüfungssituationen proben oder dich selbst dabei filmen (▶ 1). So erkennst du schnell, was du ändern solltest (z. B. Füllworte wie „ähm" vermeiden). Je öfter du übst, umso geringer wird die Prüfungsangst.

Schritt 4 • Bereite dich gezielt auf mögliche Nachfrage vor, indem du dir schon im Vorfeld Fragen ausdenkst. Auch aus Nachfragen von Freunden zu deinen gehaltenen Vorträgen erkennst du noch mögliches Fragenpotenzial. So kannst du in der Prüfung den Gesprächs- und Fragefaden lenken und dadurch schon erste Fragen durch eigenes Beantworten gut für dich nutzen. Dadurch baust du Selbstvertrauen und Sicherheit auf. In der Prüfung kannst du auch gerne die verwendeten Fachbegriffe definieren oder Abläufe erklären, ohne dich dabei in kleinsten Details zu verlieren. Denke immer an die Fachsprache und setze die Basiskonzepte ein.

Schritt 5 • Ein Sprichwort sagt: „Wer fragt, der führt". Stelle dir selbst rhetorische Fragen, die du dir vorher zum Thema gestellt hast und beantworte sie geschickt. So nimmst du den Prüfenden mögliche Fragen vorweg und die Prüfungszeit geht schnell vorbei. Falls dir eine für dich unverständliche Frage gestellt wird, hake durch gezielte Fragen nach, um sie dann besser beantworten zu können. So steuerst du den Prüfungsverlauf aktiv mit.

Schritt 6 • Wähle ein Outfit, das dem Tag der Abiturprüfung angemessen erscheint. Der Stil sollte aber auch zu deiner Persönlichkeit passen. Halte während der Prüfung Blickkontakt zu den Prüfenden, das wirkt selbstsicher. Schaue nicht mit gesenktem Kopf auf deine Notizen oder den Boden, sondern bleibe in einer aufrechten und selbstbewussten Körperhaltung.

Schritt 7 • Erscheine pünktlich und gut gestärkt zur Prüfung, das sorgt für einen entspannteren Beginn. Dein Körper muss an diesem Tag viel leisten. Iss und trinke vorher ausreichend, damit deinem Körper genug Energie zur Verfügung steht.

Eine mündliche Prüfung vorbereiten:

1 Recherchiere zu Beginn
2 Schaue den Lehrplan an und ordne Themen ein
3 Probe die mündliche Prüfung
4 Entwickle weiterführende Fragen
5 Führe das Gespräch und stelle Fragen
6 Sorge für ein sicheres Auftreten
7 Stärke dich vor deiner Prüfung

Notiere dir hier Stichpunkte zur folgenden Aufgabe und simuliere eine mündliche Prüfung:

1 Erläutern Sie das Induktionsgesetz und geben Sie Beispiele für dessen Anwendung in Technik und Alltag.

Dein Lerntracker

Für eine optimale Vorbereitung ist es wichtig, dass du dir deine Ziele in Lernphasen einteilst. Mit einem Lerntracker kannst du deinen Lernfortschritt planen und festhalten.

Thema/Aufgabe	Beginn	Ende	Kommentar	
Methoden zum Lernen				

Methoden

- Den Arbeitsplatz organisieren
- 10 Tipps für deine Lernphase
- Assoziatives Lernen
- Sachverhalte visualisieren
- Active Recall
- Richtig recherchieren
- Texte verstehen
- Tabellen verstehen
- Abbildungen verstehen
- Diagramme erstellen
- Diagramme auswerten
- Versuchsprotokolle schreiben
- Anforderungsbereiche und Kompetenzen
- Basiskonzepte der Physik
- Aufgaben verstehen
- Lösungsansätze finden
- Aufgaben lösen

Den Arbeitsplatz organisieren

Wie du deine Lernumgebung gestaltest, hat direkten Einfluss darauf, wie erfolgreich und konzentriert du lernen und arbeiten kannst. Die folgenden Vorschläge helfen dir, dich und deine Umgebung optimal für die Lernphase vorzubereiten.

1 Ein organisierter Arbeitsplatz

Arbeitsplatz festlegen • Ein fester Ort zum Lernen lässt dich besser fokussieren. Ein separater Schreibtisch in ruhiger und heller Umgebung ist optimal. Das Bett ist zum Lernen nicht so gut geeignet, da dein Gehirn es mit dem Schlafen assoziiert. Wähle also deinen Schreibtisch als festen Arbeitsplatz für die Prüfungsvorbereitung.

Alles griffbereit haben • Halte deinen Schreibtisch so leer wie möglich. Lege nur die Materialien bereit, die du für deine Lernphase brauchst. Dazu gehören z. B. deine Aufzeichnungen aus dem Unterricht, dein Schulbuch, Papier und Schreibmaterial sowie ein Laptop oder Tablet.

Viel trinken • Stelle dir gleich zu Beginn ein großes Glas Wasser bereit. Bei so viel Denksport benötigt dein Gehirn ausreichend Flüssigkeit. Achte deshalb darauf, beim Lernen regelmäßig zu trinken.

Frische Luft tanken • Dein Gehirn braucht beim Lernen viel Sauerstoff und deshalb frische Luft. Am besten öffnest du vor dem Lernen und auch währenddessen regelmäßig die Fenster.

Ablenkungen minimieren • Stelle sicher, dass dich dein Handy beim Lernen nicht ablenkt. Pausiere unnötige Apps oder nutze extra Konzentrationsapps, um dich in der Lernphase nicht ablenken zu lassen. Falls du dein Handy gerade nicht zum Lernen brauchst, kannst du es in ein anderes Zimmer legen. Kopfhörer oder Ohrstöpsel können dir dabei helfen, dich nicht von Geräuschen in deiner Umgebung stören zu lassen.

Angenehme Atmosphäre schaffen • Wenn du deine Umgebung individuell gestaltest, z. B. mit Pflanzen, kann das dazu beitragen, dass du dich beim Lernen wohlfühlst. Das ist wichtig, damit du deine Lernphase mit positiven Eindrücken verbindest und deine Motivation steigt. Achte aber auch auf genug Platz und wenige Ablenkungen.

Lernoutfit tragen • Vermeide es, locker im Pyjama zu lernen. Wenn du für deine Lernphase stattdessen Kleidung wählst, die du auch in deiner Prüfungssituation anziehen würdest, kann das deine Konzentrationsfähigkeit und Lernbereitschaft fördern.

Gemeinsam lernen • Sich online oder offline mit anderen zum Lernen zu verabreden, kann motivieren. Ihr könnt ruhig nebeneinander lernen oder euch Lerninhalte gegenseitig abfragen und erklären. Im Internet findest du auch Videos, in denen Menschen für mehrere Stunden konzentriert lernen und arbeiten (Suchbegriff: "study with me"). Dadurch fühlst du dich in deiner Lernphase nicht allein und wirst motiviert, deine Lernzeit sinnvoll zu nutzen.

Ein aufgeräumter und organisierter Arbeitsplatz hilft dir dabei, motiviert und fokussiert zu lernen.

10 Tipps für deine Lernphase

Du sitzt endlich am Schreibtisch und möchtest anfangen zu lernen. Hier sind 10 Tipps für dich, mit denen du deine Lernphase bis zum Abi erfolgreich nutzen und dein Lernen effizienter gestalten kannst.

1 **Ausreichend schlafen** • Schlaf ist besonders wichtig, damit dein Gehirn die erlernten Inhalte verarbeiten und ins Langzeitgedächtnis übernehmen kann. Nur mit ausreichend Schlaf kannst du am nächsten Tag ausgeruht starten und produktiv sein. Daher sollte ausreichend erholsamer Schlaf für dich eine hohe Priorität haben.

2 **Überblick verschaffen** • Mache dir einen Überblick, wie viele Tage dir bis zur Prüfung zur Verfügung stehen und was du bis dahin können musst. Indem du deine Ziele und Lernzeiten planst, kannst du besser einschätzen, wie viel Zeit dir für die einzelnen Lernfelder bleibt.

3 **Produktiv sein** • Kenne und nutze deine produktivste Phase am Tag. Morgens können sich viele Menschen am besten konzentrieren. Nach Mahlzeiten hat man meistens ein Konzentrationstief. Du siehst dich eher als Nachteule? Wenn du nachts lernen möchtest, verwechsle eine produktive Lernphase nicht mit gestresstem, übermüdetem Pauken.

4 **Prokrastination vermeiden** • Du schiebst dein Lernen immer vor dir her und kommst mit der Prüfungsvorbereitung nicht voran? Prokrastinieren ist ein Schutzmechanismus deines Gehirns, um dich vor Stress zu schützen. Besonders beim Lernen für das Abitur scheint die Menge an Lerninhalten ein unüberwindbares Hindernis und sorgt für Stress. Suche dir aktiv Möglichkeiten, um deinen Stress zu managen. So kannst du deinem Gehirn signalisieren, dass alles in Ordnung ist. Wenn du dir den Lernstoff in kleinere Portionen einteilst, wirkt der Aufwand machbar und nicht so überwältigend. Setze dir daher lieber mehrere kleine Lernziele statt einem großen.

5 **Zeiten einteilen** • Lerne in festgelegten Zeitblöcken. Du musst nicht 24/7 produktiv sein. Pausen sind sogar sehr wichtig für das Lernen. Nutze hierfür z. B. die Pomodoro-Technik. Dabei dauert eine Arbeitsphase 25 min mit anschließend 5 min Pause. Nach vier Arbeitsdurchgängen legst du eine längere Pause ein. Die Zeitspannen kannst du natürlich individuell an deine Bedürfnisse anpassen.

6 **Pausen machen** • Mache genügend erholsame Pausen. Diese sind wichtig, damit dein Kopf das Gelernte verarbeiten kann. Nach einer Pause bist du dann wieder aufnahmefähig und kannst effektiv weiterarbeiten. Nach einer erfolgreichen Lernphase solltest du dich auch belohnen. Triff dich mit Freunden, mache Sport, bewege dich an der frischen Luft oder gehe anderen Offline-Hobbys nach. Es ist daher sinnvoll, wenn du dir deinen Tag vorher in produktive Phasen, Pausen und Freizeit einteilst. Achte also darauf, dass du dich beim Lernen konzentrieren kannst.

7 **Fragen formulieren** • Sich Lösungen und Zusammenfassungen durchzulesen, reicht für ein umfassendes Verständnis meistens nicht aus. Versuche, vor und nach dem Lernen eines Themas aktiv Fragen zu formulieren und zu beantworten. Nur so kannst du dich selbst überprüfen und feststellen, ob du alles Notwendige verstanden und Wissenslücken geschlossen hast.

8 **Hilfsmittel verwenden** • Es gibt viele Hilfsmittel und Medien, um ein schwieriges Thema besser zu verstehen. Es kann hilfreich sein, sich die Erklärung eines Themas von mehreren Quellen (z. B. Schulbuch, Websites, Erklärvideos) einzuholen. Pass auf, dass die Inhalte dabei relevant und die Quellen vertrauenswürdig sind.

9 **Recherchieren** • Um tiefere Zusammenhänge zu erkennen, kann es dir helfen, zusätzliche Infos zu recherchieren. Diese bieten deinem Gehirn mehr Anknüpfungspunkte und du kannst dir die notwendigen Inhalte besser merken.

10 **Aus Fehlern lernen** • Du wirst bei der Prüfungsvorbereitung immer wieder Fehler machen. Lass dich davon nicht abschrecken. Fehler zu machen ist hilfreich und sogar wichtig für den Lernfortschritt. Sie helfen dir, Schwierigkeiten zu erkennen, aus ihnen zu lernen und dich zu verbessern.

2 Gutes Planen zahlt sich aus

Assoziatives Lernen

Wenn dir monotones Wiederholen beim Lernen nicht mehr weiter hilft, versuche es mal mit dem assoziativen Lernen. Das assoziative Lernen ist eine wirksame Methode, um sich Wissen mithilfe von Verknüpfungen schnell und erfolgreich zu merken. So entgehst du dem stumpfen Auswendiglernen und gestaltest dein Lernen dynamischer.

Assoziationen und Vorwissen • Das Wort *assoziieren* bedeutet so viel wie *verknüpfen, vernetzen* oder *verbinden*. Es handelt sich bei Assoziationen um Vorstellungen, die einer Person schnell zu einem bestimmten Thema einfallen. Über Assoziationen werden neue Inhalte mit deinem Vorwissen verknüpft. Also mit dem Wissen, das du bereits hast, bevor du dich mit einem Thema intensiver auseinandersetzt. Dein Vorwissen bietet dir dann Anknüpfungspunkte für das neue Wissen. Mithilfe dieser Vernetzung kannst du das verknüpfte Wissen schneller abrufen. Der Vorteil dieser Technik ist, dass sie ganz individuell genutzt werden kann. Kreativität kann hierbei besonders hilfreich sein, denn kreative Verknüpfungen erleichtern dir später, das Gelernte abzurufen.

> Beim assoziativen Lernen verknüpfst du neue Inhalte mit deinem Vorwissen. Dadurch kannst du das neu erlernte Wissen einfacher abrufen.

Assoziationsmethode • Diese Methode kannst du auf verschiedene Arten für dich nutzen. Am besten trägst du dein Vorwissen zunächst zusammen, um anschließend neue Inhalte damit zu verknüpfen. Dazu gibt es unterschiedliche Darstellungsformen. Du kannst dein Vorwissen in einer einfachen Liste mit Stichpunkten notieren. Du könntest aber auch visualisierende Assoziationssterne oder umfangreichere ABC-Listen nutzen. Bei einem Assoziationsstern handelt es sich um einen Stern mit beliebig vielen Zacken. In die Mitte des Sterns schreibst du das übergeordnete Thema und an den Zacken notierst du deine Assoziationen.

ABC-Listen • Bei ABC-Listen notierst du zunächst die Buchstaben des Alphabets untereinander. Als Überschrift dient das Thema, zu dem die ABC-Liste angelegt wird. Die Begriffe, die du mit dem Thema assoziierst, notierst du bei dem entsprechenden Anfangsbuchstaben. Die Begriffe können unabhängig von der alphabetischen Reihenfolge aufgeschrieben werden. Du kannst dabei einzelne Buchstaben freilassen oder auch mehrere Wörter zu einem Buchstaben zuordnen.

Wenn du diese Methoden zu unterschiedlichen Zeitpunkten des Lernprozesses durchführst, wirst du deinen Wissenszuwachs bemerken.

Merksätze • Auch während des Lernens kannst du visualisierte Übersichten verwenden, um deinen Wissensstand zu reflektieren und neue Informationen mit deinem Vorwissen zu verknüpfen. Wie kannst du dir aber besonders schwer zu merkende Fachbegriffe, Formeln und Abfolgen einprägen? Hier profitierst du besonders von kreativen oder skurrilen Eselsbrücken und Merksätzen. Im Internet findest du zu vielen Abitur-Themen bereits gute Merksätze. Nimm dir daher bei einem schwierigen Thema am Anfang kurz Zeit für eine passende Assoziation und lerne dadurch einfacher und schneller.

Loci-Methode • Bei der Loci-Methode bringst du Lerninhalte in eine gedankliche Bildreihenfolge und verknüpfst diese mit einem bekannten Ort. Dadurch entwickelst du eine kleine Geschichte. Schaue dich beispielsweise in deinem Zimmer um. Bestimmte Möbelstücke kannst du mit einer wichtigen Info verknüpfen. Je mehr du diese Info verbildlichen und mit dem Möbelstück in eine Geschichte einspannen kannst, desto leichter wird es dir fallen, dich an die Informationen zu erinnern.

1 Überlege dir, wie die in ▸ 1 dargestellte Geschichte der Loci-Methode zum Fotoeffekt lauten könnte.

1 Beispiel einer Loci-Methode zum Thema Fotoeffekt

Methode

Sachverhalte visualisieren

Du kannst Lerninhalte in verschiedener Form visuell darstellen und strukturieren. Mit diesen Techniken machst du dir Themen übersichtlicher und leichter zugänglich. Du bekommst einen Überblick darüber, welche Inhalte für ein bestimmtes Thema relevant sind. Dadurch nimmst du eventuelle Wissenslücken wahr und kannst sie dann mit den passenden Inhalten füllen.

Mind-Map • Notizen solltest du beim Lernen abwechslungsreich und dynamisch gestalten, um das assoziative Denken zu verstärken. Ein effektives Denkwerkzeug dafür ist die Mind-Map. Wenn du eine Mind-Map erstellen willst, positionierst du das Thema in der Mitte des Blattes (▶ 2). Vom Thema aus ziehst du mehrere Linien mit Oberbegriffen. Davon gehen wiederum weitere Linien mit Unterbegriffen aus. Mithilfe von Größe, Farben, Symbolen und Pfeilen kannst du Hierarchien und Kategorien hervorheben. Diese Technik kann im Kontext von Brainstorming, aber auch bei gezielten Zusammenfassungen genutzt werden.

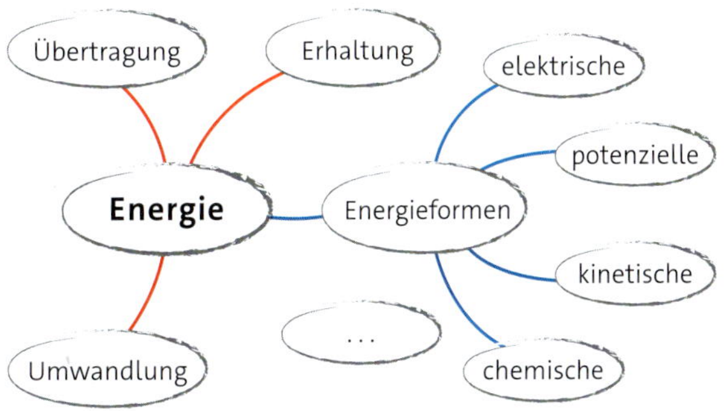

2 Mind-Map zum Thema Energie

Concept Map • Bei einer Concept Map (▶ 3) geht es um die Darstellung von Begriffshierarchien und deren Beziehung zueinander. Dadurch kannst du komplexe Sachverhalte und logische Verbindungen visualisieren. Das Thema steht ganz oben. Ausgehend von diesem entwickelst du die Concept Map. Die zentralen Begriffe stehen in logischen Beziehungen zueinander, was mithilfe von Pfeilen dargestellt wird. An die Pfeile wird jeweils die logische Beziehung geschrieben, zum Beispiel: *ist Teil von, besteht aus, ist größer als, führt zu, bewirkt, weil,* etc.

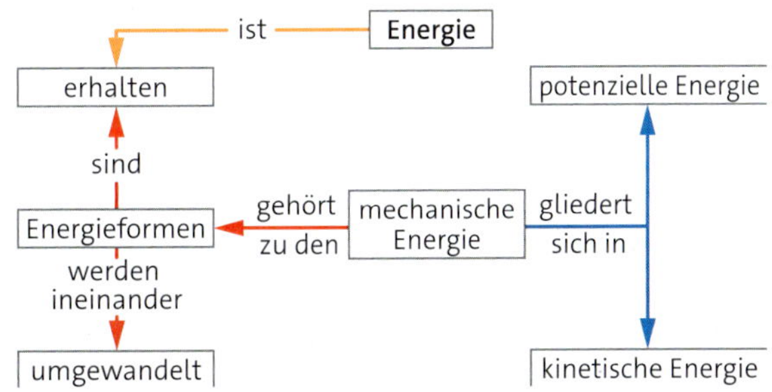

3 Concept-Map zum Thema Energie

Venn-Diagramm • Beim Vergleichen stellst du zwei Inhalte nebeneinander und suchst Gemeinsamkeiten und Unterschiede. Dadurch kann es dir gelingen, besondere Merkmale zu verdeutlichen. Dein Gehirn setzt sich beim Vergleichen tiefer mit dem Inhalt auseinander, als wenn du ihn isoliert betrachtest. Du kannst Vergleiche in einer Tabelle darstellen oder auch ein Venn-Diagramm nutzen (▶ 4). Ein Venn-Diagramm besteht aus zwei Kreisen, die sich in der Mitte überlappen können. In die einzelnen Kreisteile schreibst du die Aspekte, die für die einzelnen Sachverhalte typisch sind. In dem mittleren sich überschneidenden Teil notierst du die Gemeinsamkeiten. Auch der Vergleich von drei Sachverhalten ist mit einem Venn-Diagramm möglich.

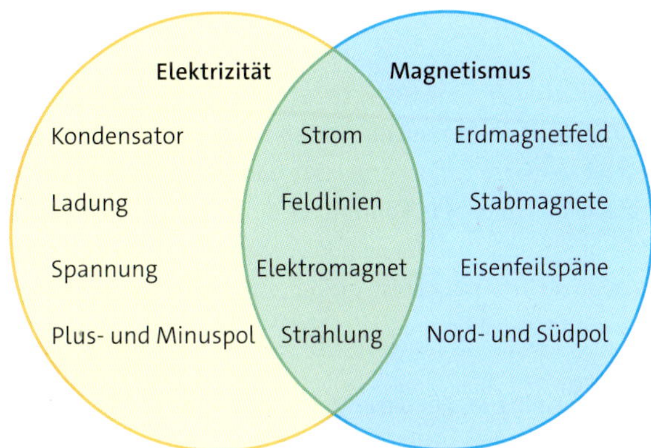

4 Venn-Diagramm zum Thema Elektromagnetismus

1 Probiere hier deine bevorzugte Variante aus und strukturiere dein Wissen zum Thema elektromagnetische Induktion.

Active Recall

Lesen, markieren und Stichpunkte aufschreiben allein helfen dir beim Lernen nicht weiter? Mit der Methode des aktiven Abrufens von Lerninhalten (Active Recall) lernst du gezielt, festigst das erworbene Wissen nachhaltig und erkennst offene Baustellen, an denen du noch arbeiten musst.

Ziel der Methode • Die Methode des Active Recalls setzt auf ein aktives Auseinandersetzen mit den Lerninhalten. Dabei stellst du dir bewusst Fragen zu thematischen Schwerpunkten, fasst dein Wissen zum Thema zusammen und erklärst Zusammenhänge mit eigenen Worten. So regst du intensives Nachdenken an und sorgst für einen langfristigen Lernerfolg.

Meistens basiert diese Technik darauf, dass du die thematischen Grundlagen bereits verstanden und dir Vorwissen angeeignet hast. Trotzdem kannst du dir bereits vor der Erarbeitung eines Lerninhaltes Fragen stellen, die du im Laufe der Erarbeitungsphase beantworten möchtest.

Umsetzung • Verschaffe dir zuerst einen Überblick zu einem Lernfeld. Formuliere währenddessen und danach gezielt Fragen, mit deren Antworten du die Inhalte sinnvoll wiedergeben, beschreiben und vergleichen kannst. Diese Fragen können kurz sein oder auch einen prüfungsähnlichen Charakter haben.

> Beim Active Recall stellt man sich gezielt Fragen und beantwortet sie mit Fachbegriffen und in eigenen Worten.

In diesem Abi-Trainer findest du QR-Codes zu passenden digitalen Karteikarten auf den Einstiegsseiten der Themenbereiche.

Karteikarten • Eine beliebte Technik, um sein Wissen abzufragen, ist das Lernen mit Karteikarten. Schreibe die Frage auf die Vorderseite der Karteikarte und eine genaue Antwort auf die Rückseite (▶ 1). Kontrolliere durch regelmäßiges Wiederholen immer wieder deinen Wissensstand. So stellst du fest, ob du in der Lage bist, die Inhalte korrekt und vollständig wiederzugeben.

Brainstorming • Für diese Methode nimmst du dir ein leeres Blatt und einen Stift und versuchst zu einem Überthema alle gelernten Informationen aus dem Kopf aufzuschreiben. Dabei muss nicht alles vollständig sein. Denn diese Methode eignet sich besonders gut, um noch vorhandene Wissenslücken aufzuzeigen. Du kannst anschließend die Lücken füllen, Fehler verbessern und die Methode wiederholen. Ein Brainstorming hilft dir dabei, dein Wissen abzubilden und zu strukturieren.

Bevor du mit dem Lernen beginnst, schreibe alle Fachwörter und Begriffe auf ein leeres Blatt, die dir zu dem Thema des Kapitels einfallen. Nun kannst du dich genauer mit dem Inhalt beschäftigen. Dafür schaust du dir z. B. in diesem Prüfungstrainer eine Lernbox im Bereich Abiturwissen an. Wenn du den Inhalt verstanden hast, schließe das Buch und nimm dir wieder ein leeres Blatt. Versuche so viele der gelernten Informationen wie möglich korrekt aufzuschreiben. Danach vergleichst du deine Notizen mit der Lernbox und füllst die Lücken auf. Wiederhole die Methode, bis du zufrieden bist. Du kannst diese Methode in zeitlichen Abständen immer wieder wiederholen, um deinen Wissensstand im kleineren oder größeren Umfang zu testen.

Erklären • Etwas mit eigenen Worten zu erklären, ist die beste Art, um festzustellen, ob du Inhalte wirklich verstanden hast und aus dem Gedächtnis abrufen kannst. Inhalte zu verstehen und sich langfristig zu merken gelingt dir besser, wenn du versuchst, dir selbst oder einer anderen Person diese Inhalte zu erklären. Diese Technik kannst du allein üben, indem du mit dir selbst sprichst, oder auch mit anderen: einem Haustier, einem Familienmitglied oder Freunden. Dadurch bist du gezwungen, mit eigenen Worten Zusammenhänge verständlich darzustellen. Durch Nachfragen vom Gegenüber musst du spontan agieren. Dabei merkst du schnell, ob du alles richtig verstanden hast und welche Inhalte du dir noch einmal genauer anschauen musst. Dabei kann es sich auch lohnen, die Situation wie ein Interview oder eine mündliche Prüfung zu gestalten. So können auch bewusst schwierige Nachfragen gestellt werden, auf die man antworten muss. Das hilft sowohl der fragenden als auch der antwortenden Person.

> Übe immer wieder, die wichtigsten Lerninhalte zu erklären und mit eigenen Worten wiederzugeben.

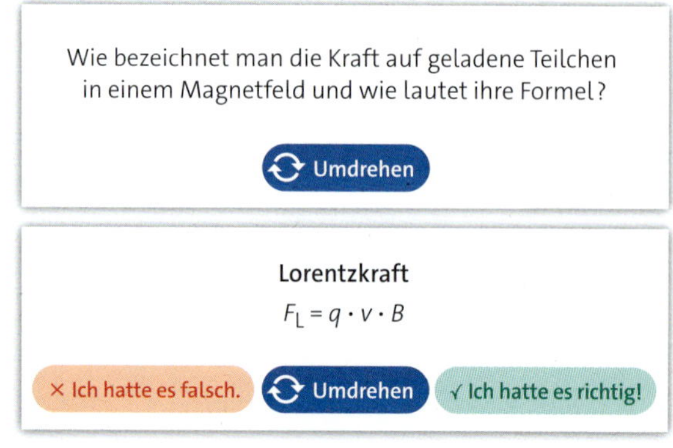

1 Karteikarten zur Lorentzkraft

2 Gegenseitiges Erklären hilft, sich aktiv zu erinnern

Richtig recherchieren

Bei einer Recherche geht es darum, selbstständig Informationen zu ermitteln und Nachforschungen anzustellen. Hierbei kannst du unterschiedliche Quellen und Medien nutzen. Insbesondere dein Schulbuch und die Suche im Internet können dir helfen, schnell an das benötigte Wissen zu gelangen.

Schulbuch • Eine effektive Variante, um deine Wissenslücken bei Unklarheiten zu schließen, ist die Schulbuch-Recherche. Das Schulbuch bietet dir unterschiedliche Merkmale, die dir dabei helfen können, offene Fragen zu beantworten.

Das Inhaltsverzeichnis findest du vorne im Schulbuch. Dort hast du einen Überblick über alle Kapitel des Buches und kannst nach Themen entsprechend den Titeln der einzelnen Kapitel suchen. Folglich handelt es sich bei diesem Vorgehen nicht um eine detaillierte Suche, sondern um eine Auswahl passender Themen für eine grobe Orientierung.

Dem gegenüber steht die detaillierte Recherche mithilfe des Registers. Das Register befindet sich hinten im Schulbuch und beinhaltet konkrete Begriffe, die in den einzelnen Texten des Buches genannt werden. Zu den alphabetisch geordneten Fachbegriffen sind die jeweiligen Seitenzahlen vermerkt, auf denen du Informationen zu dem gewählten Sachverhalt findest. Das bietet dir eine detaillierte Übersicht und du kannst Begriffe und Themen gezielter finden und nachlesen.

Zusätzlich weisen Schulbücher häufig ein Glossar auf, in dem du relevante Fachbegriffe sowie die entsprechenden Definitionen findest. Die im Glossar dargestellten Definitionen kannst du nutzen, um die Bedeutung eines Begriffes erneut nachzuschlagen. Begriffe, die du nur schwer aus einem Text ableiten kannst, können meistens mithilfe des Glossars besser verstanden und eingeordnet werden.

> Im Schulbuch kann man über das Inhaltsverzeichnis, das Register oder das Glossar Informationen zu abiturrelevanten Themen recherchieren.

Internet • Eine weitere Variante für die eigene Recherche ist die Nutzung des Internets. Zur Recherche im Internet kannst du unterschiedliche Online-Suchmaschinen nutzen. Ein Vorteil der Internetrecherche ist die große Anzahl an zur Verfügung stehenden Quellen. Zu diesen zählen nicht nur Texte, sondern auch Bilder, Animationen und Videos.

3 Verschiedene Quellen helfen bei der Vorbereitung.

Hast du eine interessante Quelle gefunden, solltest du dieser aber nicht blind vertrauen. Da Informationen über das Internet ungefiltert verbreitet werden können, müssen Texte und Videos auf Webseiten kritisch betrachtet werden. Es ist also wichtig, die Quellen und ihre Inhalte zunächst auf ihre Glaubwürdigkeit zu überprüfen. Dazu bietet es sich an, die Inhalte verschiedener Quellen miteinander zu vergleichen und auf seriöse Quellenangaben zu achten. So kannst du Fake News und falsche Inhalte filtern und Behauptungen von objektiven Fakten unterscheiden. Erst dann kannst du sicher sein, dass das Gelernte auch wirklich stimmt.

Bei der Eingabe der Suchanfrage über das entsprechende Feld bietet es sich nicht an, ausformulierte Fragen einzugeben. Viel gewinnbringender ist es, wenn du nach einzelnen Schlagwörtern suchst und diese gegebenenfalls variierst.

Zusätzlich gibt es Suchoperatoren, mit deren Hilfe du die Suchanfrage konkretisieren kannst. Zu diesen zählt beispielsweise das Ausschließen von Begriffen aus der Suche mithilfe eines Bindestrichs, den du direkt vor das Wort setzt. Auch die Nutzung von Anführungszeichen unterstützt das Finden bestimmter Phrasen. Sogar den Dokumententyp kannst du eingrenzen, indem du diesen in deiner Suchanfrage angibst. Dazu wird die Formulierung „filetype“ genutzt, der das entsprechende Format folgt. Bei der Suche nach PDF-Dokumenten lautet die Eingabe folglich: „filetype:pdf“. Darüber hinaus gibt es viele weitere Suchoperatoren, die du – teils abhängig von der gewählten Online-Suchmaschine – nutzen kannst.

> In Lexika, Zeitschriften und im Internet findet man viele Informationen und Darstellungen zu abiturrelevanten Themen. Man sollte gezielt suchen und auf die Zuverlässigkeit der Quellen achten.

Tipps zum Recherchieren

1. Das Inhaltsverzeichnis gibt dir einen Überblick über alle Themen im Buch.. So sparst du Zeit beim Suchen.
2. Im Register stehen wichtige Fachbegriffe und wo sie im Buch zu finden sind. So kannst du effizient nach Schlagworten suchen.
3. In einem Glossar gibt, kannst du die Bedeutung essentieller Begriffe nachschlagen.
4. Im Internet findest du zahlreiche Webseiten mit Infos. Achte aber auf die Glaubwürdigkeit der Quellen.
5. Formuliere deine Begriffe in Suchmaschinen möglichst genau, um schnell die richtigen Treffer zu finden.
6. Mit Einschränkungen wie z. B. "fyletype" kannst du die Ergebnisse nach deinen Anforderungen filtern.

Texte verstehen

Naturwissenschaftliche Texte zur Vorbereitung auf das Abitur können kompliziert und dadurch überfordernd wirken. Um die Inhalte dieser Texte zu verstehen, kannst du die Fünf-Schritt-Lesemethode anwenden. Damit kannst du dir effektiv neues Wissen erarbeiten und komplexere Aufgaben schnell verstehen.

Beim Lernen musst du oft längere Texte lesen und verstehen, um an wichtige Infos zu kommen. Vor allem Sachtexte können durch ihre inhaltliche Dichte anspruchsvoll und dadurch schwer zugänglich sein. Deshalb bietet es sich an, dass du dir die Aussagen von Sachtexten schrittweise erarbeitest. Wir stellen dir hier fünf Schritte vor, die dir dabei helfen können.

Schritt 1 • Der erste Schritt beginnt bereits vor dem genauen Lesen des Textes. Sieh dir zunächst die Materialien (Tabellen, Abbildungen, Diagramme) an, sofern welche vorhanden sind. Anschließend liest du die Überschrift sowie Zwischenüberschriften und die ersten drei bis fünf Zeilen des Textes. Dadurch erhältst du eine erste Vorstellung, worum es in dem Text geht. Aufgrund dieser Vorstellung entwickelst du erste Erwartungen an den Text, die in der weiteren Auseinandersetzung bestätigt oder angepasst werden.

Schritt 2 • Jetzt liest du den gesamten Text zügig durch, sodass du das Thema und die Hauptaussage des Textes anknüpfend an die bereits aufgestellten Erwartungen benennen kannst. Bei diesem zweiten Schritt geht es nicht darum, alles genau zu lesen oder zu verstehen, sondern nur um die Hauptaussage bzw. den Hauptaspekt des Textes.

Schritt 3 • Nachdem du das Thema und die Hauptaussage des Textes erfasst hast, folgt das genaue Lesen des Textes. Bei diesem Schritt identifizierst du unbekannte Fachbegriffe und Aussagen, die du anschließend durch eine gezielte Recherche oder mithilfe deiner Unterlagen aus dem Unterricht klärst. Damit sollten alle Unklarheiten beseitigt und die Inhalte verstanden sein.

Schritt 4 • Im Anschluss an das genaue Lesen des Textes markierst du im Text wichtige Schlagwörter und Kernaussagen. Dabei ist es sinnvoll, nur die Begriffe als Schlagwörter zu markieren, die für das Thema relevant und für das Verständnis von Bedeutung sind. So kannst du nachher auf einen Blick erkennen, was wichtig ist.

Schritt 5 • Schließlich fasst du den Inhalt des Textes zusammen. Dazu teilst du den Text als erstes in Sinnabschnitte ein. Absätze im Text geben dir bereits einen Hinweis darauf, wo inhaltliche Sinnabschnitte wechseln können. Trenne die Sinnabschnitte durch Linien im Text und fasse den Sinnabschnitt mit einer prägnanten Überschrift am Rand zusammen. Aus der Einteilung in Sinnabschnitte und den dazugehörigen Überschriften kannst du den Text abschließend kurz in eigenen Worten zusammenfassen.

Fünf-Schritt-Lesemethode

1. Überschriften und Materialien sichten
2. Text überfliegen und Hauptaussage erfassen
3. Genau lesen und unbekannte Begriffe klären
4. Kernaussagen markieren
5. Sinnabschnitte bilden und zusammenfassen

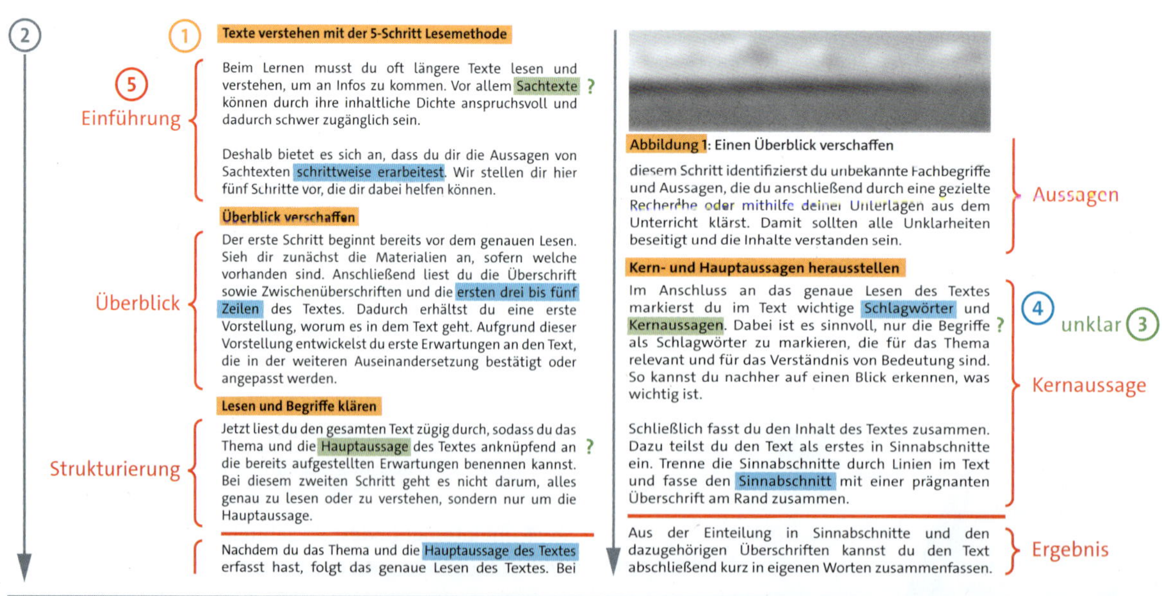

1 Die 5-Schritt-Lese-Methode zum Verstehen von Texten

Tabellen verstehen

Bei einigen Aufgaben musst du Tabellen verstehen und interpretieren. Tabellen werden meist verwendet, um Daten übersichtlich darzustellen, z. B. Messwerte aus einem Experiment. Um also mit Daten angemessen umgehen zu können, musst du deren Struktur und Bedeutung verstehen.

Überschriften • Die meisten Tabellen liefern dir erste allgemeine Informationen in ihren Überschriften. Dabei ist sowohl eine allgemeine Überschrift für die ganze Tabelle als auch die einzelnen Überschriften in den Spalten oder Zeilen gemeint. Manchmal stehen auch allgemeine Informationen in der Beschreibung unter der Tabelle.

Unabhängige und abhängige Variablen • Man unterscheidet bei einer Messung in einem Experiment die unabhängige Variable (Parameter bzw. Größe, die man verändert) von der abhängigen Variable (Größe, die man misst). Ein Parameter ist eine Größe, die im Experiment variiert wird. In der Beispiel-Tabelle ▶ 2 ist das die Stromstärke I. Meist steht die veränderte Größe in der linken oder oberen Spalte der Tabelle. Die gemessene Größe steht rechts bzw. darunter.

I in A	5,0	10,0	20,0
F in mN	12,5	25,1	49,8
$\frac{F}{I \cdot s}$ in $\frac{\text{mN}}{\text{A} \cdot \text{m}}$	31,3	31,4	31,1

2 Kraft auf eine stromdurchflossene Leiterschaukeln mit Leiterlänge s = 0,080 m in einem Magnetfeld.

Einheiten und Größenordnungen • Die Messwerte in Tabellen werden immer mit einer bestimmten Einheit angegeben, z. B. Ampere für die Stromstärke oder Newton für die Kraft. Je nach Größe können diese Werte auch in einer anderen Größenordnung angegeben sein; z. B. mN für Millinewton, also ein Tausendstel Newton, 1 mN = 0,001 N. Auch die Angabe großer Werte in kN, also Kilonewton oder 1000 N, ist je nach Experiment üblich.

Genauigkeit der Daten • Wie präzise die Angaben in einer Tabelle sind, erkennt man an der Rundung der Zahlen. Bei der unabhängigen Variable, hier auf eine Nachkommastelle gerundet, sind die Werte besonders genau. Denn diese Größe wird bewusst variiert. Die Genauigkeit der Messwerte ergibt sich durch die Messunsicherheit der Messung. Je nachdem, wie genau die Angaben des Messgerätes sind, wird das Ergebnis dann gerundet.

Nicht immer werden in Klausuren auch die Messunsicherheiten angegeben. Man sollte aber stets davon ausgehen, dass die Zahlen einer gewissen Ungenauigkeit unterliegen. Hier ist es meist angemessen, wenn man die letzte signifikante Stelle, also die Stelle, auf die gerundet wird, als Genauigkeit nimmt. In ▶ 2 ist z. B. die Kraft auf eine Nachkommastelle genau angegeben. Genauer ist die Messung also vermutlich nicht gewesen. An dieser Stelle solltest du dir merken: Wenn der Messwert auf eine Stelle nach dem Komma gerundet ist, können alle daraus abgeleiteten Größen auch nicht genauer sein. Deshalb sind die daraus berechneten Werte ebenfalls mit einer Nachkommastelle angegeben. Hier wird die Kraft pro Stromstärke und Leiterlänge auf eine Nachkommastelle gerundet.

Theorie und Experiment • In der Regel stellen die Angaben experimentelle Daten dar. Diese ergeben sich durch Messungen in der Praxis und müssen vor dem theoretischen Hintergrund analysiert werden. In ▶ 1 wurden aus den Messwerten weitere Größen berechnet. Diese werden nun mit der Theorie in Verbindung gebracht, indem man sich die mathematischen Zusammenhänge und Formeln für dieses Experiment anschaut. Die Formeln findest du z. B. in deinem Schulbuch, in deiner Formelsammlung oder in diesem Prüfungstrainer beim Abiturwissen zum Thema elektrische und magnetische Felder.

In der Elektrizitätslehre ist die Stromstärke durch die fließende Ladung q und die Zeit t durch $I = \frac{q}{t}$ gegeben. Für den Fall der Leiterschaukel wissen wird, dass das Tempo der Ladungsträger durch $v = \frac{s}{t}$ ausgedrückt werden kann, wobei s hier die Leiterlänge ist. Außerdem wissen wir, dass die Kraft auf die Ladungsträger durch die Lorentzkraft $F_L = q \cdot v \cdot B$ gegeben ist. Damit erhält man durch Einsetzen und Umformen den folgenden Zusammenhang:

$$\frac{F_L}{I \cdot s} = B$$

Die linke Seite entspricht der letzten Zeile von ▶ 1. Die dort berechnete Größe ist also die magnetische Flussdichte B.

Interpretation der Daten • Wenn du dir einen Überblick über die angegebenen Daten verschafft hast, kannst du daraus Schlüsse ziehen. Hier solltest du genau auf die Aufgabenstellung eingehen. Wenn nach einer Interpretation gefragt ist, sollst du einen Zusammenhang der Daten herstellen. Dabei dient dir die Theorie als Ansatzpunkt. Also hier die hergeleitete Formel.

Am Beispiel von ▶ 1 kann man schlussfolgern, dass die berechnete magnetische Flussdichte im Experiment zwischen 31,1 T und 31,4 T liegt. Das Experiment kann also genutzt werden, um die Stärke eines externen homogenen Magnetfeldes zu bestimmen.

Die Ergebnisse solltest du vor dem Hintergrund der Messunsicherheit kritisch betrachten. Hier ist keine Messgenauigkeit angegeben. Es kann sein, dass die magnetische Flussdichte tatsächlich konstant ist und die Ungenauigkeit für Schwankungen im Ergebnis sorgt. Gleichzeitig sind die Abweichungen so gering, dass hier vermutlich von einer Ungenauigkeit der Messung ausgegangen werden kann. Im Allgemeinen solltest du die Ergebnisse also mit Vorsicht betrachten und auf ihre Plausibilität überprüfen.

Abbildungen verstehen

Abbildungen stellen ein wesentliches Mittel zur Veranschaulichung von Inhalten und zur Vermittlung von Informationen dar. Damit du dir Inhalte von Texten und Aufgaben erschließen kannst, musst du die Aussagen von Abbildungen erkennen können. Im Folgenden stellen wir dir fünf Schritte vor, um eine Abbildung schnell zu verstehen und zu analysieren.

Versuchsaufbauten, Schaltkreise und schematische oder modellhafte Zusammenhänge sind oft in Abbildungen dargestellt. Sie sind nützlich, um komplizierte Sachverhalte übersichtlich zu veranschaulichen. Verschiedene Farben, Formen, Linien, Pfeile und Beschriftungen helfen dir dabei, die Aussagen zu erkennen. Wenn du die Aussage der Abbildung verstehen willst, kannst du dir schrittweise die Bedeutung der einzelnen Komponenten erschließen.

Schritt 1 • Bevor du dich mit einer Abbildung genauer auseinandersetzt, ist es wichtig, dass du dir einen Überblick verschaffst. Hierzu solltest du die Abbildung kurz betrachten und die Abbildungsunterschrift lesen, welche die dargestellten Aspekte thematisch zusammenfasst.

Schritt 2 • Dann betrachtest du die Abbildung genauer. Lies dabei die Beschriftungen der einzelnen Bestandteile. Nimm bewusst wahr, wie Farben, Formen und Pfeile eingesetzt werden, sofern diese vorhanden sind. Hierbei bietet es sich außerdem an, auf Regelmäßigkeiten zu achten. Durch dieses Vorgehen kannst du das im ersten Schritt erschlossene Thema gegebenenfalls konkretisieren.

Schritt 3 • Im nächsten Schritt identifizierst du unbekannte Worte und Aussagen in der Beschriftung. Wenn du einen Begriff nicht kennst, solltest du diesen recherchieren. Kläre außerdem die Bedeutung von Farben und Formen. Oft werden damit zusätzliche Infos ausgedrückt, die zur Aussage der Abbildung beitragen. Fasse die Ergebnisse deiner Überlegungen in einer kurzen Randnotiz zusammen.

Schritt 4 • Im vierten Schritt interpretierst du die verschiedenen Bestandteile und leitest die Aussagen der Abbildung ab. Dazu ist es nützlich, die folgenden Punkte zu beachten.

Zunächst markierst du wichtige Schlagwörter in der Abbildung. Hierbei solltest du nicht alle Beschriftungen innerhalb der Abbildung markieren, sondern Schwerpunkte setzen. Dabei kannst du dich bereits an der Aufgabenstellung orientieren. Indem du dazu unterschiedliche Farben benutzt, hältst du deine Notizen übersichtlich.

In manchen Abbildungen sind Prozesse dargestellt, z. B. durch Pfeile, Start- und Endpunkte oder Momentaufnahmen. Dann ist es sinnvoll, wenn du zunächst bestimmst, ob es sich um einen einfachen oder einen zyklischen (d. h. sich wiederholenden) Prozess handelt. Indem du die zuvor markierten Schlagwörter miteinander in Verbindung bringst, kannst du dir auch komplizierte Abläufe erschließen.

Manche Abbildungen vergleichen Sachverhalte. Dann musst du ggf. Gemeinsamkeiten und Unterschiede herausstellen. Notiere dir zu allen Punkten deine Erkenntnisse, damit du sie dann zu einer Gesamtaussage zusammenführen kannst.

Schritt 5 • Im letzten Schritt geht es wie bei allen Erschließungsmethoden um die schriftliche Zusammenfassung der konkreten Inhalte. Schaue dir dazu deine Notizen zu den einzelnen Bestandteilen der Abbildung an und fasse die Hauptaussage zusammen. Anschließend kannst du dann je nach Aufgabenstellung auf Details eingehen und Einzelheiten gezielt beschreiben. Manchmal bietet es sich auch an, die Erkenntnisse in einer Grafik zusammenzufassen (► S. 15).

Verschaffe dir erst einen Überblick und betrachte dann die Details einer Abbildung.

Abbildungen verstehen

1 Erste Betrachtung
2 Beschriftung und Bestandteile betrachten
3 Unbekanntes klären
4 Ableitung der Aussagen
5 Inhalte festhalten

Beispiel Abbildung zu Kernspaltung und Kernfusion

Abbildung ► 1A zeigt das Schema der Kernspaltung. Bei der Spaltung zerfällt ein Mutterkern in zwei kleinere Tochterkerne. Hier entsteht ein freier Helium-Kern.

Bei der Kernfusion vereinen sich zwei Kerne zu einem größeren. ► 1B zeigt die Fusion zweier Wasserstoff-Kerne, wie sie bei der Fusion in der Sonne verschmelzen. Dabei entstehen Helium und ein freies Neutron.

1 In beiden Fällen wird Energie freigesetzt. Erkläre dir selbst noch einmal, woher diese Energie stammt. Erinnere dich an die Energie-Masse-Äquivalenz.

A: $^{224}_{88}Ra$ → $^{220}_{86}Rn$ + $^{4}_{2}He$

B: ^{3}He + ^{2}He → He + n

1 Vergleich von Kernspaltung und -fusion

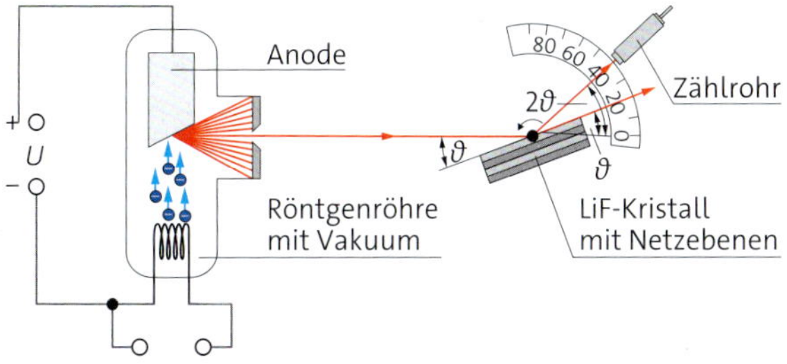

2 Drehkristallmethode

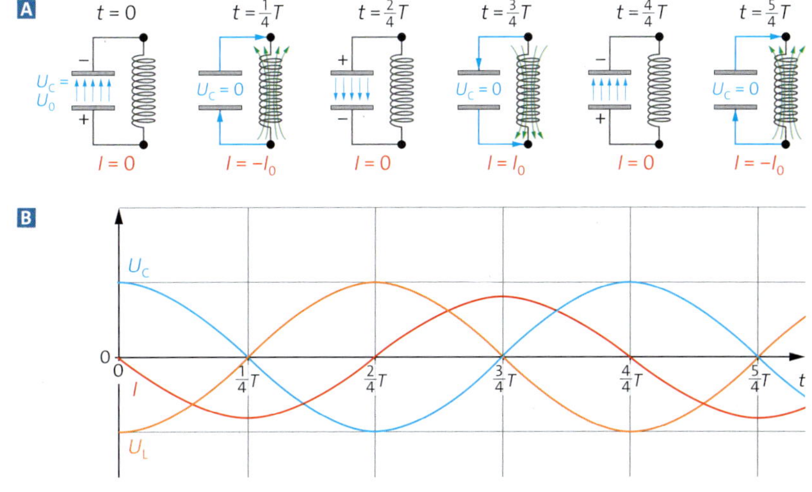
3 Entstehung einer elektromagnetischen Welle im Schwingkreis

Beispiel Drehkristallmethode

1 Notiere dir rechts das Vorgehen für ▶ 3 zum Schwingkreis analog zur Drehkristallmethode.

Als Beispiel betrachten wir die Abbildung ▶ 2 zur Drehkristallmethode

Schritt 1 • Die Abbildung zeigt eine schematische Darstellung der Drehkristallmethode. Möglicherweise kannst du hier schon an sein Vorwissen anknüpfen und erkennst bestimmte Bestandteile wieder.

Schritt 2 • Die Abbildung zeigt eine Röntgenröhre mit Vakuum. Die Beschleunigungsspannung ist mit U gekennzeichnet und die Anode explizit beschriftet. Die Elektronen und deren Bewegung sind durch Kreise mit blauen Pfeilen dargestellt. Die entstehende Strahlung ist als rote Linien aufgefächert. Auf der rechten Seite der Abbildung ist ein Kristall abgebildet, auf den die Strahlung in einem Winkel ϑ trifft. Man erkennt auch den Ausfallwinkel 2ϑ und das detektierende Zählrohr. Die Abbildung zeigt einen statischen Zustand mit festem Winkel.

Schritt 3 • Anschließend solltest du unbekannte Begriffe klären. Manchmal liefert auch die Aufgabenstellung weitere Infos, z. B. dass LiF für Lithiumfluodrid steht. Begriffe wie Netzebene und Glanzwinkel ϑ sollte man kennen oder nachschlagen.

Schritt 4 • Die Abbildung visualisiert die Drehkristallmethode zur Bestimmung des Netzebenenabstandes. Unter dem Winkel ϑ detektiert das Zählrohr die an den Netzebenen des Kristalls reflektierte Röntgen-Strahlung. Es gilt die Bragg-Bedingung $n \cdot \lambda = 2d \cdot \sin\vartheta$, wobei d der Abstand der Netzebenen ist. Es wird die Zählrate in Abhängigkeit des Glanzwinkels betrachtet. Über die Messung des Winkels für die Strahlungsmaxima der charakteristischen Röntgenstrahlung kann man die Art des Kristalls bzw. das Anodenmaterial bestimmen, je nachdem ob der Netzebenenabstand oder die Wellenlänge bekannt sind.

Schritt 5: Inhalte festhalten
Je nach Aufgabenstellung sollte auf die verschiedenen Elemente der Abbildung (Röhre, Elektronen, Anode, Strahlung, Glanzwinkel, Kristall mit Netzebenen, Messwinkel und Zählrohr) Bezug genommen werden.

Schritt 1

Schritt 2

Schritt 3

Schritt 4

Schritt 5

Diagramme erstellen

Diagramme erstellt man aus Messwerttabellen oder einer Menge von Daten, um diese übersichtlich darzustellen, Zusammenhänge zu erkennen und daraus Informationen zu gewinnen. So erhält man einen Überblick über Gesetzmäßigkeiten.

Spannung U in kV	Kraft F_{el} in mN
0	0
5	0,75
10	1,60
15	2,20
20	3,00
25	3,80

1 Gemessene Kraft in Abhängigkeit der elektrischen Spannung bei einem Plattenabstand von d = 0,08 m

Beim Erstellen von Diagrammen solltest du zunächst die zu Grunde liegende Messwerttabelle verstehen. Anschließend kannst du damit beginnen, das Grundgerüst für das Diagramm zu erstellen. Als Beispiel betrachten wir die Messung der elektrischen Kraft F_{el} auf eine geladene Kugel in einem Kondensator in Abhängigkeit der Spannung U (▸ 1).

Schritt 1 • Als ersten Schritt zeichnest du auf einem Blatt die Achsen des Diagramms. Die x-Achse zeigt dabei die variierte Größe. Auf der y-Achse trägst du die gemessene bzw. berechnete Größe ein.

Die Länge der Achsen gibt die Größe des Diagramms vor. Wähle das Diagramm so groß, dass die Achsen den gesamten Wertebereich ausnutzen. Dazu stellst du aus der Tabelle fest, welches die kleinsten und größten Wert sind.

Im Beispiel ▸ 1 muss die x-Achse also einen Bereich von 0 bis 25 kV abdecken und die y-Achse von 0 bis 4 mN. Es bietet sich meist an, auch den Koordinaten-Ursprung mit aufzunehmen, selbst wenn der Wert Null nicht in der Tabelle steht. Denn viele Kurven gehen trotzdem durch den Punkt (0,0). Es lohnt sich, auf dem Papier möglichst die Seitenbreite auszunutzen.

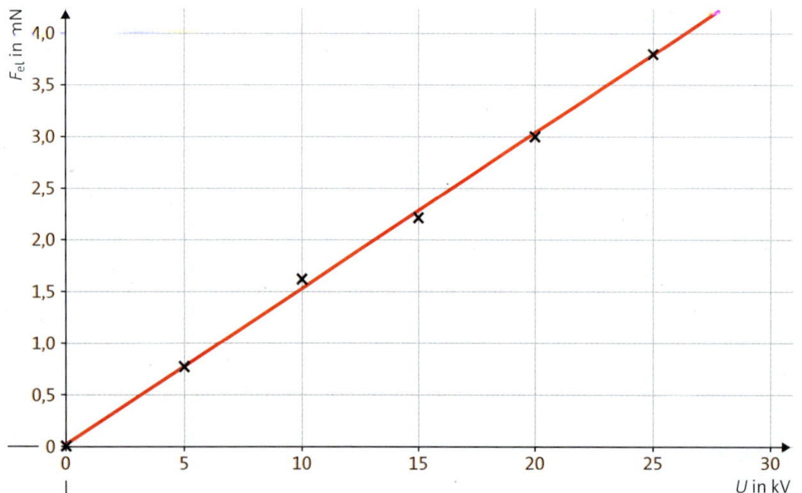

2 Kraft auf eine elektrisch geladene Kugel in einem Kondensator mit Spannung U und Plattenabstand d = 0,08 m (Daten aus ▸ 1)

Schritt 2 • Wähle die Abstände der Skalenabschnitte sinnvoll. Sie richten sich nach den Abständen der Messwerte. Hier entspricht das 5 V-Abständen auf der x-Achse und 0,2 A oder 0,25 A-Abständen auf der y-Achse (▸ 2).

Die Achsen beschriftest du mit der Bezeichnung der aufgetragenen Größen. Hier sind das die Spannung und die elektrische Kraft. Vergiss dabei nicht, auch Formelzeichen und die entsprechende Einheit anzugeben. Bei sehr kleinen oder großen Werten müssen die Achsen entsprechend skaliert werden, z. B. „in kV" bzw. „in mN".

Schritt 3 • Danach trägst du die Messwerte in das Diagramm ein. Achte darauf, möglichst genau zu sein. Hast du keine Hilfslinien zur Verfügung, hilft ein Geodreieck oder Lineal. Jeder Messwert ist dabei ein Punkt im Diagramm. Kennst du die Messunsicherheit, kannst du auch Fehlerbalken eintragen. Nimm die Eintragung so präzise wie möglich vor, da du aus den Werten ggf. später weitere Informationen gewinnen musst.

Schritt 4 • Je nach Aufgabenstellung musst du im Diagramm auch eine Kurve einzeichnen, z. B. eine Ausgleichsgerade. Das musst du meist dann machen, wenn man aus dem Diagramm bestimmte Größen ableiten kann. Kurven solltest du aber nur dann einzeichnen, wenn auch danach gefragt wird oder die Aufgabenstellung es erfordert. Denn mit dem Eintragen einer Kurve ist stets eine Interpretation verbunden, nach welchen Regeln sich die Messwerte verhalten. Zeichnest du also eine Gerade ein, sollten die Werte auch in der Geraden liegen.

Beachte auch den Umgang mit Ausreißern. Manchmal stechen Messwerte heraus, weil sie viel kleiner oder größer sind als der zu erwartende Messwert. Ursache dafür können Messfehler sein. Dann solltest du diese Werte kritisch betrachten und sachlich beurteilen, ob dieser Wert berücksichtigt oder in der Auswertung besser vernachlässigt wird.

Diagramme erstellen

1. Achsen erstellen und beschriften
2. Skalierung wählen
3. Werte eintragen
4. Kurven einfügen

Diagramme auswerten

Um Diagramme zu verstehen und diese auswerten zu können, ist ein systematisches Vorgehen hilfreich. Die folgenden 5 Schritte geben dir Anhaltspunkte, wie du dein Vorgehen gliedern kannst, um die nötigen Erkenntnisse abzuleiten.

Selbst erstellte oder vorgegebene Diagramme werden oft auch im Rahmen einer Aufgabe betrachtet. Deshalb sind Diagramme als Teil von Aufgabenstellungen mit Operatoren wie z. B. „analysieren", „beschreiben" oder „erklären" verbunden. Um diese Aufgaben effizient zu lösen, kannst du dich nach den folgenden Schritten richten:

Schritt 1 • Zunächst lohnt es sich, das Diagramm als Ganzes zu betrachten. Dabei erfasst du das Thema, erfasst den Diagrammtitel und liest die Abbildungsunterschrift. Auch die Achsenbeschriftung gibt dir Aufschluss über die Inhalte des Diagramms.

Schritt 2 • Nach dem ersten Überblick betrachtest du die einzelnen Elemente des Diagramms. Du interpretierst Beschriftungen sowie Einheiten und Größenordnungen an den Achsen. Auch die Legende und ggf. zusätzliche Infos oder Erläuterungen geben dir weitere Informationen, wie das Dargestellte zu verstehen ist. Farben und Formen sind außerdem häufige Stilmittel, an denen du die Besonderheiten der Daten erkennst.

Schritt 3 • Dann analysierst du die dargestellten Verläufe und Kurven. Stelle fest, welche Informationen das Diagramm gibt und notiere dir deine Erkenntnisse. Welche Abhängigkeiten ergeben sich aus dem Diagramm? Was sind die Grenzen der Aussagekraft des Gezeigten? Was lernt man aus der Darstellung?

Schritt 4 • Dieser Schritt ist optional. Wenn die Aufgabenstellung danach verlangt, aus den Werten des Diagramms weitere Informationen abzuleiten, kannst du dazu die theoretische Grundlage nutzen. Möglicherweise musst du aus den Werten oder z. B. aus einer Geradensteigung eine weitere Größe ermitteln.

Schritt 5 • Am Ende solltest du die herausgefundenen Erkenntnisse schriftlich zusammenfassen. In den meisten Aufgaben leitest du aus dem Diagramm bestimmte Aussagen ab, die du dann prägnant formulieren musst. Hier ist es ratsam, dass du auch begründest, woran du deine Schlussfolgerungen fest machst und woran du bestimmte Folgerungen erkennst.

Diagramme auswerten

1 Überblick verschaffen
2 Genauer betrachten
3 Verläufe und Gesamtaussage erkennen
4 Informationen und Aussagen ableiten
5 Erkenntnisse zusammenfassen

Beispiel Interpretation von Diagramm ▶ 2

Als Beispiel betrachten wir das im vorigen Abschnitt erstellte Diagramm. Es bringt die elektrische Kraft auf eine geladene Kugel unbekannter Ladung in einem Kondensator und dessen Spannung in einen Zusammengang.

Schritt 1 • Im Diagramm wird auf der x-Achse die elektrische Kraft F_{el} auf eine geladene Kugel in einem Kondensator und auf der y-Achse die Kondensatorspannung aufgetragen. Die Werte scheinen voneinander abhängig zu sein und es ist eine Ausgleichsgerade eingezeichnet.

Schritt 2 • Die elektrische Kraft ist in Millinewton und die Spannung in Kilovolt aufgetragen. Die Werte reichen von 0 bis 25 kV bzw. von 0 bis 3,8 mN und wurden einer Messwerttabelle entnommen. Die Werte sind als Punkte eingetragen. Angaben zu Messunsicherheit gibt es nicht und Fehlerbalken wurden auch keine eingetragen. Die beiden Größen scheinen in einem linearen Zusammenhang zu stehen, denn die eingezeichnete Ausgleichsgerade passt sich mit wenig Abweichung an die Daten an. Ausreißer gibt es keine.

Schritt 3 • Die elektrische Kraft auf die Kugel steigt mit der Spannung an. Das ergibt Sinn, denn wenn die Kondensatorspannung erhöht wird, steigt die Zahl der Ladungsträger auf den Kondensatorplatten und damit die Feldstärke $E = \frac{F_{el}}{q}$. Die Kugel mit Ladung q wird damit stärker beeinflusst. Ohne die Angabe von Messunsicherheiten kann man über die Verlässlichkeit der Daten nichts sagen.

Schritt 4 • Stellt man den Zusammenhang von elektrischer Kraft und Spannung her, ergibt sich die Formel $F_{el} = \frac{q}{d} \cdot U$ für den festen Plattenabstand d. Fasst man den konstanten Faktor $\frac{q}{d}$ als Steigung der Geraden in ▶ 2 auf, kann man aus dem Diagramm die Ladung q der Kugel bestimmen. Einen erwarteten Vergleichswert gibt es hier nicht.

Schritt 5 • Der dargestellte Zusammenhang in Abb. ▶ 2 zeigt den linearen Anstieg der elektrischen Kraft mit der Kondensatorspannung. Nach der Theorie der Elektrostatik ergibt dieses Verhalten Sinn, denn mehr Spannung bedeutet mehr Ladungsträger auf den Platten und deshalb eine größere elektrische Kraft. Da der Plattenabstand konstant und angegeben ist, lässt sich aus der Geradensteigung die Ladung der Kugel bestimmen.

1 Wie kommt man eigentlich auf die Geradensteigung? Leite die Formel $F_{el} = \frac{q}{d} \cdot U$ für die elektrische Kraft auf die Kugel her.

Versuchsprotokolle schreiben

Protokolle werden zur Dokumentation der wissenschaftlichen Arbeit genutzt, beispielsweise um den Ablauf eines Experiments festzuhalten. In Protokollen sind also die relevanten Informationen eines Versuchs wie z. B. Messwerte dargestellt, um die Handlungen und Beobachtungen später nachvollziehen und auswerten zu können.

Zweck eines Protokolls • In einem Versuchsprotokoll geht es darum, Beobachtungen möglichst unvoreingenommen und genau festzuhalten. Das heißt hier solltest du zu Beginn darauf verzichten, die Beobachtungen zu interpretieren. Wenn du Ergebnisse analysierst und interpretierst, erfolgt dies stets in den letzten beiden Schritten am Ende des Protokolls. Kausale Zusammenhänge und die Frage danach, „warum" ein Vorgang in gewisser Weise abläuft, bleiben dabei zunächst unberücksichtigt. Es wird also nur dokumentiert. Wenn du ein Protokoll schreibst, solltest du die Angaben so ausführlich und präzise machen, dass der Versuch auch von anderen Personen später nachvollzogen und wiederholt werden kann.

Beim Experimentieren wird stets nur eine Variable verändert. Denn nur so kann man Veränderungen hinterher auf den Einfluss einer bestimmten Größe zurückführen. Im Protokoll solltest du diesen systematischen und strukturierten Prozess des Experimentierens genauso nachvollziehbar darstellen. Im Nachgang können die Beobachtungen dann mit wissenschaftlichen Methoden ausgewertet und mit den theoretischen Erwartungen verglichen werden. So gewinnt man neue Erkenntnisse über die Natur und die wissenschaftlichen Modelle, welche diese beschreiben (→ Basiskonzepte der Physik ▸ S. 27).

Die Struktur eines Versuchsprotokolls orientiert sich am naturwissenschaftlichen Erkenntnisweg. Deshalb folgt die Dokumentation den folgenden Schritten.

Schritt 1 • Als erstes gibst du die notwendigen Daten an, um später nachvollziehen zu können, von wem, wann, wo und wie der Versuch durchgeführt wurde. Dazu gehört die Angabe von Datum, Ort und Thema des Experiments. Auch die Namen der Experimentierenden solltest du festhalten, damit man später die verantwortliche Person für offene Fragen finden kann. Das ist auch wichtig, damit man das Experiment unter den gleichen Bedingungen wiederholen kann.

Schritt 2 • Im zweiten Schritt formulierst du die Fragestellung des Versuchs und die Hypothese. Dies hilft dir auch dabei, das Ziel und mögliche Ergebnisse vor Augen zu haben.

Schritt 3 • Danach listest du die verwendeten Versuchsmaterialien mit allen notwendigen Details auf. Dies dient auch dazu, dass der Versuch später von dir oder jemand anderem wiederholt werden kann.

Schritt 4 • Danach skizzierst du den Versuchsaufbau. Die Darstellung sollte so ordentlich und ausführlich sein, dass man darin alle wichtigen Informationen erkennen kann. Achte darauf, alle wesentlichen Merkmale und Utensilien des Versuchs abzubilden (siehe auch → Aufgaben verstehen ▸ S. 28). Prozesse können dabei durch Pfeile oder Nummerierungen angedeutet werden.

Schritt 5 • Im fünften Schritt beschreibst du die Durchführung des Versuchs. Dabei solltest du sorgfältig die notwendigen Schritte erläutern, damit andere Personen den Ablauf nachvollziehen können. Anhand deiner Ausführungen muss anderen klar sein, wie du vorgegangen bist und was sie machen müssen, um den Versuch zu reproduzieren. Dabei beantwortest du die folgende Frage: „Welche Handlungen habe ich vorgenommen, um eine bestimmte Beobachtung oder einen Messwert zu erlangen?"

Schritt 6 • Im Anschluss hältst du deine Beobachtungen fest. Dabei musst du die Geschehnisse sachlich notieren und Messwerte ordentlich dokumentieren. Am besten nutzt du dazu eine Messwerttabelle. Trage dabei auch ein, in welcher Einheit die einzelnen Größen sind. Achte auch darauf, dass klar ist, welche Größe du verändert hast und was gemessen wurde. Wenn möglich solltest du auch die Genauigkeit der Messungen einschätzen und ggf. Messunsicherheiten angeben. Optische Phänomene wie z. B. ein Interferenzmuster kannst du auch als Skizze mit Beschriftung festhalten.

Schritt 7 • Nach der Messung kannst du die Beobachtungen auswerten. Dazu werden Auswertungsmethoden angewandt, um die Fragestellung des Versuchs zu beantworten und die Hypothese zu überprüfen. Aus den Beobachtungen und Messwerten kannst du Informationen ableiten und analysieren. Am Ende deutest du dann das Ergebnis.

Schritt 8 • Im letzten Schritt reflektierst du die Erkenntnisse. Dazu vergleichst du das Ergebnis mit der Theorie und den Erwartungen. Du solltest das Ergebnis auch beurteilen, um das Ergebnis vor dem Hintergrund der Messgenauigkeit sinnvoll ist. Zuletzt formulierst du eine Antwort auf Fragestellung vom Beginn.

Versuchsprotokolle schreiben

1. Datum, Ort und Titel/Thema des Experiments
2. Fragestellung des Versuchs und Hypothese
3. Verwendete Materialien
4. Versuchsaufbau
5. Durchführung
6. Beobachtung mit Messwerten
7. Auswertung (Deutung der Messwerte und Herausarbeiten von Infos; inkl. Fehlerabschätzung)
8. Reflexion der Erkenntnisse

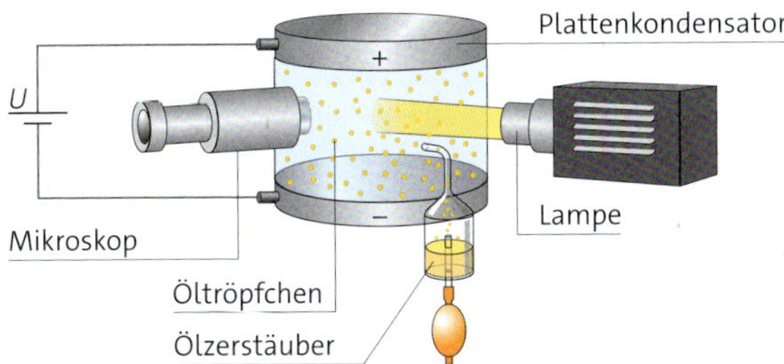

1 Aufbau zum Millikanversuch

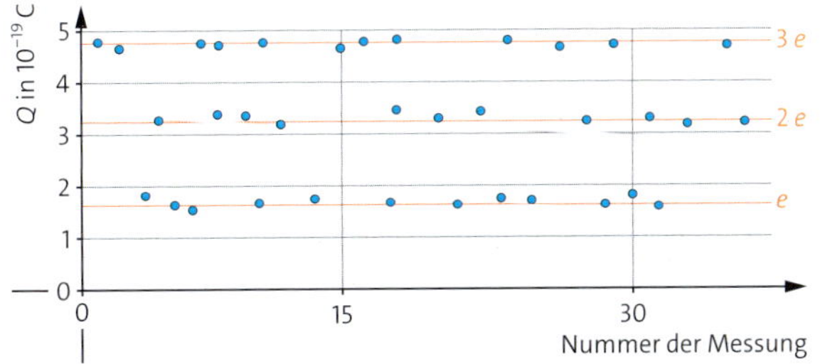

2 Beispielhafte Messwerte zum Millikan-Versuch

Beispiel Millikan-Versuch

Schritt 1 • Hier steht dein Name, wann und wo du den Versuch durchgeführt hast.

Schritt 2 • Ziel ist die Elementarladung genauer zu bestimmen als es bisher der Fall war: Wie groß ist die Ladung eines Elektrons?

Schritt 3 • Liste der verwendeten Materialien:
- Plattenkondensator in Vakuum-Glocke mit regelbarer Spannung U
- Lampe zur Belichtung
- Ölzerstäuber für Öltröpfchen
- Mikroskop zur Betrachtung

Schritt 4 • Der Versuchsaufbau ist in ▸ 1 dargestellt.

Schritt 5 • Es werden Öltröpfchen zwischen die Platten eines Kondensators gesprüht. Durch die Reibung beim Sprühen sind die Tröpfchen elektrostatisch geladen (negativ oder positiv). Nach dem Einsprühen fallen die Tröpfchen nach unten. Zuerst wird die Kondensatorspannung so variiert, dass einzelne Tröpfchen an der Stelle schweben. Die Spannung wird notiert. Dann wird die Spannung so variiert, dass die gleiche Tröpfchen sinken und die Sinkgeschwindigkeit wird bestimmt. Mit Spannung und Sinkgeschwindigkeit kann man die Ladung der Tröpfchen berechnen. Für die Formel siehe in deiner Formelsammlung oder deinem Schulbuch nach. Diese Messung und Berechnung wird für verschiedene Tröpfchen mit unterschiedlicher Ladung wiederholt.

Schritt 6 • Die aus den Messwerten berechnete Ladung der Öltröpfchen ist in ▸ 2 dargestellt.

Schritt 7 • In ▸ 2 erkennt man, dass die Werte für die Ladung Q der Öltröpfchen stets Vielfache einer kleinsten Ladung sind. Diese Ladung ist die Elementarladung e. Wenn dir die Messunsicherheit bekannt ist, solltest du diese hier auch angeben.

Schritt 8 • Liegen experimentelle Messwerte mit Fehlerabschätzung vor, solltest du diese vor dem Hintergrund der Literaturwerte reflektieren und beurteilen. Heute weiß man nach vielen verschiedenen Messungen zur Bestimmung der Elementarladung, dass der Wert der Elementarladung bei $1{,}602176634 * 10^{-19}$ C liegt.

1 Notiere dir hier die Schritte 3 und 4 für den Versuch zur Bestimmung der Ladung der Kugel im Kondensator (▸ S. 22). Skizziere rechts den Versuchsaufbau.

Anforderungsbereiche und Kompetenzen

Aufgaben lassen sich meist nach Schwierigkeit und Aufwand ordnen und in Anforderungsbereiche einteilen. Im Abitur musst du verschiedene Kompetenzen einsetzen, um eine Aufgabenstellung vollständig zu lösen. Auf dieser Seite erhältst du einen Überblick über die Erwartungen, die beim Abitur an dich gestellt werden.

1 Verschiedenen Anforderungsbereichen muss man mit passenden Kompetenzen begegnen.

Aufgaben können, je nach Schwierigkeit, in drei Anforderungsbereiche eingeteilt werden. Je komplexer die Fähigkeiten sind, die du zum Lösen einer Aufgabe brauchst, umso höher liegt der Anforderungsbereich. Im Abitur ist das Niveau einer Aufgabe nicht angegeben. Damit du aber als Vorbereitung die Schwierigkeit einer Aufgabe einschätzen kannst, wird dir in diesem Abi-Trainer bei vielen Aufgaben der Anforderungsbereich genannt. Du erkennst das an einem leeren, halbvollen oder gefüllten Kästchen an der entsprechenden Aufgabe.

Anforderungsbereich I • Der erste Bereich beinhaltet das Wiedergeben und Beschreiben von Sachverhalten. Hier sollst du dich an Inhalte erinnern und solltest diese in angemessener Fachsprache wiedergeben können. Bei diesen Aufgaben genügt es, dein bekanntes Wissen abzurufen und zu reproduzieren.

Ein Beispiel ist die Aufzählung von Charakteristika des Bohr'schen Atommodells oder die Beschreibung eines bekannten Experimentes wie z. B. dem Franck-Hertz-Versuch.

> Bei Anforderungsbereich I musst du dein Wissen wiedergeben (Reproduktion).

Anforderungsbereich II • Bereich II umfasst das selbstständige Auswählen, Ordnen, Erklären oder Darstellen von Sachverhalten. Diese Aktionen kennst du bereits aus dem Unterricht und sollen hier auf neue Inhalte angewendet werden. Dieser Anforderungsbereich erfordert von dir also vor allem Reorganisation.

Zum Beispiel sollst du erklären, wie sich ein Teilchen in einem bestimmten Feld bewegen wird. Dabei musst du dein Wissen über die Lorentzkraft anwenden.

> In Anforderungsbereich II sollst du dein Wissen auf neue Sachverhalte anwenden.

Anforderungsbereich III • Der dritte Anforderungsbereich umfasst den Umgang mit zur Verfügung gestellten Informationen. Hier wird verlangt, dass du bestimmte Sachverhalte selbst erschließt, in Zusammenhang bringst und deutest. Somit kommst du mit eigenen Herangehensweisen ans Ziel, wenn du das Gelernte sinnvoll einsetzt, um eine neue Aufgabenstellung zu bewältigen. Ein Beispiel wäre die Bestimmung atomarer Energieniveaus durch Analyse eines elektromagnetischen Linienspektrums und Vergleich mit dem Wasserstoffspektrum.

> Anforderungsbereich III verlangt von dir, dass du Wissen und Fähigkeiten auf neue Situationen überträgst und Ergebnisse reflektierst.

Kompetenzen sind die kognitiven Fähigkeiten und Fertigkeiten, die du brauchst, um Aufgaben zu lösen. Je nach Anforderung der Aufgabe brauchst du verschiedene Kompetenzen, welche auch durch die Operatoren angezeigt werden (▸ S. 28). Abi-Aufgaben zielen dabei immer auf eine oder mehrere der folgenden vier Kompetenzen ab. Du musst diese zwar nicht gezielt berücksichtigen, es lohnt sich aber, sie zu kennen.

Sachkompetenz • Mit Sachkompetenz ist gemeint, dass du Modelle und Theorien nutzen kannst, um Aufgaben und Probleme zu lösen. Dabei greifst du auf bekannte Verfahren und Experimente zurück.

Erkenntnisgewinnungskompetenz • Um neue Erkenntnisse zu gewinnen, musst du Hypothesen aufstellen und Modelle charakterisieren können. Dazu gehört auch, dass du die Methode und das Ergebnis stets deutest und kritisch reflektierst.

Kommunikationskompetenz • Erkenntnisse müssen kommuniziert werden. Dazu solltest du Informationen erfassen und aufbereiten können. Anschließend bist du in der Lage, dich darüber mit anderen auszutauschen und zu diskutieren. Dabei ist es wichtig, dass du Fachsprache verwendest. Du solltest also beim Lernen sicherstellen, dass du zu den einzelnen Themen alle wichtigen Fachbegriffe kennst und weißt, wie man sie nutzt.

Bewertungskompetenz • Inhalte sollten stets kritisch betrachtet werden. Dazu gehört auch, dass du Sachverhalte und Informationen aus fachlicher Sicht beurteilst und deine Erkenntnisse und Entscheidungen reflektierst. Nur so kannst du sicherstellen, dass Erkenntnisse vertrauenswürdig und damit wissenschaftlich sind. Ein Beispiel ist, sich mit dem Thema Kernenergie kritisch auseinanderzusetzen. Dabei könnte von dir verlangt werden, die Vor- und Nachteile von Kernkraftwerken aus physikalischer Sicht zu erläutern.

Basiskonzepte der Physik

Die verschiedenen Inhaltsbereiche der Physik werden über sogenannte Basiskonzepte strukturiert. Sie stellen themenübergreifend die wesentlichsten physikalischen Prinzipien dar. Basiskonzepte werden durch Modelle geprägt. Diese beschreiben unsere Welt mit physikalischen Konzepten.

Die physikalischen Sachverhalte der verschiedenen Themen der Physik (Mechanik, Elektrizität, Quantenphysik, etc.) haben einiges gemeinsam. Es gibt grundlegende Konzepte, sogenannte Basiskonzepte, denen du in vielen Themen immer wieder begegnest. Sie beinhalten Prinzipien und theoretische Modelle, die versuchen, die Natur über den naturwissenschaftlichen Erkenntnisweg möglichst genau abzubilden. Basiskonzepte helfen dir also, unabhängig vom Thema das Wissen zu vernetzen und zu strukturieren. Du kannst dir beim Lernen die vier folgenden Basiskonzepte bewusst machen.

Erhaltung und Gleichgewicht • In der Physik lassen sich viele Phänomene durch das Betrachten von Gleichgewichten oder Erhaltungssätzen beschreiben. Erhaltungssätze wie der Energie- oder Impulserhaltungssatz und auch Kräftegleichgewichte sind praktische Werkzeuge, um Prozesse zu analysieren und neue Erkenntnisse zu gewinnen. Erhaltungssätze helfen dir insbesondere dabei, Lösungsansätze zu finden und effektiv ans Ziel zu kommen (▶ S. 30). So kannst du beispielsweise beim Photoeffekt die Wellenlänge des Lichtes bestimmen, wenn du die Bilanz zur Energieerhaltung aufstellst. Die Impulserhaltung hilft dir immer dann, wenn es um Stöße geht (▶ 2). Das Gleichsetzen von Kräften ist sinnvoll, um Gleichgewichte zu beschreiben. So kannst du durch das Erkennen und Aufstellen von Kräftegleichgewichten z. B. beim Millikan-Versuch die Elementarladung bestimmen. Über den Hall-Effekt kannst du über das Gleichgewicht elektrischer Kräfte die Stärke eines Magnetfeldes ermitteln.

> Erhaltungssätze und Kräftegleichgewichte helfen dabei, Prozesse zu verstehen und zu analysieren.

Superposition und Komponenten • Ein wichtiges Konzept ist das Addieren von Kräften und das Aufteilen in ihre Komponenten. Indem du Größen in ihre Einzelteile zerlegst, können sich viele Phänomene vereinfachen, da sie dann weniger kompliziert sind. Beispielsweise lohnt es sich bei der Ablenkung von Teilchen in elektrischen und magnetischen Feldern, die wirkende Kraft in ihre Komponenten zu zerlegen. Indem du die Kraft parallel und senkrecht zur Bewegungsrichtung einzeln betrachtest, kannst du die Bewegung leichter vorhersagen.

Auch bei Wellen spielt die Superposition, also die Überlagerung von Elementarwellen, eine bedeutende Rolle. Interferenzeffekte lassen sich leichter verstehen, wenn du die Überlagerung der Elementarwellen betrachtest und den Wellengang mit und ohne Überlagerung analysierst. So lässt sich beispielsweise das Doppelspaltexperiment über das Huygenssche Prinzip auch grafisch nachvollziehen und das Prinzip auf andere Phänomene übertragen.

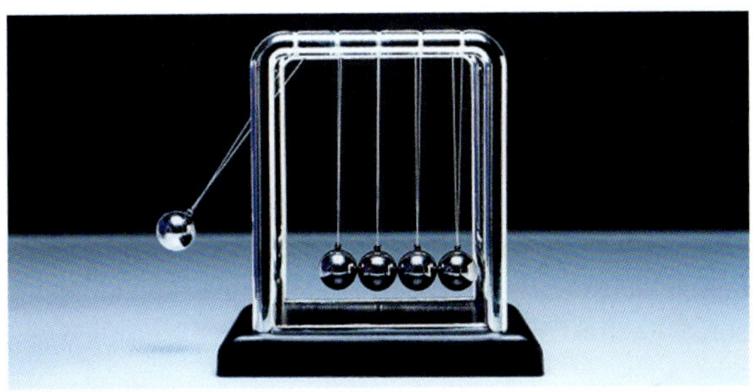

2 Erhaltungssätze helfen beim Verstehen von Phänomenen.

> Kräfte und Wellen in ihre Komponenten zu zerlegen, hilft dir dabei, Situationen besser zu überblicken.

Mathematisieren und Vorhersagen • Die Mathematik dient als Sprache der Physik. Sie ist deshalb so wichtig, weil man durch Formeln die verschiedensten Vorgänge und Zusammenhänge analytisch betrachten kann. Die genaue Berechnung von physikalischen Größen ermöglicht es dir, die Entwicklung unserer Welt zu beschreiben und neue Erkenntnisse zu gewinnen. Im Abitur helfen dir Formeln dabei, Zusammenhänge zu erkennen und Prozesse vorherzusagen. Sollst du z. B. die Geschwindigkeit eines Elektrons in einem Kondensator bestimmen, kannst du die bekannten Gleichungen nach brauchbaren Formeln durchsuchen. Das bringt dich schnell zum Ziel, wenn die Formel zur Situation passt und die gesuchte Größe darin vorkommt. Immer wenn du mit Formeln eine bestimmte Größen ausrechnest, triffst du damit eine Vorhersage, z. B. welche Energie ein Photon hat, wenn es vom Atom emittiert wird.

> Über Formeln kann man Zusammenhänge ausdrücken und Vorhersagen über Prozesse treffen.

Zufall und Determiniertheit • Gesetzmäßigkeiten erlauben es, Phänomene zu beschreiben und vorherzusagen. Das nennt man Determiniertheit. Theoretische Modelle bilden dabei möglichst genau ab, was in der Natur passiert. Gleichzeitig sind einzelne Prozesse wie z. B. der genaue Zeitpunkt für den Zerfall eines Atomkerns nicht vorhersagbar und geschehen „zufällig". Hier kann die Physik Gesetzmäßigkeiten aufstellen und statistisch vorhersagen, wie sich ein Prozess entwickelt. Der Zerfall einzelner Kerne lässt sich aber nach der Quantenphysik nicht genau beschreiben. Dieses Wissen ist wichtig, damit du Ergebnisse und Aussagen im Abitur kritisch betrachten kannst. Das ist besonders dann relevant, wenn du dazu Stellung nehmen sollst.

> Manche Prozesse lassen sich nicht für einzelne Bestandteile vorhersagen, sondern nur statistisch als Gesetzmäßigkeit ausdrücken, z. B. in der Kern- und Quantenphysik.

Aufgaben verstehen

Um Aufgaben entsprechend ihrer Anforderungen lösen zu können, musst du zunächst verstehen, was die Operatoren – also die Verben, die in einer Aufgabenstellung stehen – bedeuten und von dir fordern. Im Folgenden findest du zur Orientierung eine alphabetische Übersicht besonders häufig genutzter Operatoren. .

1) Auswerten • Mit dem Operator „auswerten" wird verlangt, dass Daten oder Ergebnisse in einen Zusammenhang gebracht und eine Gesamtaussage herausgearbeitet wird, zum Beispiel bei der Auswertung von Experimenten oder Diagrammen.

Beispielaufgabe: Werten Sie das Diagramm in Abbildung ▶ 1 zum Fotoeffekt aus.

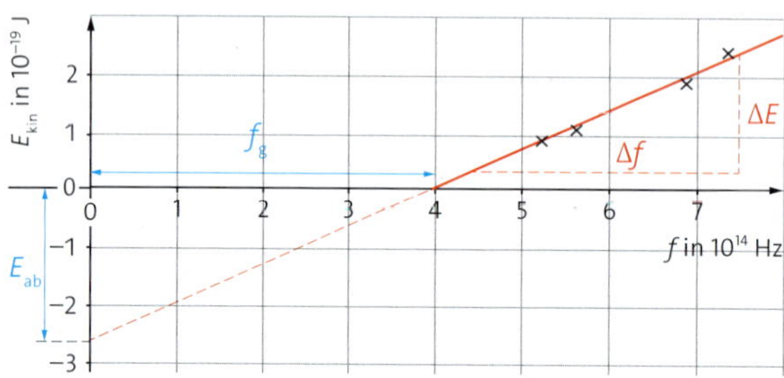

1 Fotoeffekt

Beispielantwort: Das Diagramm zeigt die kinetische Energie der Elektronen, die aus einer Metallplatte gelöst werden, welche mit Licht einer bestimmten Frequenz bestrahlt wird. Unterhalb einer gewissen Frequenz (Grenzfrequenz) werden keine Elektronen ausgelöst, da die Austrittsarbeit des Materials größer ist als die zugeführte Energie der Photonen. Danach steigt die kinetische Energie linear an: $E_{kin} = E_{Photon} - E_{ab}$. Mit der Energie $E_{Photon} = h \cdot f$ eines Photons ergibt sich das Planck'sche Wirkungsquantum aus der Steigung der Geraden; also als $\frac{\Delta E}{\Delta f}$ und die Austrittsarbeit aus dem Achsenabschnitt.

2) Analysieren • Der Operator „analysieren" ähnelt dem Operator „auswerten". Hier geht es aber nicht nur um den Zusammenhang von Daten, sondern darum, Informationen, Darstellungen, usw. im Hinblick auf eine bestimmte Fragestellung zu betrachten. Auch hier suchst du Zusammenhänge und beschreibst diese dann vor dem theoretischen Hintergrund.

3) Begründen • Sollst du eine bestimmte Aussage „begründen", ist nach Argumenten gefragt, die einen Sachverhalt plausibel machen. Dann musst du Sachverhalte auf Regeln und Gesetzmäßigkeiten zurückführen, z. B. auf Gesetze und Formeln.

Beispielaufgabe: Begründen Sie, warum die Messwerte in ▶ 1 nicht alle genau auf der Geraden liegen.

Beispielantwort: Die Messwerte unterliegen einer bestimmten Messunsicherheit. Auch, wenn die tatsächlichen Werte in der Theorie auf einer perfekten Geraden liegen, können durch Ungenauigkeiten bei der Messung Abweichungen auftreten. Innerhalb der Messgenauigkeit sollten die experimentellen Ergebnisse mit der Theorie übereinstimmen.

4) Beschreiben • Der Operator „beschreiben" fordert dazu auf, Sachverhalte oder Zusammenhänge in eigenen Worten und in angemessener Fachsprache wiederzugeben.

Beispielaufgabe: Beschreiben Sie drei Besonderheiten das Bohrschen Atommodells.

Beispielantwort: Das Bohr'sche Atommodell beschreibt die Konstellation von Atomkern und Elektronen in vereinfachter Form. Die negativen Elektronen bewegen sich mit konstantem Tempo in konzentrischen Kreisen um den positiven Atomkern. Sie bewegen sich dabei strahlungsfrei und befinden sich auf einem bestimmten Energieniveau. Durch den Übergang zwischen zwei Energieniveaus, gibt das Atom Energie ab oder nimmt sie auf.

5) Beurteilen • Beim „Beurteilen" wird verlangt, dass du zu einem Sachverhalt Stellung nimmst. Deine Aussage soll dabei von Fachwissen und allgemeingültigen Erkenntnissen gestützt werden.

Beispielaufgabe: In einem internationalen Experiment wird die Geschwindigkeit von UV-Strahlung über eine Entfernung von 5 000 km gemessen. Als Ergebnis erhalten die Forscher*innen einen Wert von 299.900.000 $\frac{m}{s}$. Dieser Wert liegt aber über der Lichtgeschwindigkeit. Wurde damit die Relativitätstheorie widerlegt?

Beurteilen Sie das Ergebnis der Forschungsgruppe hinsichtlich seiner Aussagekraft.

Beispielantwort: Die Messung über eine solch große Entfernung ist mit Messunsicherheiten verbunden. Hier wird keine Messunsicherheit angegeben. Da die Abweichung der Messung von der tatsächlichen Lichtgeschwindigkeit weniger als 0,4 % beträgt, ist die Abweichung vermutlich geringer als die Messgenauigkeit. Damit würde das Ergebnis mit der Theorie übereinstimmen und widerlegt demnach nicht die Relativitätstheorie.

6) Erklären • Triffst du auf den Operator „erklären", sollst du Sachverhalte plausibel machen und auf allgemeine Gesetze und Aussagen zurückführen. Verwende auch dabei angemessene Fachsprache. Dabei sollte klar herauskommen, wie du einen Sachverhalt verstanden hast.

Beispielaufgabe: Erklären Sie das Funktionsprinzip eines Massenspektrometers.

Beispielantwort: Bei einem Massenspektrometer werden geladene Teilchen nach ihrer Masse sortiert bzw. gefiltert. Dazu wird in einem Wien-Filter, einer Kombination aus elektrischem und magnetischem Feld, eine bestimmte Geschwindigkeit der Teilchen gefiltert. Die Teilchen mit bekannter Geschwindigkeit werden dann in einem homogenen magnetischen Feld abgelenkt. Durch Einstellen der Magnetfeldstärke können die Teilchen nach ihrer Masse selektiert werden. Dies funktioniert, da der Radius der Bahnkurve im Magnetfeld (aufgrund der Lorentzkraft) von der magnetischen Flussdichte abhängt.

7) Ermitteln • Beim Operator „ermitteln" soll durch Rechnung, Experiment oder Grafik ein bestimmtes Ergebnis gefunden und formuliert werden.

Beispielaufgabe: Ermitteln Sie aus Abbildung ▶ 1 das Planck'sche Wirkungsquantum.

Beispielantwort: Wie beim Operator „auswerten" erläutert, kann aus der Steigung der Geraden das Planck'sche Wirkungsquantum bestimmt werden. Dazu werden die nötigen Werte aus dem Diagramm abgelesen und in die Formel für die Steigung eingesetzt. Hier sollte man das Ergebnis noch reflektieren und ggf. auf Abweichungen zum erwarteten theoretischen Wert eingehen.

8) Herleiten • Beim „Herleiten" sollst du mit mathematischen Operationen wie Umformen, Ableiten, etc. eine Gleichung oder ein Gesetz für eine physikalische Größe aus bereits bekannten Gleichungen aufstellen. Achte darauf, dass dein Ansatz und deine Schritte beim Herleiten verständlich sind. Gib dazu besonders bei komplizierteren Herleitungen an, welche Formeln du verwendest und welche Umformungen du vornimmst.

Beispielaufgabe: Leiten Sie die Formel für die spezifische Ladung des Elektrons für das Fadenstrahl-Experiment her.

Beispielantwort: Beim Fadenstrahlrohr werden Elektronen durch ein homogenes magnetisches Feld auf eine Kreisbahn mit festem Radius gebracht. Die spezifische Ladung $\frac{e}{m}$ ergibt sich aus dem Kräftegleichgewicht von Zentripetalkraft und Lorentzkraft $F_Z = F_L$. Einsetzen führt mit $q = e$ zu folgender Gleichung:

$$\frac{m \cdot v^2}{r} = q \cdot v \cdot B$$

Umformen ergibt dann einen Ausdruck, um die spezifische Ladung zu bestimmen:

$$\frac{e}{m} = \frac{v}{B \cdot r}$$

9) Nennen • Der Operator „nennen" fordert dazu auf, Sachverhalte, Daten oder Begriffe ohne weitere Erläuterungen wiederzugeben bzw. aufzuzählen.

Beispielaufgabe: Nennen Sie drei verschiedene Arten von Kräften.

Beispielantwort:
1. Reibungskraft
2. Auftriebskraft
3. Lorentzkraft

10) Skizzieren • Beim „Skizzieren" sollst du Sachverhalte übersichtlich grafisch darstellen. Dabei muss die Darstellung im Gegensatz zum „zeichnen" nicht besonders sorgfältig sein. Hier geht es vielmehr um die schematische Visualisierung der wesentlichen Aspekte. Du solltest bei Skizzen immer angeben, was die einzelnen Symbole bedeuten. Bei komplizierten Skizzen kann es sich außerdem anbieten, die einzelnen Komponenten zu beschriften.

Beispielaufgabe: Skizzieren Sie das Prinzip einer Hall-Sonde.

Beispielantwort:

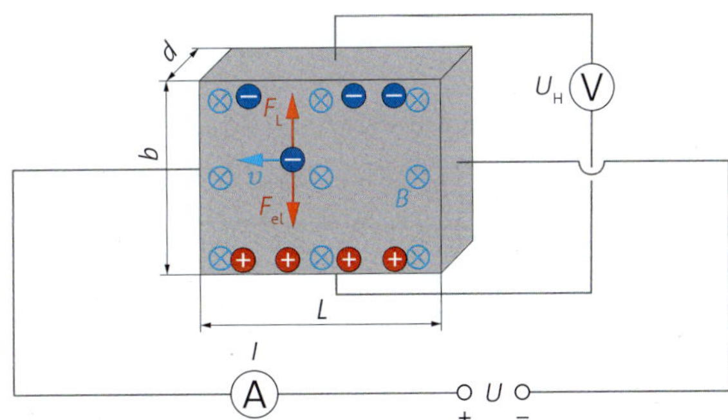

2 Hall-Sonde

A ... Amperemeter
B ... homogenes Magnetfeld (in die Zeichenebene)
b ... Breite
d ... Dicke
$\vec{F}_{el}$ ... elektrische Kraft
$\vec{F}_L$ ... Lorentzkraft
L ... Länge
U ... Spannung
U_H ... Hall-Spannung
$\vec{v}$ ... Geschwindigkeit der negativen Ladungsträger
V ... Voltmeter

Anmerkung: Achte unbedingt darauf, dass wesentliche Elemente und Charakteristika erkennbar sind. Hier sind das die Anzahl und Abstände der positiven/negativen Ladungen am Rand des Leiters. Auch die Kreise mit Kreuzen, welche die Richtung des Magnetfeldes andeuten, sollten regelmäßig angeordnet sein, da es sich um ein homogenes Feld handelt. Die Kraftvektoren sollten gleich lang und genau entgegengesetzt gerichtet sein, da es sich um ein Kräftegleichgewicht handelt.

Lösungsansätze finden

Du kennst das vielleicht: Du weißt, was eine bestimmte Aufgabe von dir fordert, aber wie fängst du an? Dazu brauchst du einen zielführenden Ansatz. Je nach Thema und Fragestellung gibt es verschiedene Herangehensweisen. Hier bekommst du einen kurzen Überblick über zwei typische Ansätze: das Gleichsetzen von Kräften und Energien.

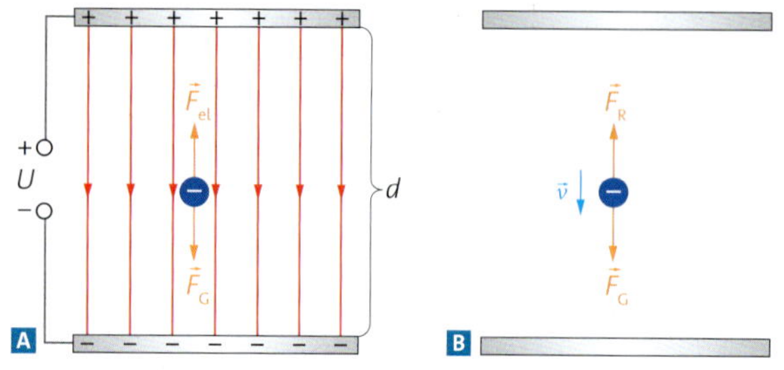

1 Kräfte beim **A** Schweben und **B** Sinken im Millikan-Versuch

Bei Aufgaben, in denen du Zusammenhänge oder Formeln bestimmen bzw. herleiten sollst, spielt der Ansatz eine bedeutende Rolle. Wenn es um die Bewegung von Objekten geht, kannst du den Prozess meist aus der Perspektive von Kräften oder Energien betrachten.

Kräfte im Gleichgewicht • Wenn sich ein Objekt mit konstanter Geschwindigkeit bewegt, z. B. beim Sinken eines Schiffes oder beim Radfahren auf einer langen Etappe, dann ist die Netto-Kraft gleich Null. Das heißt, es wirken keine Kräfte oder die Kräfte kompensieren sich gegenseitig. Dann gibt es keine Beschleunigung und die Geschwindigkeit bleibt gleich. In so einem Fall kann man die wirkenden Kräfte betrachten und ein Kräftegleichgewicht aufstellen:

$$F_{\text{Seite 1, 1}} + F_{\text{Seite 1, 2}} + \ldots = F_{\text{Seite 2, 1}} + F_{\text{Seite 2, 2}} + \ldots$$

Zum Beispiel beim Millikan-Versuch (→ Versuchsprotokolle erstellen): Die schwebenden oder sinkenden geladenen Öltröpfchen befinden sich in Ruhe bzw. bewegen sich mit konstanter Geschwindigkeit nach unten, da die Gravitationskraft von der elektrischen bzw. der Reibungskraft kompensiert wird. Man kann also die Formel $F_G = F_{el}$ bzw. $F_G = F_R$ aufstellen (▶ 1). Durch Einsetzen der einzelnen Formeln für die Kräfte kann man dann weitere Schritte vornehmen.

Ein anderes Beispiel, bei dem sich ein Objekt nicht bewegt und in Ruhe verharrt, ist bei einem im Wasser schwebenden Seepferdchen. Dort kompensiert die Auftriebskraft im Wasser die Gravitationskraft und das Tier bleibt an seiner Position: $F_G = F_A$. Um festzustellen, ob ein Kräftegleichgewicht vorliegt, gilt der folgende Merksatz:

> Befindet sich ein Körper in Ruhe oder bewegt er sich mit konstanter Geschwindigkeit, wirken keine Kräfte oder es herrscht ein Kräftegleichgewicht.

Zusätzlich kannst du dir eine Skizze erstellen und die wirkenden Kräfte einzeichnen, um dir die Situation bewusst zu machen. Sofern die gesuchte Größe, z. B. die Geschwindigkeit oder die Ladung, in den Formeln vorkommt, könnte dich dieser Ansatz zum Ziel führen.

Gleichheit von Kräften • In manchen Situationen gibt es kein Kräftegleichgewicht, aber du kannst zwei Kräfte miteinander gleichsetzen, weil sie identisch sind. So ist es z. B. immer bei der Zentripetalkraft bei Kreisbewegungen. Bewegt sich beispielsweise ein Satellit mit konstantem Tempo um die Erde, ist die Zentripetalkraft, also die Kraft in Richtung Erde, gleich der Gravitationskraft und es gilt $F_G = F_Z$.

Auch eine Ladung, die sich senkrecht zu einem magnetischen Feld bewegt, bewegt sich aufgrund der Lorentzkraft auf einer Kreisbahn. Dort sind dann Zentripetal- und Lorentzkraft gleich. Da die Zentripetalkraft von der Geschwindigkeit abhängt, kannst du daraus das Tempo bestimmen.

Manchmal bringt es einen auch weiter, eine Kraft mit dem allgemeinen Newtonschen Ausdruck $m \cdot a$ gleichzusetzen. Jede Kraft kann damit gleichgesetzt werden. Dies hilft dann, wenn du es mit einem beschleunigten Objekt zu tun hast. Über $a = \frac{\Delta v}{\Delta t}$ kann man einen Zusammenhang von Beschleunigung und Geschwindigkeitsänderung herstellen.

Energieerhaltung • Immer dann, wenn Energie umgewandelt oder übertragen wird, spielt die Energieerhaltung eine Rolle. Das ist z. B. der Fall, wenn sich das Tempo eines Objektes ändert. Da Energie weder verloren geht noch erzeugt werden kann, ist die Summe aller Energieformen. Das heißt, bei Aufgaben, in denen Energie ihre Erscheinungsform ändert, bietet sich meist das Aufstellen einer Energiebilanz an. Dazu identifizierst du die beteiligten Energieformen und setzt die Summe aller Energien zu Beginn und am Ende des betrachteten Prozesses gleich:

$$E_{\text{vorher, 1}} + E_{\text{vorher, 2}} + \ldots = E_{\text{nachher, 1}} + E_{\text{nachher, 2}} + \ldots$$

Zum Beispiel wird bei einem fallenden Objekt potenzielle in kinetische Energie umgewandelt. Es gilt dann $E_{kin} = E_{pot}$. Für diesen Fall kannst du dir folgendes merken:

> Wird Energie umgewandelt bzw. übertragen, z. B. wenn sich das Tempo eines Objektes ändert, dann stelle eine Energiebilanz auf.

Ein anderes Beispiel ist die Beschleunigung einer Ladung in einem Plattenkondensator. Hier wird elektrische Energie in kinetische Energie umgewandelt und es gilt $E_{kin} = E_{el}$.

Für das Lösen von Aufgaben hilft es also, wenn du die einzelnen Formeln für die Energieformen einsetzt und nach der gesuchten Größe umformst. Ob ein Ansatz zielführend ist, erkennst du daran, dass die gesuchte Größe nach dem Aufstellen und Einsetzen einer Formel in dieser vorkommt. Dabei sollten die anderen Größen aus der Aufgabenstellung bekannt sein.

Aufgaben lösen

Damit du eine Aufgabe zielführend bearbeitest und die volle Punktzahl erreichst, sind verschiedene Schritte notwendig. Vom Lesen und Verstehen der Aufgabe über das Aufstellen eines Lösungsansatzes bis zum Formulieren einer Antwort solltest du dir einen Plan machen, wie du effizient alle Punkte sammelst.

Schritt 1 • Bevor du dir über einen Lösungsweg Gedanken machen kannst, musst du verstehen, was bei der Aufgabe verlangt wird. Dazu liest du dir die gegebenen Informationen und die Aufgabenstellung sorgfältig durch. Dabei hilft es, wenn du dir Schlüsselbegriffe und angegebene Größen markierst. Außerdem solltest du auf die Operatoren achten (▶ S. 28). Operatoren geben an, was du für die vollständige Lösung der Aufgabe erledigen musst und wie die Formulierung einer Antwort aussehen muss.

Schritt 2 • In einem zweiten Schritt lohnt es sich, stichwortartig anwendbare physikalische Gesetze und Formeln zu notieren. Geht es in der Aufgabe beispielsweise um die Altersbestimmung von Mineralien, könnte die C14-Methode hilfreich sein. Auch das Zerfallsgesetz ist hier ein relevantes Prinzip.

Schritt 3 • Im dritten Schritt solltest du dir zu den physikalischen Gesetzen die passenden Formeln notieren. Geht es z. B. um die Bestimmung des Alters oder der Halbwertszeit eines bestimmten Isotops, hilft das Zerfallsgesetz in seiner exponentiellen Form. Hier schreibst du dir also die möglichen Formeln auf, die bei der Lösung helfen können. So kannst du schnell erkennen, ob dich die Formeln später zum Ziel führen.

Schritt 4 • Im nächsten Schritt stellst du einen passenden Ansatz auf. Dazu eignet es sich, bereits bekannte Lösungen zu reflektieren; ggf. handelt es sich um eine Reproduktionsaufgabe. Bei mathematischen Herleitungen ist es auch oft hilfreich, wenn du dir eine Skizze erstellst, beispielsweise wenn es um ein Kräftegleichgewicht oder um die Umwandlung von Energie geht. Eine Skizze kann dabei helfen, die Situation zu überblicken (▶ S. 29).

Schritt 5 • Nachdem du einen vielversprechenden Ansatz aufgestellt hast, überprüfst du, ob du über alle notwendigen Infos verfügst. Kannst du mit der aufgestellten Formel die gesuchte Größe berechnen? Hast du alle Angaben gegeben, die du für die Lösung brauchst? Und ist eine Lösung, wie z. B. die Umformung der Formel, mit den zur Verfügung stehenden Mitteln möglich? Wenn dies der Fall ist, können die Lösungsschritte notiert werden, an denen du dich dann bei der Lösung orientierst.

Schritt 6 • Wenn du den Ansatz aufgestellt und die Lösungsstrategie festgelegt hast, kannst du mit der Ausführung der Lösungsschritte fortfahren. Hierzu zählen die tatsächlichen Aktionen von Berechnung, Zeichnung, Beschreibung, etc. Hier stellst du bereits fest, ob deine Ausführungen auch zu den Operatoren in der Aufgabenstellung passen. Am Ende solltest du zu einem Ergebnis kommen, das die Aufgabe löst. Achte also darauf, dass deine Strategie zu den Anforderungen passt.

Schritt 7 • Nachdem du die Lösung erarbeitet hast, solltest du sie erkennbar aufschreiben und dir noch kurz die Zeit nehmen, um das Ergebnis zu reflektieren. Ist die Einheit und die Größenordnung des Ergebnisses realistisch? Sind die Ausführungen verständlich und klar strukturiert? Hast du alle Achsen beschriftet? Sind die Darstellungen übersichtlich und sind die Elemente deiner Skizzen gut erkennbar? Wenn du diese Fragen mit ja beantwortest, kannst du die Aufgabe guten Gewissens abschließen und dich der nächsten Herausforderung widmen.

Um Aufgaben effizient zu lösen, solltest du dir zu Beginn eine Lösungsstrategie überlegen.

Aufgaben lösen

1 Aufgabe lesen und verstehen
2 Regeln und Gesetze notieren
3 Formeln notieren
4 Lösungsansatz aufstellen
5 Plan für Lösungsschritte aufstellen
6 Lösungsschritte ausführen
7 Ergebnis festhalten und reflektieren

2 Jetzt kann's losgehen!

Abiturwissen und Übungsaufgaben

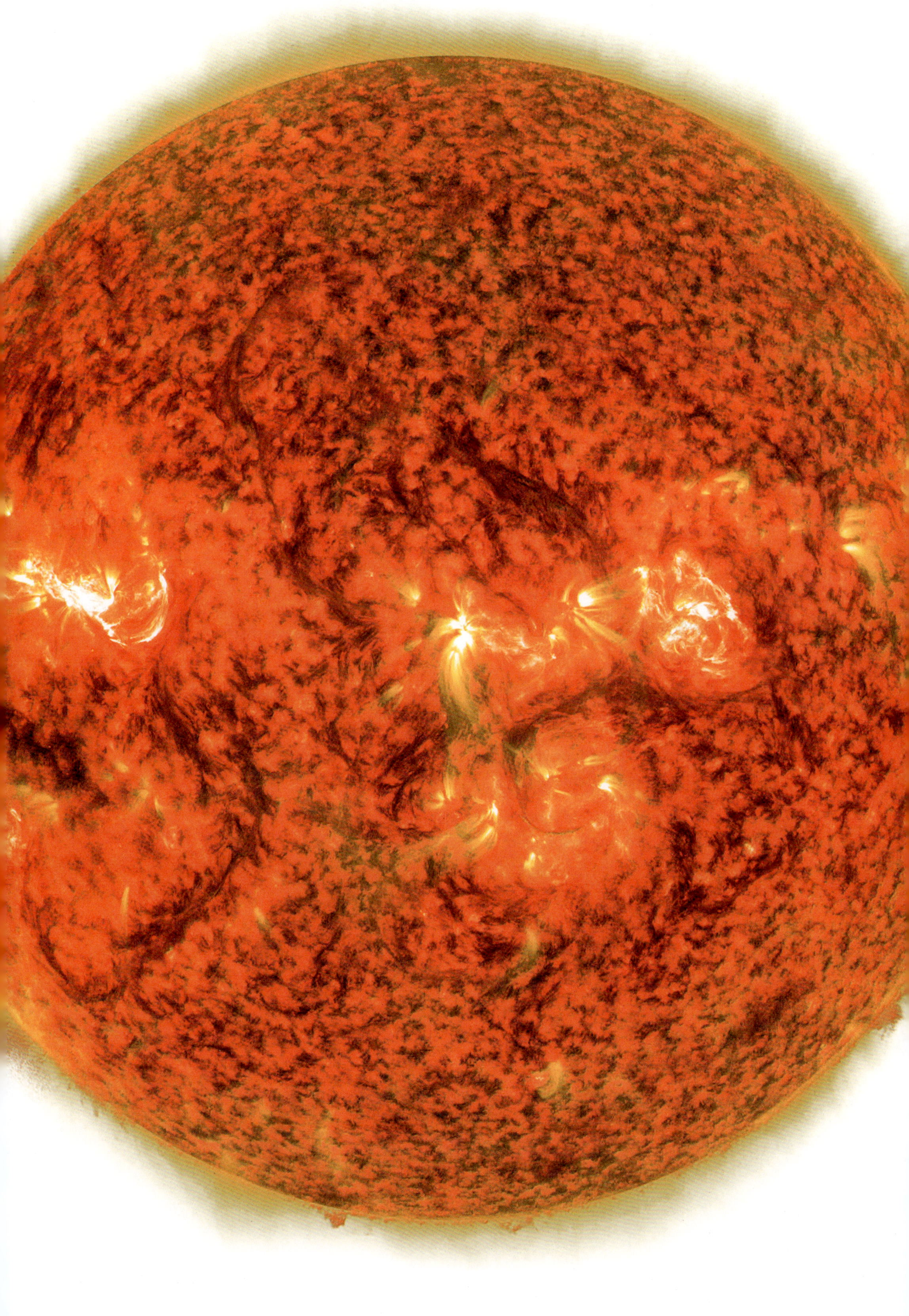

Elektrische und magnetische Felder

Einstufungstest

Karteikarten

Ich kann:

- die Bedeutung von elektrischen und magnetischen Feldern für die Beschreibung von Phänomenen erläutern.
- die Eigenschaften und zentralen Größen elektrischer und magnetischer Felder nennen und vergleichen.
- die Überlagerung von Feldern erklären und an Beispielen geometrisch konstruieren.
- homogenen und inhomogenen Felder voneinander unterschieden, ihre Eigenschaften beschreiben und Anwendungsbereiche erläutern.
- die Auf- und Entladung von Kondensatoren analysieren und mathematisch beschreiben. eA
- das magnetische Feld von Spulen beschreiben und dessen Richtung sowie Flussdichte bestimmen. eA

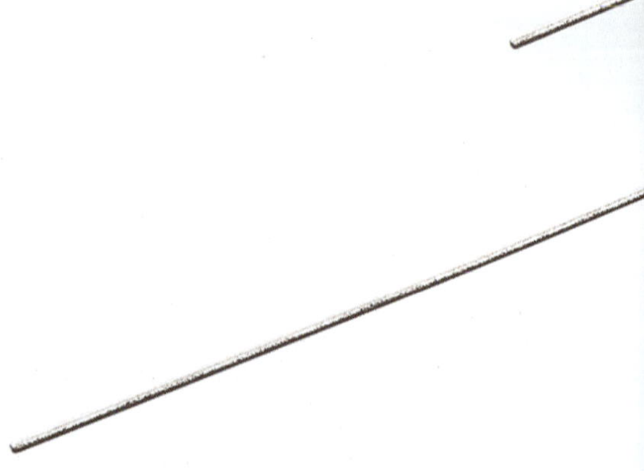

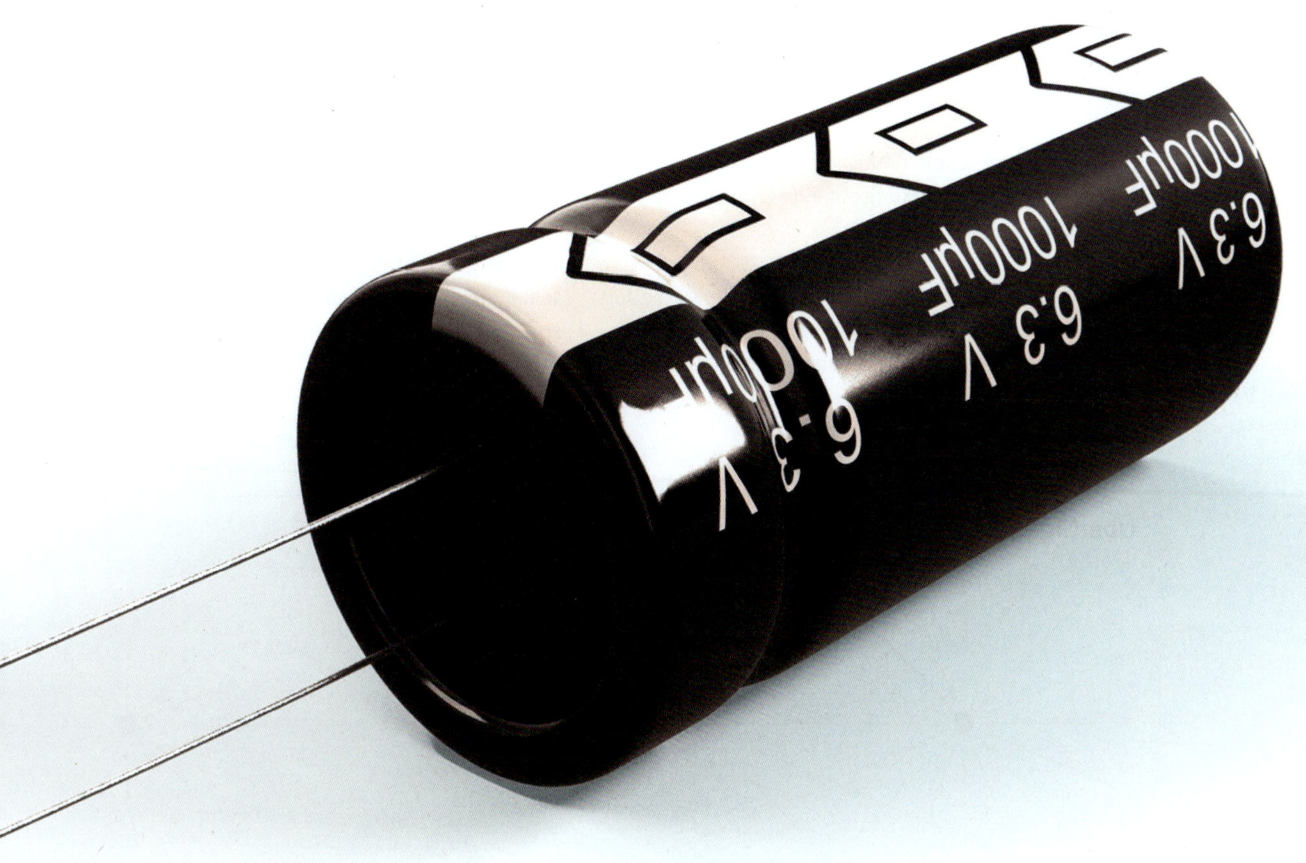
6.3 V
1000µF
6.3 V
1000µF

1 Elektrische und magnetische Felder

Elektrisches Feld

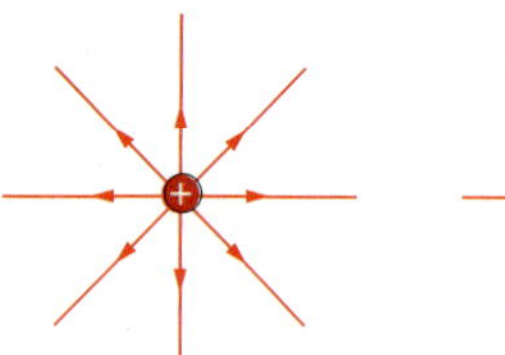

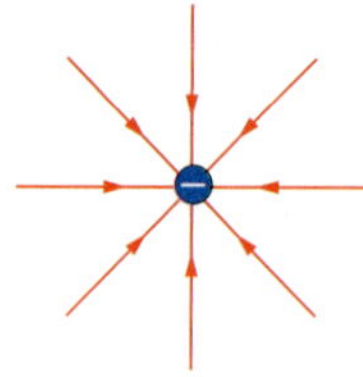

1 Radialfeld einer elektrischen Ladung

eA

Das elektrische Feld beschreibt die Kraftwirkung zwischen geladenen Körpern. Jedes geladene Objekt besitzt ein elektrisches Feld. Das Feld wird durch **Feldlinien** veranschaulicht. Für ein einzelnes Objekt oder Teilchen gehen diese radial nach außen (Radialfeld ▸ **1**). Die an eine Feldlinie gelegte Tangente gibt die Kraftrichtung an, die auf eine ins Feld gebrachte **Probeladung *q*** wirkt. Eine Probeladung ist immer eine kleine Ladung, die das Feld selbst nicht verändert.

> Die Feldlinien veranschaulichen modellhaft die Richtung der Kraftwirkung auf eine Probeladung im Feld.

eA

Feldlinie, Probeladung, Feldstärke, Coulomb-Gesetz, Spannung

- Je dichter die Feldlinien liegen, desto größer ist die dort bestehende Kraft.
- Feldlinien zeigen von positiven Ladungen weg, zu negativen Ladungen hin.
- Zwei Feldlinien schneiden sich nie.

Die Stärke eines Feldes wird durch die Feldstärke $\vec{E}$ beschrieben. Man berechnet sie über die Kraft $\vec{F}$ auf einen Probekörper mit Ladung q:

$$\vec{E} = \frac{\vec{F}_{el}}{q}; \qquad \text{Einheit: } \frac{N}{C}$$

Ebenso kann die Kraft auf ein Objekt mit Ladung q durch die Feldstärke berechnet werden:

$$F_{el} = q \cdot \left|\vec{E}\right|$$

Die Feldstärke einer Punktladung Q ist $\left|\vec{E}\right| = \frac{1}{4\pi\varepsilon} \cdot \frac{Q}{r^2}$. Daraus ergibt sich die Kraft zwischen zwei Ladungen über das **Coulomb-Gesetz**:

$$F_{el} = q \cdot \left|\vec{E}\right| = \frac{1}{4\pi\varepsilon} \cdot \frac{q \cdot Q}{r^2}$$

Das elektrische Potenzial φ_P ist ein Maß für die potenzielle Energie $E_{pot,P}$ eines Körpers in einem elektrischen Feld am Punkt P, normiert auf seine Ladung q:

$$\varphi_P = \frac{E_{pot,P}}{q}$$

Die Energie pro Ladung, die ein Teilchen z. B. durch Beschleunigung im Feld von Punkt P zu Punkt Q erhält, entspricht der **Potenzialdifferenz** und ist die **elektrische Spannung *U***:

$$U = \varphi_Q - \varphi_P = \frac{E_{pot,Q} - E_{pot,P}}{q}$$

Überlagerung von elektrischen Feldern

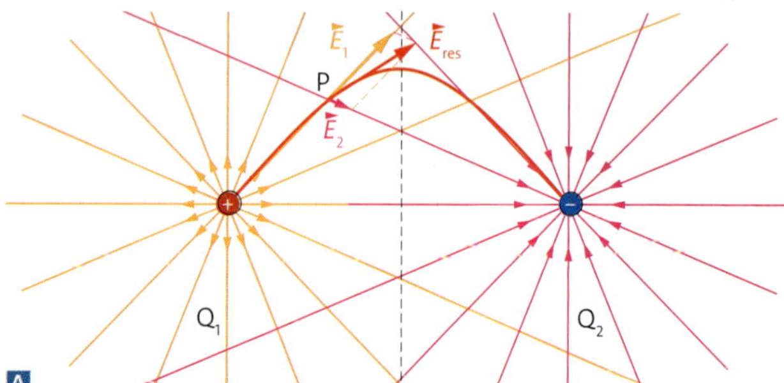

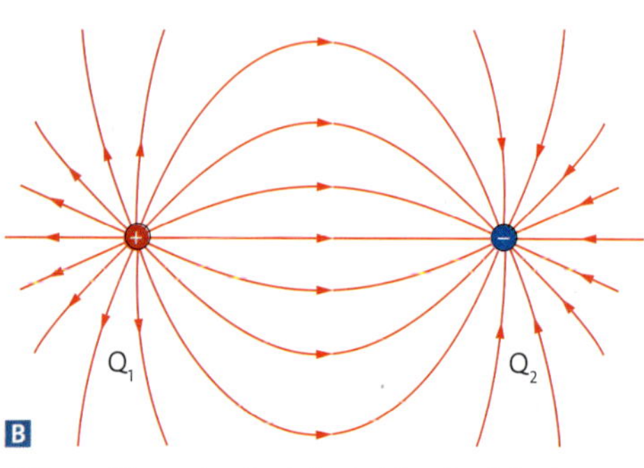

2 A Radialfelder zweier Punktladungen mit Feldstärkevektoren im Punkt P, **B** resultierendes Feld der beiden Punktladungen

Wenn sich die Felder mehrerer Ladungen überlagern, entsteht ein Feld mit gekrümmten Feldlinien. Die elektrische Kraft auf eine Probeladung in diesem Feld wirkt entlang der Feldlinien. ▸ **2A** zeigt die beiden Radialfelder der Punktladungen. Dabei geht man wie folgt vor:

1. Die Feldlinien der einzelnen Felder kreuzen sich z. B. in Punkt P. In der Überlagerung ist dies aber nicht möglich. Der tatsächliche Verlauf der Feldlinien ergibt sich in jedem Punkt durch Addition der Feldstärkevektoren $\vec{E}_1$ und $\vec{E}_2$.
2. Ganz allgemein ergibt sich der Feldstärkevektor $\vec{E}_{res}$ des resultierenden Feldes aus der Addition der einzelnen Feldstärkevektoren. Der resultierende Vektor $\vec{E}_{res}$ liegt dabei immer tangential an der Feldlinie des resultierenden Felds.
3. Wenn man $\vec{E}_{res}$ für alle Punkte des Raumes bestimmt, ergibt dich das Feldlinienbild des resultierenden Feldes (▸ **2B**).

> Die Feldlinien ergeben sich durch die Addition der Feldstärkevektoren der einzelnen Radialfelder.

Feldstärkevektor

Feld eines Plattenkondensators

In einem Plattenkondensator tragen die positive und negative Platte gleich viele Ladungen. Deshalb zeigen die Feldlinien direkt von der positiven auf die negative Platte.

Sie stehen bei Metallen immer senkrecht auf die Oberflächen (▶ 3). Die Feldlinien sind parallel und gleichmäßig im Raum verteilt, man nennt das äquidistant. Die elektrische Kraft auf einen geladenen Probekörper im Feld zeigt immer zur Platte mit entgegen gesetzter Ladung.

Die Feldlinien in einem Plattenkondensator sind äquidistant und parallel. Das Feld ist überall gleich stark und gleich gerichtet und heißt **homogen**.

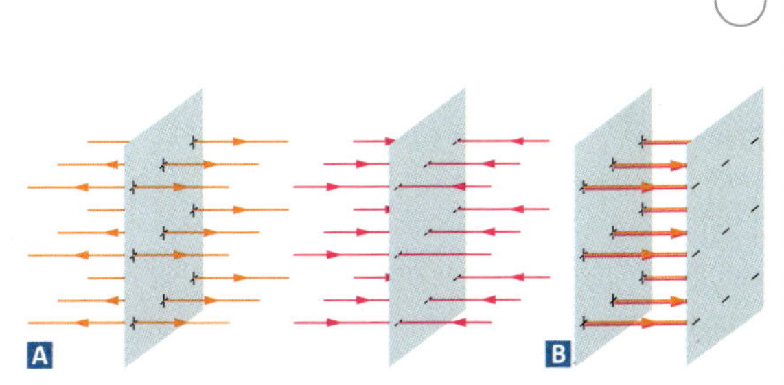

3 Feldlinienbild eines Plattenkondensators

Die Feldstärke eines Kondensators ergibt sich aus der elektrischen Spannung U und dem Plattenabstand d:

$$|\vec{E}| = \frac{U}{d} \qquad \text{Einheit: } \frac{\mathrm{V}}{\mathrm{m}}$$

homogenes Feld, parallel

Kapazität eines Kondensators

Die Kapazität C eines Kondensators bestimmt, wie viel Ladung der Kondensator bei einer bestimmten Spannung speichern kann:

$$C = \varepsilon_0 \cdot \varepsilon_r \cdot \frac{A}{d} \qquad \text{Einheit: } \frac{\mathrm{C}}{\mathrm{V}}$$

Dabei ist $\varepsilon_0 = 8{,}854 \cdot 10^{-12} \frac{\mathrm{C}}{\mathrm{V \cdot m}}$ die elektrische Feldkonstante oder auch **Dielektrizitätskonstante**. Die elektrische **Permittivität ε_r** hängt von der Füllung des Kondensators, also dem Medium (Dielektrium) zwischen den Platten ab. A ist die Fläche der Kondensatorplatten und d deren Abstand. Bei größerer Fläche passen mehr Ladungen auf die Platten und die Kapazität wird größer.

Je größer die Platten und je größer die Permittivität des Mediums ist, umso mehr Ladung kann gespeichert werden.

Die Ladung Q und die gespeicherte Energie E_{Kond} eines Kondensators ergeben sich durch Kapazität und Spannung:

$$Q = C \cdot U \quad \text{und} \quad E_{\text{Kond}} = \frac{1}{2} \cdot Q \cdot U = \frac{C}{2} \cdot U^2 = \frac{1}{2} \cdot \frac{Q^2}{C}$$

Kapazität, Permittivität, Dielektrikum

Auf- und Entladung eines Kondensators

Wird ein Kondensator in einem Stromkreis geladen oder entladen, gilt ein besonders Verhalten für Stromstärke und Spannung.

Aufladung • In ▶ 4 wird ein Kondensator geladen. Wenn der Schlater S offen ist, fließt ein Strom $I(t)$, bis der Kondensator die Spannung U_0 erreicht. Die Stromstärke ergibt sich aus dem Ohmschen Gesetz:

$$I(t) = \frac{Q}{t} = \frac{U_0 - U_C(t)}{R}$$

Da sich dabei mit der Zeit immer mehr Ladungen auf den Platten ansammeln, nehmen die Abstoßungskräfte zwischen den Ladungen zu und der Prozess wird langsamer. Die Spannung nähert sich exponentiell dem Endwert U_0 an (▶ 5). Umgekehrt sinkt die Stromstärke, bis der Kondensator geladen ist. Es gilt dann Folgendes:

$$U_C(t) = U_0 \cdot \left(1 - e^{-\frac{t}{RC}}\right)$$

$$I(t) = I_0 \cdot e^{-\frac{t}{RC}}$$

Entladung • Wenn der Schalter S in ▶ 4 zum Zeitpunkt t_1 geschlossen wird, entlädt sich der Kondensator über den Widerstand. Hier gilt der umgekehrte Prozess: Zuerst entlädt sich der Kondesator schnell, dann langsamer:

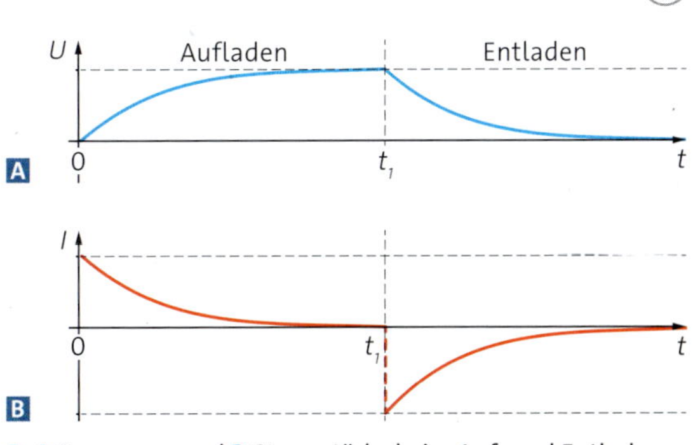

5 **A** Spannung und **B** Stromstärke beim Auf- und Entladevorgang eines Kondensators

$$U_C(t) = U_0 \cdot e^{-\frac{t}{RC}}$$

$$I(t) = -I_0 \cdot e^{-\frac{t}{RC}}$$

Die Zeit t_H, nach welcher der Auf- bzw. Entladevorgang zur Hälfte abgeschlossen ist, ergibt sich aus $U(t_H) = \frac{U_0}{2}$:

$$t_H = \ln(2) \cdot R \cdot C \approx 0{,}693 \cdot R \cdot C.$$

Der zeitliche Verlauf von Auf- und Entladung eines Kondensators mit Kapazität C über einen Widerstand R ist exponentiell. Je größer die Kapazität oder der Widerstand sind, umso länger dauert es.

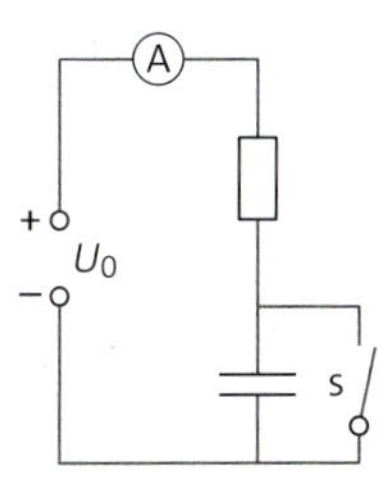

4 Kondensator im Stromkreis

Magnetisches Feld

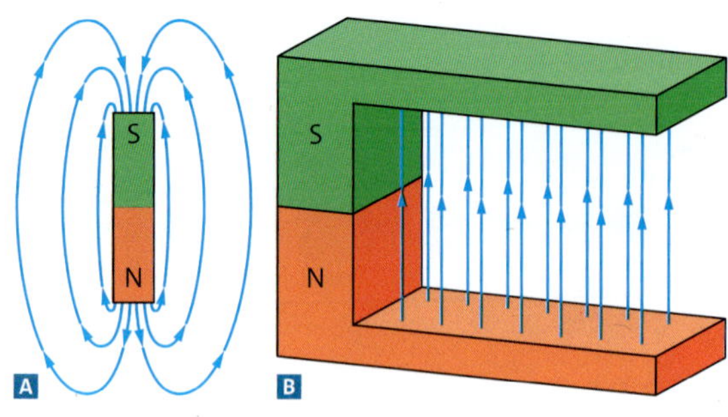

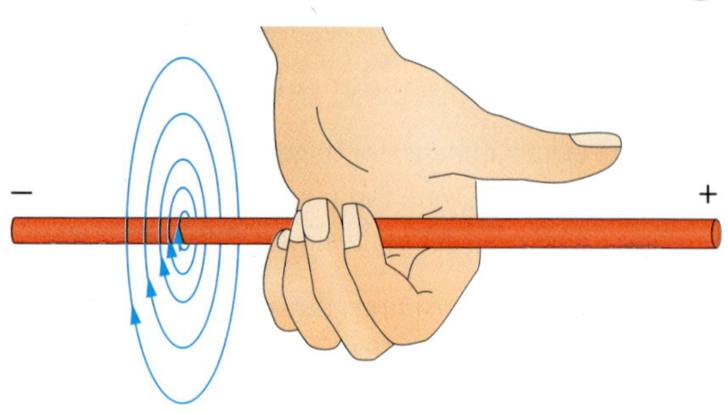

1 Magnetfeld eines A Stabmagneten, B Hufeisenmagneten

2 Magnetfeld eines stromdurchflossenen Leiters

Ein Magnetfeld entsteht durch einen Permanentmagneten oder einen Leiter, in dem ein elektrischer Strom fließt. Im Gegensatz zum elektrischen Feld gilt für Magnetfelder:

> Die Feldlinien eines Magnetfeldes sind immer geschlossen. Sie verlaufen vom magnetischen Nordpol (rot) zum magnetischen Südpol (grün) bzw. in Kreisen um einen Leiter herum.

Die Richtung eines magnetischen Feldes wird durch die **magnetische Flussdichte $\vec{B}$** angegeben.

magnetische Flussdichte

Stabmagnet • Magnetfeldlinien zeigen immer vom Nord- zum Südpol des Magneten (▶ 1A). Die Dichte der Feldlinien ist in der Nähe des Magneten am größten, dort ist das Feld also am stärksten.

Hufeisenmagnet • Die Magnetfeldlinien im Innern eines Hufeisenmagneten sind parallel und äquidistant, d. h. das Feld ist hier homogen (▶ 1B).

Stromdurchflossener Leiter • Wenn durch einen Leiter Strom fließt, bewegen sich Ladungen. Dadurch entsteht nach Oerstedt ein Magnetfeld. Die Feldlinien ordnen sich nach der Linken-Faust-Regel in konzentrischen Kreisen um den Leiter (▶ 2).

Die magnetische Flussdichte ergibt sich aus der Kraft F auf einen Leiter der Länge l, der senkrecht auf den Feldlinien eines magnetischen Feldes, z. B. verursacht durch einen zweiten Leiter, steht:

$$|\vec{B}| = \frac{F}{I \cdot l}; \qquad \text{Einheit: } \frac{\text{N}}{\text{A} \cdot \text{C}} = \text{T (Tesla)}$$

Überlagerung von magnetischen Feldern

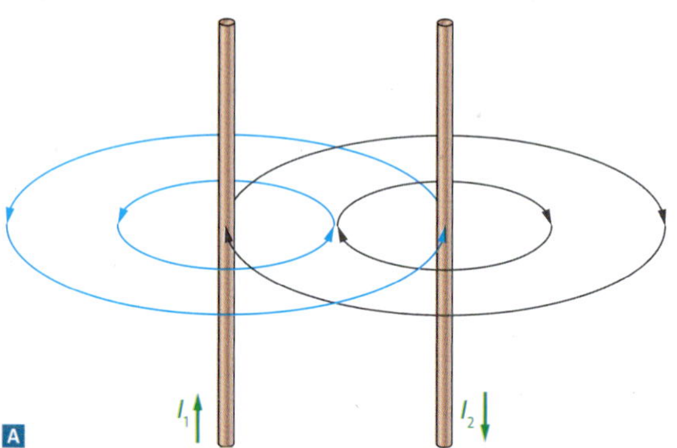

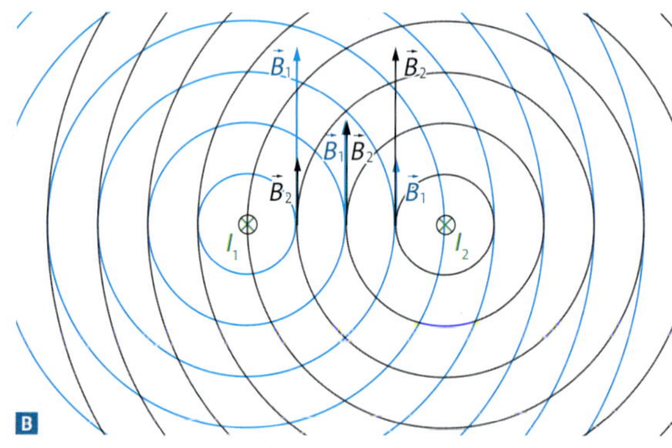

3 Magnetisches Feld der zwei parallelen stromdurchflossenen Leiter mit A entgegengesetzter Stromrichtung (aus ▶ 2) und B gleicher Stromrichtung (Draufsicht).

Wenn sich magnetische Felder überlagern, entsteht ein gemeinsames Feld $\vec{B}_{res}$. Das resultierende Feld erhält man analog zur Überlagerung elektrischer Felder über die Vektoraddition der beiden Feldvektoren $\vec{B}_1$ und $\vec{B}_2$ (▶ 3A). Wir betrachten hier zwei Leiter mit entgegengesetzter Stromrichtung:

1. In der Abbildung sind die Feldlinien übereinander dargestellt. Die Feldlinien der beiden einzelnen Felder der Leiter kreuzen sich in verschiedenen Punkten. Dort betrachtet man die Feldstärkevektoren $\vec{B}_1$ und $\vec{B}_2$.
2. Die Feldlinien treffen senkrecht auf die rote eingezeichnete Linie. Zwischen den Leitern zeigen sie in die gleiche Richtung und addieren sich. Dort ist $\vec{B}_{res}$ größer als die einzelnen Flussdichten und es kommt zur Abstoßung der Leiter.
3. Links und rechts der Leiter zeigen $\vec{B}_1$ und $\vec{B}_2$ in entgegengesetzte Richtungen. Dort ist die resultierende Flussdichte kleiner als die eines einzelnen Leiters.

Für zwei Leiter mit gleicher Stromrichtung ist die Situation umgekehrt: Zwischen den Leitern zeigt der Vektor der magnetischen Flussdichte bei beiden Leitern in entgegengesetzte Richtungen. Dort ist das Feld schwächer und die Leiter ziehen sich an. (▶ 3B).

Magnetfeld einer langen Spule

Wickelt man einen Leiterdraht zu einer Spule, liegen viele Abschnitte des Leiterdrahtes nebeneinander. Da die Stromrichtung in verschiedene Richtungen zeigt, ergibt sich das Feld wie in ▶ 4. Im Inneren der Spule ist das Feld also sehr stark und außen schwächer. Außerdem ist das Feld innerhalb einer Spule **homogen**.

Die Stärke des Feldes hängt von der Anzahl der Windungen n, der Länge der Spule l und der Stromstärke I ab:

$$|\vec{B}| = \mu_0 \cdot \mu_r \cdot I \cdot \frac{n}{l}$$

Dabei ist $\mu_0 = 1{,}256 \cdot 10^{-6} \frac{\text{V} \cdot \text{s}}{\text{A} \cdot \text{m}}$ die magnetische Feldkonstante und μ_r die Permeabilität. Sie hängt vom Medium innerhalb der Spule ab. Für Luft ist μ_r ca. 1. Bei ferromagnetischen Materialien ist μ_r größer, da das Material magnetisiert werden kann.

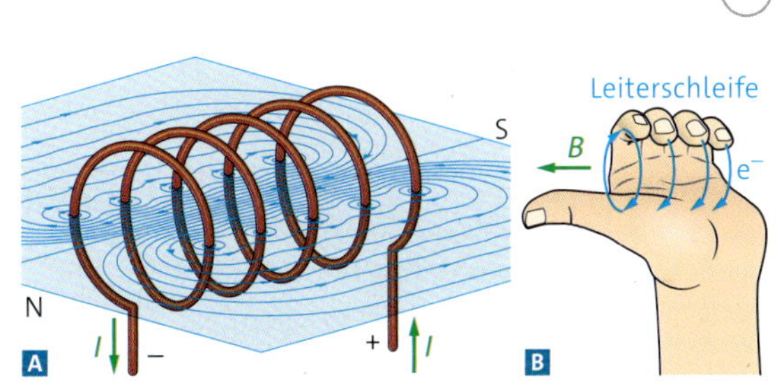

4 A Magnetfeldlinien einer Spule, B Faustregel

Beispiel Helmholtz-Spulenpaar

Mit zwei kurzen Spulen kann man ein annähernd homogenes Magnetfeld erzeugen: Bei einem Helmholtz-Spulenpaar handelt es sich um zwei Spulen mit Radius r in einem Abstand $d = \frac{r}{2}$. Durch sie fließt ein elektrischer Strom I mit gleicher Richtung (▶ 5). Die Magnetfelder beider Spulen überlagern sich in der Mitte zu einem resultierenden Magnetfeld.

Das resultierende Magnetfeld im Inneren eines Helmholtz-Spulenpaares ist näherungsweise **homogen**.

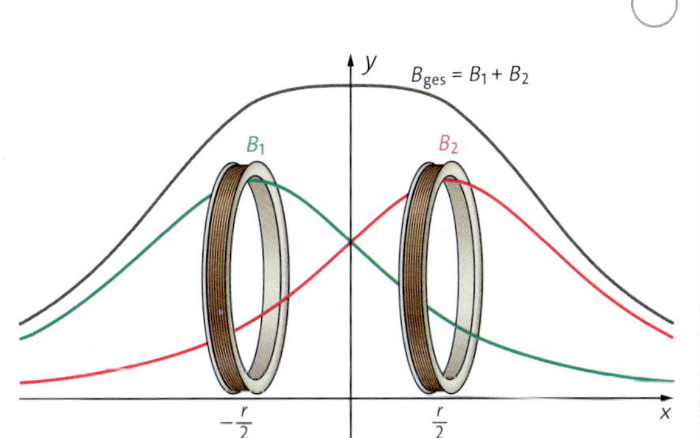

5 Magnetfeld eines Helmholtz-Spulenpaares

Wichtige elektrische Phänomene

Elektrische Influenz • In Leitern sind die Ladungsträger beweglich. Bringt man sie in ein elektrisches Feld, wirkt eine elektrische Kraft auf die Ladungsträger. Positive und negative Ladungen wandern in unterschiedliche Richtungen.

Bei einer Influenz bilden sich Bereiche mit einem Überschuss und Bereiche mit einem Mangel an Elektronen.

Elektrische Polarisation • Auch auf neutrale Körper können elektrische Kräfte wirken. Durch die unterschiedliche Kraftrichtung auf Kern und Hülle von Atomen entsteht ein räumlicher Unterschied von negativem und positivem Schwerpunkt der Atrome. Im Innenren von Festkörpern gleihen sich die Unterschiede aus.

An der Oberfläche bilden sich Ladungsschichten.

Abschirmung • Elektrische Felder können durch Dielektrika oder einen Faradayschen Käfig abgeschirmt werden. Durch das äußere elektrische Feld ordnen sich bewegliche Ladungsträger um und im Inneren bzw. hinter der Abschirmung herrscht eine geringere Feldstärke.

Elektrische Felder		Magnetische Felder	
Inhomogene Felder	Punktladungen, elektrischer Dipol	Inhomogene Felder	stromdurchflossener Leiter, Stabmagnet, Außenbereich einer Spule, Erdmagnetfeld
Homogene Felder	Kondensator	Homogene Felder	Innenbereich eines Hufeisenmagneten, Inneres einer Spule, Helmholtz-Spulenpaar
Feldstärke	$\vec{E} = \frac{\vec{F}_{el}}{q}$; Einheit: $\frac{\text{N}}{\text{C}} = \frac{\text{V}}{\text{m}}$	Flussdichte	$\lvert\vec{B}\rvert = \frac{F}{I \cdot l}$; Einheit: $\frac{\text{N}}{\text{A} \cdot \text{C}} = \text{T}$
Feldstärke eines Kondensators	$\lvert\vec{E}\rvert = \frac{U}{d}$	Flussdichte einer Spule	$\lvert\vec{B}\rvert = \mu_0 \cdot \mu_r \cdot I \cdot \frac{n}{l}$ 

6 Vergleich von elektrischen und magnetischen Feldern

Elektrische und magnetische Felder

Elektrische und magnetische Felder spielen eine wichtige Rolle für Phänomene der Elektrodynamik. Hier kannst du dein Wissen und deine Kompetenzen zu deisem Thema testen.

Elektrisches Feld

1 ☐ Eine Watteflocke hat eine Masse von 2,3 mg und ist mit 0,11 nC geladen. Berechnen Sie die Kraft im elektrischen Feld der Stärke 15 $\frac{\text{kN}}{\text{C}}$. Vergleichen Sie mit der Gewichtskraft.

2 ■ In einem Experiment wurde die Kraft auf eine geladene Kugel im elektrischen Feld gemessen.

q in nC	4,5	8,2	12,3	18,6	−3,9	−6,8	−9,5	−11,2	−15,6
F_{el} in mn	0,7	1,5	2,1	3,3	−0,8	−1,3	−1,6	−1,8	−3,0

1 Messwerte elektrische Kraft

Bestimmen Sie aus den Messwerten der Tabelle ▸ **1** den Betrag der Feldstärke möglichst genau:

a aus der Steigung der Ausgleichsgeraden im $F_{el}(q)$-Diagramm.
b als Mittelwert der Quotienten aus Kraft und Probeladung.
c mittels linearer Regression.
d Bewerten Sie die drei Methoden der Auswertung..

3 ◪ Auf einer Waage liegt ein dünner Stab mit einer kleinen geladenen Kugel mit q = 12 nC (▸ **2**). Die Waage wird auf null gestellt. Anschließend wird der Kondensator so verschoben, dass die Kugel im Feld ist. Die Waage zeigt 0,32 g an. Ermitteln Sie die Feldstärke.

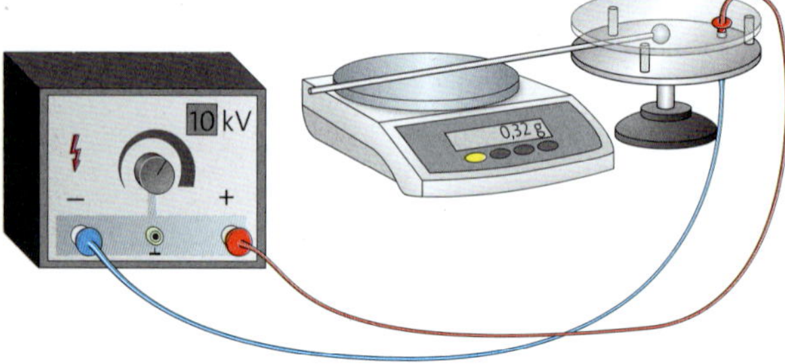

2 Vergleich elektrische und Gewichtskraft

4 ◢ Eine Kugel (m = 0,45 g, q = 3,0 nC) hängt an einem 1,2 m langen Faden (▸ **3**). Die Kugel wird in das Feld eines Kondensators gebracht. Man misst eine Auslenkung von x = 5,2 cm.

a Zeigen Sie, dass für kleine Auslenkungen $\frac{F_{el}}{F_G} \approx \frac{x}{l}$ gilt.
b Ermitteln Sie die Feldstärke.

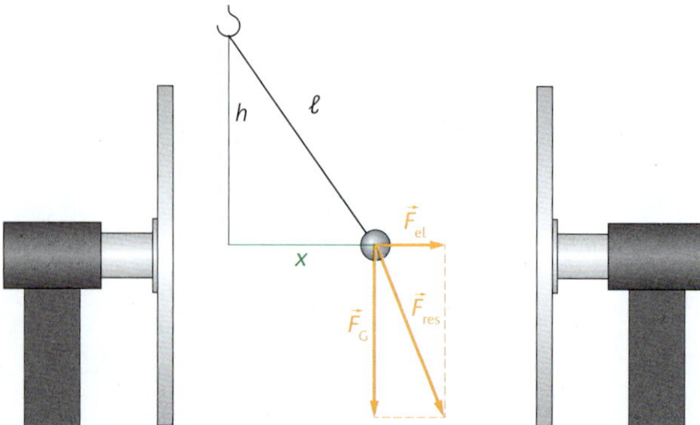

3 Kugel in Kondensator

Feldlinien des elektrischen Feldes

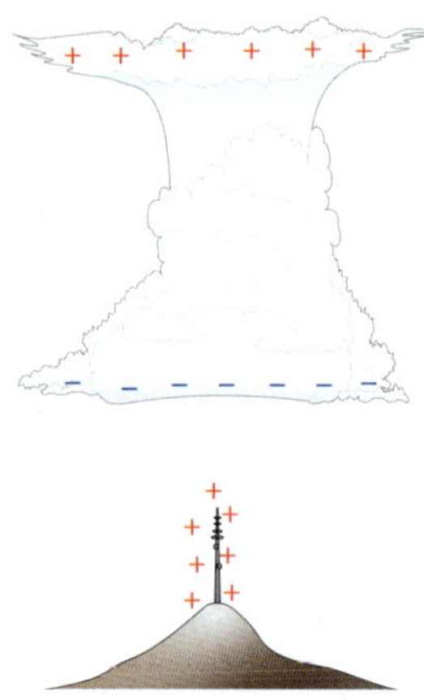

4 Stark vereinfachtes Schema der Ladungsverteilung in und unter einer Gewitterwolke

1 a ☐ Skizzieren Sie das Feldlinienbild zwischen Sendemast und Wolkenunterseite in ▸ **4**.
b ◪ Konstruieren Sie die Feldlinien des Feldes für ▸ **5**.

2 ◪ In den berechneten Feldlinienbildern 1 bis 4 in ▸ **6** ist die linke Kugel mit $Q_{zu\,1}$ = +1,0 nC geladen. Die Ladung Q_2 der rechten Kugel hat den Betrag 0,5 nC, 1,0 nC oder 2,0 nC.

a Erklären Sie mithilfe eines gedachten geladenen Probekörpers, wie die zweite Kugel geladen ist.
b Begründen Sie mit dem Probekörper, dass für jeden Punkt auf der x-Achse der Feldstärkevektor parallel oder antiparallel zur x-Achse ist.
c Im Punkt (0|0) beträgt die Feldstärke −3,6 $\frac{\text{kN}}{\text{C}}$, 0 $\frac{\text{kN}}{\text{C}}$, 5,4 $\frac{\text{kN}}{\text{C}}$ oder 7,2 $\frac{\text{kN}}{\text{C}}$. Ordnen Sie die vier Werte den Feldlinienbildern zu.

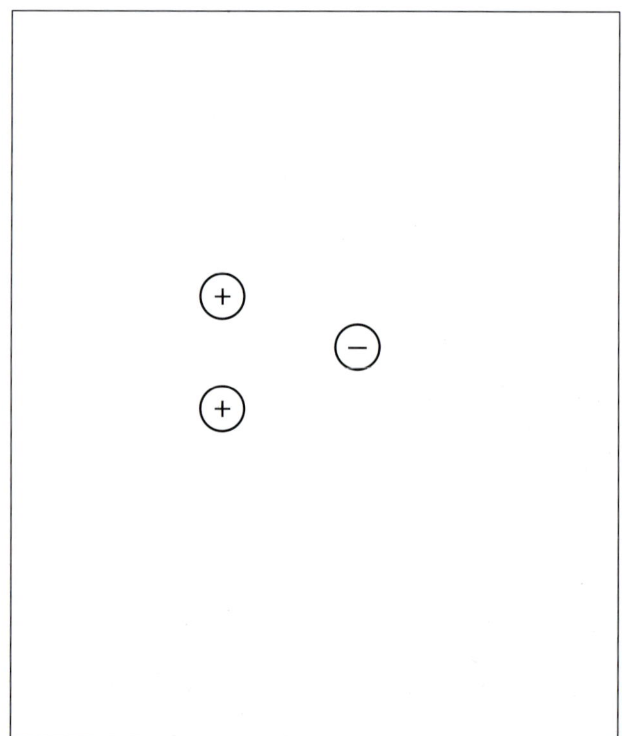

5 Ladungsverteilung

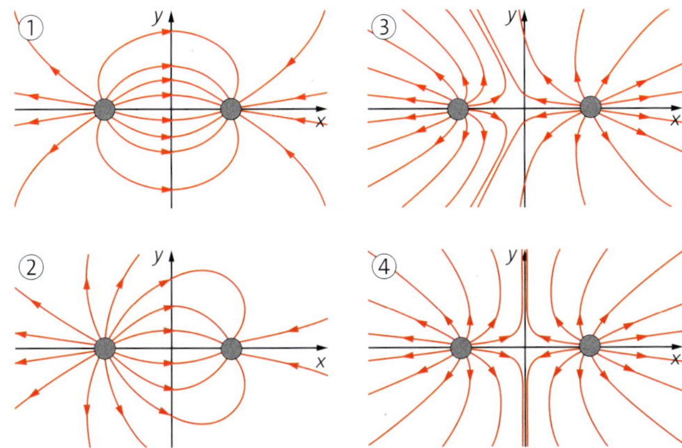

6 Feldlinienbilder

3 ◪ Feldlinienbilder sind modellhaft zu verstehen. Erörtern Sie dies anhand folgender Aussagen und Fragen.

a Marc: Man sagt, die Dichte der Feldlinien gibt an, wie stark das Feld ist. Aber durch jeden Punkt eines Felds verläuft eine Feldlinie. Wie kann es dann überhaupt eine Feldliniendichte geben?

b Emma: Feldlinien beginnen an positiv und enden an negativ geladenen Körpern. Wie ist das bei zwei positiv geladenen Kugeln?

Feld eines Plattenkondensators

1 a ☐ An einem Kondensator (d = 0,10 m) liegen 12 kV an. Berechnen Sie die Feldstärke.

b ☐ Eine Kugel (q = 2,5 nC, m = 0,40 g) wird von der einen zur anderen Platte beschleunigt. Bestimmen Sie, mit welcher Energie und Geschwindigkeit die Kugel dabei aufprallt.

c ◪ Eine Lampe wird für 3 Minuten an einen 6-V Akku angeschlossen. Die Stromstärke beträgt 0,5 A. Berechnen Sie die Leistung, die geflossene Ladung und die übertragene Energie.

2 In einem Experiment wird die Abhängigkeit der elektrischen Feldstärke von der Spannung und vom Plattenabstand untersucht. Die Bestimmung der Feldstärke erfolgt über die Messung der Kraft auf eine geladene Kugel.
Vorerst beträgt der Plattenabstand 0,08 m. Die Kugel wird mit 12 nC geladen. Die Kraft auf die Kugel wird in Abhängigkeit von der Spannung zwischen den Platten gemessen. Man erhält die Werte der Tabelle ▶ **7**.

d = 0,08 m						
U in kV	0	5	10	15	20	25
F_{el} in mN	0	0,75	1,60	2,20	3,00	3,80

U = 25 kV					
d in m	0,05	0,10	0,15	0,20	0,25
F_{el} in mN	6,1	2,9	1,9	1,5	1,1

7 Messwerte Plattenkondensator

a ◪ Erstellen Sie eine Tabelle für die Feldstärke in Abhängigkeit von der Spannung.

b ◪ Ergänzen Sie in der Tabelle aus **a** die Zeile für den Quotienten aus Spannung und Feldstärke.

c ■ Begründen Sie, dass Feldstärke und Spannung proportional zueinander sind.

3 Die Spannung beträgt nun 25 kV. Die Kugel wird wieder mit 12 nC geladen. Es wird der Plattenabstand verändert. Man erhält die Werte der rechten Tabelle.

a ◪ Erstellen Sie entsprechend zu Aufgabe 2 eine Tabelle für die Feldstärke in Abhängigkeit vom Plattenabstand.

b ◪ Ergänzen Sie die Tabelle aus a mit einer Zeile für das Produkt aus Feldstärke und Plattenabstand.

c ■ Begründen Sie, dass Feldstärke und Plattenabstand umgekehrt proportional zueinander sind.

4 Die Proportionalität $|\vec{E}| \sim U$ und die Antiproportionalität $|\vec{E}| \sim \frac{1}{d}$ lassen sich $|\vec{E}| \sim \frac{U}{d}$ zusammenfassen. Folglich muss der Quotient $\frac{|\vec{E}|}{U/d} = |\vec{E}| \cdot \frac{d}{U}$ konstant sein.

a ☐ Bestätigen Sie dies durch Berechnung einiger Werte dieses Quotienten.

b ◪ Stellen Sie eine Vermutung über den genauen Wert dieser Konstanten auf.

c ◪ Zeigen Sie, dass die Konstante dimensionslos ist, also keine Einheit hat.

d ◪ Stellen Sie damit eine Gleichung für die Feldstärke in Abhängigkeit von der Spannung und dem Plattenabstand beim Kondensator auf.

Elektrostatisches Lackieren

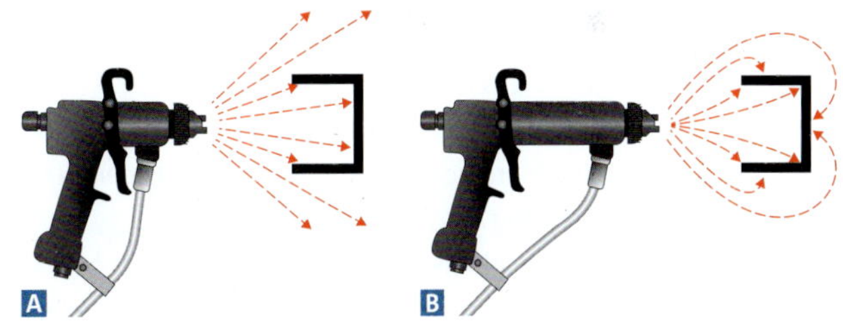

8 Elektrostatisches Lackieren

1 Beim Lackieren mit einer Spritzpistole können viele Tröpfchen am Werkstück vorbeifliegen (▶ **8A**). Zur Abhilfe legt man eine Spannung zwischen Werkstück und Spritzpistole an (▶ **8B**).

a ◪ Erklären Sie anhand von ▶ **8**, wie das elektrostatische Lackieren im Prinzip funktioniert.

b ◪ Das Tröpfchen entweicht, wenn der Betrag der elektrischen Energie durch die kinetische Energie übertroffen wird. Begründen Sie.

c ☐ Um herauszufinden, ob die Lacktröpfchen das Werkstück wirklich erreichen, ermitteln wir zunächst deren kinetische Energie. Die Tröpfchen treten aus der Spritzpistole mit einer Geschwindigkeit von 60 $\frac{m}{s}$ aus. Kleine Tröpfchen haben einen Radius von 10 µm und eine Masse von $4 \cdot 10^{-12}$ kg. Berechnen Sie die kinetische Energie der Tröpfchen.

d An der Spritzpistole liegt eine Spannung von 80 kV an. Bei gleicher Spannung wurde in einem Vorversuch bei einer Kugel mit dem Radius $r = 1$ cm die Ladung $Q = 89$ nC gemessen. Bei $r = 2$ cm wurde die Ladung $Q = 178$ nC und bei $r = 4$ cm die Ladung $Q = 356$ nC gemessen. Ermitteln Sie den funktionalen Zusammenhang.

e Berechnen Sie mit diesem Zusammenhang die Ladung Q und die elektrische Energie eines Tröpfchens. Vergleichen Sie kinetische und elektrische Energie und beurteilen Sie.

f Große Tröpfchen haben den zehnfachen Radius. Analysieren und beurteilen Sie analog.

Auf- und Entladevorgang eines Kondensators

In einem Praktikumsversuch überprüfen Jule und Paul die Nennwerte eines ELKOs (470 µF ± 20 %) und eines Widerstands (100 kΩ ± 10 %). Dazu messen Sie die Stromstärke bei der Aufladung. Sie wählen die Spannung U_0 so, dass die Stromstärke bei geschlossenem Schalter 100 µA beträgt. Diese Spannung messen sie zu $U_0 = 11{,}0$ V. Zum Zeitpunkt $t_0 = 0$ s öffnen Sie den Schalter S und messen die Zeitpunkte, zu denen die Stromstärke die Werte 90 µA, 80 µA, ... erreicht.

t in s	0	6,1	13,0	20,6
I in µA	100	90	80	70

t in s	29,2	40,1	53,4	70,2	93,5
I in µA	60	50	40	30	20

1 Messwerte Kondensator

1 a Zeichnen Sie in ▶ 2 das $I(t)$ Diagramm für ▶ 1.

b Bestimmen Sie den Widerstand.

c Berechnen Sie für jeden Zeitpunkt die Kondensatorspannung. Zeichnen Sie das $U_C(t)$-Diagramm.

d Ermitteln Sie die Kapazität des Kondensators. Bestimmen Sie dazu zu einem geeigneten Zeitpunkt aus dem $I(t)$-Diagramm die Ladung des Kondensators.

e Beurteilen Sie, ob die Messwerte für den Widerstand und die Kapazität im Rahmen der angegebenen Toleranzen liegen.

2 a Ermitteln Sie die Halbwertszeit der exponentiellen Abnahme der Stromstärke. Lesen Sie dazu aus dem Diagramm die Halbwertszeit mehrfach ab und bilden Sie den Mittelwert.

b Bestimmen Sie die Kapazität aus der Halbwertszeit. Vergleichen Sie mit der Kapazitätsbestimmung aus 1.

Magnetisches Feld

1 Bei einer 40 cm langen schlanken Spule mit 100 Windungen beträgt die Stromstärke 5,0 A. Berechnen Sie die Flussdichte.

2 Ein 10 cm langer Draht befindet sich in einem Magnetfeld der Flussdichte 56 mT orthogonal zu den Feldlinien. Die Stromstärke beträgt 8,0 A. Berechnen Sie die Kraft auf den Draht.

3 Wir betrachten zwei stromdurchflossene Drähte.

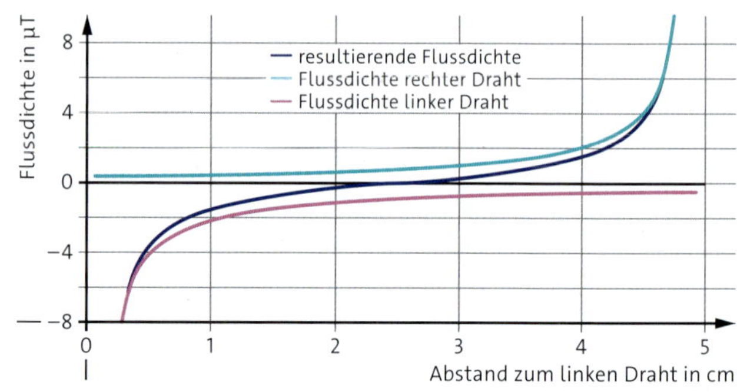

3 Magnetische Flussdichte

a Zwei Drähte werden parallel zueinander aufgehängt. Die Ströme haben dieselbe Richtung und dieselbe Stromstärke von 1,0 A. Erläutern Sie die gegenseitige Kraftwirkung mithilfe einer Skizze und der Drei-Finger-Regel.

b Nun ist die Stromstärke im linken Draht 2,0 A und im rechten Draht 0,5 A. Stellen Sie eine Vermutung auf, wie sich diese Änderung auf die Kräfte zwischen den Drähten auswirkt. Begründen Sie Ihre Vermutung.

4 Das Diagramm ▶ 3 zeigt für zwei parallele Drähte im Abstand von 5,0 cm bei gleicher Stromrichtung die berechneten Flussdichten entlang der orthogonalen Verbindungslinie zwischen den Drähten.

a Erklären Sie die Graphen hinsichtlich Betrag und Vorzeichen.

b Erstellen Sie ein entsprechendes Diagramm für zwei Drähte mit entgegengesetzten Stromrichtungen.

2 $I(t)$-Diagramm zu den Werten aus ▶ 1

Magnetisches Feld einer Spule

Leni findet in einem Buch für die Flussdichte im Mittelpunkt einer kurzen Spule folgende Gleichung:

$$B = \mu_0 \cdot n \cdot l \cdot \frac{1}{l \cdot \sqrt{1 + 4 \cdot \left(\frac{r}{l}\right)^2}}$$

dabei ist l die Spulenlänge und r der Radius der Spule. Leni überprüft die Gleichung anhand einer Spule mit 300 Windungen, einer Länge von 5,0 cm und einem Radius von 2,0 cm. Dazu misst sie die Flussdichte im Mittelpunkt der Spule für verschiedene Stromstärken. Sie erhält die Werte der Tabelle ▶ **4**.

***I* in A**	0,20	0,40	0,80	1,00
***B* in mT**	1,21	2,32	4,72	5,87

4 Flussdichte einer Spule

1 a ◪ Bestätigen Sie die Gültigkeit der Gleichung für die untersuchte Spule unter Verwendung aller Messwerte und anhand des Quotienten $\frac{B}{I}$.

b ◪ Paul hat die gleiche Spule vermessen und hat bei allen Stromstärken ein um 5 % schwächeres Magnetfeld gemessen. Erläutern Sie, welchen systematischen Fehler er bei der Messung gemacht haben könnte.

2 a □ Bestimmen Sie die Flussdichte für drei unterschiedlich lange Spulen (l = 10,0 cm; 5,0 cm; 2,0 cm) bei ansonsten identischen Daten (n = 300, r = 2,0 cm, I = 1,0 A) mit der Gleichung für eine kurze Spule und mit der Gleichung für eine schlanke Spule.

b ◪ Vergleichen Sie die Ergebnisse und beschreiben Sie, wie sich das Verhältnis von Radius zur Länge auf die Unterschiede bei den berechneten Flussdichten auswirkt.

c ◪ Nehmen Sie Stellung, ob die Formel auch bei einer schlanken Spule gilt.

Helmholtz-Spulenpaar

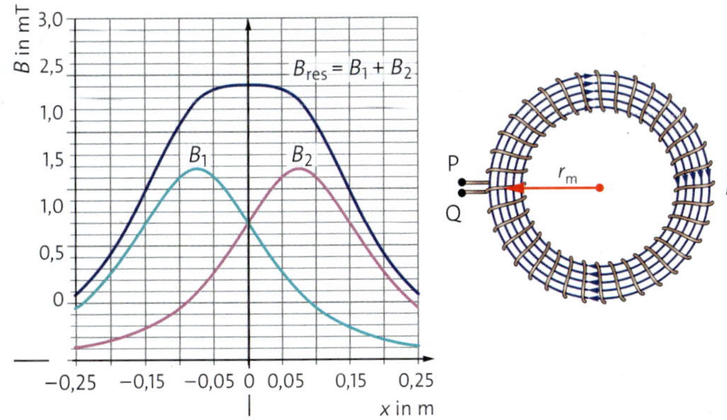

5 A Magnetische Flussdichte eines Helmholtz-Spulenpaars, **B** Ringspule

1 ◪ Ein Helmholtz-Spulenpaar besteht aus zwei sehr kurzen Spulen mit Windungszahl n und Radius r, die sich im Abstand $d = r$ zueinander befinden. Die Spulen werden so angeschlossen, dass Stromrichtung und Stromstärke I gleich sind. Dann gilt für die Flussdichte B in der Mitte des Spulenpaars:

$$B = \mu_0 \cdot n \cdot I \cdot \frac{8}{r \cdot \sqrt{125}}$$

a Beschreiben Sie, wie die Flussdichte von der Stromstärke, der Windungszahl und vom Radius abhängt.

b Es soll ein Magnetfeld der Flussdichte 2,0 mT erzeugt werden. Die Spulen haben einen Radius von 15,0 cm und jeweils 200 Windungen. Berechnen Sie die Stromstärke.

2 ◪ Das Diagramm ▶ **5A** zeigt die Flussdichten B_1 und B_2 der einzelnen Spulen in Abhängigkeit von der Position x entlang der Spulenachse.

a Erklären Sie anhand des Diagramms, wie die resultierende Flussdichte B_{res} zustande kommt.

b Geben Sie den Bereich entlang der x-Achse an, in dem das Feld näherungsweise homogen ist und begründen Sie Ihre Angabe mit den Daten.

c Skizzieren Sie den resultierenden Feldlinienverlauf in der x-y-Ebene.

3 ◪ Die Stromrichtungen in den beiden Spulen sind nun entgegengesetzt.

a Skizzieren Sie das $B_{res}(x)$-Diagramm.

b Skizzieren Sie den resultierenden Feldlinienverlauf in der x-y-Ebene.

c Beschreiben Sie, was sich verändert hat und erklären Sie, wie es zu den Änderungen kommt.

4 ■ Durch eine Ringspule mit 450 Windungen und einem mittleren Radius von 12,0 cm fließt ein Strom von 2,0 A (▶ **5B**).

a Erklären Sie, wie die Anschlüsse P und Q gepolt sein müssen, damit das Magnetfeld die skizzierte Richtung hat.

b Berechnen Sie die mittlere Flussdichte. Begründen Sie Ihr Vorgehen.

c Erklären Sie, warum das Feld im Innern der Spule nicht homogen ist.

d Beschreiben Sie, wie sich die Magnetfeldrichtung bei Umpolung ändert.

Folgende Aufgaben habe ich bereits gelöst:

Elektrisches Feld
1 ○ 2 ○ 3 ○ 4 ○

Feldlinien des elektrischen Feldes
1 ○ 2 ○ 3 ○

Feld eines Plattenkondensators
1 ○ 2 ○ 3 ○ 4 ○

Elektrostatisches Lackieren
1 ○

Auf- und Entladevorgang eines Kondensators
1 ○ 2 ○

Magnetisches Feld
1 ○ 2 ○ 3 ○ 4 ○

Magnetisches Feld einer Spule
1 ○ 2 ○

Helmholtz-Spulenpaar
1 ○ 2 ○ 3 ○ 4 ○

2

Teilchen in elektrischen und magnetischen Feldern

Einstufungstest

Karteikarten

Ich kann:

- die Wirkung von elektrischen und magnetischen auf Teilchen in Feldern erklären.
- die Bewegung von elektrischen Teilchen in magnetischen Feldern mit der Lorentzkraft erklären.
- technische Anwendungen für die Ablenkung von Teilchen in Feldern nennen und erläutern. eA
- den Hall-Effekt erklären und die Hall-Spannung bei Anwendungen berechnen. eA
- den Millikan-Versuch beschreiben und deuten.
- die Funktionsweise von Massenspektrometern zur Identifikation von geladenen Teilchen erklären. eA

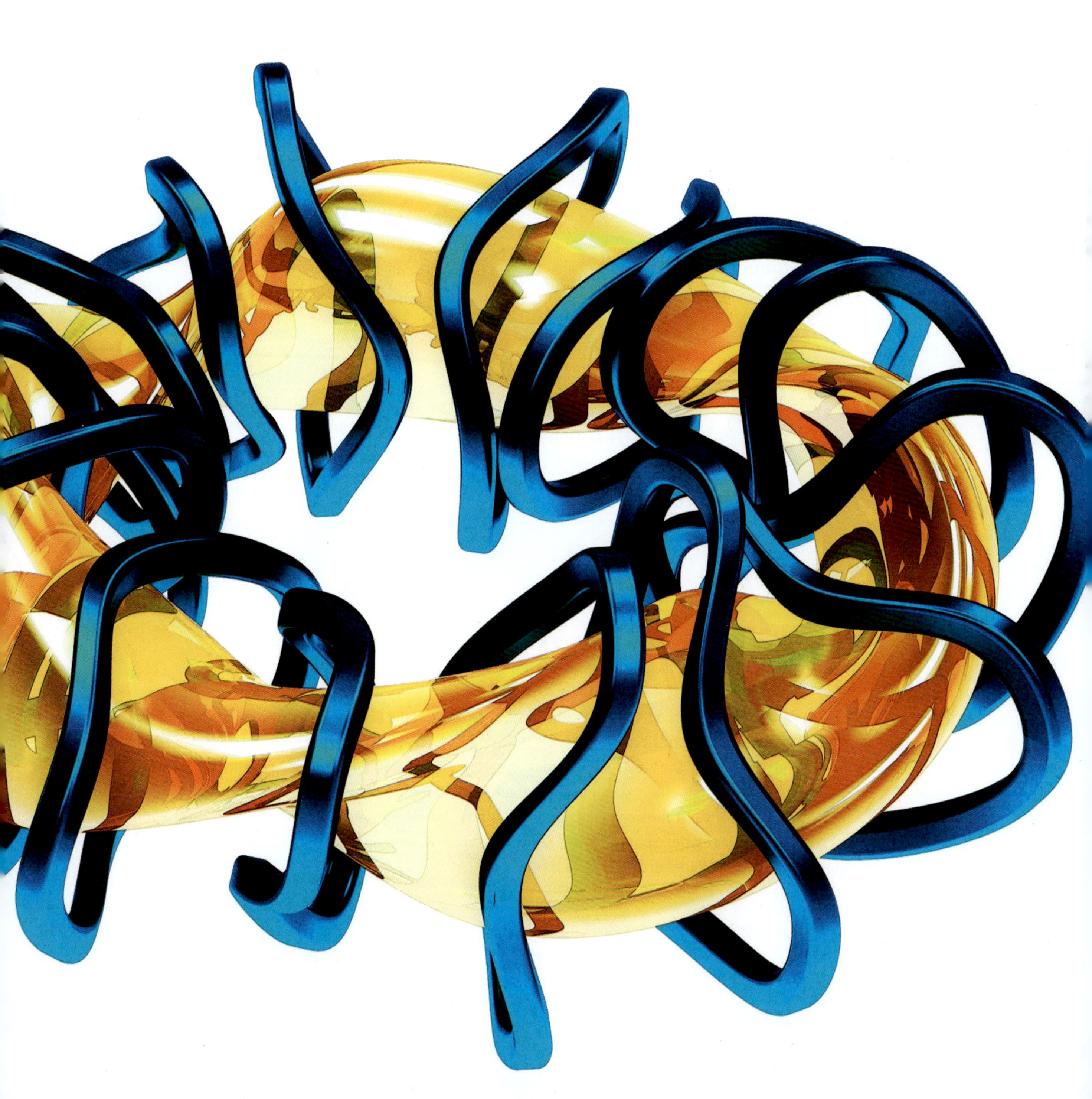

2 Teilchen in elektrischen und magnetischen Feldern

Beschleunigung im elektrischen Feld

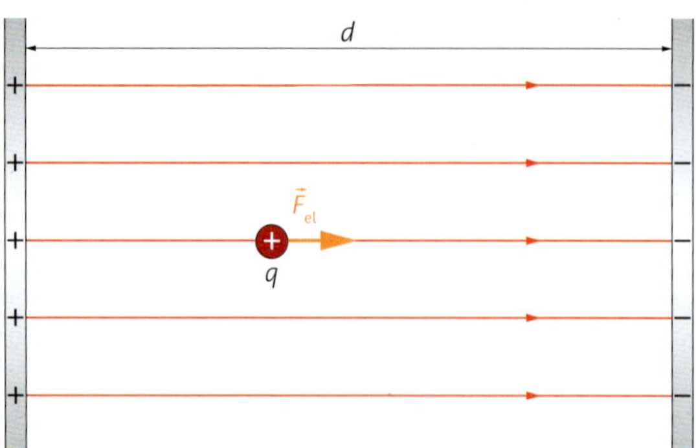

1 Negatives Teilchen in homogenem elektrischen Feld

Auf ein elektrisch geladenes Teilchen in einem elektrischen Feld wirkt eine elektrische Kraft. Diese Coulomb-Kraft wirkt entlang der Feldlinien. In einem Kondensator gibt es ein **homogenes elektrisches Feld**. Das heißt, ein geladenes Teilchen wird in Richtung der entgegengesetzt geladenen Platte angezogen (▶ **1**). Mit der Ladung q und bei einer Feldstärke E wird das Teilchen durch die elektrische Kraft $F = q \cdot E$ beschleunigt.

Ion, Feldstärke, homogenes Feld, Elementarladung

Bei einer Spannung U wird die elektrische Energie in Bewegungsenergie des Teilchens umgewandelt:

$$E = q \cdot U$$

Das Tempo des Teilchens ergibt sich über seine Masse m:

$$v = \sqrt{\frac{2 \cdot q \cdot U}{m}}\ .$$

Achtung • In einem Kondensator ist die Feldstärke $E = \frac{U}{d}$. Allerdings steht $E = q \cdot U$ auch für die Energie. Beide Größen werden also mit dem gleichen Buchstaben E beschrieben, sind aber völlig unterschiedlich. Die Feldstärke wird in V/m und die Energie in J oder eV angegeben.

Ein eV steht für die Energie, die ein Teilchen mit einer Elementarladung besitzt, wenn es mit 1 V beschleunigt wird. Umrechnen kann man die beiden Größen wie folgt:
$1\ \text{eV} = 1{,}602 \cdot 10^{-19}\ \text{C} \cdot 1\ \text{V} = 1{,}602 \cdot 10^{-19}\ \text{J}$

Beispiel für die Umrechnung eV und J:

$$5{,}4\ \text{eV} = 5{,}4 \cdot 1{,}602 \cdot 10^{-19}\ \text{J} = 8{,}65 \cdot 10^{-19}\ \text{J}\ .$$

Beispiel Braunsche Röhre

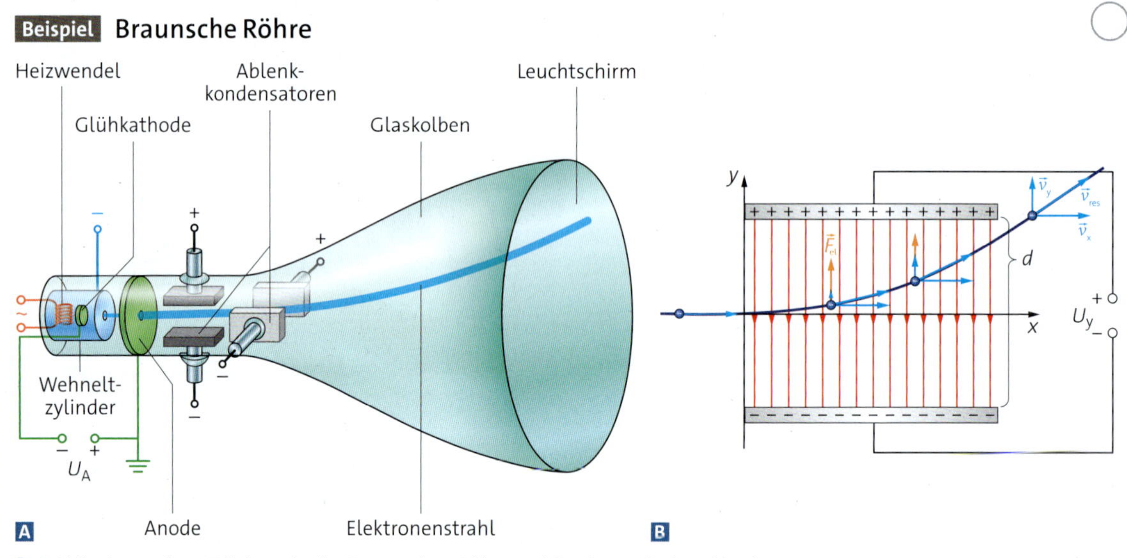

2 A Ablenkung eines Teilchens in der Braunschen Röhre und **B** schematische Ablenkung

Bei manchen Bildschirmen entsteht das Bild, indem ein gebündelter Elektronenstrahl abgelenkt wird und auf einen Leuchtschirm trifft. Die Elektronen werden in dieser Braunschen Röhre durch einen Kondensator abgelenkt und auf eine bestimmte Stelle des Bildschirms gerichtet. Durch die Veränderung der Spannung am Kondensator können verschiedene Bilder erzeugt werden (▶ **2**).

Im elektrischen Feld überlagert sich eine gleichförmige Bewegung in x-Richtung mit einer gleichmäßig beschleunigten Bewegung in y-Richtung. Für die Wege in diese Richtungen gilt: $x = v_0 \cdot t$ und $y = \frac{a}{2} \cdot t^2$.

geradlinig gleichförmig, gleichmäßig beschleunigt

Für die Beschleunigung a gilt nach dem zweiten Newtonschen Grundgesetz $a = \frac{F}{m}$. Mit $F = q \cdot E$ und $E = \frac{U}{d}$ erhält man mit $t = \frac{x}{v_0}$ den Weg in y-Richtung: $y = \frac{1}{2} \frac{U}{d} \frac{q}{m} \frac{1}{v_0^2} \cdot x^2$. Das Teilchen bewegt sich im Kondensator also auf einer parabelförmigen Ablenkkurve. Die Ablenkung am Ende des Kondensators ergibt sich zu $y_1 = \frac{1}{2} \frac{U}{d} \frac{q}{m} \frac{1}{v_0^2} \cdot l^2$.

Nach Verlassen des elektrischen Felds bewegen sich die geladenen Teilchen dann geradlinig gleichförmig weiter, also auf einer geraden Linie. Mit der Spannung U des Kondensators erhält man die Ablenkung nach der Strecke s durch $y_2 = \frac{1}{2} \frac{U}{d} \frac{l}{U} \left(\frac{l}{2} + s\right)$.

Lorentzkraft

Bewegt sich ein geladenes Teilchen senkrecht zu den Feldlinien eines äußeren Magnetfeldes, wirkt eine magnetische Kraft auf das Teilchen: die **Lorentzkraft**. Sie wirkt senkrecht auf die Richtung der Teilchenbewegung und senkrecht auf die Magnetfeldrichtung. Du kannst dir das mit **der Drei-Finger-Regel** merken: Die Lorentzkraft auf Teilchen und den elektrischen Strom hat die Richtung des Mittelfingers. Beachte dabei, dass du für negative Teilchen und den Elektronenstrom die linke Hand nimmst (▶ 3A). Für positive Teilchen und die technische Stromrichtung von + nach - brauchst du die rechte Hand (▶ 3B).

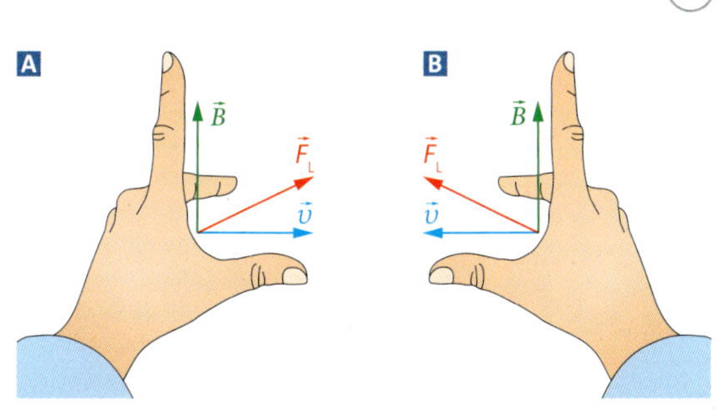

3 Drei-Finger-Regeln der Lorentzkraft für A negative Teilchen und B den technischen Strom

Die Lorentzkraft F_L ergibt sich über folgende Formel für eine Ladung Q im Magnetfeld B:

$$F_L = Q \cdot v \cdot B \qquad (\vec{v} \perp \vec{B})$$

Für einen stromdurchflossenen Leiter mit Stromstärke I und Länge l im Magnetfeld gilt:

$$F_L = I \cdot B \cdot l \qquad (\vec{I} \perp \vec{B})$$

Q... Ladung (q für die Ladung eines Teilchens)
B... magnetische Flussdichte
v... Geschwindigkeitsbetrag des Teilchens bzw. der Ladung
I... Stromstärke
l... Länge des Leiters im Magnetfeld

Lorentzkraft

Ablenkung im Magnetfeld

Die Lorentzkraft lenkt Teilchen im Magnetfeld ab, sofern sie sich nicht parallel zu den Feldlinien bewegen. Für positive und negative Ladungen ergibt sich aufgrund des umgekehrten Vorzeichens eine umgekehrte **Richtung der Lorentzkraft**.

Wenn die Bewegung senkrecht zu den Magnetfeldlinien erfolgt, bewegt sich ein freies geladenes Teilchen im Kreis. Denn die Lorentzkraft steht zu jedem Zeitpunkt senkrecht auf das Magnetfeld und auf die Bewegungsrichtung.

Für ein Magnetfeld, das in die Blatt-Ebene hinein zeigt, bewegt sich ein negatives Teilchen im Uhrzeigersinn (▶ 4A). Bei einem Magnetfeld, das aus der Ebene heraus zeigt, bewegt es sich gegen den Uhrzeigersinn (▶ 5).

negatives Teilchen		positives Teilchen	
⊗	↻	⊗	↺
⊙	↺	⊙	↻

5 Richtung des Magnetfeldes (links) und Bewegungsrichtung von Teilchen im Magnetfeld (rechts)

Bewegt sich das Teilchen nicht ganz senkrecht zum Magnetfeld, dann bewegt es sich auf einer Schraubenbahn (▶ 4B). Denn die Lorentzkraft wirkt auf die Komponente der Geschwindigkeit, die nicht parallel zum Magnetfeld ist.

Achtung • Wenn das Teilchen ungeladen ist oder sich parallel zum Magnetfeld bewegt, wirkt keine Lorentzkraft.

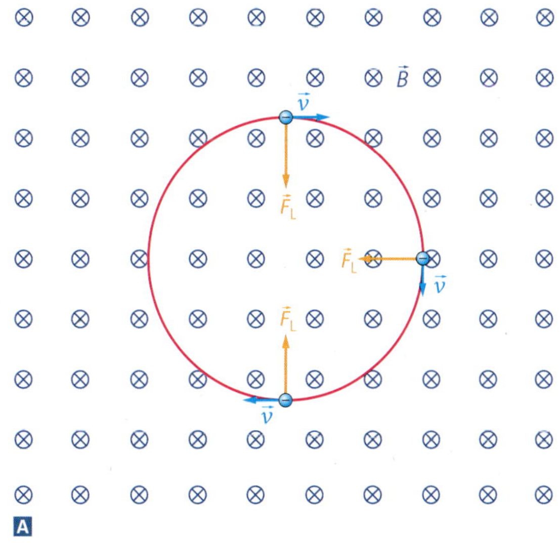

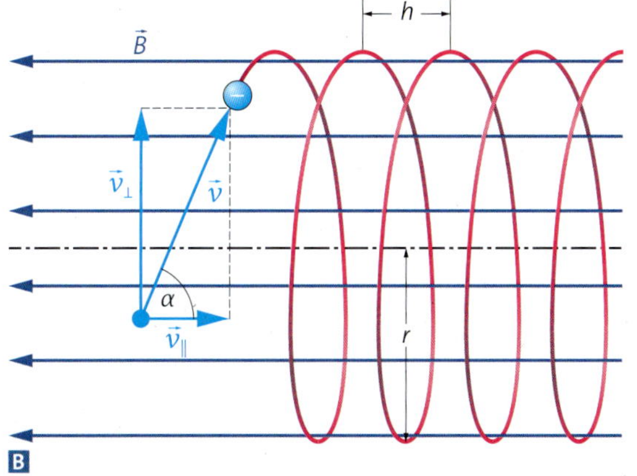

4 Teilchenbewegung im Magnetfeld als A Kreisbahn B Spirale

⊗ Magnetfeld zeigt in die Zeichenebene hinein

⊙ Magnetfeld zeigt aus der Zeichenebene heraus

parallel/senkrecht zu den Feldlinien, ablenken

Zentripetalkraft, spezifische Masse

EXPERIMENT Fadenstrahlrohr

Ziel: Bestimmung der spezifischen Masse m_e/e eines Elektrons.

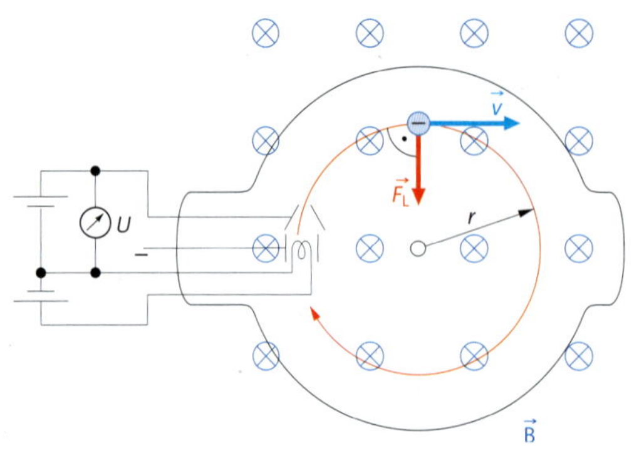

1 Fadenstrahlrohr

Durchführung: Elektronen werden in einer Elektronenkanone durch eine elektrische Spannung U beschleunigt und gelangen innerhalb einer Vakuum-Kugel in ein **homogenes magnetisches Feld** (▶ **1**). Durch die Lorentzkraft werden sie stets senkrecht zu ihrer Bewegungsrichtung abgelenkt und bewegen sich deshalb auf einer Kreisbahn. Damit kann man die Gleichung $F_L = F_Z$ für Lorentzkraft und Zentripetalkraft aufstellen. Mit $F_L = q \cdot v \cdot B$ und $q = e$ und $F_Z = \frac{m^2 \cdot v^2}{r}$ folgt dann durch Umformung:

$$\frac{m_e}{e} = \frac{1}{2}\frac{B^2 \cdot r^2}{U}$$

Ergebnis: Wenn man den Radius r der Kreisbahn misst, kann man mit der Elementarladung $e = 1{,}602 \cdot 10^{-19}$ C (z. B. aus dem Millikan-Versuch; s. Box **Millikan-Versuch**) die Masse eines Elektrons bestimmen.

EXPERIMENT Zyklotron

Ziel: Beschleunigung von geladenen Teilchen

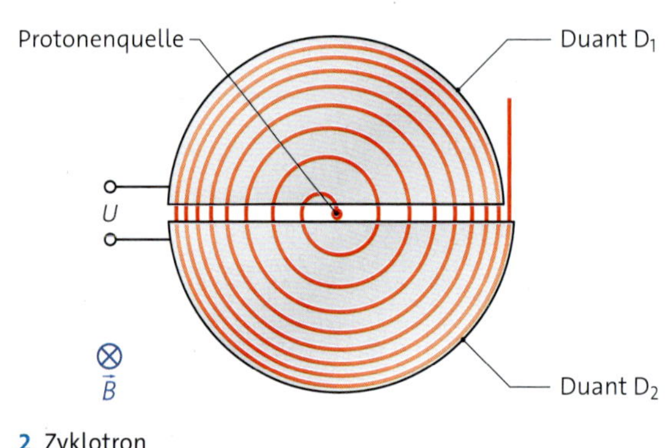

2 Zyklotron

Um geladene Teilchen auf eine hohe Geschwindigkeit zu beschleunigen, reicht ein einfacher Kondensator nicht aus. Deshalb werden die Teilchen, z. B. Protonen, in einem Zyklotron durch ein Magnetfeld auf eine Kreisbahn gebracht (▶ **2**). Dort durchlaufen sie zwei Duanten und werden immer wieder mit der gleichen Spannung beschleunigt. Dies geschieht mit einem elektrischen Wechselfeld.

Mit der Umlaufzeit kann die Frequenz der Wechselspannung so gesteuert werden, dass das Teilchen immer im richtigen Moment beschleunigt wird:

$$f = \frac{q \cdot B}{2\pi \cdot m}$$

eA

Hall-Effekt

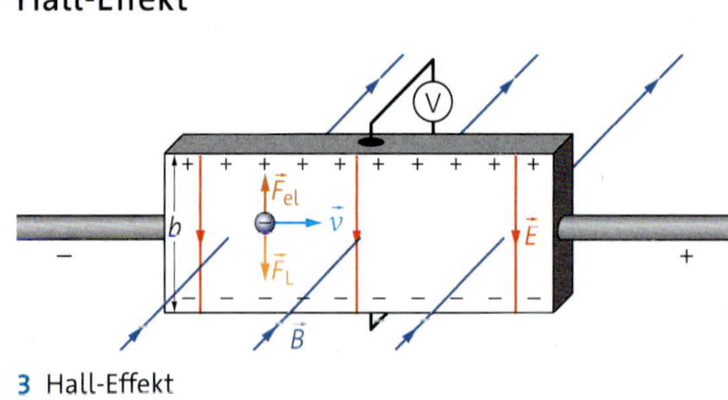

3 Hall-Effekt

Mit dem Hall-Effekt kann die **Stärke eines Magnetfeldes** bestimmt werden (▶ **3**). Dabei wird eine Sonde in ein Magnetfeld geführt. Durch die Ablenkung der Ladungsträger im Leiter der Sonde aufgrund der Lorentzkraft werden positive und negative Ladungsträger getrennt. Es ergibt sich ein elektrisches Feld und damit eine Hall-Spannung.

$$U_H = v \cdot B \cdot b$$

EXPERIMENT Leiterschaukel

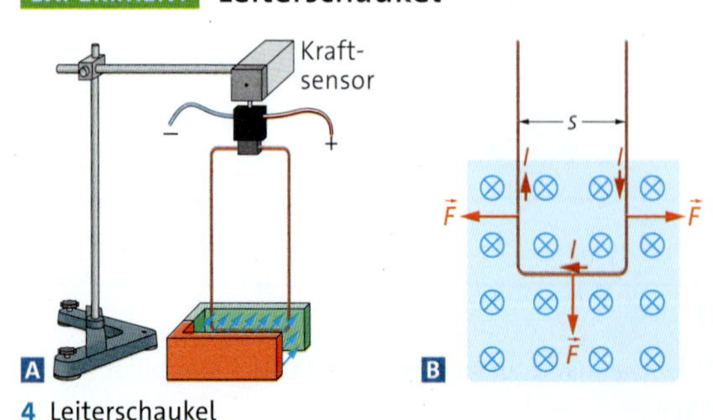

4 Leiterschaukel

Die Lorentzkraft wirkt auch auf elektrische Leiter in einem Magnetfeld. Bei einer Leiterschaukel fließt Strom durch einen Draht senkrecht zum Magnetfeld. Mit der rechten Hand-Regel sieht man, dass der Leiter ausschwenkt. In ▶ **4** wird der Leiter nach außen ausgelenkt, also aus dem Magnetfeld heraus. Dreht sich die Stromrichtung um, erfolgt die Auslenkung in die andere Richtung.
Bei langsamer Wechselspannung ändert sich die Richtung periodisch und es kommt zu einem Schaukeln.

EXPERIMENT Millikan-Versuch

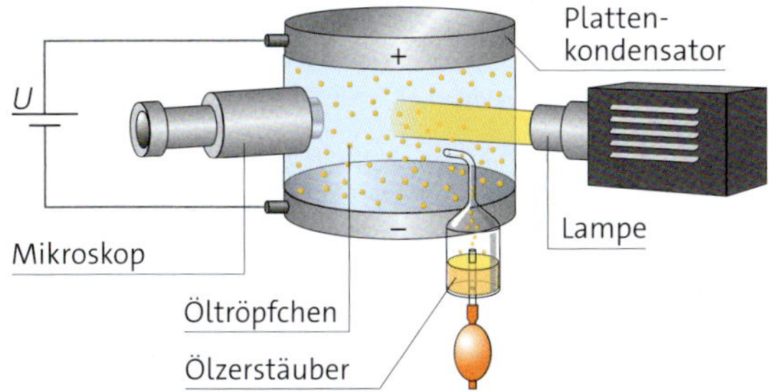

5 Aufbau Millikan-Versuch

Ziel: Bestimmung der Elementarladung e.

Durchführung: Öl-Tröpfchen werden in einen Kondensator gesprüht (▸ **5**). Auf die herabfallenden Öl-Tröpfchen mit Geschwindigkeit v und Radius r wirkt dabei aufgrund der Luft mit Viskosität η die Stokessche Reibung:

$$F_R = 6\pi \cdot \eta \cdot r \cdot v$$

Die Tröpfchen mit Ladung q sind durch das Einsprühen elektrostatisch geladen. Bei eingeschaltetem Kondensator wirkt auf die Tröpfchen die elektrische Kraft $F_{el} = q \cdot \frac{U}{d}$.

Schweben • Bei ein- bzw. ausgeschaltetem Kondensator ergeben sich zwei Zustände: das Schweben und das Sinken (▸ **6**). Durch Einstellen der Kondensator-Spannung U kann je nach Ladung der Tröpfchen ein Kräftegleichgewicht zwischen nach unten wirkender Gravitationskraft $F_g = m \cdot g$ und nach oben wirkender elektrischer Kraft eingestellt werden: $F_g = F_{el}$.

Sinken • Beim Sinken stellt sich ein Kräftegleichgewicht von Gravitationskraft und Reibungskraft ein. Das erkennt man daran, dass sich die Tröpfchen mit konstanter Geschwindigkeit v nach unten bewegen: $F_g = F_R$.

Anschließend setzt man die Kräfte ein und nutzt die Formeln $m = \varrho \cdot V$ und $V = \frac{4}{3}\pi r^3$ für den Zusammenhang von Dichte ϱ und Volumen V der Tröpfchen. Durch Umformen ergibt sich eine Gleichung für die Ladung der Öl-Tröpfchen:

$$q = \frac{9 \cdot \pi \cdot d}{U} \cdot \sqrt{\frac{2 \cdot \eta^3 v^3}{\varrho \cdot g}}$$

Ergebnis: Die Ladung q der verschiedenen Tröpfchen ist immer ein Vielfaches der Elementarladung e mit dem Wert $e = 1{,}602 \cdot 10^{-19}$ C. Es gilt also $q = N \cdot e$ für beliebige Ladungen Q und ganze Zahlen N.

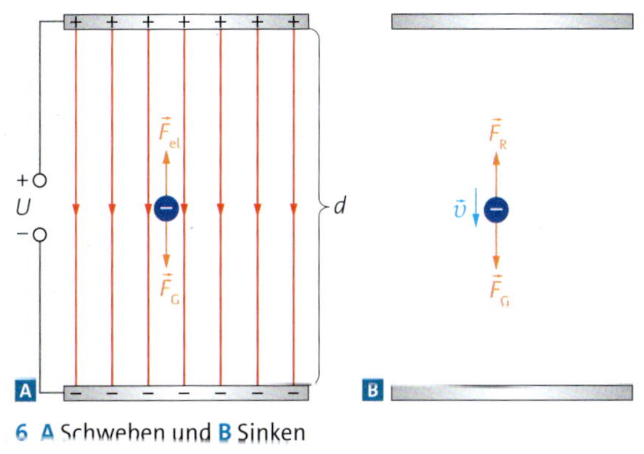

6 **A** Schweben und **B** Sinken

Viskosität, Stokessche Reibung

Beispiel Masse von Teilchen bestimmen

Durch die Kombination von elektrischem und magnetischem Feld ist es möglich, die Masse von geladenen Teilchen zu bestimmen. Dazu kombiniert man einen Wien-Filter mit einem magnetischen Feld.

Wien-Filter • Zuerst werden die Teilchen nach ihrer Geschwindigkeit gefiltert. Der Wien-Filter sorgt dafür, dass ihn nur Teilchen mit einer bestimmten Geschwindigkeit $v_0 = \frac{E}{B}$ durchqueren (▸ **7**). Dafür werden elektrisches und magnetisches Feld überlagert. Nur, wenn für ein Teilchen ein Kräftegleichgewicht mit $F_{el} = F_L$ gilt, gelangt es durch den Filter.

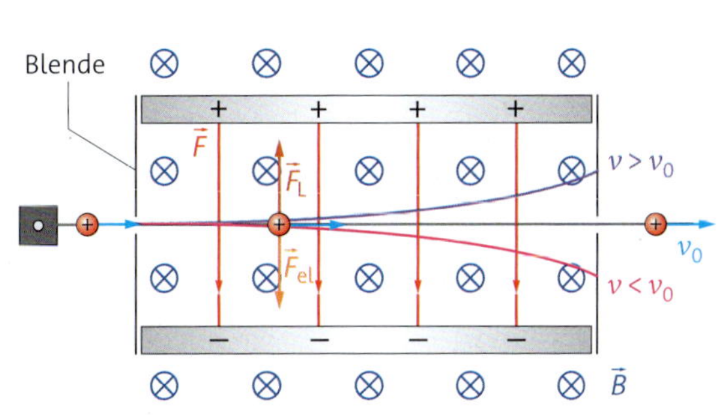

7 Wien-Filter

Massenspektrometer • Die Teilchen mit bekannter Geschwindigkeit werden dann in einem Magnetfeld abgelenkt und so nach ihrer Masse sortiert (▸ **8**). Der Radius der Kreisbahn hängt wegen $F_Z = F_L$ von der Masse ab:

$$r = \frac{m \cdot E}{q \cdot B^2}$$

Wenn man den Radius und die Ladung kennt, kann man mit dieser Formel die Masse der Teilchen bestimmen.

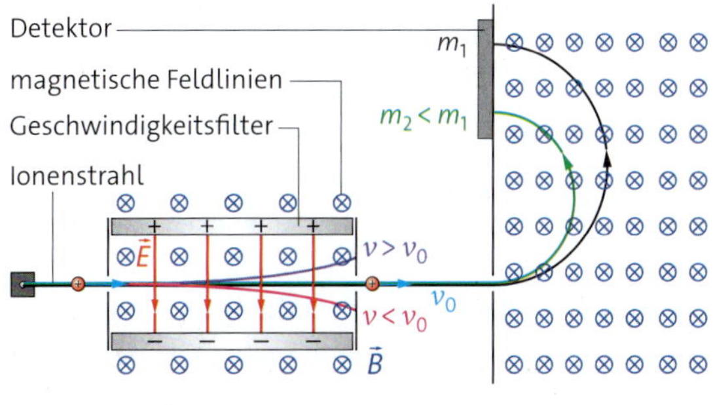

8 Massenspektrometer

Teilchen in elektrischen und magnetischen Feldern

Die Bewegung von Teilchen in Feldern ist zentral für das Abitur. Hier kannst du dein Wissen und deine Kompetenzen zu diesem Thema testen.

Teilchen im elektrischen Feld

1 ☐ Ein Elektron, ein Proton und ein Alpha-Teilchen werden in einem Kondensator der Spannung $U_1 = 300\ \text{V}$ beschleunigt. Berechnen Sie die Geschwindigkeit der Teilchen.

2 ◩ Im Anschluss werden die Teilchen mittig zwischen die Ablenkplatten eines zweiten Kondensators gelenkt (▸**1**). Die Platten haben einen Abstand von 3 cm. In einer Entfernung von 5 cm befindet sich ein Schirm, auf dem die Teilchen detektiert werden.

a Begründen Sie, warum hier nicht relativistisch gerechnet werden muss.

b Geben Sie an, wie sich der Verlauf der drei Teilchenbahnen zwischen den Platten unterscheidet und skizzieren Sie die Bahnkurve.

eA **c** Berechnen Sie, wie hoch die Ablenkspannung U_2 maximal sein darf, damit die Teilchen den zweiten Kondensator noch verlassen.

d Erläutern Sie, wie sich die Teilchen nach Verlassen des Kondensators weiterbewegen.

e Geben Sie für das Proton eine Gleichung für die Bewegung nach Verlassen des Kondensators an. Bestimmen Sie den Abstand zur Mittellinie, mit dem das Proton auf dem Schirm auftrifft.

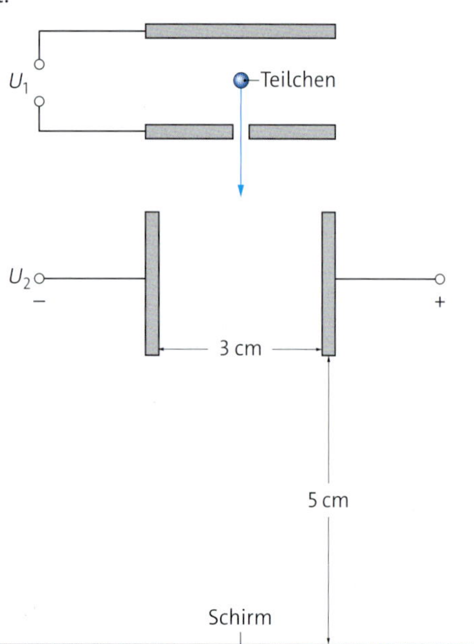

1 Teilchen im elektrischen Feld

3 ◩ Beim Millikan-Versuch werden Öl-Tröpfchen mit der Dichte $\varrho = 0{,}9\ \frac{\text{g}}{\text{cm}^3}$ durch das Einstellen der Kondensatorspannung zum Schweben gebracht. Der Kondensator hat einen Plattenabstand von $d = 1$ cm.

a Leiten Sie eine Formel für die Berechnung der Ladung der Öl-Tröpfchen für bekannten Radius und bekannte Spannung her.

b Bestimmen Sie aus ▸**2** die Ladung der Öl-Tröpfchen und stellen Sie diese in einem Diagramm dar. Vergleichen Sie das Ergebnis mit Ihrer Erwartung und dem Literaturwert.

r in µm	0,2	0,4	0,3	0,5
U in V	18,5	148,9	31,3	144,5

r in µm	0,2	0,3	0,4	0,5
U in V	9,2	20,8	49,3	96,1

2 Messwerte zum Millikan-Versuch

Bahnen von Ladungsträgern im Magnetfeld

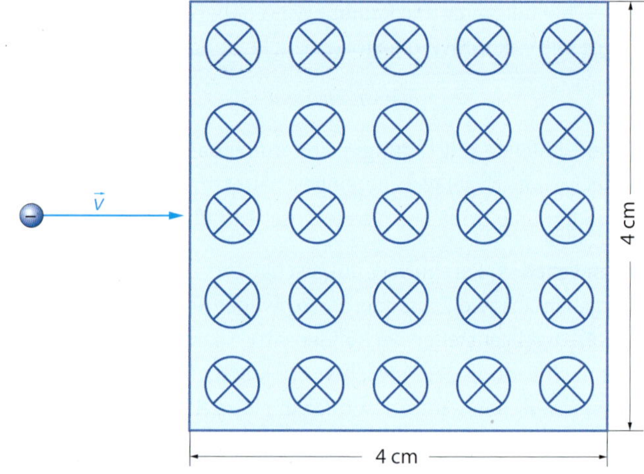

3 Begrenztes homogenes Magnetfeld

1 Elektronen treten mit einer Geschwindigkeit von $1{,}0 \cdot 10^7\ \frac{\text{m}}{\text{s}}$ orthogonal zu den Feldlinien in ein homogenes Magnetfeld der Flussdichte 0,95 mT ein. Das Feld ist auf einen 4,0 cm breiten Bereich begrenzt.

a ☐ Berechnen Sie die Spannung, mit der die Elektronen beschleunigt wurden.

b ☐ Erklären Sie, warum die Elektronen im Magnetfeld eine kreisbogenförmige Bahn durchlaufen.

c ◩ Berechnen sie den Radius der kreisbogenförmigen Bahn.

d ◩ Vervollständigen Sie in Zeichnung ▸**3** die Bahn der Elektronen. Bestimmen Sie den Winkel zur Horizontalen, unter dem die Elektronen wieder aus dem Magnetfeld austreten. Erklären Sie, wie diese sich anschließend weiterbewegen.

2 Protonen treten mit einheitlicher Geschwindigkeit orthogonal zu den Feldlinien in ein homogenes Magnetfeld der Flussdichte *B* ein.

a ☐ Leiten Sie eine Gleichung für den Bahnradius her.

b ☐ Erklären Sie anhand der Gleichung, von welchen Größen der Radius abhängt.

c ◩ In das Magnetfeld treten nun Protonen, He^{+}-Ionen und He^{2+}-Ionen mit derselben Geschwindigkeit ein. Erklären Sie, wie sich die Bahnen unterscheiden.

3 Vier unterschiedliche Ionen (Ne^{+}, Ne^{2+}, Ar^{+}, Ar^{2+}) treten mit $v = 6{,}88 \cdot 10^4\ \frac{\text{m}}{\text{s}}$ orthogonal zu den Feldlinien in ein Magnetfeld der Flussdichte 240 mT ein. Von der Bahn ist jeweils nur ein kurzer Abschnitt in ▸**4** dargestellt.

a ◪ Begründen Sie, warum sich die Ionen im Uhrzeigersinn entlang der Bahnen A bis C bewegen.

b ◪ Berechnen Sie den Bahnradius für das Ne^{+}-Ion ($m_{Ne} = 20u$) und leiten Sie aus diesem Ergebnis die Bahnradien der anderen drei Ionen ab ($m_{Ar} = 40u$).

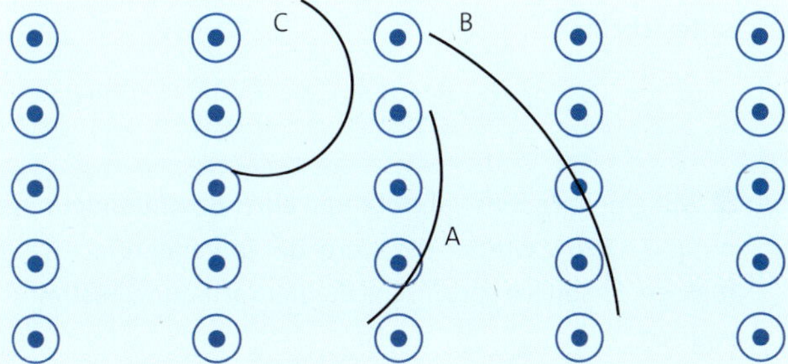

4 Teilchenbahnen im Magnetfeld

c ■ Ordnen Sie die Bahnabschnitte A bis C den Ionen zu. Begründen Sie ihre Zuordnung.

Leiter im Magnetfeld

1 Ein beweglicher stromdurchflossener Leiter befindet sich im Magnetfeld eines Hufeisenmagneten. Die Richtung von Magnetfeld und Strom können umgepolt werden (▸ **6**).

a ◪ Beschreiben Sie die Kraftrichtung für verschiedene Positionen des Leiters.

b □ Berechnen Sie die magnetische Flussdichte des Hufeisenmagneten, wenn auf den Leiter eine Kraft von 23,1 mN wirkt.

c ■ Der Leiter kann sich im Magnetfeld drehen. Am Anfang steht er parallel zu zu den Magnetfeldlinien. Dreht man ihn gegen den Uhrzeigersinn um den Winkel α, ergeben sich die Messwerte der folgenden Tabelle:

α in °	0	30	60	90	120
F in mN	0	11,3	20,0	23,3	20,9

α in °	150	180	210	240	270
F in mN	12,5	0,2	−11,8	−20,1	−22,9

5 Kraft auf einen Leiter im Magnetfeld

Beschreiben Sie, warum in ▸ **5** das Vorzeichen wechselt. Stellen Sie die Abhängigkeit der Kraft F von α in einem Diagramm dar (▸ **7**). Geben Sie eine Formel an, die den Zusammenhang beschreibt und und beurteilen Sie die Daten.

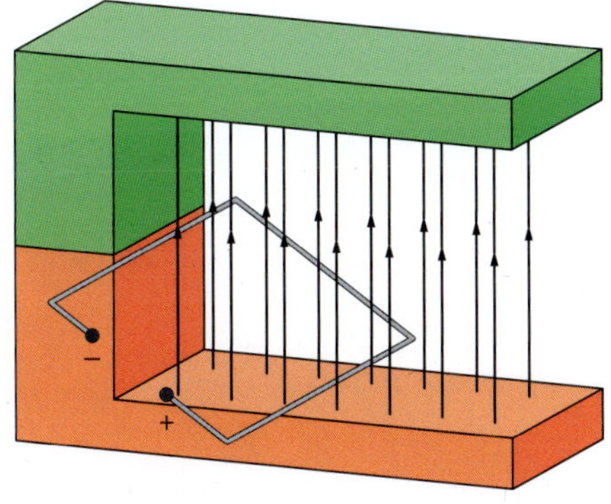

6 Leiter im Magnetfeld

7 Zur Aufgabe Leiter im Magnetfeld (quer legen)

2 Auf einen stromführenden Draht wirkt in einem Magnetfeld eine Kraft. Über diese Kraft wird die Flussdichte B bestimmt. Die Flussdichte ist ein Maß für die Stärke des Magnetfelds. Sie hat einen Betrag und eine Richtung.

a ◪ Erläutern Sie an einem Beispiel, wie die Richtung der Kraft auf einen stromführenden Draht mit der Stromrichtung und der Richtung der Flussdichte zusammenhängt.

b ◪ Erstellen Sie eine aussagekräftige Versuchsskizze für einen geeigneten Versuchsaufbau zur Bestimmung der Flussdichte.

3 In einem Experiment wurde die Kraft auf einen stromführenden Draht in einem homogenen Magnetfeld mit einem Kraftsensor gemessen. Dabei wurde einmal die Stromstärke variiert und einmal die Drahtlänge.

Variation der Stromstärke, s = 5,0 cm					
I in A	0,50	0,80	1,60	2,50	4,80
F in mN	0,7	1,1	2,3	3,5	6,7
Variation der Drahtlänge, I = 2,0 A					
s in cm	2,0	4,0	5,0	8,0	10,0
F in mN	1,1	2,3	2,8	4,5	5,6

8 Kraft auf einen stromführenden Draht

a ◪ Interpretieren Sie die Messwerte.

b ■ Bestimmten Sie anhand der Messwerte möglichst genau die Flussdichte des Magnetfeldes.

(eA) Geschwindigkeitsfilter und Massenspektrometer

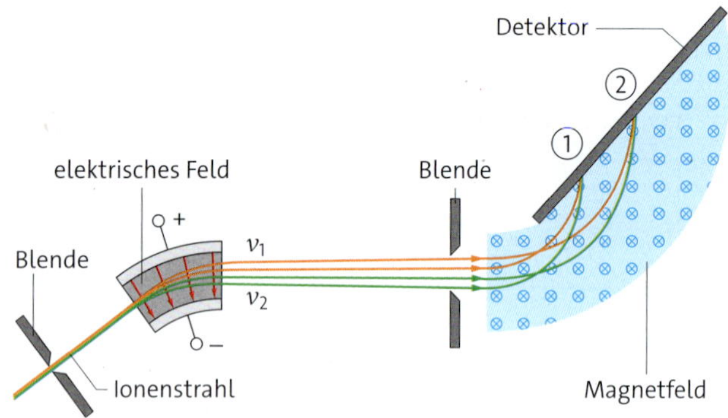

1 Massenspektrometer nach Aston

1 Protonen unterschiedlicher Geschwindigkeiten treten in einen Wienschen Filter mit der Feldstärke E und der Flussdichte B ein.

a ▢ Skizzieren Sie den Aufbau und erklären Sie die Funktionsweise.

b ▢ Leiten Sie eine Gleichung für die Geschwindigkeit der vom Filter durchgelassenen Protonen her.

c ◪ Am Wienschen Filter liegt eine Spannung von 750 V an. Die Platten haben einen Abstand von 2,0 cm. Es sollen nur Protonen mit einer Geschwindigkeit von $5{,}2 \cdot 10^4\,\frac{\text{m}}{\text{s}}$ den Filter passieren. Berechnen Sie den notwendigen Betrag der Flussdichte B.

d ■ Erläutern Sie, wie die Einstellungen am Wienschen Filter angepasst werden müssen, wenn Protonen mit der halben Geschwindigkeit den Filter passieren sollen.

2 Im Massenspektrometer nach Aston (▶1) kann man durch passende Wahl der elektrischen Feldstärke und der magnetischen Flussdichte erreichen, dass einfach positiv geladene Ionen gleicher Masse trotz unterschiedlicher Geschwindigkeit im selben Punkt auf den Detektor treffen.

a ◪ Vergleichen Sie die Auswirkung unterschiedlicher Geschwindigkeiten und Massen der Ionen auf die Krümmung der Bahnen in den beiden Feldern.

b ◪ Erläutern Sie, in welchem Punkt auf dem Detektor die Ionen mit der größeren Masse auftreffen.

Fadenstrahlrohr

1 ▢ Skizzieren Sie den grundlegenden Aufbau eines Fadenstrahlrohrs und erklären Sie seine Funktionsweise zur Bestimmung der spezifischen Ladung von Teilchen.

2 ◪ Skizzieren Sie die Bahnkurve für Elektronen und Protonen im Fadenstrahlrohr und erläutern Sie, wie sich die Bahnen unterscheiden.

3 ▢ Leiten Sie eine Formel für die spezifische Ladung des Elektrons her.

4 ■ Mit einem Fadenstrahlrohr und einer Beschleunigungsspannung $U = 125$ V wurden die Werte der folgenden Tabelle gemessen. Es soll sie spezifische Elementarladung bestimmt werden.

B in mT	3,81	2,48	1,51	1,89
r in cm	4,0	6,0	10,0	8,0

a Stellen Sie grafisch die Abhängigkeit r^2 von $\frac{1}{B^2}$ dar (r^2 in m^2 und $\frac{1}{B^2}$ in $\frac{1}{T^2}$) und zeichnen Sie eine Regressionsgerade mit in das Diagramm ein.

b Bestimmen Sie aus der Geradensteigung im Diagramm die spezifische Ladung eines Elektrons.

c Beschreiben Sie, wie sich Messwerte und Diagramm für ein Proton ändern würden.

Beschleunigung von Protonenn im Zyklotron

Bei einem Zyklotron liegt die Protonenquelle in der Mitte zwischen den Duanten D_1 und D_2 (siehe Skizze in Box zum Zyklotron). Zwischen den Duanten liegt eine die Polarität wechselnde Spannung U an. Die Flussdichte des Magnetfelds beträgt 0,51 T. Die Anfangsgeschwindigkeit der Protonen ist vernachlässigbar. Sie werden nach dem Austritt aus der Quelle zuerst zum oberen Duanten D_1 beschleunigt.

1 ▢ Beschreiben Sie die Bewegung der Protonen in den elektrischen und magnetischen Feldern.

2 Diagramm zur Aufgabe zum Fadenstrahlrohr

2 Die Protonen treten mit der Geschwindigkeit $v_1 = 980 \frac{km}{s}$ zum ersten Mal in den oberen Duanten D_1 ein.
a Berechnen Sie die Spannung, mit der die Protonen beschleunigt wurden.
b Bestimmen Sie die Spannung *U*, die zwischen den Duanten anliegt.
c Weisen Sie nach, dass der Radius der ersten halbkreisförmigen Bahn im Duanten D_1 2,0 cm beträgt.
Wenn die Protonen den Duanten D_1 verlassen, dann hat sich die Spannung zwischen den Duanten umgepolt, sodass die Protonen mit der Spannung *U* weiter beschleunigt werden. Berechnen Sie die Geschwindigkeit v_2, mit der die Protonen in den unteren Duanten D_2 eintreten.e) Bestimmen sie den Radius r_2 der Bahn im Duanten D_2.

3 Die Zeit, die die Protonen zum Durchqueren des Spalts zwischen den Duanten benötigen, ist vernachlässigbar. Zeigen Sie unter dieser Voraussetzung, dass für die Umlaufdauer T der Protonen im Zyklotron die folgende Formel gilt und berechnen Sie die Umlaufdauer:

$$T = \frac{2 \cdot \pi \cdot m}{e \cdot B}$$

4 Die letzte halbkreisförmige Bahn der Protonen vor dem Austritt aus dem Zyklotron hat einen Radius von 0,80 m.
a Berechnen Sie die Geschwindigkeit der Protonen auf dieser Bahn.
b Berechnen Sie die Energie, die die Protonen bis zum Austritt erreichen.
c Bestimmen Sie die Anzahl der Umläufe der Protonen im Zyklotron.
d Erklären Sie, wie sich die Bahn der Protonen ändert, wenn die Spannung zwischen den Duanten größer ist.
e Die Austrittsenergie soll erhöht werden. Erläutern Sie, durch welche Änderungen dies erreicht wird.

Spule im Magnetfeld

Wir betrachten einen quadratische Spule mit einer Seitenlänge von 5 cm und 300 Windungen. Sie befindet sich in einem homogenen Magnetfeld.

1 Das Magnetfeld hat eine Stärke von 30 mT. Berechnen Sie die Kraft auf die Spule, wenn durch sie ein Strom mit 3 A fließt.

2 Die Spule wird nach oben zur Hälfte aus dem Feld herausbewegt. Welche Aussage kann man jetzt über die Kraft treffen?

3 Beschreiben Sie, wie sich die Kraft ändert, wenn die Spule aus dem Feld herausbewegt wird.

Hall-Effekt

1 Für Hall-Sonden verwendet man meistens Halbleiter. Bei n-dotierten Halbleitern sind die beweglichen Ladungsträger negativ (Elektronen), bei p-dotierten Halbleitern positiv (Löcher).
a Zeigen Sie, dass die Polung der Hall-Spannung davon abhängt, ob die Ladungsträger Elektronen oder Löcher sind.
b Leiten Sie die Gleichung für die Hall-Spannung her.

2 Experimentell stellt man fest, dass die Hall-Spannung vom Material abhängt und umgekehrt proportional zur Dicke *d* des Plättchens ist. Mit der Hall-Konstanten R_H gilt:

$$U = R_H \cdot \frac{I \cdot B}{d}$$

a Interpretieren Sie die Gleichung. Geben Sie an, unter welchen Voraussetzungen besonders hohe Hall-Spannungen gemessen werden können.
b An einem 0,12 mm dicken und 2,5 mm breiten Plättchen wird in einem Magnetfeld der Flussdichte 48 µT bei einer Stromstärke von 2,0 A eine Hall-Spannung von 0,19 mV gemessen. Aus welchem Material besteht es? (Verwenden Sie die Tabelle ▶ 3.)

Material	R_H in $\frac{m^3}{C}$
Kupfer	$-5{,}3 \cdot 10^{-11}$
Silber	$-8{,}9 \cdot 10^{-11}$
Indiumantimonid	ca. $-2{,}4 \cdot 10^{-4}$
p-Germanium	ca. $5 \cdot 10^{-3}$

3 Hall-Konstanten

3 In einem einfachen Modell ist die Stromstärke *I* proportional zur Ladungsträgerdichte *n* und zur Driftgeschwindigkeit *v*:

$$I = e \cdot v \cdot b \cdot d \cdot n$$

a Leiten Sie eine Gleichung für die Hall-Konstante R_H her.
b Erklären Sie, wie man durch Messung von R_H die Ladungsträgerdichte in einem Material bestimmen kann.

4 Ein stromführendes Metallplättchen der Breite *b* befindet sich orthogonal zu den Feldlinien Feldlinien in einem Magnetfeld der Stärke *B*.
a Erläutern Sie, welche Kräfte bei diesem Beispiel wirken und wie sie entstehen. Fertigen Sie eine Skizze an.
b Erklären Sie den Zusammenhang zum Hall-Effekt und stellen Sie eine Formel für die entstehende elektrische Spannung auf.

Folgende Aufgaben habe ich bereits gelöst:

Teilchen im elektrischen Feld	1 ○	2 ○	3 ○	
Bahnen von Ladungsträgern im Magnetfeld	1 ○	2 ○	3 ○	
Leiter im Magnetfeld	1 ○	2 ○	3 ○	
Geschwindigkeitsfilter und Massenspektrometer	1 ○	2 ○		
Fadenstrahlrohr	1 ○	2 ○	3 ○	4 ○
Beschleunigung von Protonenn im Zyklotron	1 ○	2 ○	3 ○	4 ○
Spule im Magnetfeld	1 ○	2 ○		
Hall-Effekt	1 ○	2 ○	3 ○	4 ○

3 Veränderliche elektromagnetische Felder

Einstufungstest

Karteikarten

Ich kann:

- die Entstehung von Wirbelfeldern und Induktionsströmen erklären. 
- Hintergrund und Bedeutung der Lenzschen Regel erläutern und mit dieser Kräfte bei Induktionsphänomenen erklären.
- das Faradaysche Induktionsgesetz in differenzieller Form nennen, auf konkrete Beispiele anwenden und damit Induktionsspannungen berechnen. 
- das Induktionsgesetz auf Leiterschleife und Generatoren unter Berücksichtigung von Flächen- und Flussdichteänderung anwenden. 
- die Auswirkungen der Selbstinduktion einer Spule beschreiben.  
- den Aufbau und die Funktionsweise von Transformatoren erklären. 

3 Veränderliche elektromagnetische Felder

Induziertes elektrisches Wirbelfeld

elektrisches Wirbelfeld $\vec{E}$ $\frac{d\vec{B}}{dt}$

1 Linke-Hand-Regel

Wirbelstrom, Wirbelfeld

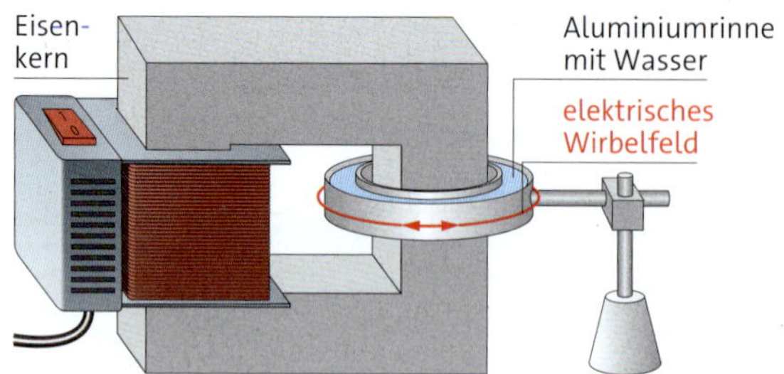

2 Modell eines Induktionsherds

Ändert sich ein Magnetfeld und damit die magnetische Flussdichte, hat das Einfluss auf Leiter in der Umgebung, z. B. auf einen Aluminiumring im Magnetfeld einer Spule (▶ 1). Wenn sich die magnetische Flussdichte ändert, dann entsteht dabei ein elektrisches Wirbelfeld $\vec{E}$ mit geschlossenen Feldlinien. Richtung und Stärke des Wirbelfeldes hängen von der Richtung und Stärke der Änderung der Flussdichte $\frac{dB}{dt}$ ab.

Die Richtung der Feldlinien kann man mit der Linken-Hand-Regel bestimmen (▶ 1). Im Beispiel von ▶ 2 ist das wie ein Induktionsherd, durch den **Wirbelstrom** erwärmt sich der Aluminiumring und das Wasser beginnt zu kochen.

Die elektrische Spannung, die bei der Änderung eines magnetischen Feldes entsteht, nennt man **Induktionsspannung**. Sie führt zum Induktionsstrom.

Lenzsche Regel

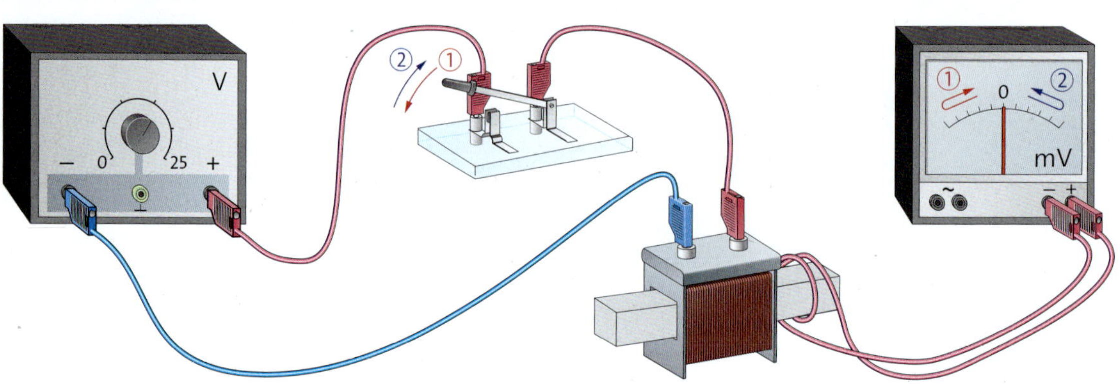

3 Induktionsspannung einer Spule beim Ein- und Ausschalten

Entsteht ein Wirbelstrom in einer Leiterschleife, z. B. in einer Spule, kommt es zu einer Rückwirkung. Diese Rückwirkung ist der Ursache ihrer Entstehung entgegengerichtet. Deshalb hat die Induktionsspannung ein umgekehrtes Vorzeichen (▶ 3). Dies ist die Lenzsche Regel:

> Der induzierte Strom wirkt der Änderung des Magnetfeldes und damit seiner Ursache entgegen.

Das Magnetfeld des Induktionsstroms ist also dem Magnetfeld, durch das er entsteht, entgegen gerichtet.

EXPERIMENT Thomsonscher Ringversuch

Ziel: Nachweis der Lenzschen Regel

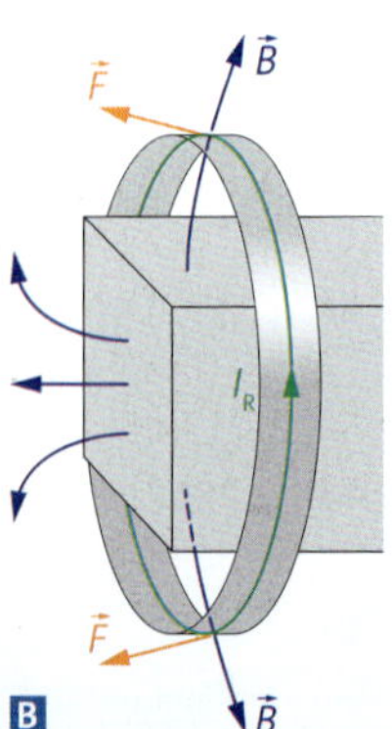

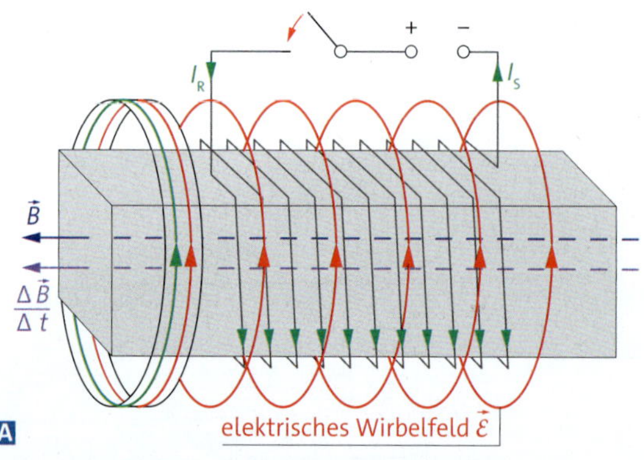

4 A Kraft

4 B Kraft auf einen Aluminiumring beim Ein-/Ausschalten des Spulenstroms

Durchführung: Ein Aluminiumring liegt auf einem Eisenkern, um den eine Spule gewickelt ist (▶ 4). Es wird beobachtet, wie sich der Ring verhält, wenn der Schalter zur Spannungsquelle geschlossen bzw. geöffnet wird.

Ergebnis: Wird die Spannung eingeschaltet, fließt Strom durch die Spule und ihr Magnetfeld baut sich auf. Die Veränderung $\dot{B}$ induziert einen Wirbelstrom im Aluminiumring. Dieser Strom hat wiederum ein Magnetfeld zur Folge. Dieses Magnetfeld ist nach der Lenzschen Regel der Ursache seiner Entstehung entgegengerichtet und wirkt dem sich aufbauenden Magnetfeld der Spule entgegen. Daraus resultiert eine abstoßende Kraft $\vec{F}$, die den Ring nach außen beschleunigt. Beim Ausschalten kehrt sich die Stromrichtung um und die Kraft wirkt in umgekehrter Richtung.

Induktion durch Flächenänderung

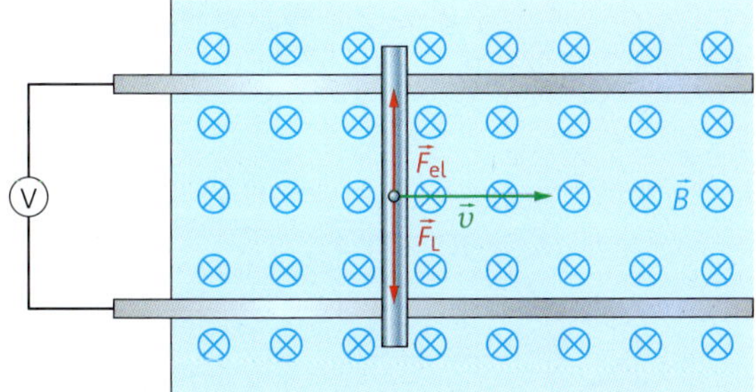

5 Induktionsspannung in einer Leiterschleife bei Flächenänderung

Wenn das Magnetfeld sich nicht ändert, ist die magnetische Flussdichte konstant. Dann ist $\dot{B} = 0$ und es entsteht kein Induktionsstrom. Trotzdem wird eine Spannung in einer Leiterschleife erzeugt, wenn sich diese rotierend in einem Magnetfeld bewegt.

Bewegt sich ein Metallstab mit Länge d und Geschwindigkeit v senkrecht zu den Feldlinien durch ein Magnetfeld, wirkt auf die enthaltenen Ladungen die Lorentzkraft (▶ 5). Es entsteht ein Kräftegleichgewicht mit der durch die Ladungstrennung verursachten elektrische Kraft. Die Ladungstrennung bewirkt eine Spannung $U_{ind} = -B \cdot v \cdot d$. Man kann also festhalten:

> In einer Leiterschleife wird durch die Lorentzkraft eine Spannung induziert, wenn sich die vom Magnetfeld durchsetzte Fläche ändert.

Faradaysches Induktionsgesetz

Das Induktionsgesetzt beschreibt den Zusammenhang von Induktionsspannung und Veränderung des magnetischen Flusses. Der **magnetische Fluss Φ** ist das Produkt aus magnetischer Flussdichte B und der Fläche A einer Leiterschleife, die sich im Magnetfeld senkrecht zu den Feldlinien befindet.

$$\Phi = A \cdot B \qquad \text{Einheit: } \mathrm{T \cdot m^2}$$

> Wenn sich der magnetische Fluss Φ in einer Leiterschleife oder Spule mit n Windungen ändert, dann wird in ihr eine Induktionsspannung U_{ind} erzeugt:
> $$U_{ind} = -n \cdot \dot{\Phi}(t) = -n \cdot \frac{d}{dt}(A \cdot B)$$

Unter Berücksichtigung der Kettenregel ergibt sich somit die Formel für die Induktionsspannung:

$$U_{ind} = -n \cdot \left(\frac{dA}{dt} \cdot B + A \cdot \frac{dB}{dt}\right)$$

Das Minuszeichen stammt von der Lenzschen Regel. Die induzierte Spannung wird größer, wenn

1. die Windungszahl der Leiterschleife oder Spule groß ist.
2. sich die durchsetzte Fläche A schneller ändert: größere Änderungsrate $\dot{A}$.
3. sich die magnetischen Flussdichte B schneller ändert: größere Änderungsrate $\dot{B}$.

magnetischer Fluss

EXPERIMENT Leiterschleife

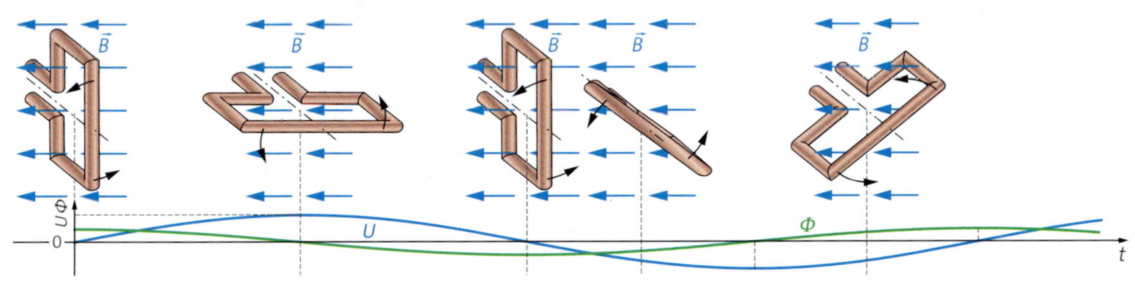

6 **A** Sich im Magnetfeld drehende Leiterschleife und **B** magnetischer Fluss Φ sowie Induktionsspannung U_{ind}

Ziel: Untersuchung der Induktionsspannung einer sich drehenden Leiterschleife.

Durchführung: Eine Leiterschleife wird in einem homogenen Magnetfeld gedreht (▶ 6). Dabei wird die Induktionsspannung an der Leiterschleife aufgezeichnet.

Ergebnis: Dadurch, dass sich die Leiterschleife dreht, ändert sich ständig die vom Magnetfeld durchsetzte Fläche. Diese **wirksame Fläche** A_{wirk} ergibt sich bei gleichmäßiger Drehung über $A_{wirk} = A \cdot \cos(\alpha)$.

Damit ist der magnetische Fluss:

$$\Phi = A_{wirk} \cdot B = A \cdot B \cdot \cos(\alpha) = A \cdot B \cdot \cos(\omega \cdot t)$$

Daraus ergibt sich die Induktionsspannung:

$$U_{ind} = -n \cdot \dot{\Phi}(t) = -n \cdot \frac{d}{dt}(A \cdot B) = n \cdot A \cdot B \cdot \omega \cdot \sin\left(\omega \cdot t\right)$$

Die Induktionsspannung ist bei gleichmäßiger Drehung also eine Wechselspannung mit Frequenz $f = \frac{\omega}{2\pi}$ und steigt, je schneller sich die Leiterschleife dreht.

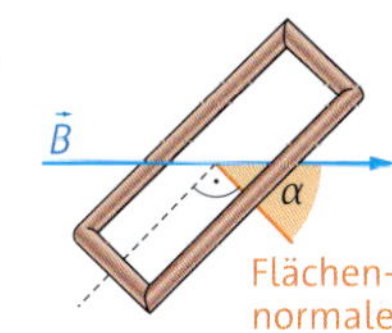

7 Winkel zwischen Flussdichte und Flächennormale

$\alpha = \omega \cdot t$

Ableitungsregel:

$\frac{d}{dt}\cos(\omega \cdot t)$
$= -\omega \cdot \sin(\omega \cdot t)$

wirksame Fläche

Beispiel Generatoren

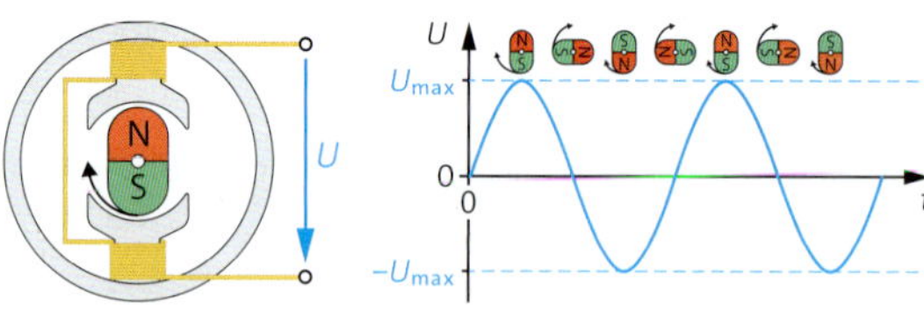

1 Generator mit Änderung der magnetischen Flussdichte

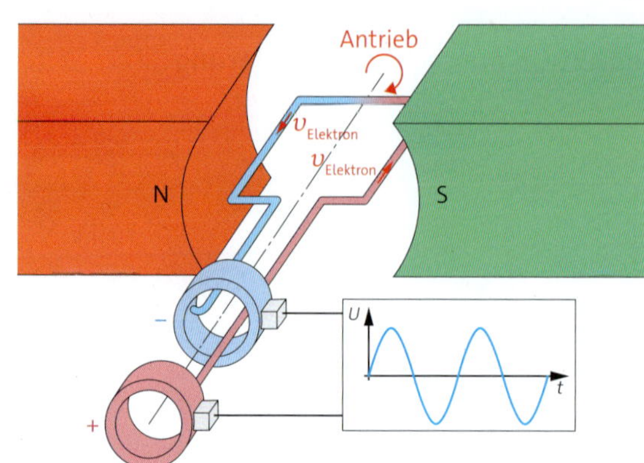

2 Generator mit Änderung der wirksamen Fläche

Ein Generator nutzt das Prinzip einer Leiterschleife. Wird die Leiterschleife, die sich innerhalb eines Magnetfeldes dreht und dabei z. B. von Wind- oder Wasserkraft angetrieben wird. Es entsteht eine Induktionsspannung. Diese ist bei regelmäßigem Antrieb eine Wechselspannung mit Frequenz $f = \frac{\omega}{2\pi}$.

Änderung der Flussdichte • Eine Möglichkeit zum Generieren einer Induktionsspannung ist das Drehen eines liegenden Magneten im Inneren eines Spulenpaares (▶ 1). Dabei ist die wirksame Fläche konstant, also $\dot{A} = 0$. Damit ergibt sich die Induktionsspannung zu:

$$U_{ind} = -n \cdot \dot{\Phi}(t) = -n \cdot A \cdot \dot{B}(t)$$

Das Magnetfeld in den Spulen lässt sich durch die Drehung über eine Sinusfunktion beschreiben:

$$B(t) = B_{max} \cdot \sin(\omega \cdot t)$$

Daraus ergibt sich die Induktionsspannung:

$$U_{ind} = -n \cdot A \cdot \dot{B} = n \cdot A \cdot B_{max} \cdot \omega \cdot \sin(\omega \cdot t)$$
$$= U_{max} \cdot \cos(\omega \cdot t)$$

Änderung der wirksamen Fläche • Anstelle des Magneten kann auch die Leiterschleife bzw. Spule im Magnetfeld gedreht werden (▶ 2). In diesem Fall ist die magnetische Flussdichte konstant, also $\dot{B} = 0$ und es ergibt sich die Induktionsspannung:

$$U_{ind} = -n \cdot \dot{\Phi}(t) = -n \cdot \dot{A}(t) \cdot B$$

Wie bereits beim Experiment zur Leiterschleife ändert sich die Fläche mit der Zeit: $A(t) = A_{max} \cdot \cos(\omega \cdot t)$
Hier startet die Bewegung mit der Leiterschleife parallel zu den Feldlinien, weswegen die Induktionsspannung sich durch eine Kosinusfunktion beschreiben lässt:

$$U_{ind} = -n \cdot \dot{A} \cdot B = n \cdot A_{max} \cdot B \cdot \omega \cdot \cos(\omega \cdot t)$$
$$= U_{max} \cdot \cos(\omega \cdot t)$$

Selbstinduktion einer Spule

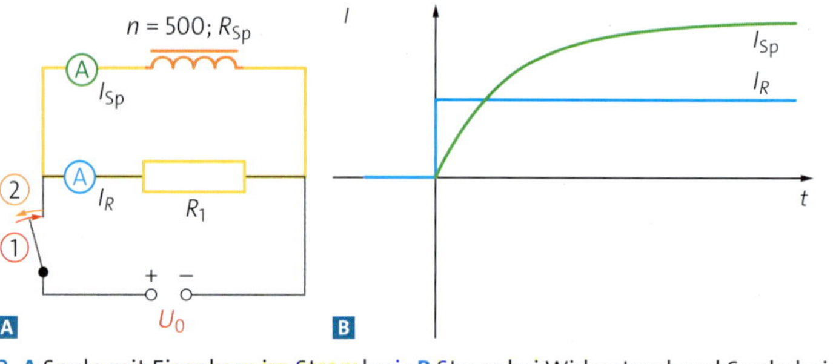

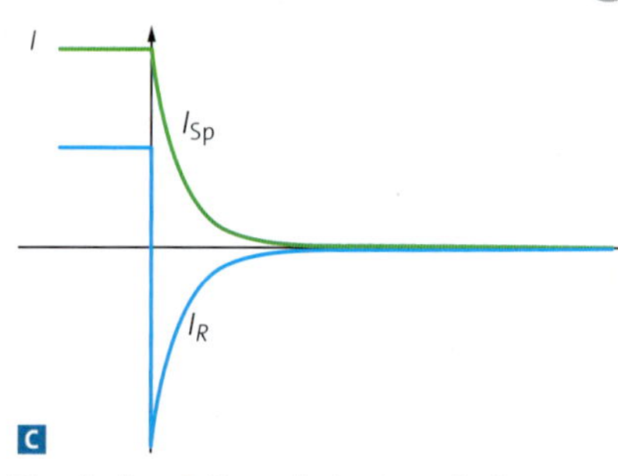

3 **A** Spule mit Eisenkern im Stromkreis **B** Strom bei Widerstand und Spule beim Einschalten **C** Strom beim Ausschalten

Induktion tritt auch ohne ein externes Magnetfeld auf, wenn eine Leiterschleife oder Spule in einem Stromkreis eingebaut ist und die Spannung ein- bzw. ausgeschaltet wird. Diese **Selbstinduktion** ist eine Rückwirkung auf den Strom aufgrund der Lenzschen Regel:

1. Die Spule besitzt wegen des Stromflusses selbst ein Magnetfeld (siehe Kapitel 1).
2. Wird der Strom beim Schließen des Schalters (▶ 3) eingeschaltet, baut sich das Magnetfeld der Spule auf.
3. Diese Magnetfeldänderung verursacht eine Induktionsspannung U_{ind}.
4. U_{ind} ist der Ursache ihrer Entstehung, also dem Aufbau des Stromes, entgegengerichtet und hemmt den Stromfluss $I(t)$ durch die Spule.

$B(t) = \mu_0 \mu_r \frac{n}{l} \cdot I(t)$
Flussdichte einer langen Spule

Selbstinduktion

Beim Ausschalten gilt das gleiche. Die Konsequenz ist ein verlangsamter Auf- und Abbau der Stromstärke im Stromkreis. Eine Lampe leuchtet dann verzögert auf bzw. leuchtet auch nach dem Ausschalten noch kurz nach.

Der Effekt ist umso größer, je schneller sich der Strom ändert, also je größer $\dot{I}(t)$ ist. Besitzt die Spule einen Eisenkern, verstärkt dieser das Magnetfeld und damit die Selbstinduktion. Für das Magnetfeld einer langen Spule mit der Induktivität L kann man festhalten:

Ändert sich die Stromstärke in einer Spule, ändert sich ihr Magnetfeld und es entsteht an ihr die Induktionsspannung

$$U_{ind} = -n \cdot A \cdot \dot{B} = -L \cdot \dot{I}(t).$$

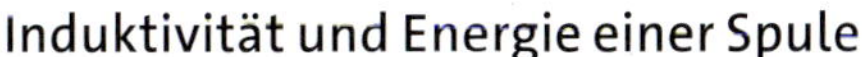

Induktivität und Energie einer Spule

A

B

2 Schaltsymbole einer Spule **A** ohne und **B** mit Eisenkern

Die Induktivität L einer Spule ist ein Maß dafür, wie groß die in einer Spule induzierte Spannung ist, wenn sich der Stromfluss ändert. Für eine schlanke Spule ist sie

$$L = \mu_0 \cdot \mu_r \cdot \frac{n^2 \cdot A}{l} \qquad \text{Einheit: H (Henry).}$$

Dabei ist $\mu_0 = 1{,}256 \cdot 10^{-6} \frac{\text{V} \cdot \text{s}}{\text{A} \cdot \text{m}}$ die magnetische Feldkonstante und μ_r die Permeabilität. Die Permeabilität der Spule hängt vom Medium innerhalb der Spule ab und ist ca. 1 für Luft. Besitzt die Spule einen Eisenkern, liegt sie bei über 300.

Die Induktivität und damit die Induktionsspannung steigen, wenn

- die Spule ein Material mit hoher Permeabilität enthält,
- die Spule eine große Windungszahl n hat,
- die Spule eine große Querschnittsfläche A besitzt.

Zum Aufbau des Magnetfeldes einer Spule wird umso mehr Energie benötigt, je größer ihre Induktivität ist.

$$E = \frac{1}{2} \cdot L \cdot I^2$$

Die Induktivität ist eine Eigenschaft von Spulen und gibt an, wie groß die Fähigkeit zum Aufbau einer Induktionsspannung und zur Speicherung magnetischer Energie ist.

Induktivität

Transformator

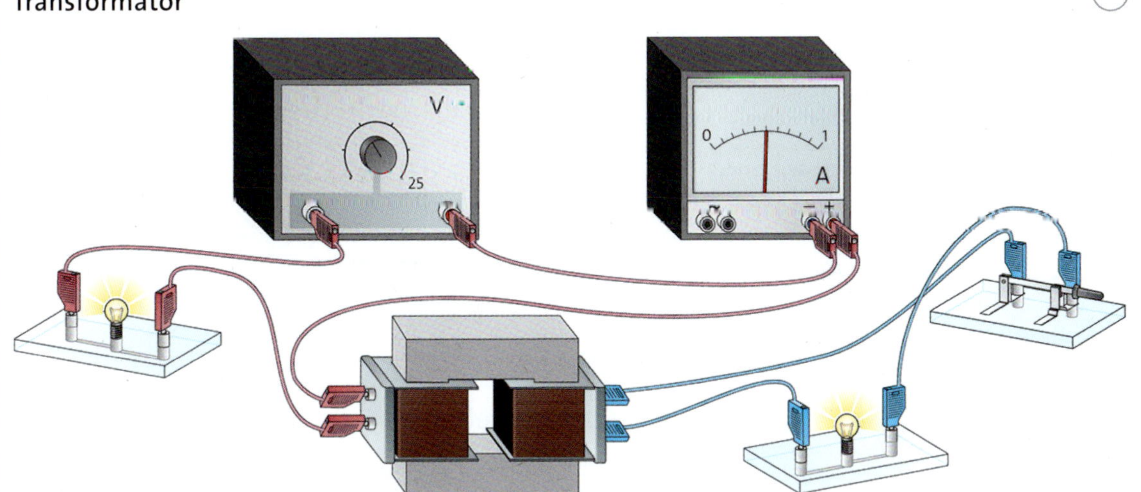

2 Belasteter Transformator

In Spulen wird bei einer Magnetfeldänderung ein Strom induziert. Diesen Effekt kann man nutzen, um Spannungen zu transformieren:
Wir betrachten einen Transformator (Trafo ► 2). Dort ist auf der **Primärseite** eine Spule mit n_1 Windungen an eine Spannungsquelle und eine Lampe angeschlossen.
Auf der Sekundärseite befinden sich eine Spule mit n_2 Windungen, ein Schalter und eine weitere Lampe. Wenn der Schalter offen ist, nennt man den Transformator **unbelastet**. Infolge der Selbstinduktion wird auf der Primärseite die Spannung $U_1 = -n_1 \cdot \dot{\Phi}(t)$ induziert, wodurch die Stromstärke abgesenkt wird.
Dies hat Auswirkungen auf die **Sekundärseite**, weil die Spule dort am gleichen Eisenkern angeschlossen ist und somit die gleiche Magnetfeldänderung erfährt. Deshalb ist der magnetische Fluss gleich und es gilt:

$$U_2 = -n_2 \cdot \dot{\Phi}(t) = n_2 \cdot \frac{U_1(t)}{n_1}$$

Wenn eine **Wechselspannung** anliegt, ändert sich die Stromstärke permanent und periodisch. und man erhält $\frac{U_1}{U_2} = \frac{n_1}{n_2}$.

Schließt man jetzt den Schalter in ► 2, dann leuchtet auch die Lampe auf der Sekundärseite. Dabei bleiben die Spannungen unverändert, aber die Stromstärke auf der Primärseite steigt deutlich an, der Transformator wird **belastet**.

Wenn man annimmt, dass der Trafo verlustfrei arbeitet, dann gilt für die elektrische Leistung $P_1(t) = P_2(t)$ und mit $P = U \cdot I$ die Transformationsgleichung:

$$\frac{U_1}{U_2} = \frac{n_1}{n_2} = \frac{I_2}{I_1}$$

Das Prinzip des Trafos wird in vielen elektrischen Geräten und Adaptern genutzt, um Spannungen und Stromstärken zu regulieren.

Veränderliche elektromagnetische Felder

In der Elektrodynamik verändern sich elektrische und magnetische Felder. Das Phänomen der elektromagnetischen Induktion ist dabei zentral. Hier kannst du dein Wissen und deine Kompetenzen zu deisem Thema testen.

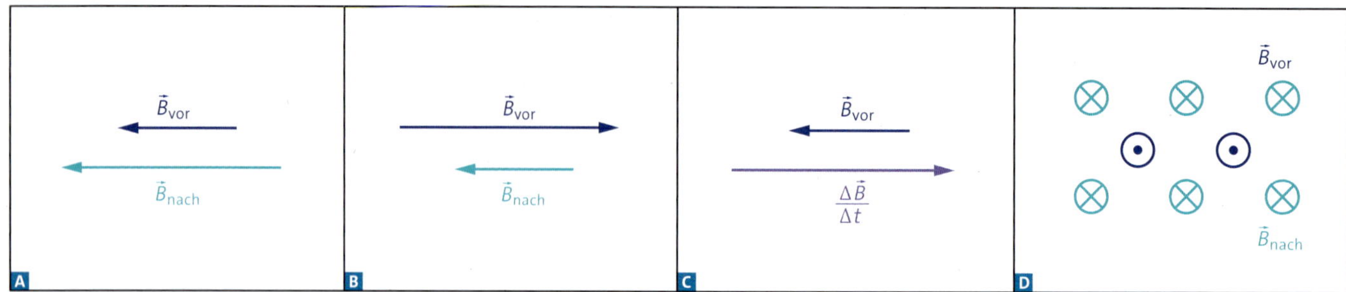

1 Flussdichteänderung

Induziertes elektrisches Wirbelfeld

1 ☐ Wenn man beim Thomsonschen Ringversuch den Ring an einer Stelle durchtrennt, reagiert dieser nicht mehr auf die Änderung der Flussdichte. Erklären Sie die se Beobachtung.

2 ☐ Zeichnen Sie in ▶ **1** das elektrische Wirbelfeld ein.

3 ◪ Nähert man einem aufgehängten Aluminiumring den Nordpol eines Stabmagneten, wird der Ring kurzzeitig abgestoßen. Entfernt man den Magneten, zieht er den Ring kurzzeitig an.
a Erklären Sie dies. Wenden Sie dabei die Linke-Hand-Regel an. Erstellen Sie aussagekräftige Skizzen.
b Erklären Sie die Beobachtung mit der Lenzschen Regel.

4 ■ In vielen Geräten wird der auf Wirbelströmen basierende Spaltmotor eingesetzt.
a Beim Spaltmotor erzeugt eine Hauptspule ein sinusförmiges B-Feld $B_1(t) = B_{max} \cdot \sin(\omega \cdot t)$ sowie einen Wirbelstrom in einer kleinen kurzgeschlossenen Spule (▶ **2B**). Diese zwei Spulen bilden wir im Modellversuch in ▶ **2A** auf einem gemeinsamen Eisenkern nach. Die Stromstärke und das Feld $B_2(t)$ der kurzgeschlossenen Spule laufen dem ersten Feld um ca. 90° hinterher, $B_2(t) = -B_2 \cdot \cos(\omega \cdot t)$.
Begründen Sie diesen Zusammenhang mit dem Induktionsgesetz.
b In dem Modellversuch in ▶ **2A** ist der Spaltmotor durch drei Spulen nachgebildet, von denen eine kurzgeschlossen ist. Der Rotor ist eine drehbar gelagerte Aluminiumdose eines Teelichts. Erklären Sie die Analogie mithilfe einer Tabelle. Erklären Sie, warum sich die Aluminiumdose dreht, obwohl Aluminium nicht ferromagnetisch ist.
c Diese beiden B-Felder schließen einen Winkel von ca. 90° ein (▶ **2A**). Zeichnen Sie den Summenvektor $\vec{B}(t)$ für das Beispiel der Amplituden $B_{max} = 0{,}1$ T und $B_2 = 0{,}04$ T und für eine Periode.
Begründen Sie anhand der Zeichnung, dass sich das *B*-Feld in der Ebene dreht, wobei der Endpunkt des Vektors auf einem ellipsenartigen Graphen verläuft.
d Erklären Sie, wie sich in dem Rotor in ▶ **2A** Wirbelströme bilden. Begründen Sie mit der Lenzschen Regel, dass diese Wirbelströme dazu führen, dass sich der Rotor mit dem drehenden *B*-Feld dreht.
e Erklären Sie, warum die Elektromotoren in ▶ **2A** und ▶ **2B** ohne Permanentmagnet auskommen.

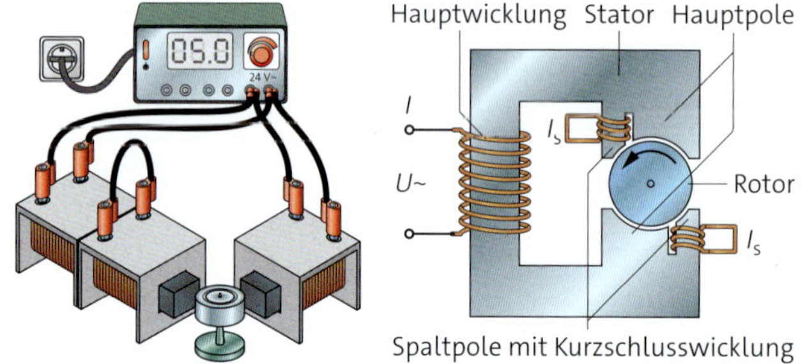

2 **A** Modellversuch, **B** Spaltmotor

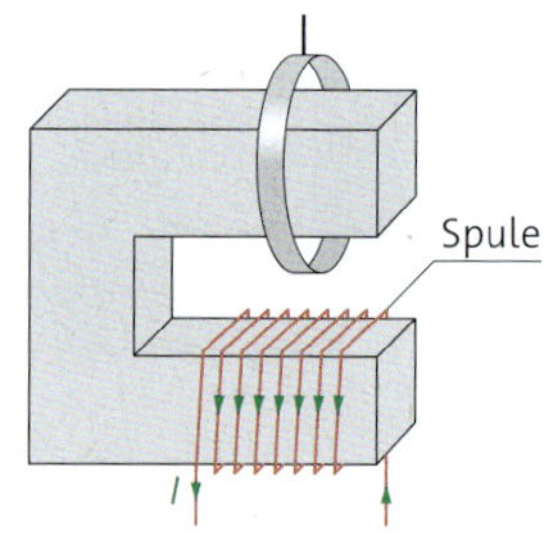

3 Ring auf Eisenkern

Lenzsche Regel

1 ☐ Erklären Sie den Thomsonschen Ringversuch mit der Lenzschen Regel.

2 Ein Aluminiumring hängt beweglich über einem U-förmigen Eisenkern ▶ **3**. Beim Einschalten des Spulenstroms beobachtet man, dass sich der Ring kurz nach rechts bewegt. Beim Ausschalten bewegt er sich kurz nach links.
a ☐ Schaltet man den Spulenstrom ein, zeigt die magnetische Flussdichte $\vec{B}$ in der Spule nach links. Bestimmen Sie mit der Linke-Hand-Regel die Stromrichtung des Ringstroms beim Einschalten. Skizzieren Sie hierzu $\vec{B}$, $\frac{\Delta \vec{B}}{\Delta t}$ sowie das elektrische Wirbelfeld in ▶ **3**.Erklären Sie die kurzzeitige Bewegung des Rings nach rechts.
b ◪ Übertragen Sie die Überlegungen aus der vorherigen Teilaufgabe auf das Ausschalten des Spulenstroms. Fertigen Sie eine entsprechende Skizze an. Erklären Sie, warum der Ring nun kurzzeitig nach links bewegt wird.
c ◪ An den beiden Enden des U-förmigen Eisenkerns setzt man einen geraden Kern auf, sodass der Eisenkern nun geschlossen ist. Beim Ein- und Ausschalten bewegt sich der Ring nun nicht mehr. Stellen Sie eine Vermutung auf, wie es hierzu kommt.

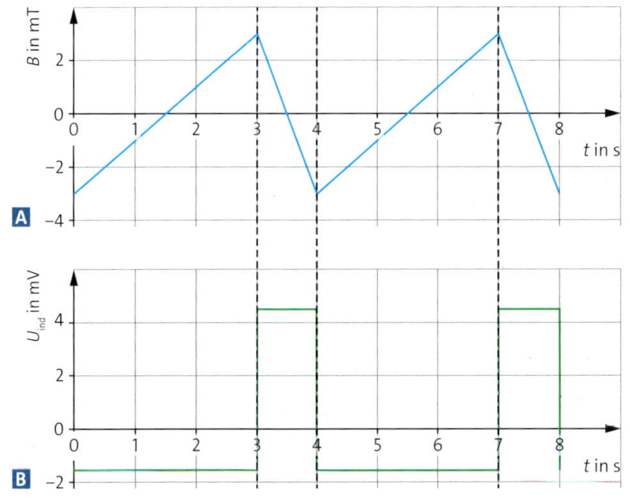

4 A $B(t)$-Diagramm, **B** $U_{ind}(t)$-Diagramm

Elektromagnetische Induktion und Leiterschleife

1 a ◪ Zeigen Sie, dass U_{ind} in ►**4** proportional zu $\frac{\Delta B}{\Delta t}$ ist.
b ▢ Die Induktionsspule hat eine Querschnittsfläche von 25 cm². Bestimmen Sie die Windungszahl der Spule.

2 ◪ Eine Induktionsspule mit 500 Windungen und einer Querschnittsfläche von 40 cm² befindet sich in einem homogenen Magnetfeld, dessen Flussdichte sich entsprechend der Abbildung ändert.
a Erklären Sie, warum sich der Betrag und das Vorzeichen der Induktionsspannung ändern.
b Bestimmen Sie die Flussdichteänderung der Abschnitte.
c Zeichnen Sie das zugehörige $U_{ind}(t)$-Diagramm.
d Der maximale Betrag der Induktionsspannung soll verdreifacht werden. Geben Sie mehrere Möglichkeiten an, wie das erreicht werden kann. Erklären Sie Ihre Lösungen.

3 ◪ In ►**5** bewegt sich ein Drahtrahmen in das Magnetfeld.
a Beim Eintauchen wird eine Spannung zwischen den Anschlüssen P und Q induziert. Befindet sich der Rahmen ganz im Magnetfeld, wird aber keine Spannung induziert. Erklären Sie dies mit einer Kräftebetrachtung.
b Bestimmen Sie das Vorzeichen der Induktionsspannung (i) mit der Linken-Hand-Regel, (ii) mit der Kräftebetrachtung aus Teilaufgabe a.
c Man verbindet P und Q leitend, sodass ein geschlossener Stromkreis entsteht. Erläutern Sie, wann man eine äußere Kraft braucht, um die Geschwindigkeit konstant zu halten.

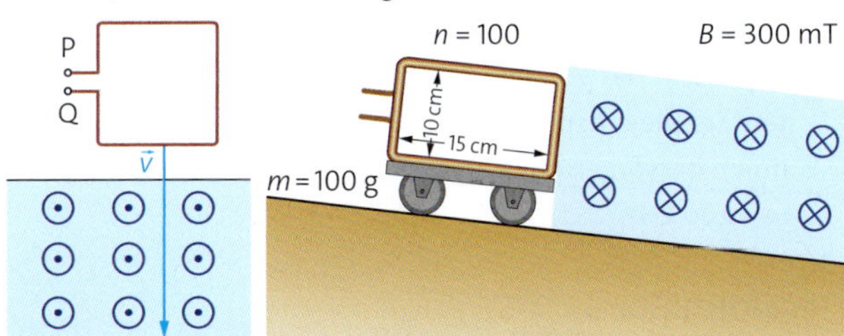

5 Drahtrahmen **6** Spule auf schiefer Ebene

4 Eine Spule auf einem Fahrbahnwagen rollt eine schiefe Ebene hinab, sodass sie mit 1,0 $\frac{m}{s^2}$ beschleunigt wird (►**6**). Zum Zeitpunkt t = 0 s beginnt sie, mit einer Geschwindigkeit von 2,0 $\frac{m}{s}$ in ein Magnetfeld einzutauchen.
a Während des Eintauchens der Spule in das Magnetfeld wird eine Spannung induziert. Erklären Sie dies (i) mit dem Induktionsgesetz und (ii) durch eine Kräftebetrachtung.
b Die induzierte Spannung $U_{ind}(t)$ bleibt beim Eintauchen nicht konstant. Begründen Sie dies.
c Berechnen Sie U_{ind} zu Beginn des Eintauchens.
d Zeichnen Sie ein $U_{ind}(t)$-Diagramm ab t = 0 s. Dokumentieren Sie Ihr Vorgehen.

5 Die Anschlüsse P und Q in Ausgabe ►**3** werden verbunden, sodass die Spule nun einen Widerstand von 1,0 Ω hat. Das Experiment wird unter sonst gleichen Bedingungen wiederholt.
a ▢ Der Spulen-Wagen bewegt sich dadurch beim Eintauchen anders als zuvor. Erläutern Sie dies.
b ◪ Der Wagen wird tatsächlich abgebremst. Berechnen Sie die hierfür verantwortliche resultierende Kraft für t = 0 s.
c ◪ Skizzieren Sie für den Wagen ein $v(t)$-Diagramm ab t = 0 s. Erklären Sie dessen Verlauf.
d ◪ Bestimmen Sie die Geschwindigkeit, bei der sich der Wagen beim Eintauchen in das Magnetfeld mit konstanter Geschwindigkeit weiterbewegt.

Induktionsherd

1 ▢ Bei dem Induktionsherd in ►**7A** entsteht die hohe Temperatur nicht auf der Herdplatte. Begründen Sie dies anhand der Abbildung. Erörtern Sie Vor- und Nachteile dieses Herdes.

2 ◪ Ein Elektriker testet das B-Feld, welches den Maximalwert B_{max} = 100 µT und eine sinusförmige Änderung mit der Kreisfrequenz ω = 200 000 $\frac{1}{s}$ haben sollte. Dazu schließt er an die Spule in ►**7** eine LED an und legt beides auf die Herdplatte. Ermitteln Sie, welche Induktionsspannung entstehen sollte und ob die LED dabei dunkel bleibt, leuchtet oder überhitzt.

3 ■ Herr Ringe kocht am liebsten in seiner Springform in ►**6**. Die Form hat einen Radius von 20 cm und ein Kreisstrom hat einen Widerstand von R = 0,002 Ω. Ermitteln Sie anhand des Maximalwertes B_{max} = 100 µT und der Kreisfrequenz ω = 200 000 $\frac{1}{s}$ die Induktionsspannung $U_{ind}(t)$, die Stromstärke $I(t)$, die Leistung $P(t)$ sowie die effektive Leistung, also den zeitlichen Mittelwert der Leistung. Berechnen Sie auch die effektive Spannung und die effektive Stromstärke.

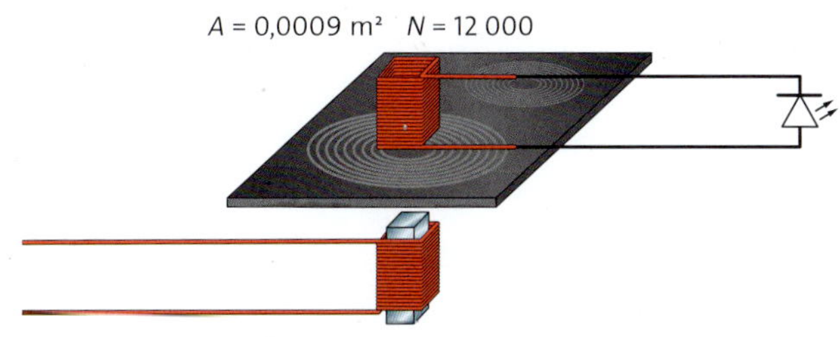

7 Induktionsherd und LED

Generatoren

1 Ein Drahtrahmen dreht sich in einem homogenen Magnetfeld.
a ▢ Begründen Sie: In den Drahtstücken parallel zur Drehachse gibt es eine Lorentz-Kraft auf die Elektronen, die sich periodisch ändert.

b ◪ Erklären Sie: Bei der Bahngeschwindigkeit v ist die Lorentz-Kraft auf ein Elektron in den Drahtstücken $F_L = e \cdot B \cdot v \cdot \sin(\alpha)$.

c ◪ Leiten Sie mit der Formel aus b einen Zusammenhang für die Induktionsspannung her.

d ◪ Vergleichen Sie diesen Zusammenhang mit der Formel, die sich aus dem Induktionsgesetz ergibt.

2 Im Inneren einer langen Feldspule befindet sich eine Induktionsspule mit 250 Windungen und einer Fläche von $20\,cm^2$. Die magnetischen Feldlinien verlaufen senkrecht zur Querschnittsfläche der Induktionsspule. Das Diagramm ▶ **1** zeigt den zeitlichen Verlauf der Flussdichte in der Feldspule.

a ☐ Geben Sie an, wann in der Induktionsspule eine Spannung induziert wird. Begründen Sie Ihre Antwort.

b ◪ Zeichnen Sie für den Verlauf der Induktionsspannung in der Zeitspanne von 0 s bis 8 s ein geeignetes Diagramm. Die Feldspule hat 2400 Windungen, ist 60 cm lang und hat eine Querschnittsfläche von $100\,cm^2$.

c ◪ Bestimmen Sie die Stromstärke, die für die maximale Flussdichte in der Abbildung benötigt wird.

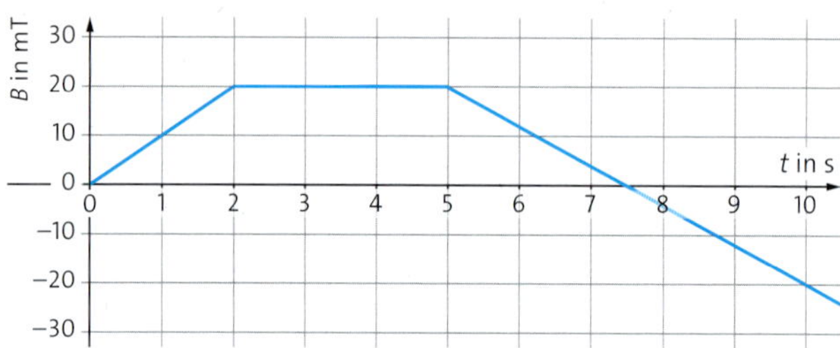

1 Magnetische Flussdichte einer langen Spule

Selbstinduktion

1 Eine Spule wird an ein Netzgerät mit 1,5 V angeschlossen. Beim Einschalten misst man $I(0\,s) = 12\,\frac{A}{s}$. Nach einiger Zeit misst man eine konstante Stromstärke von 240 mA.

a ☐ Bestimmen Sie die Induktivität und den Widerstand der Spule.

b ☐ Skizzieren Sie in ▶ **2** das I(t)-Diagramm.

c ◪ In die Spule wird ein Eisenkern eingebracht. Erklären Sie, wie sich das $I(t)$-Diagramm dadurch ändert.

2 $I(t)$-Diagramm

2 Mit einem Messwerterfassungssystem wird der Einschaltvorgang bei einer Spule aufgenommen. Als Quelle wird ein 12 V-Akku verwendet. Die Tabelle ▶ **3** zeigt einige Messwerte.

t in ms	0	0,2	0,4	1,0	2,0	3,0	4,0
I in A	0	0,5	0,9	1,8	2,5	2,8	2,9

3 Messwerte Einschaltvorgang einer Spule

a ☐ Stellen Sie die Messwerte in einem geeigneten Diagramm dar.

b ☐ Bestimmen Sie den Widerstand und die Induktivität der Spule.

c ◪ Ein Eisenkern wird in die Spule geschoben und die Messung wiederholt. Erklären Sie, welchen Einfluss dies auf die Messwerte hat.

3 Im Bahnverkehr werden Lokomotiven mit Induktionsschleifen an den Schienen erfasst.

a ☐ Erklären Sie, wie eine Lokomotive die Induktivität L einer Induktionsschleife ändern kann.

b ◪ Die Induktivität L einer Spule lässt sich einfach mit einem Wechselstrom $I(t) = I_{max} \cdot \sin(\omega \cdot t)$ messen. Dieser induziert an der Leiterschleife eine Spannung: $U_I = -L \cdot \omega \cdot I_{max} \cdot \cos(\omega \cdot t)$. Begründen Sie. Bestätigen Sie den Term $U_{max} = L \cdot \omega \cdot I_{max}$.

c ◪ Überprüfen Sie den Term für den Wechselstromwiderstand $R(\omega) = \frac{U_{max}}{I_{max}} = L \cdot \omega$.

d ■ Entwerfen Sie einen Modellversuch zur Messung der Induktivität einer Leiterschleife. Planen Sie einen weiteren Modellversuch zum Nachweis einer Spielzeuglokomotive mit dieser Leiterschleife.

4 Eine kreisförmige Induktionsschleife mit Radius R hat abhängig von der Stromstärke I im Zentrum das Feld $B = \mu_0 \cdot \frac{I}{2R}$. Eine sinnvolle Näherung besteht darin, das B-Feld in der Spulenfläche als konstant anzunehmen. Eine Änderungsrate $\frac{\Delta I}{\Delta t}$ induziert die Spannung $U_I = -\frac{\Delta I}{\Delta t} \cdot \mu_0 \cdot \frac{I}{2R} \cdot \pi \cdot R^2$. Daher beträgt bei einer Windungszahl N die Induktivität $L = N^2 \cdot \mu_0 \cdot \frac{\pi \cdot R}{2}$.

a ◪ Begründen Sie den beschriebenen Zusammenhang und Leiten Sie die Formel für U_I her.

b ◪ Die Induktionsschleife auf den Gleisen analysieren wir näherungsweise als Kreis mit $R = 0{,}7$ m und $N = 6$. Berechnen Sie L.

c ■ Wenn eine Lokomotive über der Schleife steht, dann entspricht das einer relativen Permeabilität von $\mu_r = 20$. Ermitteln Sie die entsprechende Induktivität. Ermitteln Sie die dadurch hervorgerufene Änderung des Widerstands $R(\omega)$ für $\omega = 100$ kHz.

Transformator

1 ☐ In einem Versuch legt man einen massiven Eisenkern in eine Spule und betreibt diese mit Wechselstrom. Man stellt fest, dass sich dadurch der Eisenblock erwärmt. Erklären Sie diese Erwärmung.

2 ◪ Geblätterte Eisenkerne bestehen aus dünnen Eisenblechen, die durch isolierende Lackschichten voneinander getrennt sind.

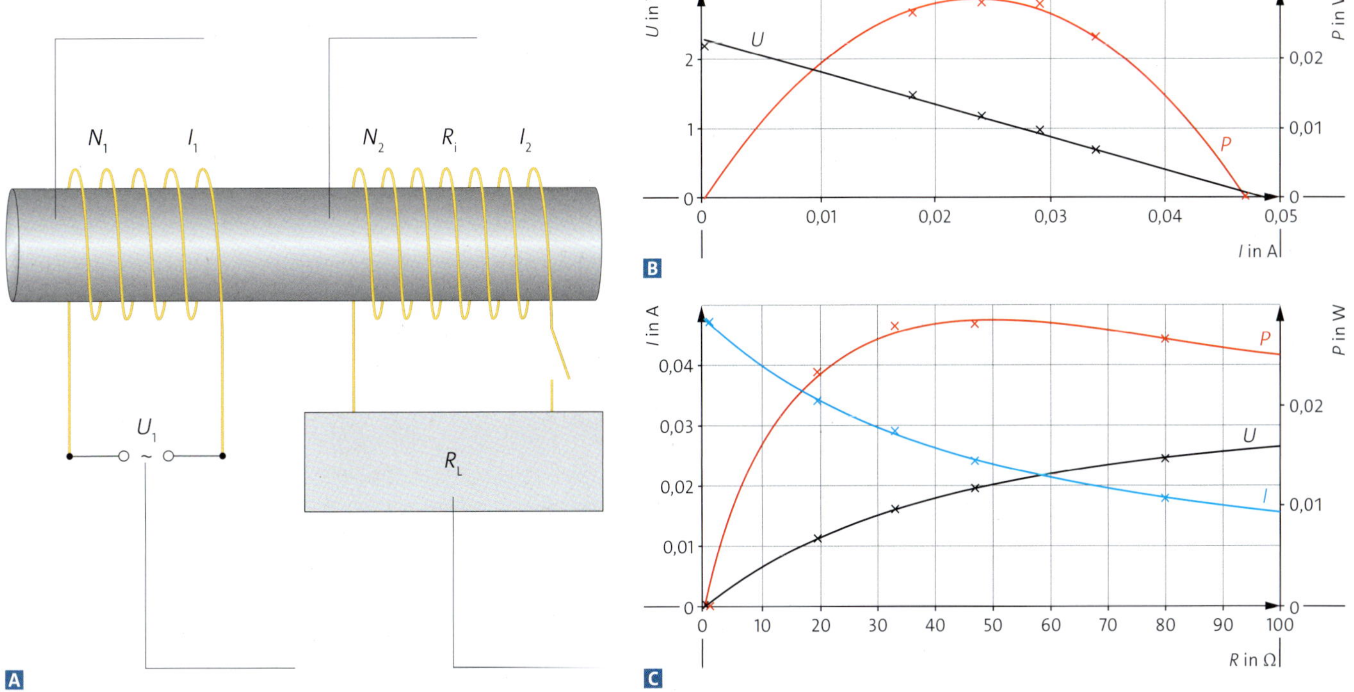

5 A Transformator, **B** zur Induktionsspule übertragene Leistung, **C** zum Verbraucher übertragene Leistung

Verwendet man statt des massiven Eisenkerns einen geblätterten Eisenkern wie in Abbildung ▸ **4A**, dann ist die Erwärmung viel kleiner. Ist der Eisenkern wie in ▸ **4B** geblättert, erwärmt er sich genauso wie der massive Eisenkern.

a Erklären Sie diesen Zusammenhang.

b Bei Transformatoren verwendet man ausschließlich geblätterte Eisenkerne wie in Abbildung ▸ **A** statt massiver Eisenkerne. Begründen Sie mit einer Energiebetrachtung.

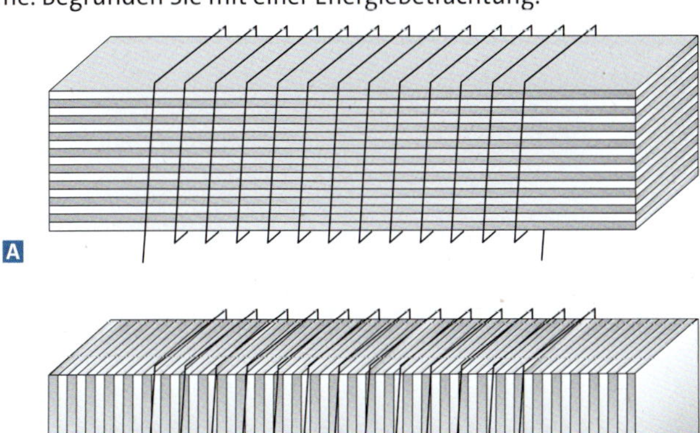

4 Geblätterter Eisenkern

3 Ein Transformator wandelt die Spannung U_1 in eine Spannung U_2 (▸ **5**) um.

a ☐ Ordnen Sie den Zahlen in ▸ **5A** die Begriffe Feldspule, Induktionsspule, Energiezufuhr, Lastwiderstand zu und erklären Sie die dargestellte Energieübertragung.

b ◪ Bei offenem Schalter gilt für die Spannungen $\frac{U_1}{U_2} = \frac{N_1}{N_2}$. Ermitteln Sie U_2 für $N_1 = N_2 = 1000$ und $U_1 = 5$ V.

c ◪ Leiten Sie den Term in Teilaufgabe **b** her.

d ◪ Im Idealfall gibt es keinen Innenwiderstand ($R_i = 0\ \Omega$) und der Transformator überträgt die zugeführte Energie vollständig zum Verbraucher. Dann beträgt die Stromstärke $I_1 = I_2 \cdot \frac{U_2}{U_1}$. Berechnen Sie $I_2 = I_L$ mit dem Term $\frac{U_2}{R_L}$ und I_1 unter der Annahme $R_i = 0\ \Omega$. Daher beträgt der Term für die Leistung $P_L = I_L^2 \cdot R_L$. Bestätigen Sie das Ohmsche Gesetz für I_L und U_L sowie die quadratische Abhängigkeit der Leistung P_L von der Stromstärke I_L durch die Messwerte in ▸ **5B** und ermitteln Sie dazu R_L.

e ◪ Leiten Sie die Formel für I_1 in Teilaufgabe **d** her.

4 ■ Der Innenwiderstand der Induktionsspule in Aufgabe ▸ **5** ist $R_i = 47\ \Omega$. Der Transformator wird durch einen variablen Lastwiderstand R_L belastet. Dabei werden Strom, Spannung und Leistung bei R_L gemessen. Beschreiben Sie die Messwerte in ▸ **5C**. Bestätigen Sie die Regel: Der Transformator überträgt die maximale Leistung, wenn Innenwiderstand und Lastwiderstand übereinstimmen.

Folgende Aufgaben habe ich bereits gelöst:
Elektrisches Wirbelfeld 1 ◯ 2 ◯ 3 ◯ 4 ◯
Lenzsche Regel 1 ◯ 2 ◯
Elektromagnetische Induktion 1 ◯ 2 ◯ 3 ◯ 4 ◯ 5 ◯
Induktionsherd 1 ◯ 2 ◯ 3 ◯ 4 ◯
Generator 1 ◯ 2 ◯
Selbstinduktion 1 ◯ 2 ◯ 3 ◯ 4 ◯
Transformator 1 ◯ 2 ◯ 3 ◯ 4 ◯

Schwingungen

Einstufungstest

Karteikarten

Ich kann:

- Mechanische Schwingungen mit ihren charakteristischen Größen beschreiben.
- einen Vergleich zwischen Kreisbewegung und Schwingung herstellen und die Merkmale harmonischer Schwingungen erläutern.
- die Schwingung eines Federpendels analysieren.
- die Schwingung eines Fadenpendels unter der Kleinwinkelnäherung analysieren. eA
- Dämpfung und Resonanz von Schwingungen anhand ihrer charakteristischen Größen beschreiben. eA
- den elektromagnetischen Schwingkreis erklären und aus energetischer Perspektive mit mechanischen Schwingungen vergleichen. eA

40
44
48
52
56
60
66
72
80
88
96
104
112
120
132
144
160
176
192
208
42
46
50
54
58
63
69
76
84
92
100
108
116
126
138
152
168
184
200
Presto 168-208 Allegro 120-168 Moderato 100-120 Andante 76-108 Adagio 66-76 Larghetto 60-66 Largo 40-60

4 Schwingungen

Mechanische Schwingungen

Eine mechanische Schwingung ist eine periodische Bewegung eines Körpers zwischen zwei Umkehrpunkten um seine Gleichgewichtslage (Ruhelage).

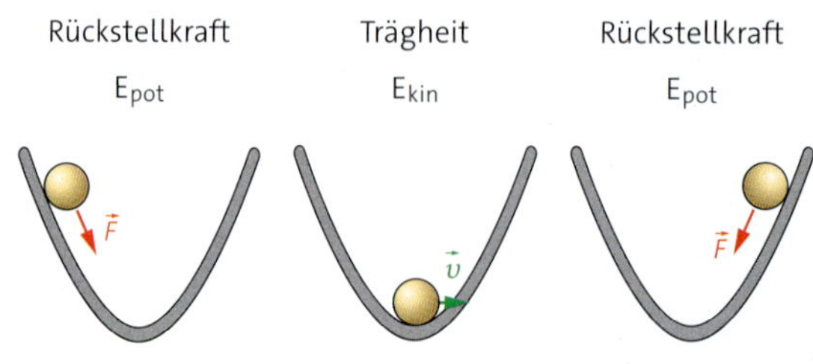

1 Mechanische Schwingung um die Gleichgewichtslage

Bei einer mechanischen Schwingung ändert sich das Verhältnis von potenzieller und kinetischer Energie bei der Bewegung um eine Gleichgewichtslage bzw. Ruhelage.

Ruhelage, Gleichgewichtslage

Man kann eine Schwingung über die Basiskonzepte Gleichgewicht und Erhaltung beschreiben:

Gleichgewicht • In der **Gleichgewichtslage** befinden sich alle Kräfte im Gleichgewicht. Ist der Körper davon entfernt, also in Auslenkung, wird er mit einer Rückstellkraft $\vec{F}$ in Richtung der Gleichgewichtslage beschleunigt. Aufgrund seiner Trägheit bewegt der Körper sich aber über die Gleichgewichtslage hinaus in eine neue Auslenkung bis zum Umkehrpunkt (▶ 1).

Erhaltung • Durch Energiezufuhr wird bei der Auslenkung die Lage- bzw. Spannenergie erhöht. Dies treibt den Körper in Richtung minimaler potenzieller Energie in seine Gleichgewichtslage. Dabei wandelt sich potenzielle in kinetische Energie um. Nach dem Energieerhaltungssatz pendelt die Energie zwischen beiden Formen hin und her.

EXPERIMENT Digitale Messwerterfassung mittels Videoanalyse

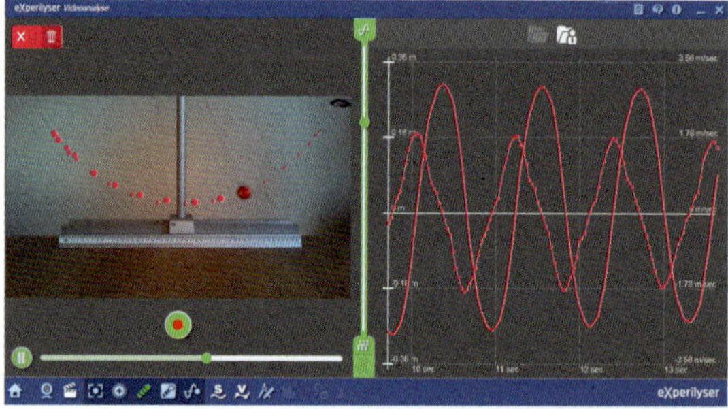

2 Messwerterfassung einer Schwingung mit Videoanalyse

Für die Beobachtung von Prozessen in der Mechanik eignet sich oft eine digitale Messwerterfassung. Wenn du Messwerte digital und mit einer Videoanalyse-App auswertest, solltest du diese Schritte beachten (▶ 2):

1. Sich bewegendes Objekt mit Farbe markieren, die sich nirgends sonst im Bild befindet
2. Maßstab sichtbar in der Schwingungsebene platzieren
3. Kamera senkrecht zur Schwingungsebene stellen
4. Kamera fixieren, nicht bewegen
5. Maßstab in der App kalibrieren
6. Farbmarkierung anklicken und Objektverfolgung starten
7. Messwerte auswerten und aufgezeichnete Diagramme interpretieren
8. Aussage auf Messungenauigkeiten diskutieren

Aus den Messwerten und Graphen können theoretische Aussagen experimentell überprüft oder Hypothesen zu unbekanntem Schwingungsverhalten entwickelt werden.

Vergleich von Kreisbewegung und zugehöriger Schwingung

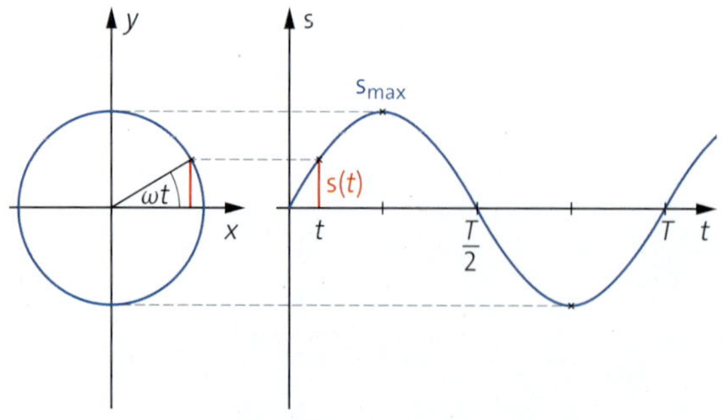

3 Kreisbewegung und Schwingung

Projiziert man die Kreisbewegung eines Körpers parallel zur Bewegungsebene auf eine Wand, dann bewegt sich sein Schatten in einer Schwingung auf und ab: Betrachtet man einen Zeiger (Radius im Kreis), der sich mit konstanter Kreisfrequenz ω entgegen dem Uhrzeigersinn dreht, entspricht seine vertikale Komponente $s(t)$ der Auslenkung des Schattenkörpers aus der Gleichgewichtslage (▶ 3).

Beginnt der Zeiger, indem er horizontal nach rechts zeigt, lässt sich der zeitliche Verlauf der Auslenkung durch eine Sinusfunktion beschreiben. Die Umlaufzeit T, die der Zeiger für eine Umdrehung benötigt, ist die Periodendauer T des Schattens. Bewegt sich der Körper auf seiner Kreisbahn mit konstantem Tempo, ändert sich dagegen die Geschwindigkeit seines Schattens permanent. Er bewegt sich langsam durch die Wendepunkte und am schnellsten durch die Gleichgewichtslage.

Größen zur Beschreibung mechanischer Schwingungen

$s(t)$ ... Auslenkung, Elongation, momentaner Ort bezogen auf die Gleichgewichtslage

s_{max} ... Amplitude, Betrag maximaler Auslenkung

T ... Periodendauer, Schwingungsdauer

f ... Frequenz. Einheit: Hz (Hertz) Anzahl der Schwingungen pro Sekunde

ω ... Kreisfrequenz. $\omega = \frac{2\pi}{T} = 2\pi f$. Einheit: $\frac{1}{s}$ Winkelgeschwindigkeit der Kreisbewegung

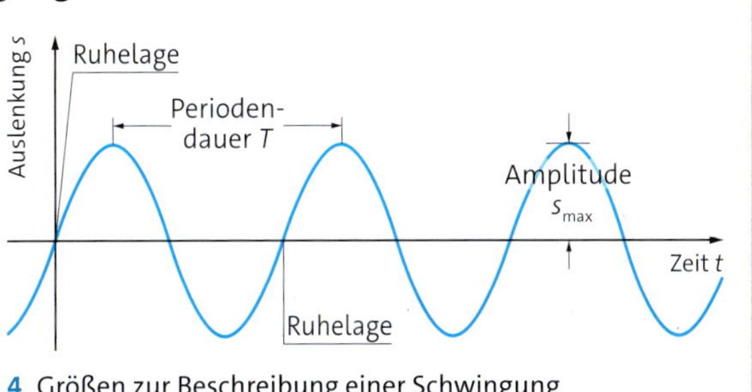

4 Größen zur Beschreibung einer Schwingung

charakteristische Größen einer Schwingung

Harmonische Schwingungen

Eine Schwingung, die eine der folgenden gleichwertigen Kriterien erfüllt, nennt man **harmonische Schwingung**:

1. Lineares Kraftgesetz: $F = -D \cdot s$.
2. Differenzialgleichung: $m \cdot \ddot{s} = -D \cdot s$.
3. Schwingungsgleichung: $s(t) = s_{max} \cdot \sin(\omega \cdot t)$

Dabei ist D ein Proportionalitätsfaktor. Speziell beim Federpendel ist D die Federkonstante.

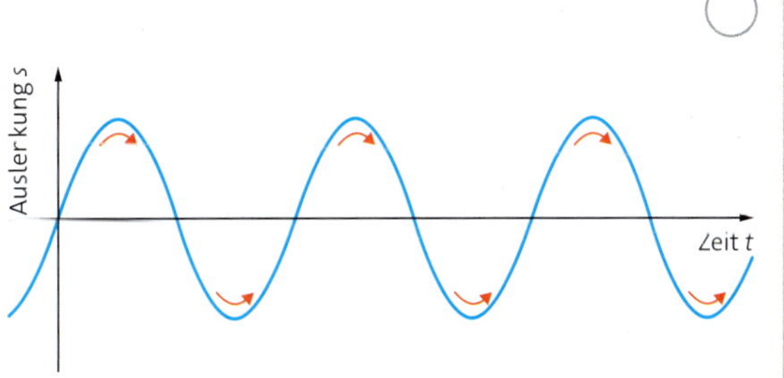

5 Harmonische Schwingung

Lineares Kraftgesetz • Wirkt auf einen frei beweglichen Körper eine Kraft F, die proportional mit der Auslenkung s zunimmt und dieser stets entgegengerichtet ist, dann wird er durch die Einwirkung der Kraft gezwungen, umzukehren. Der Körper schwingt harmonisch um die Gleichgewichtslage.

Differenzialgleichung • Das zweite Newtonsche Axiom mit $F = m \cdot a = m \cdot \ddot{s}$ erlaubt es, anstelle der **Einwirkung** mit einer Kraft F die **Auswirkung** auf die Bewegung in seiner Beschleunigung a zu analysieren: $m \cdot \ddot{s} = -D \cdot s$. Wenn $\ddot{s}$ mit s proportional zunimmt, aber entgegen gerichtet ist, macht der t-s-Graph oberhalb der t-Achse eine Rechtskurve, unterhalb eine Linkskurve (▶ 4). Der Körper bewegt sich immer wieder zurück zur Gleichgewichtslage.

Schwingungsgleichung • Lösungen für die Differenzialgleichung sind die Sinus- und Kosinusfunktion:

$$s(t) = s_{max} \cdot \sin(\omega \cdot t) \quad \text{mit} \quad \omega = \sqrt{\frac{D}{m}}$$

Über das Kraftgesetz lässt sich theoretisch herleiten und mit der Sinusfunktion experimentell überprüfen, ob sich eine reale Schwingung durch das Modell einer harmonischen Schwingung beschreiben lässt.

Das Kriterium der Differenzialgleichung lässt sich auf andere Größen verallgemeinern. Wenn in einem geschlossenen Stromkreis für die Stromstärke $\ddot{I} \sim -I$ gilt, dann schwingt die Stromstärke I sinusförmig. Dies ist im Schwingkreis der Fall.

Einwirkung, harmonische Schwingung

Bewegungsgleichungen harmonischer Schwingungen

Beginnt die Messung mit dem Durchgang durch die Gleichgewichtslage, gilt:

$$s(t) = s_{max} \cdot \sin(\omega \cdot t)$$

$$v(t) = \dot{s}(t) = s_{max} \cdot \omega \cdot \cos(\omega \cdot t)$$

$$a(t) = \ddot{s}(t) = -s_{max} \cdot \omega^2 \cdot \sin(\omega \cdot t)$$

Denn $\sin(0) = 0$, also $s(0) = 0$. Leitet man $s(t)$ mit der Kettenregel ab, ergeben sich $v(t)$ und $a(t)$. Die Auslenkung, Geschwindigkeit und Beschleunigung werden also alle durch einen Sinus oder Kosinus mit gleicher Periode beschrieben (▶ 5). Wenn die Messung mit der Auslenkung beginnt, ist die Kosinusfunktion besser geeignet.

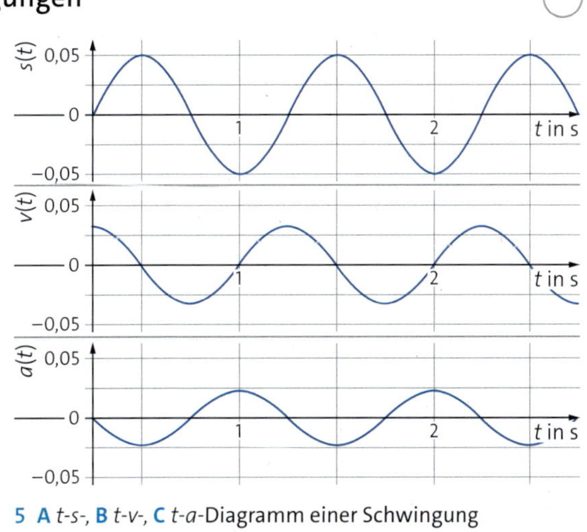

5 **A** t-s-, **B** t-v-, **C** t-a-Diagramm einer Schwingung

EXPERIMENT Fadenpendel

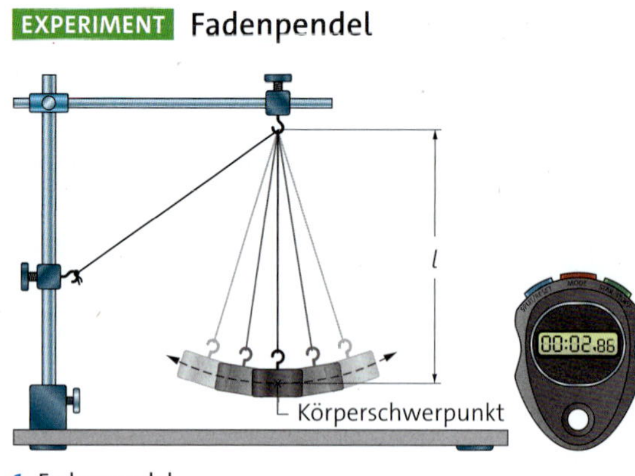

1 Fadenpendel

Ziel: Bestimmung der Abhängigkeit der Schwingungsdauer T von der Länge l.
Material: Stativmaterial, Bindfaden, Massenkörper, Stoppuhr, Maßstab.

Durchführung: Pendellänge bis zum Schwerpunkt des Massekörpers messen, bei symmetrischen Körpern bis zur Mitte (▶ 1). Das Pendel wird ausgelenkt, losgelassen und die Zeit t über 10 Schwingungen gemessen. Dann ist $T = t/10$. Die Messung wird für verschiedene Pendellängen wiederholt.

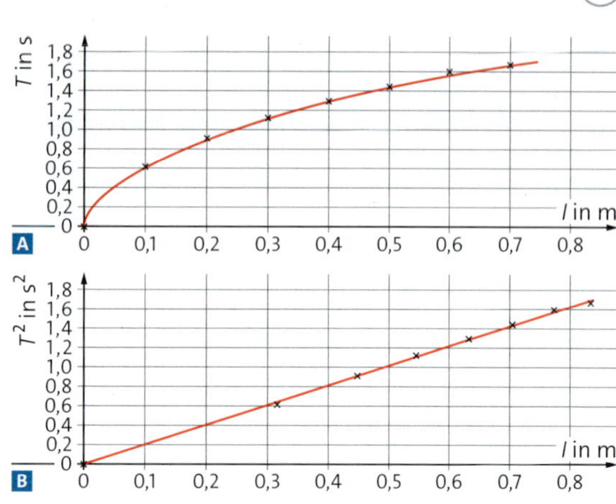

2 A Messung der Periodendauer eines Fadenpendels, B Linearisierung

Ergebnis: Trägt man die Messwerte in ein Diagramm ein, ergibt sich eine Wurzelfunktion (▶ 2A). Dies lässt sich durch eine Linearisierung überprüfen, indem man T^2 gegen l aufträgt (▶ 2B).

Die Periodendauer ist proportional zur Wurzel der Pendellänge: $T \sim \sqrt{l}$.

Linearisierung

Beispiel Vergleich harmonischer Schwingungen

Fadenpendel

An einem Faden mit der Länge l hängt ein Körper mit Masse m und wird um s ausgelenkt.

Ein Fadenpendel schwingt bei kleinen Auslenkungen harmonisch.

Die Gewichtskraft wird in senkrechte Kraftkomponenten zerlegt (▶ 3). Eine spannt den Faden, die andere beschleunigt tangential zum Bogen als **rücktreibende Kraft.**

$$F_r = m \cdot g \cdot \sin(\alpha) = -\frac{m \cdot g}{l} \cdot s.$$

Für kleine Winkel unterscheiden sich Auslenkung s und Bahnkurve kaum. Die rücktreibende Kraft ist der Auslenkung entgegengesetzt gerichtet und proportional zur Auslenkung mit dem Proportionalitätsfaktor $\frac{m \cdot g}{l}$.

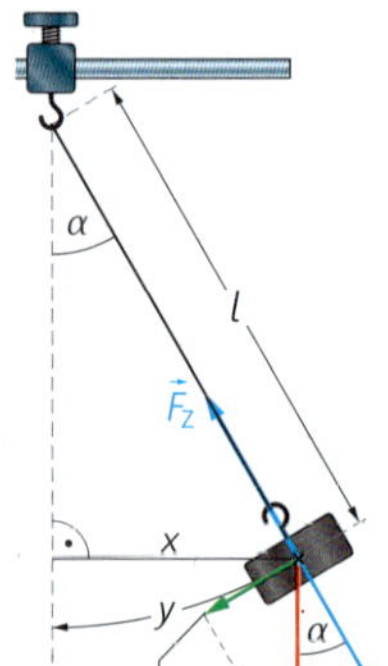

3 Kräftezerlegung beim Fadenpendel

Schwingungsdauer:

$$T = 2\pi \cdot \sqrt{\frac{l}{g}}$$

- Je länger das Pendel, umso langsamer schwingt es, die Periodendauer wird größer.
- Die Masse m des Pendelkörpers beeinflusst die Dauer nicht.
- Je schwächer die Gravitation, also je kleiner der Ortsfaktor g, umso langsamer schwingt das Pendel.

Auf dem Mond schwingt ein Fadenpendel langsamer, da die Schwerebeschleunigung kleiner ist. Durch Messung der Periodendauer lässt sich mit einem Fadenpendel die Schwerebeschleunigung (Ortsfaktor) g ermitteln.

Federpendel

An einer Stahlfeder mit Federkonstante D hängt ein Körper mit Masse m und wird senkrecht um s ausgelenkt.

Ein Federpendel schwingt harmonisch.

Durch die Spannung der Feder wirkt die Federkraft F als rücktreibende Kraft. Sie ist der Auslenkung entgegengesetzt gerichtet, das erkennt man am negativen Vorzeichen. Die rücktreibende Kraft ist proportional zur Auslenkung. Es gilt das Hookesche Gesetz $F = -D \cdot x$. Der Proportionalitätsfaktor ist die Federkonstante D.

Das lineare Kraftgesetz ist erfüllt. Folglich steigt die Kraft proportional mit der Auslenkung. Das Federpendel schwingt harmonisch.

Schwingungsdauer:

$$T = 2\pi \cdot \sqrt{\frac{m}{D}}$$

- Je größer die Federhärte D, umso schneller schwingt das Pendel, die Periodendauer wird kleiner.
- Je größer die träge Masse m, umso langsamer schwingt das Pendel.
- Die Gravitation beeinflusst die Schwingungsdauer nicht.

Im Weltall lässt sich also z. B. die Masse eines Körpers messen. Denn die Schwingungsdauer ist unabhängig von der Schwerebeschleunigung, nicht aber von der Masse des Körpers.

Gedämpfte Schwingung

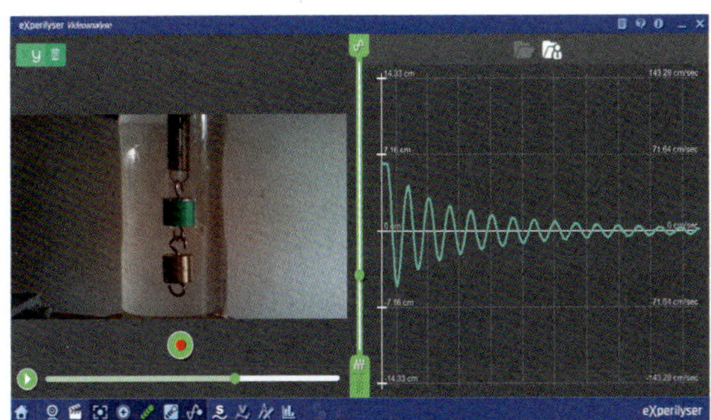

4 Im Wasser gedämpfte Schwingung

Digitale Messwerterfassung eignet sich, um die Dämpfung einer mechanischen Schwingung zu vermessen.

Wenn schwingende Körper mit einer Reibungskraft gebremst werden, ist die Schwingung **gedämpft**. In Flüssigkeiten ändert sich die Reibungskraft proportional zur Geschwindigkeit (▶ 4). Dann nimmt die Amplitude exponentiell ab.

Dies lässt sich z. B. mittels Quotientengleichheit benachbarter Amplituden oder durch halblogarithmisches Auftragen aller Amplituden überprüfen. Im Idealfall einer exponentiellen Abnahme gilt:

$$s(t) = s_{max} \cdot e^{-\delta t} \cdot \cos(\omega t)$$

mit der **Einhüllenden**: $\hat{s}(t) = s_{max} \cdot e^{-\delta t}$ und dem Dämpfungskoeffizienten δ (▶ 5).

Einhüllende, Dämpfungskoeffizient

EXPERIMENT Elektromagnetischer Schwingkreis

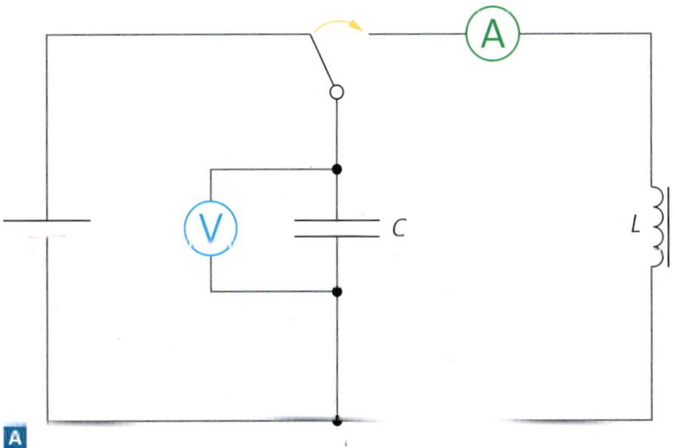

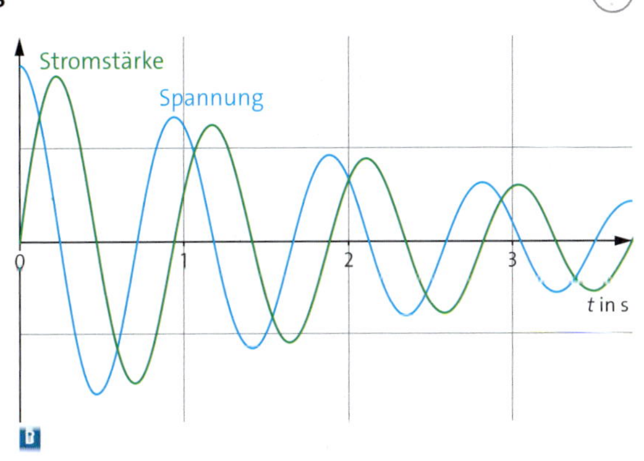

6 A Aufbau Schwingkreis, B Stromstärke und Spannung im Schwingkreis

Ziel: Untersuchung der Energieübertragung zwischen elektrischem Feld im Kondensator und magnetischem Feld in der Spule.

Material: Kondensator mit Kapazität C, Spule mit Eisenkern und Induktivität L, Netzgerät mit Spannung U_0, Messwerterfassungssystem U und I, Umschalter, Kabel.

Durchführung: Zuerst wird im linken Stromkreis von ▶ 6A der Kondensator aufgeladen. Durch Umschalten wird der rechte Stromkreis geschlossen und vom Netzgerät getrennt. Die freie Schwingung beginnt.

Ergebnis:

1. Die Spannung U treibt die Schwingung an. Sie eilt der Stromstärke I um eine Viertelperiode voraus (▶ 6B).
2. Bei maximaler Spannung ist die Energie im elektrischen Feld des Kondensators gespeichert:

   $$E_{el} = \frac{1}{2} C \cdot U^2$$

   Anschließend befindet sich die Energie bei maximaler Stromstärke im magnetischen Feld der Spule:

   $$E_{Spule} = \frac{1}{2} L \cdot I^2$$

Der reale Schwingkreis ist wegen des unvermeidlichen ohmschen Widerstands stets gedämpft.

Schwingungsgleichung:
Im Schwingkreis ist die Gesamtspannung Null:

$$U_C + U_L = 0$$

Am Kondensator nimmt die Spannung mit den getrennten Ladungen zu: $U_C = \frac{Q}{C}$. An der Spule liegt durch die Selbstinduktion eine Spannung $U_L = -U_{ind} = -(-L \cdot \dot{I})$ an.

Mit $I = \dot{Q}$ ergibt sich eine Differenzialgleichung:

$$L \cdot \ddot{Q} = -\frac{1}{C} Q.$$

Durch eine weitere Ableitung ergibt sich:

$$L \cdot \ddot{I} = -\frac{1}{C} \cdot I$$

Eine Lösung dieser Gleichung lautet:

$$I(t) = I_{max} \cdot \sin(\omega \cdot t) \quad \text{mit} \quad \omega = \frac{2\pi}{T} = \sqrt{\frac{1}{LC}}$$

Aus der Kreisfrequenz folgt die **Thomsonsche Schwingungsgleichung**:

$$T = 2\pi \cdot \sqrt{LC}$$

Erweiterung: Der Umschalter wird entfernt. Die Lücke wird geschlossen. Mit einer Wechselspannung U_0 wird der Schwingkreis kontinuierlich angeregt. Sind Erregerfrequenz f_0 und Eigenfrequenz f_e gleich, tritt der Resonanzfall ein. Damit lässt sich die Dämpfung kompensieren.

Erzwungene Schwingung und Resonanz

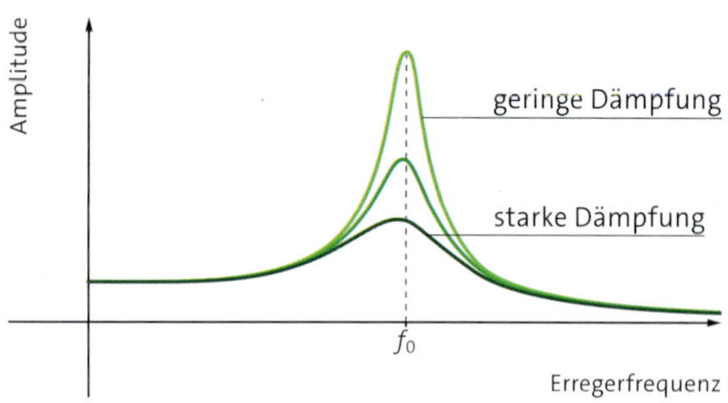

3 Resonanz einer erzwungenen Schwingung

Ein schwingungsfähiges System lässt sich von außen durch einen Erreger periodisch zum Mitschwingen anregen.

Die Anregung des Systems erfolgt mit einer bestimmten Frequenz auf mechanische oder elektrische Weise. Dabei wird dem System Energie zugeführt.

Je näher die Anregungsfrequenz f_a des Erregers an der Eigenfrequenz f_0 des schwingenden Systems ist, umso mehr schaukelt sich die Amplitude s_{max} auf (▶ 3).

Der Körper bewegt sich im Resonanzfall mit einer Viertelperiode der erregenden Schwingung hinterher. Je geringer die Dämpfung ist, umso stärker ist die Auslenkung.

Resonanz: Wird ein System in seiner Eigenfrequenz angeregt, wird maximale Energie übertragen und die Amplitude ist am größten.

Schwingen der Energieformen

Federpendel

1. Das Federsystem ist gespannt. Spannenergie E_{spann}, F und s sind maximal.
2. Mit der Rückstellkraft F wird der Körper beschleunigt. Wegen der Trägheit des Massenköpers nimmt v verzögert zu.
3. E_{kin} und v sind maximal. Die Feder ist entspannt, $F = 0$ und $s = 0$. Die Trägheit lässt den Körper weiterbewegen. Der Abbau von E_{kin} wird verlangsamt.
4. Das Federsystem wird erneut gespannt, aber F ist entgegengesetzt gerichtet.
5. E_{spann} und s sind wieder maximal. $v = 0$ und damit $E_{kin} = 0$

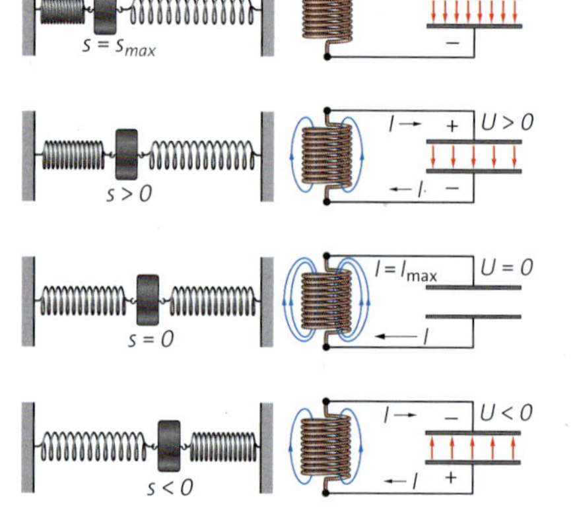

4 Energie bei Federpendel und Schwingkreis

Schwingkreis

1. Der Kondensator ist geladen. Elektrische Energie E_{el} und Spannung U_C sind maximal.
2. Der Entladungsstrom I baut in der Spule E_{mag} auf. In der Spule hemmt die Selbstinduktion den Aufbau. I steigt verzögert.
3. E_{mag} und I sind maximal. Der Kondensator ist entladen, $U_C = 0$. Der Strom I sinkt. Die Selbstinduktion hemmt den Abbau von E_{mag}, indem der Strom weiter fließt.
4. Der Kondensator wird erneut aufgeladen, aber mit entgegengesetzter Polung.
5. E_{el} und U_C sind wieder maximal. Der Strom ist $I = 0$ und damit $E_{mag} = 0$.

Analoge Größen im Vergleich

Federpendel

s	Auslenkung	
v	Geschwindigkeit	$v = \dot{s}$
a	Beschleunigung	$a = \ddot{s}$
F	Rückstellkraft	
D	Federkonstante	$F = -D \cdot s$
m	Masse (Trägheit)	$F = m \cdot a$
T	Schwingungsdauer	$T = 2\pi \cdot \sqrt{\frac{m}{D}}$
E_{spann}	Spannenergie	$E_{spann} = \frac{1}{2} D \cdot s^2$
E_{kin}	kinetische Energie	$E_{kin} = \frac{1}{2} m \cdot v^2$
	Differenzialgleichung	$m\ddot{s} = -D \cdot s$
	Schwingungsverlauf	$s(t) = s_{max} \cdot \sin(\omega \cdot t)$ $v(t) = v_{max} \cdot \cos(\omega \cdot t)$

Schwingkreis

Q	getrennte Ladung im Kondensator	
I	Stromstärke	$I = \dot{Q}$
$\dot{I}$	Änderungsrate der Stromstärke	$\dot{I} = \ddot{Q}$
U	Spannung am Kondensator	
$1/C$	Kehrwert der Kapazität	$U_C = -\frac{1}{C} \cdot Q$
L	Induktivität der Spule	$U_L = L \cdot \dot{I}$
T	Schwingungsdauer	$T = 2\pi \cdot \sqrt{L \cdot C}$
E_{el}	elektrische Energie	$E_{el} = \frac{1}{2}\frac{1}{C} Q^2$
E_{mag}	magnetische Energie	$E_{mag} = \frac{1}{2} L \cdot I^2$
	Differenzialgleichung	$L\ddot{Q} = -\frac{1}{C} \cdot Q$
	oder	$L\ddot{I} = -\frac{1}{C} \cdot I$
	Schwingungsverlauf	$Q(t) = Q_{max} \cdot \sin(\omega \cdot t)$ $I(t) = I_{max} \cdot \cos(\omega \cdot t)$

Schwingungen

Schwingungen finden wir überall um uns herum, sie sind fundamental für die Beschreibung von physikalischen Prozessen. Hier kannst du deine Kenntnisse und deine Kompetenzen zu deisem Thema testen.

Mechanische Schwingungen

1 a ☐ Spielplatzphysik: Auf der Schaukel vollführt man eine Schwingung, auf dem Karussell nicht. Begründen Sie das.
b ☐ Stellen Sie entsprechende Größen von Kreisbewegung und Schwingung einander gegenüber.

2 ☐ Skizzieren Sie den Aufbau eines Experiments, mit dem man demonstrieren kann, dass eine harmonische Schwingung die Projektion einer gleichförmigen Kreisbewegung ist. Beschreiben Sie Aufbau und Durchführung des Experiments.

3 ☐ Nennen Sie weitere Beispiele aus Alltag, Technik, Sport, usw., die durch das Modell einer harmonischen Schwingung sinnvoll beschrieben werden können. Nennen sie auch Gegenbeispiele.

4 ◪ Harmonische Schwingung: Zeichnen Sie das s-t-, v-t- und a-t-Diagramm für die erste Periode einer Schwingung mit $s(0\,\text{s}) = -s_{max} = 11\,\text{cm}$ und $T = 4{,}2\,\text{s}$.

Fadenpendel

1 Die Periodendauer eines Fadenpendels der Länge $l = 1{,}1\,\text{m}$ beträgt $T = 2{,}1\,\text{s}$.
a ◪ Ermitteln Sie den zugehörigen Ortsfaktor g.
b ◪ Überprüfen Sie, in welchem Winkelmaß die Kleinwinkelnäherung gilt (Abweichung < 1 %).

2 Durch Auswertung eines Experiments mit einem Fadenpendel erhält man:

$$x(t) = 0{,}15\,\text{m} \cdot \cos\left(\frac{2\pi}{1{,}5\,\text{s}} \cdot t\right)$$

a ☐ Entnehmen Sie der Gleichung die Amplitude und die Periodendauer.
b ☐ Geben Sie mit Begründungen die Auslenkung und den Startpunkt der Messung an, die zu dieser Gleichung führen.
c ■ Berechnen Sie die Fadenlänge.

3 a ☐ Begründen Sie, dass es sinnvoll ist, zur Messung der Periodendauer die Zeit für mehrere Durchläufe zu stoppen.
b ☐ Die Periodendauer eines Pendels soll 1,00 s betragen. Berechnen Sie die Pendellänge.
c ☐ Erklären Sie, ob und gegebenenfalls wie ein gegenüber der Erde veränderter Ortsfaktor die Periodendauer beim Fadenpendel verändert.

Federpendel

1 ◪ Ein Federpendel besteht aus einer Feder mit der Federkonstante $5\,\frac{\text{N}}{\text{cm}}$ und einem Körper der Masse 500 g.
a Berechnen Sie die Periodendauer.
b Begründen Sie mathematisch und physikalisch, ob sich die Periodendauer auf dem Mond ändern würde.
c ☐ Geben Sie die Schwingungsgleichung für den Fall an, dass die Auslenkung 3 cm beträgt.

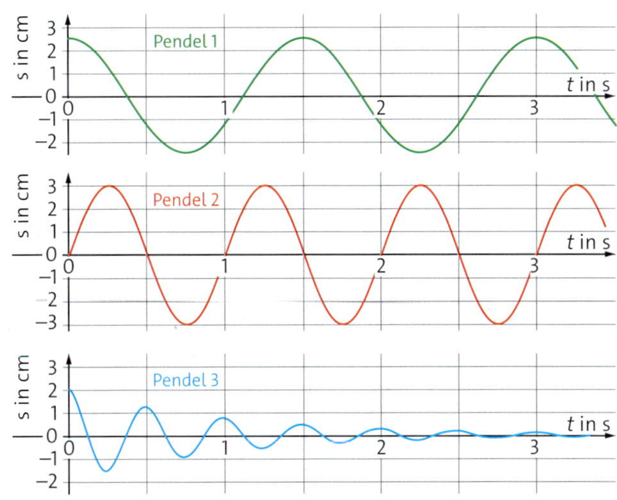

1 Vergleich von Schwingungen

2 Die Bewegungen dreier Federpendel sind in s-t-Diagrammen dokumentiert (▶ 1).
a ☐ Ermitteln Sie die charakteristischen Größen. Beschreiben Sie die Bewegungsunterschiede.
b ◪ Beschreiben Sie qualitativ jeweils einen experimentellen Aufbau und die Durchführung, die zu den unterschiedlichen Diagrammen führen.

3 Ein Massestück ($m = 260\,\text{g}$) hängt über einen Faden an einer Metallfeder. Dieses Federpendel wird in Schwingung versetzt und schwingt zunächst ungehindert. Dabei wird die Schwingung mit einem Bewegungssensor aufgezeichnet.
a ☐ Bestimmen Sie die Schwingungsdauer und die Frequenz der ungedämpften Schwingung möglichst genau anhand der Messdaten in ▶ 2.
b ◪ Berechnen Sie die Federkonstante der Feder.
c ◪ Stellen Sie die Schwingungsgleichung für das ungedämpfte Federpendel auf.
d ◪ Berechnen Sie mit Ihrer Schwingungsgleichung die Auslenkung nach 3,0 s und vergleichen Sie mit der Abbildung.

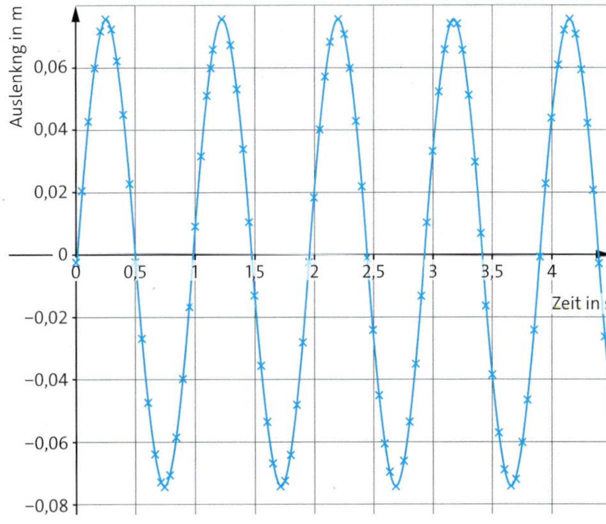

2 Messwerte einer harmonischen Schwingung

4 ■ Eine Stativstange wird so am Aufbau von Aufgabe 3 befestigt, dass der Faden mit dem Massestück an ihr entlang schleift. Die so verursachte Gleitreibung führt zu einer gedämpften Schwingung (▶ 3).

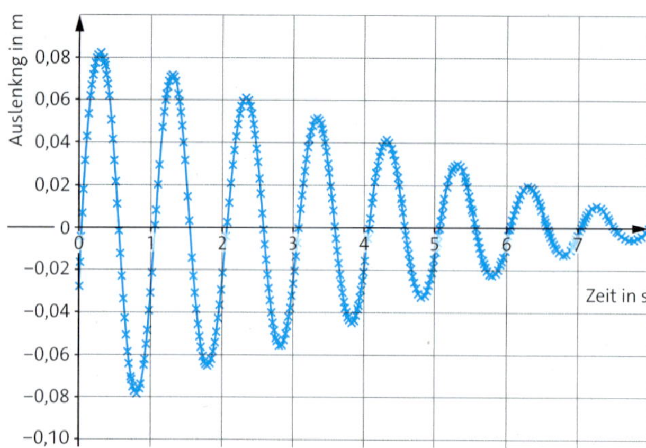

3 Messwerte einer gedämpften Schwingung

a Weisen Sie nach, dass die Amplitude hier durch Gleitreibung linear abnimmt. Legen Sie durchsichtige Folie über die Abbildung, übernehmen Sie die Koordinatenachsen und zeichnen Sie die Einhüllenden ein.

b Bestimmen Sie die Gleichung der oberen Einhüllenden.

eA Anwendung Hemmpendel

■ Das Hemmpendel ist ein Sonderfall des Fadenpendels. Die Bewegung wird durch einen Stift senkrecht unter der Aufhängung gehemmt.

1 Interpretieren Sie mit physikalischen Argumenten die Diagramme im Zusammenhang mit der Aufbauskizze (▶ 4). Gehen Sie dabei auf die Amplituden und Höhen, die Periodendauer und die maximalen Geschwindigkeitsbeträge ein. Diskutieren Sie die Energieformen und ihre Auswirkungen.

2 Geben Sie an, ob die maximalen Rückstellkräfte rechts und links unterschiedlich groß sind. Begründen Sie Ihre Aussage sowohl anhand der Versuchsskizze als auch anhand der Diagramme. Verdeutlichen Sie dies graphisch in der Abbildung.

3 Lenkt man das Fadenpendel auf der ungehemmten Seite so weit aus, dass die Höhe des Pendelkörpers über dem Hindernis liegt, kommt keine richtige Schwingung mehr zustande. Erklären Sie dies, indem Sie die Bewegung in der gehemmten Hälfte im Detail nachvollziehen.

Resonanz und Dämpfung

Eine Resonanz kann zerstörerisch sein. Im Jahr 1940 ist die Tacoma Narrows Brücke in den USA zusammengestürzt, nachdem sie von starken Winden in eine starke Schwingung versetzt wurde.

1 ▢ Erläutern Sie, was eine Resonanz ist und wie sie entsteht.

2 ▢ Erläutern Sie unter energetischen Aspekten, warum es dabei zur Katastrophe kommen kann.

3 ◪ Erläutern Sie, welche Möglichkeiten es gibt, die Amplitude einer erzwungenen Schwingung gering zu halten.

4 Mit einem Messwerterfassungssystem wird die Auslenkung eines harmonisch gedämpften Federpendels mit der Masse $m = 300\,\text{g}$ aufgezeichnet (▶ 5).

a ▢ Bestimmen Sie die Startamplitude und die Schwingungsdauer.

b ◪ Berechnen Sie die Kreisfrequenz und die Federkonstante.

c ■ Bei einer exponentiellen Kurve $s(t)$ stehen aufeinanderfolgende Werte s_1, s_2, s_3, usw. die im gleichen zeitlichen Abstand zueinander aufgenommen werden, stets im gleichen Verhältnis: $\frac{s_1}{s_2} = \frac{s_2}{s_3} = \frac{s_3}{s_4} = \cdots$

Zeigen Sie, dass dies für aufeinanderfolgende Amplituden der Hoch- und Tiefpunkte erfüllt ist.

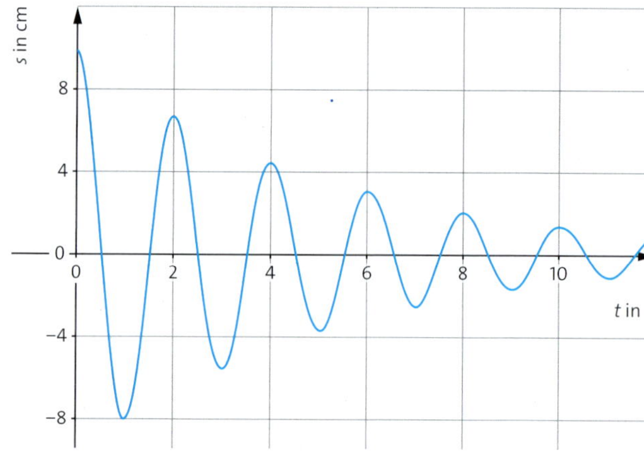

5 Messwerte gedämpfte Schwingung

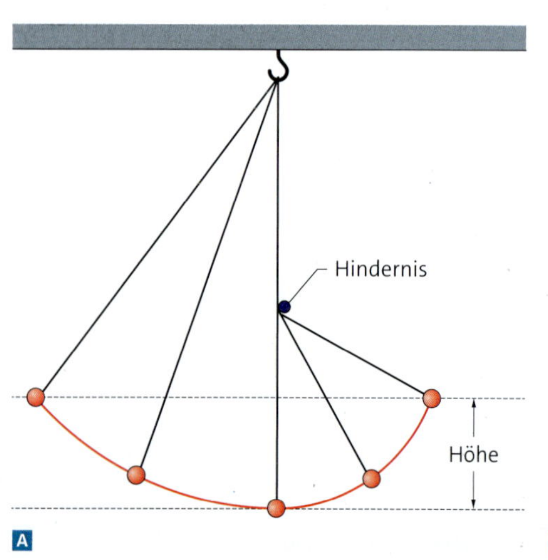

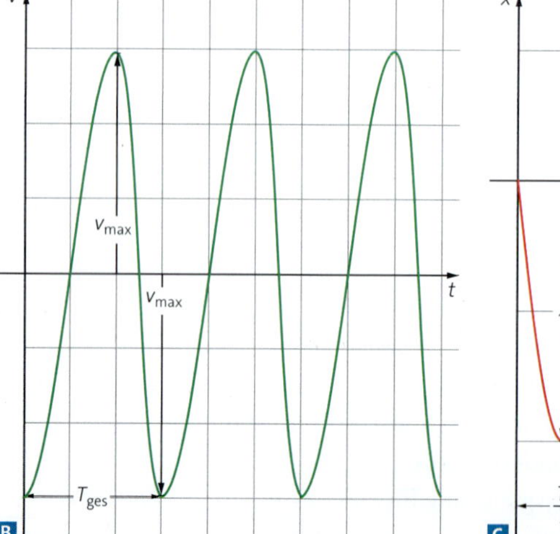

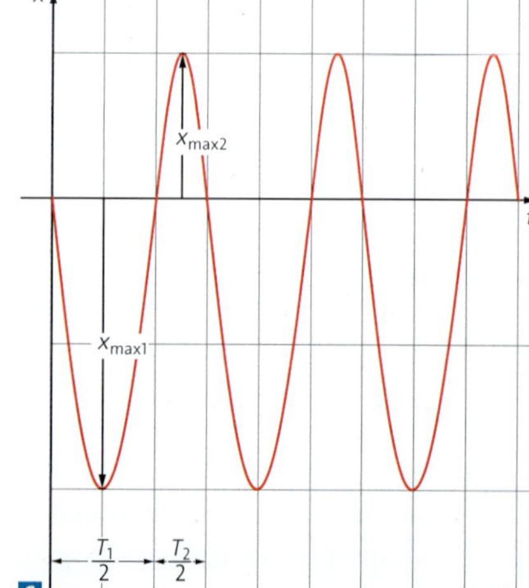

4 A Hemmpendel, B t-x- und C t-v-Diagramm

1 Schaltskizze zum Schwingkreis

Elektromagnetischer Schwingkreis

1 ■ In einem geschlossenen Stromkreis werden eine Wechselspannungsquelle, eine Spule, ein Kondensator und eine Glühlampe in Reihe geschaltet. Die Frequenz der Spannungsquelle wird variiert.

a Skizzieren Sie in ▸ **1** die Schaltung für dieses Experiment.

b Die Helligkeit der Glühlampe hängt von der Frequenz ab. Beschreiben und erklären Sie dieses Phänomen.

c Interpretieren Sie qualitativ die Thomsonsche Schwingungsgleichung.

2 In einem Demonstrationsexperiment soll ein *U*-*t*-Diagramm für einen Schwingkreis mit einer Periodendauer von 1,0 s aufgenommen werden. Es steht eine Spule mit einer Induktivität von 500 H zur Verfügung, ebenso ein geeignetes Voltmeter und Kondensatoren mitden Kapazitäten 25 μF, 50 μF bzw. 100 μF.

a ◪ Erstellen Sie eine aussagekräftige beschriftete Versuchsskizze. Erläutern Sie, wie es im Schwingkreis zu einer elektromagnetischen Schwingung kommt.

b ◪ Entscheiden Sie begründet, welcher Kondensator für das vorgesehene Experiment geeignet ist.

c □ Die Spannung am Kondensator beträgt zu Beginn 10 V. Berechnen Sie die damit verbundene Energie.

d □ Bestimmen Sie, welche maximale Stromstärke zu erwarten ist.

e ◪ Erstellen Sie ein *U*-*t*- und ein *I*-*t*-Diagramm für $0\,s \le t \le 2\,s$. und geben Sie begründet eine Funktionsgleichung für $U(t)$ und $I(t)$ an.

f ■ Stellen Sie den zeitlichen Verlauf der im Kondensator und der in der Spule gespeicherten Energie in einem geeigneten Diagramm dar. Vergleichen Sie das Diagramm mit dem Diagramm aus **2e**.

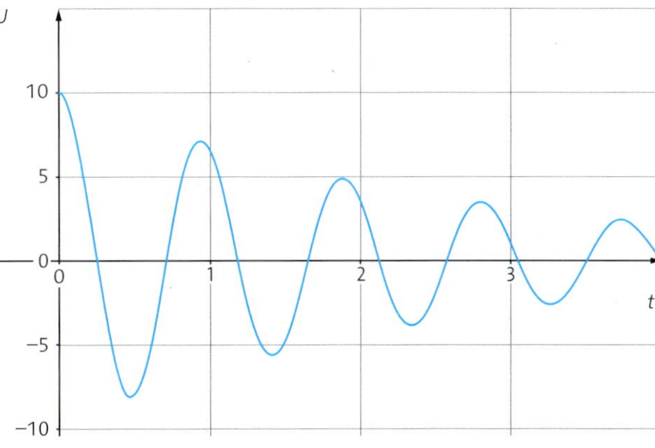

2 *U*-*t*-Diagramm

3 Abbildung ▸ **2** zeigt die Messwerte eines Messwerterfassungssystems bei diesem Aufbau.

a □ Erklären Sie, wie es zur Amplitudenabnahme kommt.

b ◪ Berechnen Sie, um wie viel Prozent die Energie während der ersten Periodendauer abgenommen hat.

c ■ Untersuchen Sie die Energieabnahme in den folgenden Periodendauern. Entscheiden Sie, ob die Energie linear oder exponentiell abnimmt.

d ◪ Bestimmen Sie die gemessene Periodendauer möglichst exakt.

4 ◪ Die Kapazität des Kondensators weicht um bis zu 10 % vom Nennwert ab.

a Beurteilen Sie, ob damit die Abweichung der gemessenen Periodendauer von 1,0 s erklärt werden kann.

b Aufgrund der Dämpfung gilt für die Frequenz der folgende Zusammenhang:

$$f = \frac{1}{2\pi} \cdot \sqrt{\frac{1}{LC} - \left(\frac{R}{2L}\right)^2}$$

Die Spule hat einen Widerstand von 300 Ω. Entscheiden Sie, ob die Abweichung schon hierdurch erklärt werden kann.

Folgende Aufgaben habe ich bereits gelöst:

Mechanische Schwingungen	1 ○	2 ○	3 ○	4 ○
Fadenpendel	1 ○	2 ○	3 ○	
Federpendel	1 ○	2 ○	3 ○	4 ○
Anwendung Hemmpendel	1 ○	2 ○	3 ○	
Resonanz und Dämpfung	1 ○	2 ○	3 ○	4 ○
Elektromagnetischer Schwingkreis	1 ○	2 ○	3 ○	4 ○

5 Wellen

Einstufungstest

Karteikarten

Ich kann:

- die verschiedenen Arten von mechanischen und elektromagnetischen Wellen mit ihren charakteristischen Größen beschreiben.
- die Überlagerung von Wellen mit dem Huygenschen Prinzip sowie konstruktiver und destruktiver Interferenz erläutern.
- Anwendungen stehender Wellen analysieren.  

- die Brechung, Beugung und Reflexion von Wellen beschreiben.
- das elektromagnetische Spektrum über Wellenlänge und Frequenz verschiedener Strahlungsarten beschreiben.
- die Beugung und Interferenz von Wellen am Doppelspalt und Gitter erklären und aus Beugungsexperimenten die Wellenlänge bestimmen.

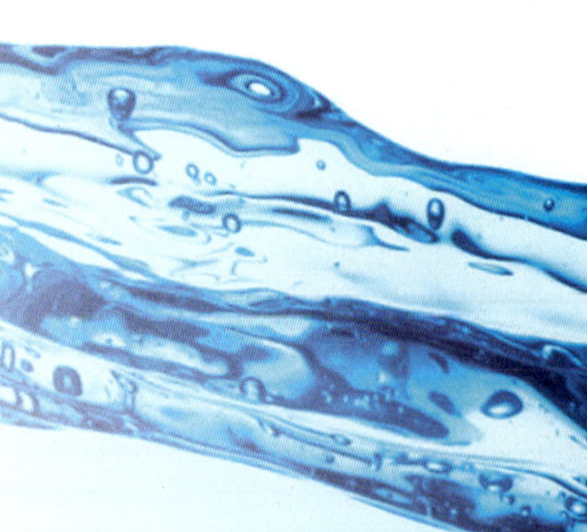

5 Wellen

Arten von Wellen

> Eine Welle ist eine sich räumlich ausbreitende, zeitliche Veränderung des Gleichgewichtszustands eines Systems. Sie transportiert Energie aber keine Materie.

Transversalwelle
Ausbreitungsrichtung
Teilchenbewegung

Eine Welle wird durch eine einmalige Störung oder periodische Schwingung erzeugt.

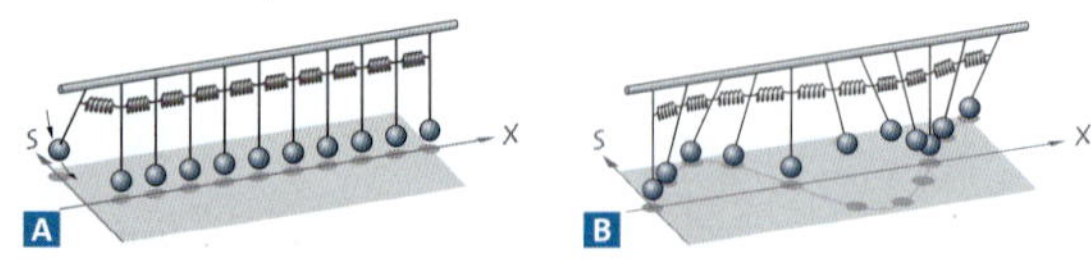

1 Entstehung einer Transversalwelle

Longitudinalwelle
Ausbreitungsrichtung
Teilchenbewegung

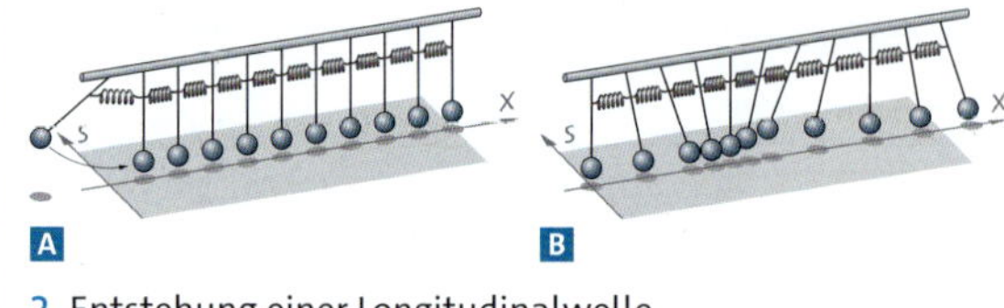

2 Entstehung einer Longitudinalwelle

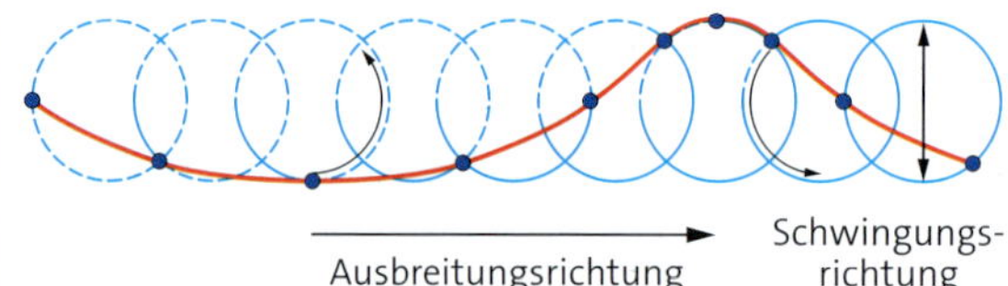

3 Wasserwelle

Transversalwelle, Longitudinalwelle

Man unterschiedet verschiedene Arten von Wellen:

Mechanische Wellen benötigen zur Ausbreitung ein Medium, das aus gekoppelten gleichartigen Oszillatoren (schwingungsfähigen Teilchen) besteht, z. B. Schallwellen.

Elektromagentische Wellen breiten sich dagegen auch im Vakuum aus.

Harmonische Wellen nennt man jene Wellen, deren Oszillatoren harmonisch schwingen.

Wellen unterscheiden sich auch darin, wie die Oszillatoren in Bezug zur Ausbreitungsrichtungen der Welle schwingen:

Transversalwelle / Querwelle • Die Oszillatoren schwingen senkrecht zur Ausbreitungsrichtung der Welle, z. B. bei einer Seilwelle, Sekundärwelle bei Erdbeben, leichten Wasseroberflächenwelle oder elektromagnetischen Welle (▶ 1).

Longitudinalwellen / Längswellen • Die Teilchen schwingen längs zur Ausbreitungsrichtung, z. B. in einer Schallwelle oder Primärwelle bei einem Erdbeben (▶ 2).

Wasserwellen • Die Teilchen schwingen eher auf einer kreisförmigen Bahn in Ausbreitungsrichtung (▶ 3).

Charakteristische Größen einer Welle

Durch diese charakteristischen Größen lassen sich Wellen beschreiben.
Die periodische Bewegung einer Welle wird durch die Oszillation der einzelnen Raumpunkte beschrieben. Die Charakteristika sind deshalb teilweise bereits von den Schwingungen bekannt:

$s(x, t)$	...	Auslenkung am Ort x zum Zeitpunkt t
s_{max}	...	Amplitude, Betrag der maximalen Auslenkung
T	...	Periodendauer, Schwingungsdauer eines Oszillators
f	...	Frequenz in Hz, $f = 1/T$
λ	...	Wellenlänge, räumliche Periodizität, Abstand zwischen zwei gleich schwingenden Oszillatoren bzw. Abstand von zwei **Wellenbergen**
c	...	Ausbreitungsgeschwindigkeit der Welle, Phasengeschwindigkeit, z. B. Geschwindigkeit eines Wellenbergs

Eine **harmonische Welle** beschreibt den Idealfall unter folgenden Bedingungen:

1. Die Amplitude s_{max} bleibt konstant, die Energie wird verlustfrei übertragen.
2. Die Frequenz f aller Oszillatoren ist gleich. **Resonanz** zwischen den Oszillatoren ermöglicht einen optimalen Energietransport.
3. Alle Oszillatoren schwingen harmonisch.
4. Die Amplitude s_{max} und Frequenz f werden durch den Erreger beeinflusst.
5. Die Ausbreitungsgeschwindigkeit c ist konstant. Sie ist ausschließlich durch das Medium bestimmt. Sie ist größer, je stärker die Kopplung zwischen den Oszillatoren ist

Ändert sich das Medium, ändert sich auch die Ausbreitungsgeschwindigkeit und davon abhängig die Wellenlänge, aber nicht die Frequenz, die durch den Erreger bestimmt ist.

> Harmonische Wellen sind zeitlich und räumlich periodische Bewegungen.

Wellenberg
harmonische Welle

Wellengleichung

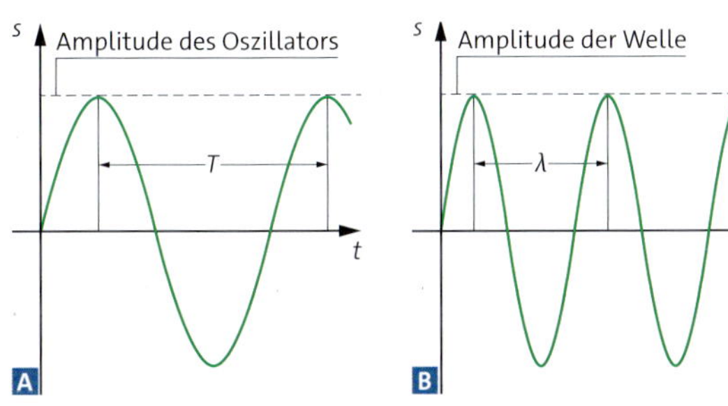

4 A Schwingung eines Oszillators am festen Ort x, **B** momentane Position aller Oszillatoren zum festen Zeitpunkt t

Das Medium gibt die Ausbreitungsgeschwindigkeit c und der Erreger die Frequenz der Welle vor. Daraus folgt die Wellenlänge:

$$\lambda = c \cdot T = \frac{c}{f}$$

Es gilt somit:

$$c = \lambda \cdot f$$

Die konstante Ausbreitungsgeschwindigkeit c verknüpft die zeitliche Periodizität $T = \frac{1}{f}$ (▶ **4A**) mit der räumlichen Periodizität λ. (▶ **4B**). Schwingen die Oszillatoren sinusförmig, hat die räumliche Verteilung zu jedem Zeitpunkt die gleiche Form.

> Die zeitlich und räumlich periodische Bewegung einer Welle wird durch die Wellengleichung beschrieben:
>
> $$s(t,x) = s_{max} \cdot \sin\left(2\pi \cdot \left(\frac{t}{T} - \frac{x}{\lambda}\right)\right)$$

Polarisation

Wenn eine Transversalwelle nur in einer Richtung schwingt, nennt man sie **linear polarisiert** (▶ **5**). Polarisationsfilter sind Elemente, durch die nur Wellen mit einer bestimmten Polarisationsrichtung gelangen können.

> Die Polarisation einer Transversalwelle beschreibt die Richtung der Schwingung.

Beispiel • Durch ein Gitter werden Seilwellen nur durchgelassen, wenn sie parallel zu den Gitterstäben schwingen. Mechanische Querwellen, die senkrecht zum Gitter schwingen, werden nicht durchgelassen.
Liegt die Schwingungsebene schräg zum Gitter oder rotiert sie, so wird nur der parallel zum Gitter schwingende Anteil durchgelassen. Daher schwingt die Welle hinter dem Gitter nur in einer Ebene. Man sagt, die Welle wird polarisiert.

Bei elektromagnetischen Wellen verhält es sich hingegen anders: Elektromagnetische Wellen werden nicht durchgelassen, wenn die metallischen Gitterstäbe parallel zum Vektor der elektrischen Feldstärke stehen. Stehen die Gitterstäbe aber senkrecht zur elektrischen Feldstärke, kann die Welle sich ungehindert weiterbewegen. Die Leitungselektronen im Metall können dann nicht mitschwingen und Energie absorbieren.

Werden zwei zueinander senkrecht stehende Gitter hintereinander angeordnet, lassen sie keine Transversalwellen durch. Longitudinalwellen werden dagegen durch keine Polarisationsfilter absorbiert. Polarisationsfilter dienen somit dem Nachweis von Transversalwellen. Man kann die Transmission also kontrollieren, indem man zwei Polarisationsfilter hintereinander anordnet und gegeneinander verdreht.

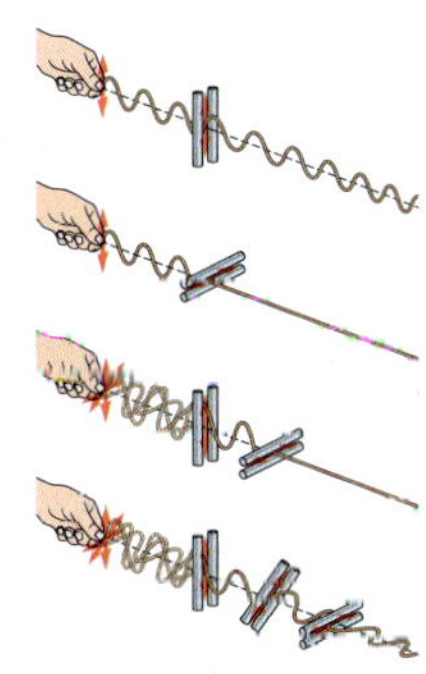

5 Polarisation

Polarisation, linear polarisiert, Polarisationsfilter

Überlagerung von Wellen

Treffen zwei Wellen aufeinander, überlagern sie sich nach dem **Superpositionsprinzip**:

> Treffen Wellen aufeinander, addieren sich die Einzelauslenkungen (mit ihren Vorzeichen) an dieser Stelle. Anschließend laufen sie ungestört in ursprünglicher Richtung und Form weiter.

Wenn sich zwei Wellen überlagern, nennt man das Phänomen **Interferenz**. Beim Aufeinandertreffen kann es zu zwei Szenarien kommen:

Verstärkung • Zwei Wellenberge überlagern sich zu einem höheren Berg. Ebenso verstärken sich auch Wellentäler. Bei gleicher Wellenlänge kommt es zu konstruktiver Interferenz.

Abschwächung bzw. Auslöschung • Treffen ein Wellenberg und ein Wellental aufeinander, so schwächen sie sich ab. Bei gleicher Wellenlänge kommt es destruktiver Interferenz.
Vor allem sind Abschwächungen ein Hinweis auf den Wellencharakter eines Phänomens. Im Gegensatz dazu stören sich Teilchenstrahlen und nur Anhäufungen sind zu beobachten.

> Superposition bzw. Interferenz ist ein charakteristisches Wellenphänomen.

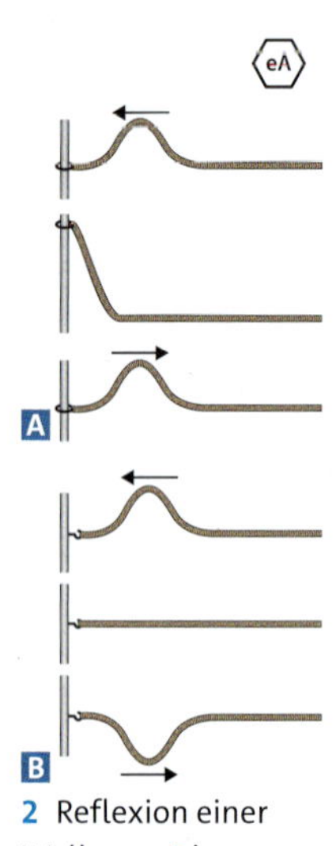

2 Reflexion einer Welle am A losen und B festen Ende

Stehende Wellen

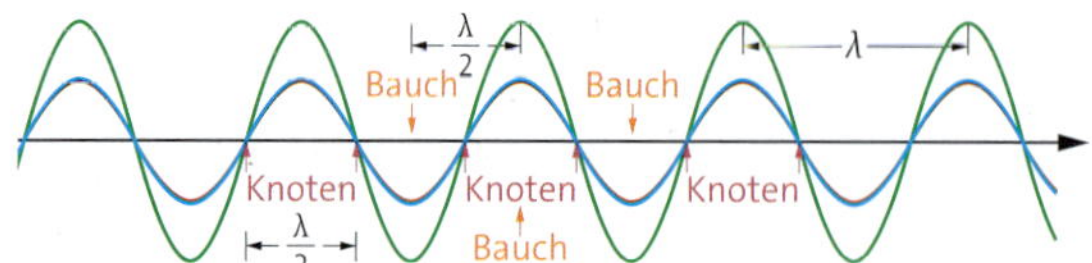

1 Stehende Welle

Laufen zwei eindimensionale Wellen gleicher Frequenz und Amplitude gegeneinander, überlagern sie sich zu einer **stehenden Welle** (▶ 1). Im Abstand von $\frac{\lambda}{2}$ befinden sich ortsfest **Schwingungsknoten,** also Punkte permanenter Ruhe. Dazwischen in den **Schwingungsbäuchen** schwingt die Welle mit maximaler Auslenkung. Im Gegensatz zu laufenden Wellen wird Energie hier nicht räumlich transportiert, sondern bleibt in den Bäuchen gespeichert.

Stehende Wellen können auch durch **Reflexion** entstehen. Am losen Ende wird ein Berg als Berg und am festen Ende wird ein Berg als Tal reflektiert (▶ 2). Durch Reflexion interferiert die Welle mit sich selbst. Auf einer Länge l zwischen zwei gleichen Enden kann nur dann eine stehende Welle entstehen, wenn sich die Knoten der Welle entsprechend ihrer Wellenlänge auf l verteilen lassen, wenn also $l = \frac{n}{2} \cdot \lambda$ mit $n \in \mathbb{N}$; und zwischen unterschiedlichen Enden, wenn $l = \frac{(2n-1)}{4} \cdot \lambda$. Wellen anderer Wellenlängen interferieren destruktiv.

Beispiel Gitarre

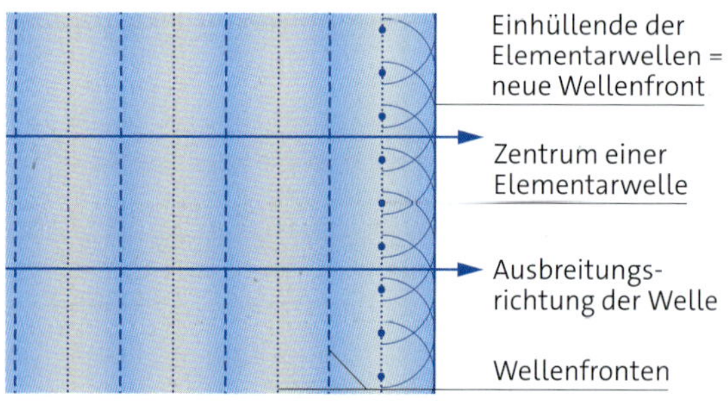

3 Schwingungen der Gitarrensaiten

Musikinstrumente erzeugen Töne mittels stehender Wellen. Wird die Saite einer Gitarre gezupft, beginnt eine Welle von dieser Stelle aus über die Saite zu laufen (▶ 3). An beiden festen Enden wird die Welle reflektiert. Ist die Länge l der Saite ein Vielfaches von $\frac{\lambda}{2}$, überlagern sich die hin- und herlaufenden Wellen zu einer stehenden Welle. Wellen anderer Wellenlängen verstärken sich nicht sondern löschen sich aus.

Der Resonanzkörper eines Instruments verstärkt die Oberschwingungen (Obertöne) eines Grundtons unterschiedlich stark. Ihre Überlagerung ergibt die typische Klangfarbe des Instruments.

Bei gleicher Länge erzeugen die Saiten des Instruments jeweils verschiedene Grundtöne, da sich die Ausbreitungsgeschwindigkeiten auf den Saiten materialbedingt und wegen unterschiedlicher Spannungen unterscheiden.

Superposition, Interferenz, stehende Welle, Reflexion, Schwingungsknoten, Schwingungsbauch

Huygenssches Prinzip

Einhüllende der Elementarwellen = neue Wellenfront
Zentrum einer Elementarwelle
Ausbreitungsrichtung der Welle
Wellenfronten

4 Konstruktion einer Wellenfront

Senkrecht zur Ausbreitungsrichtung einer ebenen oder räumlichen Welle bilden alle in Phase schwingenden Oszillatoren eine **Wellenfront**. Trifft eine Wellenfront auf ein Hindernis mit einem kleinen Spalt, breitet sich hinter dem Spalt als Zentrum eine Kreiswelle aus.

Hinter einem Gitter von Spalten entstehen entsprechend viele Kreiswellen, die sich zu einer Wellenfont überlagern. Diese Beobachtungen belegen das Huygenssche Prinzip:

Huygenssches Prinzip:

1. Jeder Punkt einer Wellenfront lässt sich als Ausgangspunkt einer Elementarwelle mit gleicher Wellenlänge betrachten.
2. Jede Wellenfront kann als Überlagerung von Elementarwellen interpretiert werden. Die Wellenfront lässt sich aus deren Einhüllenden konstruieren.

Mit diesem Prinzip lassen sich räumliche Wellenausbreitungen z. B. an Hindernissen oder zwischen unterschiedlichen Medien konstruieren und erklären.

Schritte zur Konstruktion einer neuen Wellenfront (▶ 4):

1. Zeichne die Wellenberge als Wellenfronten im Abstand der Wellenlänge λ.
2. Konstruiere um mehrere Punkte der Wellenfront herum Elementarwellen mit dem Radius der momentanen Wellenlänge λ.
3. Die Einhüllende ergibt die neue Wellenfront.

Wellenfront, Elementarwelle, Huygenssches Prinzip

EXPERIMENT **Wellenwanne**

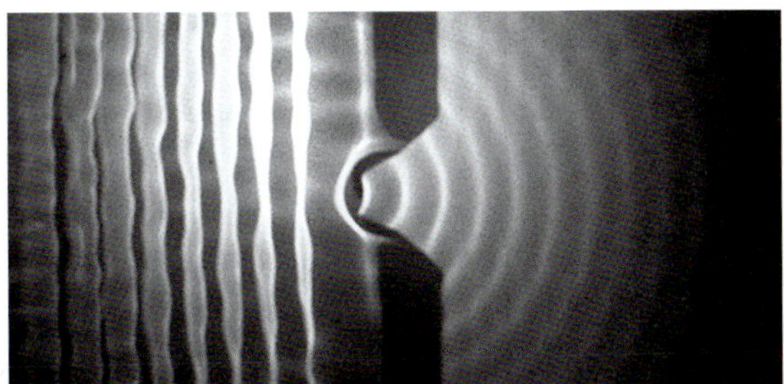

5 Wellenfront trifft auf schmalen Spalt

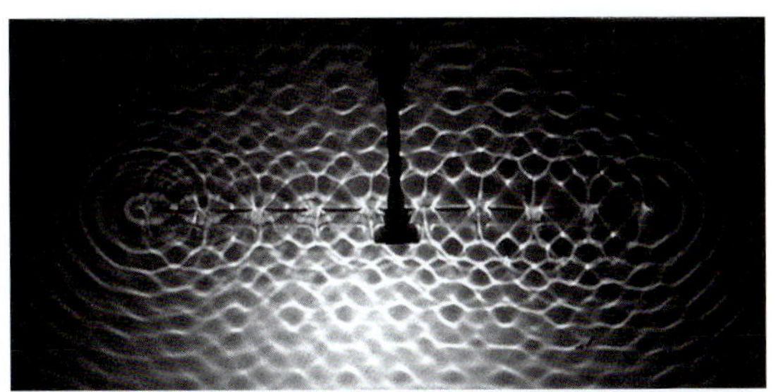

6 Wellenfront als Überlagerung vieler Elementarwellen

Ziel: Bestätigung des Huygensschen Prinzips

Material: Wellenwanne mit Stroboskoplampe, verschiedene Erreger, Wasser, Spülmittel um die störende Oberflächenspannung zu reduzieren.

Durchführung:
1. Eine Wellenfront trifft auf einen schmalen Spalt (▶ 5).
2. Wellen werden an mehreren Stellen durch viele Punkterreger erzeugt (▶ 6).

Ergebnis: Die Lampe projiziert über einen Spiegel die Wellenberge und Wellentäler auf einen Schirm. Wie Sammellinsen fokussieren die Berge das Licht; sie erscheinen heller. Täler erscheinen dagegen dunkler, da sie das Licht streuen.

1. Wenn die Wellenfront auf den Spalt trifft, bildet sich dort eine Elementarwelle. Diese breitet sich in den dahinter liegenden Bereich aus.
2. Die Wellen breiten sich in konzentrischen Kreisen jeweils um die punktförmigen Erreger aus. Die Elementarwellen überlagern sich zu neuen Wellenfronten

Die Wellenlänge und damit die Ausbreitungsgeschwindigkeit $c = \lambda \cdot f$ sind konstant.

Reflexion von Wellen

Trifft eine Welle auf die Grenzfläche zu einem Gebiet, in dem sie eine andere Ausbreitungsgeschwindigkeit hat, wird ein Teil der Welle an der Grenzfläche reflektiert (▶ 7).

Berührt eine Wellenfront die Grenzfläche, entsteht eine Elementarwelle. Diese breitet sich weiter aus, bis die nachfolgenden Fronten sukzessive an der Grenzfläche ankommen und Elementarwellen auslösen. Die Einhüllende der zeitgleichen Kreiswellen bildet die reflektierte Wellenfont. Dies bestätigt die Gültigkeit des **Reflexionsgesetzes**:

Der Einfallswinkel α und der Reflexionswinkel β sind gleich.

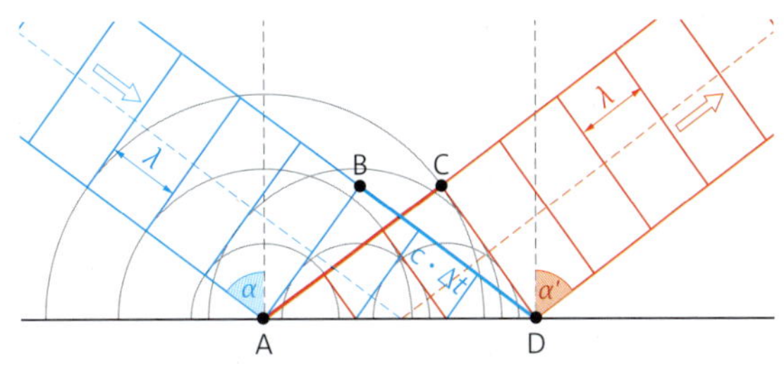

7 Reflexion einer Welle

Reflexion

Brechung von Wellen

Ändert sich beim Eindringen einer Welle in ein anderes Medium die Ausbreitungsgeschwindigkeit von c_1 zu c_2, dann ändert sich auch die Ausbreitungsrichtung (▶ 8). Es gilt das **Brechungsgesetz**:

Für den Einfallswinkel α und den Ausfallswinkel β gilt bei der Brechung:

$$\frac{\sin(\alpha)}{\sin(\beta)} = \frac{c_1}{c_2}$$

Beim Übertritt entstehen Elementarwellen mit der veränderten Wellenlänge λ_2. Ihre Einhüllende ist die neue Wellenfront. Die beiden eingezeichneten rechtwinkligen Dreiecke liefern dann:

$$\frac{\sin(\alpha)}{\sin(\beta)} = \frac{(2\lambda_1 : \overline{AB})}{(2\lambda_2 : \overline{AB})} = \frac{\lambda_1}{\lambda_2} = \frac{f \cdot c_1}{f \cdot c_2} = \frac{c_1}{c_2}$$

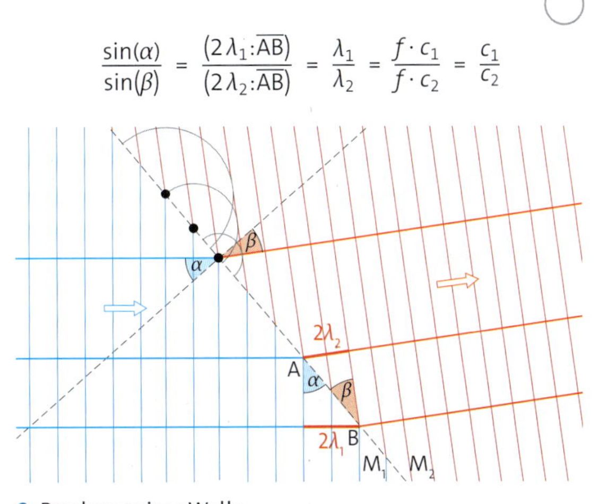

8 Brechung einer Welle

Brechung

Beugung von Wellen

Beugung

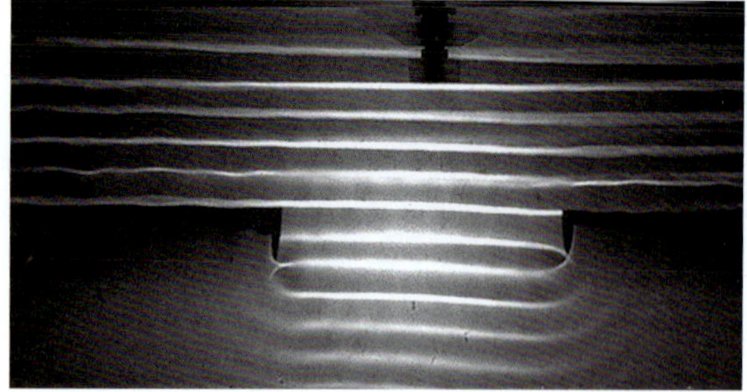
1 Beugung einer Welle

Wellen gelangen auch in Bereiche, die durch Hindernisse abgeschirmt sind (▶ 1). Das liegt daran, dass sich neue Elementarwellen am Rande des Hindernisses bilden und somit auch in diesen Bereich ausbreiten (**Beugung**).

Wellen können in den geometrischen Schattenraum eines Körpers eindringen.

Man kann beispielsweise Menschen hören, die hinter einer Hausecke stehen, da sich Schallwellen um die Ecke beugen.

Dopplereffekt

Bewegt sich der Wellenerreger oder der Beobachter, nimmt der Beobachter eine andere Frequenz wahr.

Der Dopplereffekt ist oft bei Schallwellen wahrzunehmen. Zum Verständnis reicht es nicht aus, die Relativbewegung von Erreger und Beobachter zu untersuchen. Es ist nicht gleichgültig, ob sich Quelle oder Beobachter bewegen, denn die Welle bewegt sich in einem festen Bezugssystem, dem Medium. Darum müssen wir drei Fälle unterscheiden. Die Frequenzen unterscheiden sich bei gleicher Relativgeschwindigkeit. Die Quelle Q regt die Welle mit einer Frequenz f_0 an. Die Welle breitet sich im Medium mit der Geschwindigkeit c aus.

Bewegte Quelle • Die Quelle bewegt sich mit v_Q auf den ruhenden Beobachter B zu. Im Medium ist die Ausbreitungsgeschwindigkeit der Welle und damit für den ruhenden Beobachter zwar konstant, aber der Abstand ihrer Wellenfronten wird während einer Periodendauer T um $\Delta x = v_Q \cdot T = \frac{v_Q}{f_0}$ verkürzt. **Für den Beobachter verkürzt sich die Wellenlänge** auf $\lambda_B = \lambda_0 - \Delta x = \frac{c}{f_0} - \frac{v_Q}{f_0}$. Für die vom Beobachter wahrgenommene Frequenz gilt:

$$f_B = \frac{c}{\lambda_B} = c \cdot \frac{f_0}{c - v_Q}, \quad \text{also} \quad f_B > f_0$$

Entfernt sich die Quelle, verringert sich die Frequenz; das Vorzeichen in der Gleichung wechselt:

$$f_B = \frac{f_0}{1 + \frac{v_Q}{c}}, \quad \text{also } f_B < f_0$$

Bewegter Empfänger • Der Empfänger bewegt sich mit v_B auf die ruhende Quelle zu. Die Wellenlänge ändert sich nicht, aber **die Ausbreitungsgeschwindigkeit vergrößert sich für den Beobachter**: $c_B = c + v_B$. Für ihn erhöht sich die Frequenz:

$$f_B = \frac{c_B}{\lambda} = c + v_B \cdot \frac{f_0}{c} = f_0 \cdot \left(1 + \frac{v_B}{c}\right), \quad \text{also } f_B > f_0.$$

Entfernt sich der Beobachter, gilt:

$$f_B = f_0 \cdot \left(1 - \frac{v_B}{c}\right), \quad \text{also} \quad f_B < f_0$$

Beide bewegen sich • Quelle und Beobachter bewegen sich aufeinander zu, dann gilt:

$$f_B = f_0 \cdot \frac{c + v_B}{c - v_Q}$$

Elektromagnetische Wellen

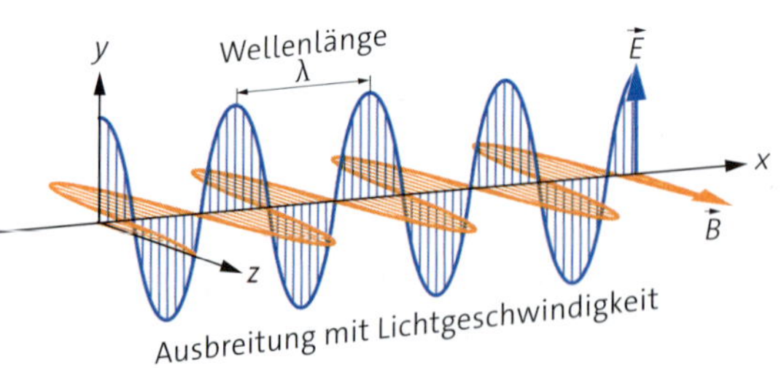

2 Elektromagnetische Welle

Sich zeitlich verändernde magnetische Felder induzieren elektrische Felder. Umgekehrt erzeugen sich ändernde elektrische Felder magnetische Felder. Die Schwingungen beider Felder sind im elektromagnetischen Schwingkreis an fließende bzw. getrennte Ladungen gebunden (siehe Abiturwissen S. 69). In elektromagnetischen Wellen haben sich die Felder von den geladenen Teilchen gelöst. Sie sind Wirbelfelder, in denen die Feldlinien geschlossen sind.

Eine elektromagnetische Welle breitet sich als Schwingung des elektrischen und des magnetischen Feldes aus.

E-Feld und B-Feld schwingen orthogonal zueinander und stehen senkrecht zur Ausbreitungsrichtung (▶ 2). Elektromagnetische Wellen sind also Transversalwellen.
Die Energie wird mit den Feldern transportiert. Im Vakuum breiten sie sich mit Lichtgeschwindigkeit aus. Dort ist ca. $c = 3 \cdot 10^8 \frac{\text{m}}{\text{s}}$.

Elektromagnetische Wellen benötigen keinen Träger.

Das elektromagnetische Spektrum

Elektromagnetische Wellen verschiedener Wellenlängen werden unterschiedlich erzeugt. Nach Ursachen bzw. Wirkungen wird das elektromagnetische Spektrum in Bereiche eingeteilt (► 3). Licht ist der sichtbare Teil des Spektrums und reicht von blauem Licht (ab ca. 400 nm) bis zum roten Licht (bis ca. 750 nm). Kurzwelliger ist die UV-Strahlung. Die Wellenlängen von Röntgenstrahlung und γ-Strahlung sind klein genug, um Materie zu durchdringen. Mit ihrer höheren Frequenz sind sie zudem energiereicher. Die längerwellige Infrarotstrahlung entsteht durch Schwingungen von Atomen und Molekülen. Sie regt wiederum diese zum Schwingen an, was als Wärme empfunden wird. Die Wellenlängen von Radiowellen können km-lang sein.

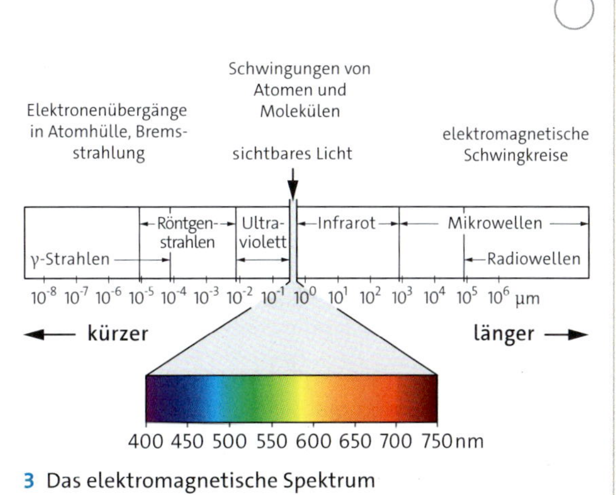

3 Das elektromagnetische Spektrum

EXPERIMENT Beugung und Interferenz am Doppelspalt und Gitter

Ziel: Nachweis des Wellencharakters von Licht

Material: Optische Bank, Doppelspalt, Gitter, Schirm, Laser, Lampe mit Kohärenzspalt und Linse für weißes Licht (► 4)

Durchführung:
Mit dem Laser wird **monochromatisches** Licht auf den Doppelspalt geleuchtet. Anschließend wird der Doppelspalt durch das Gitter ersetzt.

Schließlich wird der Laser durch eine Lampe mit Kohärenzspalt und Linse ausgetauscht. Die Linse bildet das Interferenzmuster scharf ab. Licht aus einer Glühlampe setzt sich aus mehreren Wellenlängen zusammen (**polychromatisch**). Zudem ist das Licht einer Glühlampe inkohärent, d. h. die Wellenzüge haben keine feste Phasenbeziehung. Es kann dadurch nicht stabil interferieren, Auslöschungen und Verstärkungen haben keinen beobachtbaren Bestand. Hinter dem Kohärenzspalt breiten sich Elementarwellen aus, sodass die sich überlagernden Wellenzüge nun kohärent sind. Die Linse bildet das Interferenzmuster scharf ab.

Beobachtung: Auf dem Schirm beobachtet man Interferenzmuster. Es ergeben sich Maxima und Minima. Konstruktive und destruktive Interferenz wechseln sich ab.

Laserlicht • Die Intensität ist in der Mitte am größten und nimmt nach außen hin ab (► 5). Wegen destruktiver Interferenz der jeweiligen Einzelspalte fehlen manche Maxima im Interferenzbild des Doppelspaltes. Das Gitter vergrößert den Abstand der Maxima.

Weißes Licht • Das polychromatische Licht wird in seine Spektralfarben zerlegt (► 6). Je langwelliger das Licht ist, desto weiter entfernt ist dessen Maximum von der Mitte. Die Mitte erscheint weiß. Weiter entfernt können sich Überschneidungen verschiedener Ordnungen ergeben, die zu Farbmischungen führen.

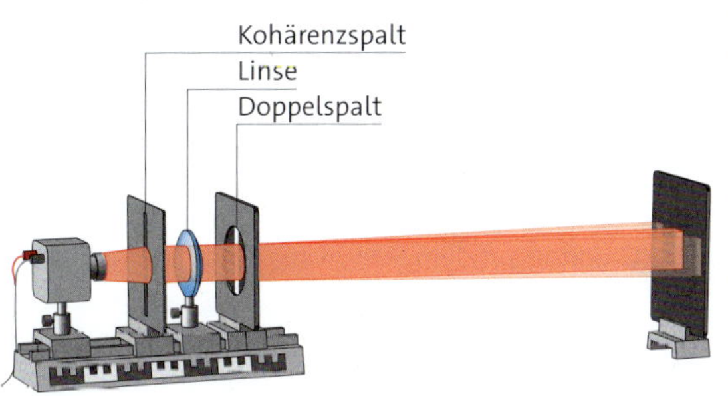

4 Aufbau zum Doppelspalt und Gitter

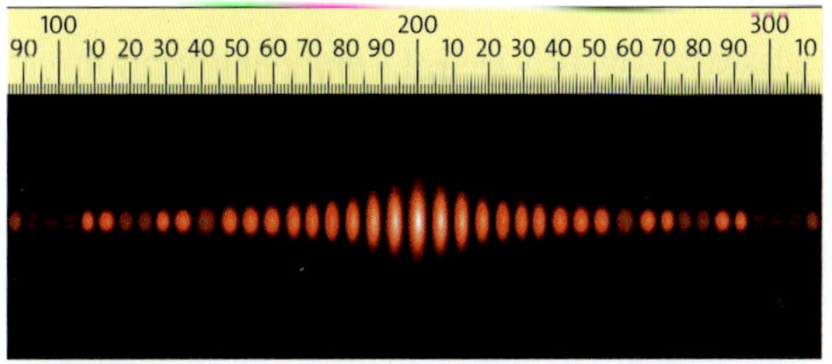

5 Interferenzmuster für Laserlicht am Doppelspalt

6 Interferenzmuster für weißes Licht am Gitter

Ergebnis:
1. Beugung: Im Gegensatz zum Modell der Strahlenoptik breitet sich Licht in den geometrischen Schattenbereich hinein aus.
2. Interferenz: Im Unterschied zu Teilchenstrahlen gibt es Auslöschung.
3. Licht lässt sich bezüglich der Ausbreitung im Raum als Welle beschreiben.

Der Doppelspaltversuch ist ein Schlüsselexperiment der Physik. Dieses Experiment von Thomas Young aus dem Jahr 1802 führte zur Anerkennung der Wellentheorie des Lichts gegenüber der damals vorherrschenden Korpuskeltheorie Newtons, in der man sich Licht als einen Strahl winziger Teilchen vorstellte.

monochromatisch = eine Wellenlänge (einfarbig)
polychromatisch = mehrere Wellenlängen (mehrfarbig)

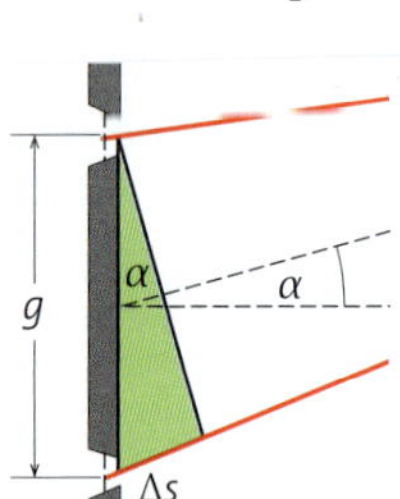

1 Wellen durch benachbarte Spalten

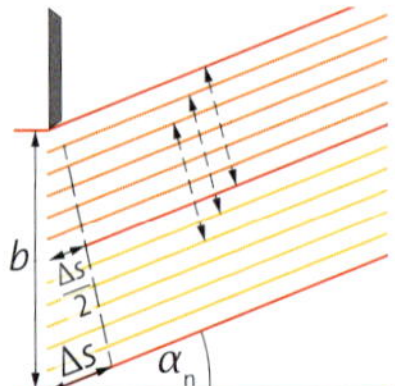

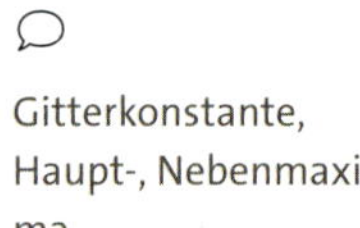

3 Destruktive Interferenz am Einfachspalt

Gitterkonstante, Haupt-, Nebenmaxima

Bestimmung der Wellenlänge von Licht

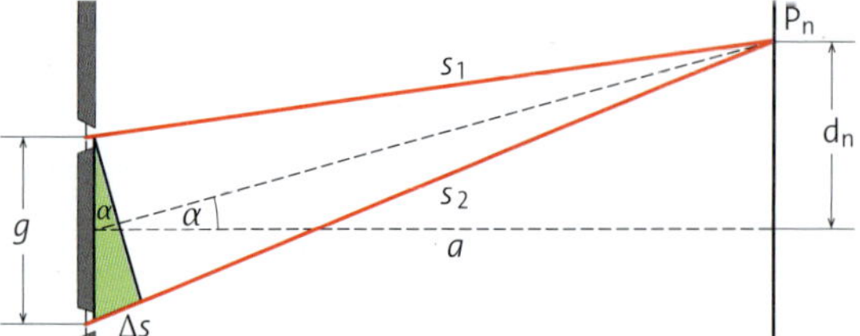

2 Interferenz am Doppelspalt und Gitter

Doppelspalt und Gitter • Im Experiment mit wird die Wellenlänge monochromatischen Lichts durch Messen der Abstände der **Maxima** P_n bestimmt. Die Wegstrecken des Lichts benachbarter Spalten zum Punkt auf dem Schirm unterscheiden sich um den Gangunterschied Δs (▶ 1 und 2). Beträgt er ein Vielfaches einer ganzen Wellenlänge $\Delta s = n \cdot \lambda$ mit $n \in \mathbb{N}_0$ kommt es zu konstruktiver Interferenz. Die Geometrie des experimentellen Aufbaus liefert: $\tan(\alpha) = \frac{d_n}{a}$ und $\sin(\alpha) = \frac{\Delta s}{g}$.

Dabei ist g der Spaltabstand des Doppelspalts bzw. die **Gitterkonstante,** d. h. der Abstand benachbarter Spalte des Gitters. Weiterhin ist d_n der Abstand des Maximums n-ter Ordnung auf dem Schirm zur optischen Achse und a der Abstand zum Schirm.

Die Maxima liegen im Doppelspaltexperiment so dicht, dass die Kleinwinkelnäherung $\sin(\alpha) = \tan(\alpha)$ anwendbar ist. Damit ergibt sich:

$$\lambda = \frac{g}{n} \cdot \frac{d_n}{a}, \qquad n \in \mathbb{N}.$$

Im Gitterexperiment ist der Winkel α meist zu groß. Darum wird α aus $\tan(\alpha) = \frac{d_n}{a}$ berechnet und eingesetzt:

$$\lambda = \frac{g}{n} \cdot \sin(\alpha), \qquad n \in \mathbb{N}.$$

Das Gitterexperiment liefert genauere Messwerte. Hat das Gitter nur eine geringe Strichzahl, treten neben diesen Hauptmaxima noch Nebenmaxima auf, da sich nicht zu jedem Spalt eine Elementarwellen eines weiteren Spalts zur Auslöschung findet.

Einfachspalt • Auch mit der Interferenzfigur eines einzelnen Spaltes lässt sich die Wellenlänge bestimmen. Hierbei werden **Minima** untersucht (▶ 3). Wenn der Wegunterschied der Randstrahlen Δs ein Vielfaches der Wellenlänge ist, löschen sich jene Wellenzüge aus, die eine Hälfte der Spaltbreite b voneinander entfernt sind. Für die Wellenlänge folgt: $\lambda = \frac{b}{n} \cdot \frac{d_n}{a}$, mit $n \in \mathbb{N}$.

Modellvorstellungen von Licht

Jedes Modell für Licht bietet für bestimmte Phänomene anschauliche Erklärungen und Vorhersagen. Jedes Modell hat seine Grenzen: Nicht alle Aspekte des Modells sind übertragbar und manche Phänomene werden nicht erfasst.

Strahlenmodell	Wellenmodell	Photonenmodell
In der **geometrischen Optik** ist das einfache Modell hilfreich, sich Licht als Strahlen vorzustellen. Es kann oft nutzbringend eingesetzt werden. Schatten von Körpern sowie Bilder durch Spiegel, Linsen und Linsensysteme lassen sich geometrisch konstruieren.	Beugung, Spiegelung, Brechung und Interferenz lassen sich mit der Vorstellung von Wellen erklären und Gesetze theoretisch herleiten. Zur Erklärung der **Ausbreitung und Überlagerung** des Lichts im Raum ist das Wellenmodell gut.	Entstehung, Absorption und die Anregung von Atomen werden durch die Vorstellung von diskreten Energieportionen verständlich. Das Photonenmodell beschreibt erfolgreich **Wechselwirkungen** mit anderen Quantenobjekten.

eA

Beispiel Michelson-Interferometer

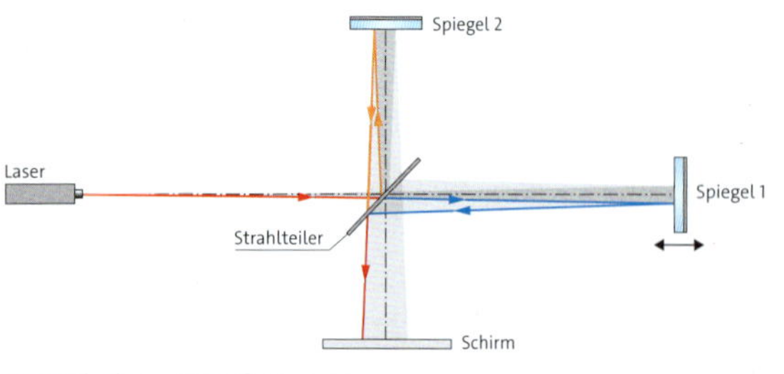

4 Michelson-Interferometer

Mittels Interferenzen können kleinste Längenunterschiede gemessen werden (▶ 4). Dazu wird Licht in zwei Teilbündel aufgespalten, die getrennte Wege durchlaufen und anschließend überlagert werden. Im Interferometer verlaufen die Wege der Lichtbündel senkrecht zueinander, sodass auf einem Weg experimentelle Änderungen vorgenommen werden können.

Beobachtung • Auf dem Schirm sind Interferenzringe zu beobachten. Ändert sich die Weglänge zu Spiegel 1 um Δl, ergibt sich eine Abfolge von Interferenzbildern (▶ 5). Wird der Gangunterschied um λ vergrößert, erscheint das nächste Maximum. Wegen des Hin- und Rückwegs ist der Spiegel dazu nur um $\frac{\lambda}{2}$ verschoben.

Anwendung: Mit dem Interferometer können Dicken mit nm-Genauigkeit gemessen, die Lichtgeschwindigkeit in Medien ermittelt und Gravitationswellen nachgewiesen werden.

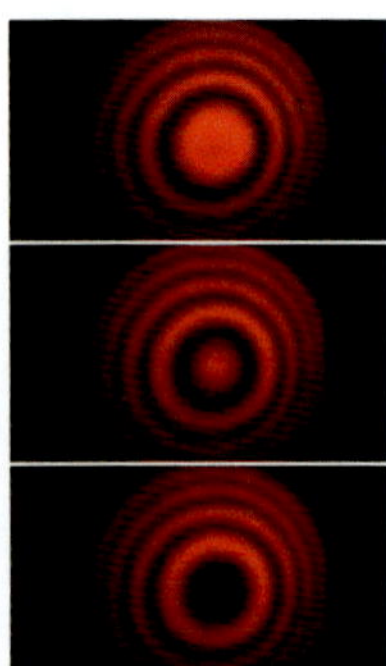
4 Abfolge der Interferenzmuster bei $\Delta l = n \cdot \frac{\lambda}{2}$

Wellen

Sowohl mechnaische als auch elektromagnetische Wellen spielen eine bedeutende Rolle in unserer Welt. Hier kannst du deine Kenntnisse und deine Kompetenzen zu deisem Thema testen.

Welleneigenschaften

1 a ☐ Beschreiben sie ein Experiment zur Demonstration, dass eine mechanische Welle Energie aber keine Teilchen transportiert.

b Beschreiben Sie ein Experiment zum Nachweis, dass Licht eine Transversalwelle ist.

c Erklären Sie die Entstehung einer Wasserwelle anhand der Darstellung ▶ 1.

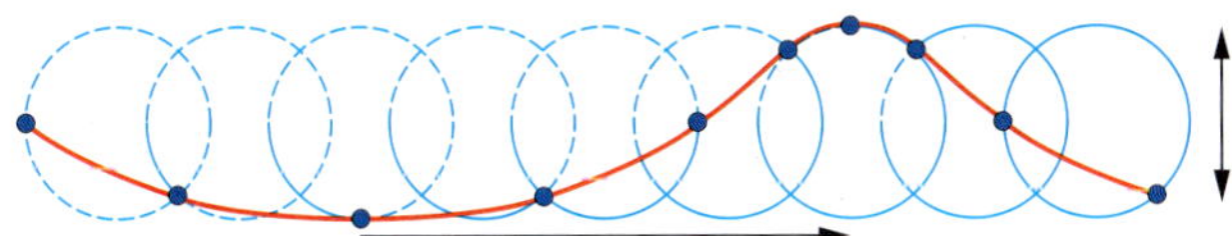

1 Wasserwelle

2 ◪ Eine Welle mit s_{max} = 4 cm breitet sich mit 3 Schwingungen in 1 s über 24 cm aus.

a Berechnen Sie die Ausbreitungsgeschwindigkeit. Stellen Sie die Wellenfunktion auf.

b Stellen Sie die Situation grafisch dar. Die Oszillatoren haben einen Abstand von 1 cm.

3 ■ Zeigen Sie anhand der Wellenfunktion:

a $s(t + T, x) = s(t, x)$

b Es besteht auch eine räumliche Periodizität.

4 ◪ Eine Welle hat die Wellenfunktion
$s(x,t) = -0{,}32\,\text{m} \cdot \sin\left(\pi \cdot \left(\frac{t}{2\,\text{s}} + \frac{2{,}5x}{\text{m}}\right)\right)$.

a Erklären Sie, wie der Sender sich bewegt.

b Bestimmen Sie T und λ.

c Erklären Sie, in welche Richtung sich die Welle ausbreitet.

d Berechnen Sie die Auslenkung des Wellenträgers an der Stelle 1,5 m zum Zeitpunkt 8,0 s.

Ausbreitung von Wellen

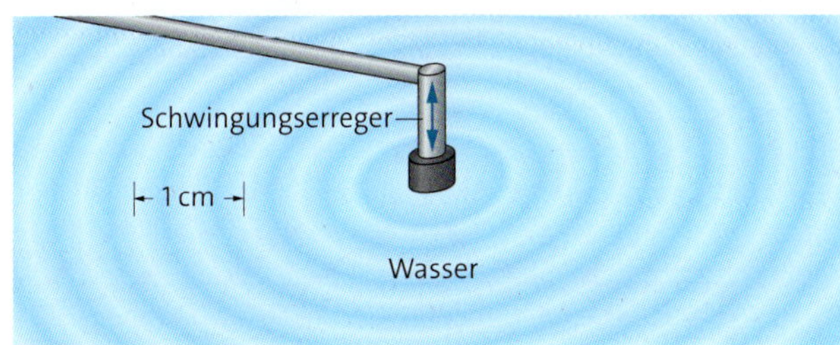

2 Taster mit Elementarwelle

1 Ein Oszillator schwingt gemäß der Gleichung $s(t) = 5\,\text{cm} \cdot \sin(\omega \cdot t)$ mit $\omega = \frac{2\pi}{2\,\text{s}}$. Die Schwingung breitet sich in einer Welle mit $2\,\frac{\text{m}}{\text{s}}$ linear aus.

a ☐ Ermitteln Sie die Amplitude, Periodendauer, Frequenz und Wellenlänge der Welle.

b ◪ Erstellen Sie die Gleichung dieser Welle.

c ■ Stellen Sie die Welle in Diagrammen dar: eine Momentaufnahme und ein Zeitdiagramm.

2 ◪ Der Tupfer einer Wellenwanne taucht mit einer Frequenz von 50 Hz in das Wasser ein. Ermitteln Sie mithilfe von ▶ 2 die Ausbreitungsgeschwindigkeit der Welle

3 ◪ In ▶ 3 ist die Ausbreitung einer Transversalwelle dargestellt.

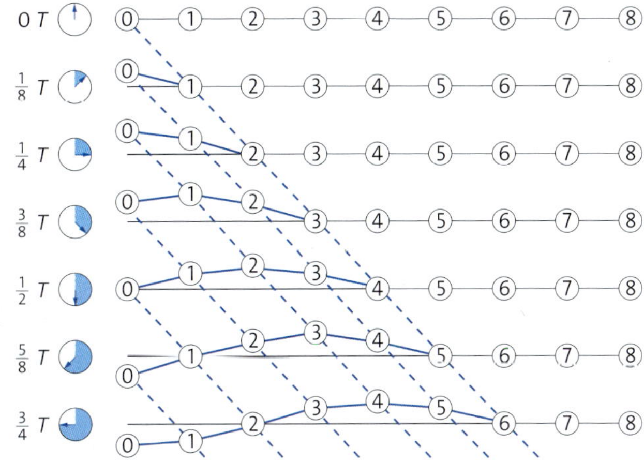

3 Oszillatoren einer Welle

a Erklären Sie die Abbildung.

b Erläutern Sie, wie sich die Abbildung ändert, wenn der Oszillator bei $x = 0$ zu Beginn nach unten schwingt.

c Zeichnen Sie für diesen Fall die Welle für $t = 0$, $t = \frac{T}{4}$ und $t = \frac{T}{2}$.

d Verdeutlichen Sie am Beispiel den Unterschied zwischen der Ausbreitungsgeschwindigkeit der Welle und der Geschwindigkeit der Oszillatoren.

e Zeichnen Sie eine analoge Abbildung, in der die Ausbreitung einer Longitudinalwelle dargestellt ist.

Überlagerung von Wellen

1 ☐ Stellen Sie die Ausbreitung einer geradlinigen Welle (λ = 2 cm und f = 10 Hz) innerhalb von 0,3 s zeichnerisch nach Huygens dar. Nutzen Sie für die Konstruktion mindestens fünf selbstgewählte Punkte im Abstand von 1 cm als Zentren der Elementarwellen.

2 ◪ Weisen Sie rechnerisch nach, dass in Punkt P in ▶ 4 destruktive Interferenz vorliegt.

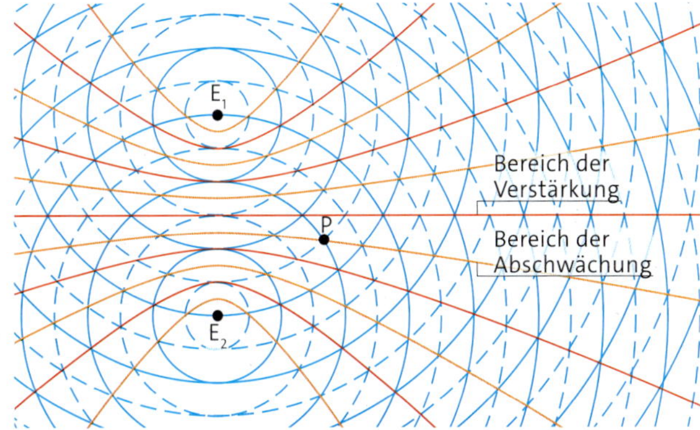

4 Überlagerung grafisch dargestellt

3 ■ Beschreiben Sie, wie sich das Interferenzmuster aus ► 4 verändert, wenn

a beide Erreger weiter auseinanderrücken,

b beide Erreger schneller schwingen,

c beide Erreger gegenphasig schwingen.

Zeichnen Sie dazu die Kreiswellen um die Erregerzentren auf getrennte Folien.

4 Auf CD-ROM und Blu-Ray-Disc werden Daten mithilfe von Vertiefungen (Pits) gespeichert. Diese werden dann mit einem Laser ausgelesen. Zur Bestimmung des Spurabstands (entspricht der Gitterkonstante) einer CD-ROM wird diese mit einem Laser (λ = 532 nm) beleuchtet, dessen Licht senkrecht auftrifft, und das Interferenzbild wird vermessen (► 5). Der Abstand zwischen CD-ROM und Schirm beträgt 42 cm.

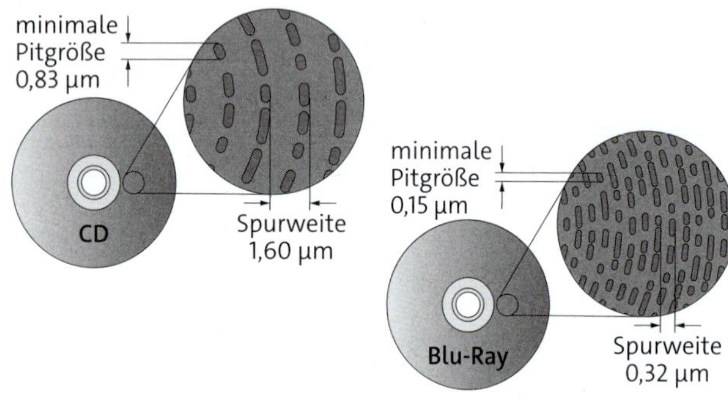

5 CD-ROM und Blu-Ray

a ☐ Erläutern Sie, wie es durch die Pits zu einem Interferenzmuster kommt.

b ◪ Die Maxima 0. und 1. Ordnung befinden sich bei 22,4 cm bzw. 37,3 cm auf dem Schirm. Berechnen Sie anhand der Position der Maxima die Gitterkonstante der CD-ROM.

c ◪ Der Laser in einem Blu-Ray-Laufwerk hat eine Wellenlänge von 405 nm. Begründen Sie, wie sich das Interferenzbild für diesen Laser ändert.

d ■ Bei Abspielgeräten sollten die Beugungseffekte möglichst gering sein. Bewerten Sie die Eignung der beiden Laser für das Abspielen von CD-ROM und Blu-Ray-Disc.

Stehende Wellen

1 ◪ Bei einer Querflöte sind beide Enden der Luftsäule offen. Konstruieren Sie die stehenden Wellen für $n \leq 3$ und geben Sie eine Formel für den Zusammenhang zwischen l und λ_n an.

2 Eine Geigensaite aus Stahl wird durch ein angehängtes Massestück gespannt. Sie ist an einen Funktionsgenerator angeschlossen und verläuft durch das Feld eines Hufeisenmagneten (► 6). Durch die Kraft auf die stromführende Saite wird sie im Magnetfeld periodisch ausgelenkt. Die Frequenz des Wechselstroms wird von 0 Hz an erhöht. Bei 220 Hz bildet sich erstmals zwischen P und Q eine stehende Welle aus.

a ☐ Erklären Sie, wie die stehende Welle durch mehrfache Reflexion zustande kommt.

b ◪ Die Frequenz wird weiter erhöht. Zeichnen Sie für die nächsten drei auftretenden Eigenfrequenzen ein s-x-Diagramm der Welle. Geben Sie jeweils die Eigenfrequenz an.

c ◪ Damit bei den entsprechenden Frequenzen tatsächlich eine stehende Welle angeregt wird, muss man den Magnet manchmal verschieben. Erklären Sie dies.

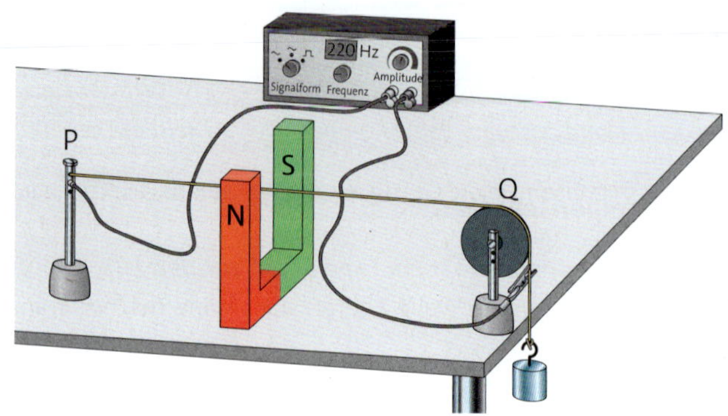

6 Geigenseite in Hufeisenmagnet

d ■ Jemand sagt: „Da bei P und Q feste Enden sind, müssen dort Knoten sein. Allein daraus kann man den Zusammenhang $l = k \cdot \frac{\lambda_k}{2}$ herleiten.“ Erklären Sie den Gedanken und führen Sie diese Herleitung durch.

3 Der Einfluss der Spannkraft F auf die Ausbreitungsgeschwindigkeit c wird nun untersucht: Bei einer konstanten Frequenz von 220 Hz hängt man verschiedene Massestücke an und verändert den Abstand $\overline{PQ}$ so, dass sich jeweils die Grundschwingung ergibt. Die Tabelle ► 7 zeigt die Messwerte.

***m* in kg**	0,50	1,25	2,75	3,50	4,00
$\overline{PQ}$ in cm	25	40	60	67	72

7 Messwerte schwingende Saite

a Erstellen Sie ein c-F-Diagramm.

b Argumentieren Sie mit Hilfe des Diagramms, wie die Spannkraft die Kopplung beeinflusst.

c Untersuchen Sie, welche der folgenden Gleichungen zur Beschreibung des Zusammenhangs zwischen c und F geeigneter ist.

$$c = k \cdot F \quad \text{oder} \quad c^2 = k \cdot F$$

Reflexion und Brechung von Wellen

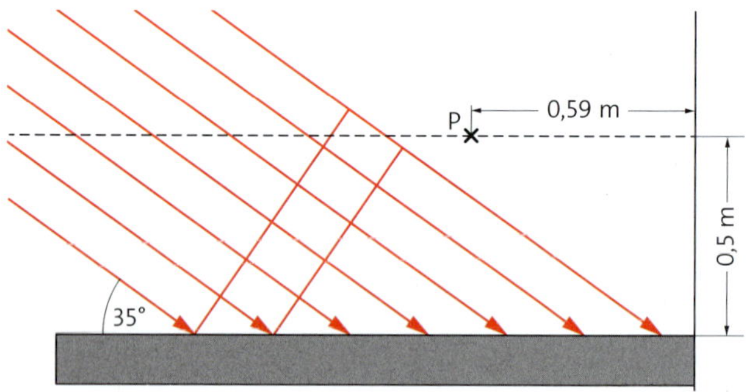

8 Reflexion elektromagnetischer Wellen

1 Im LTE-Handynetz in Deutschland werden elektromagnetische Wellen mit einer Frequenz von 1800 MHz zur Übermittlung von Daten genutzt. Die Welle eines weit entfernten Senders trifft auf die ebene Fläche der metallenen Wand einer Fabrikhalle und wird dort reflektiert. Dabei kommt es zum Phasensprung. Wir gehen zunächst vereinfachend davon aus, dass die Welle im rechten Winkel auf die Metallfläche trifft.

a ☐ Ermitteln Sie, in welchen Abständen von der Wand mit gutem bzw. gar keinem Empfang zu rechnen ist. Erklären Sie ihr Vorgehen.

b ☐ Geben Sie an, wie gut der Empfang 0,5 m vor der Wand ist.

Tatsächlich trifft die Welle unter einem Winkel von 35° auf die Wand. Dies ist in ▶ **8** mit einigen Wellenstrahlen und -fronten angedeutet. In Position P wird zur Koordination verschiedener Abläufe vor der Fabrikhalle dringend guter Empfang benötigt.

c □ Weisen Sie die Gültigkeit des Reflexionsgesetzes nach. Tipp: Nutzen Sie ein Foto von der Abbildung, falls Sie eine Konstruktion gemäß dem Huygensschen Prinzip erstellen.

d ■ Ermitteln Sie mithilfe Ihrer Skizze und gemäß den Angaben in der Abbildung den Gangunterschied von einfallender und reflektierter Welle in Punkt P. Beurteilen Sie, wie gut der Empfang in Punkt P ist.

e ◪ Geben Sie Vorschläge zur Verbesserung des Empfangs an.

2 ◪ Eine Welle läuft unter einem Winkel von 65° auf eine Kante zu und wird dort gebrochen.

a Ermitteln Sie zeichnerisch den Brechungswinkel, wenn die Geschwindigkeiten $c_1 = 35\,\frac{\text{m}}{\text{s}}$ und $c_2 = 25\,\frac{\text{m}}{\text{s}}$ betragen.
Setzen wir die Ausbreitungsgeschwindigkeiten zueinander ins Verhältnis, so ergibt sich das Brechungsgesetz von Snellius:

$$\frac{c_1}{c_2} = \frac{\sin(\alpha)}{\sin(\beta)}$$

b Beweisen Sie das Gesetz.

c Berechnen Sie die in Teilaufgabe ▶ **a** gesuchten Werte mithilfe des Brechungsgesetzes.

Interferenzexperimente

1 **a** □ Skizzieren Sie den grundlegenden Aufbau des Doppelspaltexperiments. Erklären Sie, wie es zum Interferenzmuster auf dem Schirm kommt.

b □ Leiten Sie eine Formel für die Orte konstruktiver Interferenz auf dem Schirm beim Doppelspaltexperiment her.

2 □ Erklären Sie, wie sich das Schirmbild beim Doppelspalt ändert, wenn

a der Schirmabstand vergrößert wird,

b der Spaltabstand verkleinert wird,

c die Wellenlänge vergrößert wird.

3 ◪ Ein Gitter mit 500 Spalten pro Millimeter wird mit weißem Licht bestrahlt.

a Erstellen Sie eine Tabelle mit Winkel für violettes und rotes Licht in Abhängigkeit der Ordnung.

b Skizzieren Sie das Schirmbild auf einem 2,0 m entfernten, 4,0 m breiten und symmetrisch zum Maximum 0. Ordnung angebrachten Schirm.

4 Wir betrachten die Beugung am Einfachspalt.

a □ Zeigen Sie, dass die Minima des Einzelspalts für kleine Winkel gleichmäßig verteilt sind.

b □ Beschreiben und skizzieren Sie das Schirmbild bei der Beugung von Laserlicht am Einzelspalt (kleine Winkel vorausgesetzt). Gehen Sie dabei auf die Lage und die Helligkeit der zu beobachtenden Strukturen ein.

c ◪ Erklären Sie, wie sich das Schirmbild bei Verdopplung der Spaltbreite ändert.

Doppelspalt und Gitter

Grünes Laserlicht der Wellenlänge 532 nm trifft orthogonal auf einen Doppelspalt. Die Breite der Spalte beträgt 0,10 mm. Im Abstand von 1,00 m vom Doppelspalt befindet sich ein 1,00 m breiter Schirm. Bei dem beobachteten Schirmbild liegt das Maximum 0. Ordnung in der Schirmmitte und es fehlen die Maxima der Ordnungen 5, 10, 15 …

1 □ Beschreiben Sie das Schirmbild und erklären Sie, warum manche Maxima fehlen.

2 ◪ Bestimmen Sie den Spaltmittenabstand und berechnen Sie den Abstand benachbarter Maxima.

3 ◪ Der Doppelspalt wird durch ein Gitter mit 200 Spalten pro mm ersetzt. Bestimmen Sie die Anzahl der Maxima auf dem Schirm.
Das Gitter wird nun mit weißem Licht (400 nm bis 780 nm) beleuchtet. Das Licht trifft weiterhin orthogonal auf das Gitter. Man beobachtet farbige Spektren auf dem Schirm.

4 ■ Erklären Sie die Entstehung der Spektren und zeigen Sie, dass sich die Spektren 2. und 3. Ordnung überlagern. Bis zu welcher Wellenlänge ist das Spektrum 2. Ordnung nicht überlagert?

Michelson Interferometer

◪ Mit einem Michelson-Interferometer und einem Laser ($\lambda = 633$ nm) wird die Brechzahl von Luft bestimmt. Zwischen dem Strahlteiler ST und dem Spiegel S1 befindet sich eine evakuierte Glaskammer. Die Länge der Kammer beträgt ohne Wände 8,4 cm. Auf dem Schirm zeigt sich eine Ringstruktur mit maximaler Helligkeit in der Mitte.

1 Lässt man langsam Luft in die Kammer strömen, dann wechseln helle Stellen zu dunklen Stellen und umgekehrt. Erklären Sie diese Beobachtung.

2 Während die Luft in die Kammer einströmt, zählt man in der Schirmmitte 76 Wechsel von hell zu dunkel. Bestimmen Sie die Brechzahl von Luft.

Folgende Aufgaben habe ich bereits gelöst:				
Welleneigenschaften	1 ○	2 ○	3 ○	4 ○
Ausbreitung von Wellen	1 ○	2 ○	3 ○	
Überlagerung von Wellen	1 ○	2 ○	3 ○	4 ○
Stehende Wellen	1 ○	2 ○	3 ○	
Reflexion und Brechung	1 ○	2 ○		
Interferenzexperimente	1 ○	2 ○	3 ○	4 ○
Doppelspalt und Gitter	1 ○	2 ○	3 ○	4 ○
Michelson-Interferometer	1 ○	2 ○		

6 Quantenobjekte

Einstufungstest

Karteikarten

Ich kann:

- die Eigenschaften von Quantenobjekten nennen und die Unterschiede von klassischen und Quantenobjekten beschreiben. 
- den Wellencharakter von Quantenobjekten mit Hilfe von Beugungsexperimenten beschreiben.
- die De-Broglie-Wellenlänge von Teilchen berechnen und die Interferenz von Elektronen am Doppelspalt erklären. 
- den lichtelektrischen Effekt erklären und seine Bedeutung für die Quantenphysik deuten. 
- die Unbestimmtheit von Ort und Impuls von Quantenobjekten mit der Heisenbergschen Unbestimmtheitsrelation beschreiben und Beispiele nennen.  eA
- Phänomene der Verschränkung und das Prinzip der Komplementarität anhand von Experimenten mit Einzelphotonen erklären.   eA

6 Quantenobjekte

Quantenobjekte

Objekte mit sowohl Wellen- als auch Teilcheneigenschaften nennen wir Quantenobjekte.

Aus der Wellenoptik wissen wir, dass elektromagnetische Wellen (z. B. Licht) miteinander interferieren können und sich dann konstruktiv oder destruktiv überlagern. Daran erkennt man, dass das Huygenssche Prinzip gilt und es sich um Wellen handelt. Aber nicht nur Strahlung kann Welleneigenschaften haben, sondern auch sehr kleine Teilchen. Wenn die Teilchen so klein sind, dass ihr genauer Aufenthaltsort nicht immer genau bestimmt ist, besitzen sie auch Welleneigenschaften, die man beobachten kann. Das kann man beispielsweise in Streu- und Beugungsexperimenten oder im Doppelspaltversuch mit Elektronen zeigen.

Auch Elektronen besitzen Welleneigenschaften.

Quantenobjekt

EXPERIMENT Elektronen als Wellen

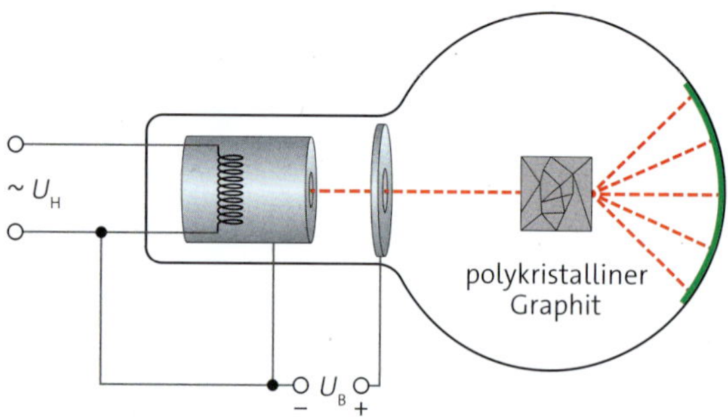

1 Elektronenbeugungsröhre

Ziel: Nachweis der Welleneigenschaft von Elektronen.

Durchführung: Elektronen werden in einer Beugungsröhre beschleunigt und treffen auf ein polykristallines Material (▶ **1**).

Ergebnis: Am Glas der Röhre kann man ein Interferenzmuster beobachten (▶ **2A**). Dies lässt sich nur erklären, wenn man den Elektronen Welleneigenschaften zuschreibt und mit der Beugung von Licht vergleicht.

Führt man ein Analogieexperiment mit Licht durch, kann man dies anschaulich überprüfen: Wenn Licht durch eine Brille gestrahlt wird, die ein sehr kleines Kreuzmuster hat, beobachtet man ein Beugungsmuster (▶ **2A**). Überlagert man mehrere unterschiedlich angeordnete Brillen mit Kreuzmuster, sieht man ebenfalls ein kreisförmiges Interferenzmuster (▶ **2B**). Die Verwendung verschiedener zufällig gedrehter Brillen entspricht den unterschiedlichen Kristallen eines polykristallinen Materials (▶ **2C**). Elektronen können also die gleichen Welleneffekte zeigen wie elektromagnetische Strahlung.

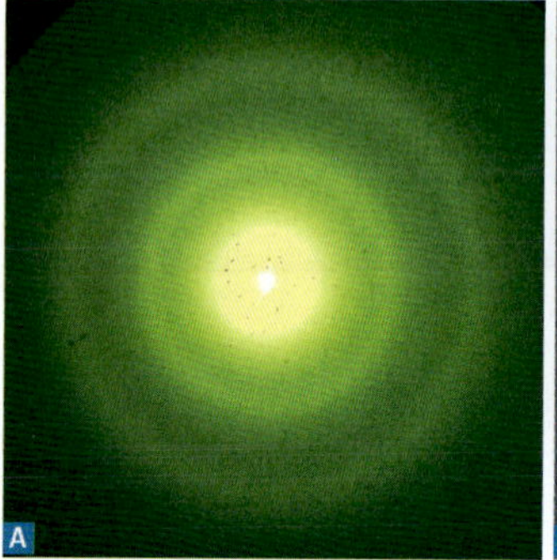
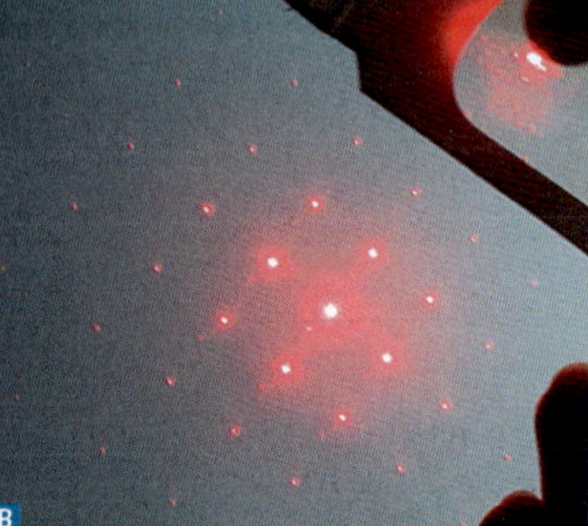
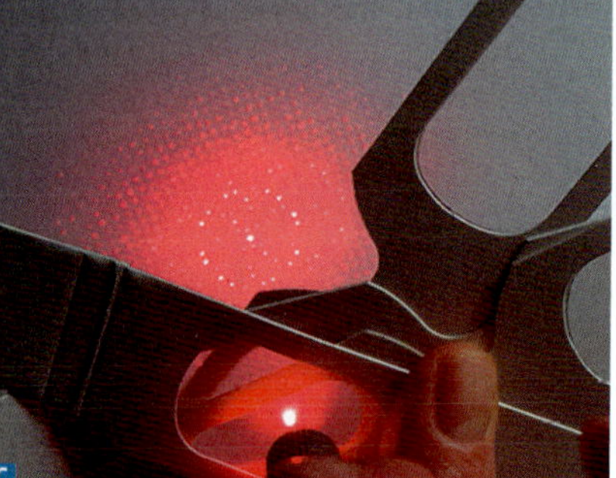

2 A Interferenzmuster in der Elektronenbeugungsröhre, **B** Interferenzmuster einer Gitterbrille, **C** Interferenzmuster mehrerer Gitterbrillen

De-Broglie-Wellenlänge

Nicht nur Wellen, sondern auch Teilchen interferieren. Deshalb besitzen sie als Welleneigenschaft auch eine Wellenlänge. Diese De-Broglie-Wellenlänge λ_{dB} ergibt sich aus ihrem Impuls $p = m \cdot v$:

$$\lambda_{dB} = \frac{h}{p} = \frac{h}{m \cdot v}$$

$h = 6{,}63 \cdot 10^{-34}\,\text{Js}$ ist das **Plancksche Wirkungsquantum**.

Diese Konstante gibt die Größenordnung vor, in der Prozesse der Quantenmechanik ablaufen.

Beispiel • Je nach Größenordnung, kann man die Welleneigenschaft von Teilchen bei Beugungsexperimenten beobachten, z. B. beim Doppelspaltexperiment. Elektronen, die mit 2,9 kV beschleunigt werden, haben eine Wellenlänge von 25,6 pm.

De-Broglie-Wellenlänge, Plancksches Wirkungsquantum

EXPERIMENT Doppelspaltexperiment mit Elektronen

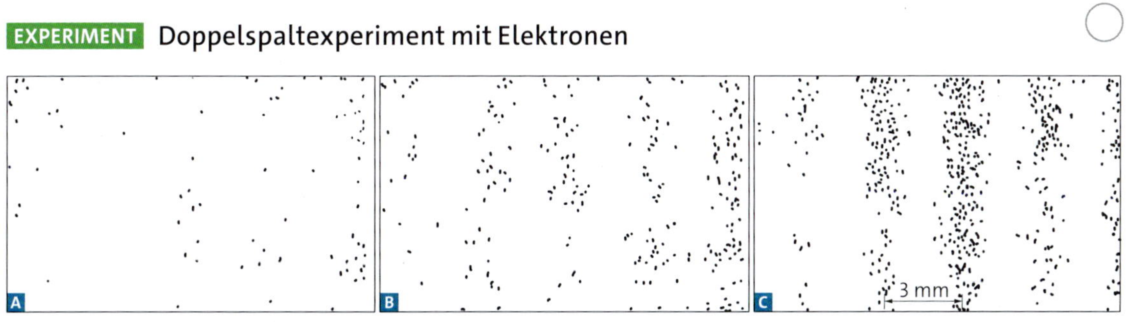

3 Beugung einzelner Elektronen am Doppelspalt mit **A** 3000, **B** 20 000 und **C** 70 000 Elektronen

Ziel: Nachweis der Welleneigenschaften von Elektronen und Bestimmung der De-Broglie-Wellenlänge.

Durchführung: Elektronen werden nacheinander durch einen Doppelspalt gesendet. Es werden die Orte gemessen, an denen sie auf einem Schirm hinter den Spalten auftreffen.

Ergebnis: Da es sich bei Elektronen um Quantenobjekte handelt, besitzen sie eine quantenmechanische **Wellenfunktion** ψ. Dann beschreibt $|\psi|^2$ die **Nachweiswahrscheinlichkeit** für bestimmte Orte x auf dem Schirm. Wie auch bei anderen Objekten mit Welleneigenschaften, bildet sich ein Interferenzmuster (▸ 3).

Mit zunehmender Anzahl der Elektronen sieht man also, dass sie nicht nur durch den Doppelspalt gelangen, sondern dass sich die Wellenfunktion eines Elektrons hinter den Spalten überlagert und es zur Interferenz kommt. Das kann man auf dem Schirm beobachten.

Nachweiswahrscheinlichkeit

Welle-Teilchen-Dualismus

Welleneigenschaften von Quanten • Klassisch würde man erwarten, dass ein Teilchen beim Doppelspaltexperiment nur durch einen der beiden Spalte gelangen kann, so wie wenn man Kügelchen einzeln hindurchbefördert (▸ **4A**, **B** und **C**). Tatsächlich zeigt sich auch bei Quantenobjekten wie Elektronen eine Verteilung, die man nur von Wellen kennt (▸ **4D**, **E**, und **F**).
Das liegt daran, dass ein Quantenobjekt eine De-Broglie-Wellenlänge besitzen und dementsprechend interferieren kann. Die **Nachweiswahrscheinlichkeit** oder **Antreffwahrscheinlichkeit** $p(x)$ für einen bestimmten Ort x eines Quantenobjektes ergibt sich aus dem Betragsquadrat der Wellenfunktion.

> Die Nachweiswahrscheinlichkeit $p(x)$ eines Quantenobjektes ist proportional zum Betragsquadrat der Wellenfunktion $\psi(x)$:
>
> $p(x) \sim |\psi(x)|^2$

Die Intensität $I(x)$, mit der Quantenobjekte auf dem Schirm auftreffen, ist proportional zur Nachweiswahrscheinlichkeit: $I(x) \sim p(x)$
Interferenz der Quantenobjekte ist dann beobachtbar, wenn sie so klein sind, dass sie eine De-Broglie-Wellenlänge besitzen, bei der es zu messbarer Interferenz kommt.

> Dass Quantenobjekte Teilchen- und Welleneigenschaften haben, nennt man **Welle-Teilchen-Dualismus.** Quantenobjekte sind also weder Teilchen noch Welle.

eA

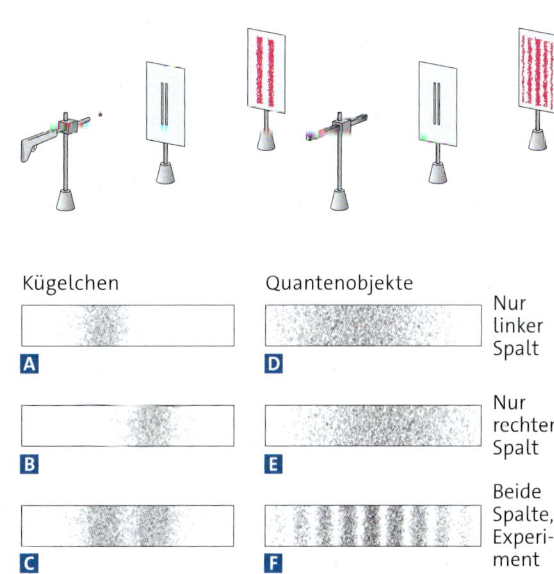

4 Verteilung von Kügelchen (**A** bis **C**) und Elektronen (**D** bis **F**)

Teilcheneigenschaften von Quantenobjekten • Wir wissen, dass Licht sich wie eine Welle verhält. Nach dem Welle-Teilchen-Dualismus kann man elektromagnetischer Strahlung aber auch Teilcheneigenschaften zuordnen. Denn sie besteht aus Quantenobjekten, den **Photonen**. Ein Photon ist bei einer Frequenz f das kleinste Energiepaket der elektromagnetischen Strahlung und besitzt auch eine Wellenlänge λ, eine Energie E_{ph} und einen Impuls p_{ph}:

$$E_{ph} = h \cdot f = h \cdot \frac{c}{\lambda} \quad \text{und} \quad p_{ph} = \frac{E_{ph}}{c} = \frac{h}{\lambda}$$

Photon

EXPERIMENT Lichtelektrischer Effekt (Fotoeffekt)

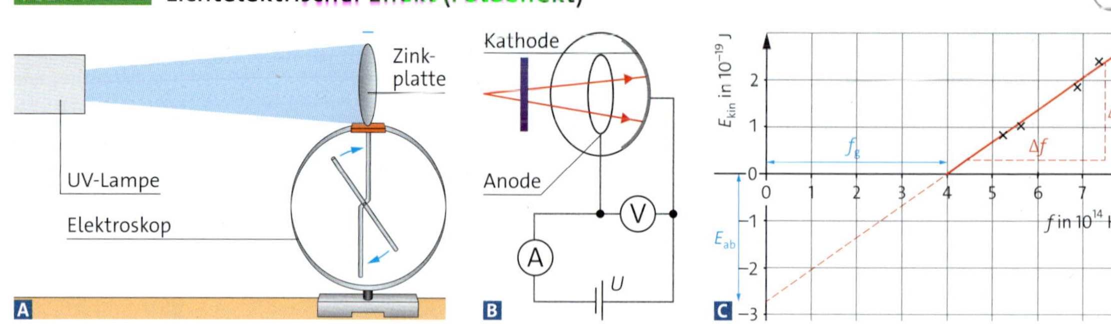

1 A Aufbau zum lichtelektrischen Effekt, B kinetische Energie der ausgelösten Elektronen

Ziel: Nachweis des Teilchenverhaltens von Photonen und Bestimmung des Planckschen Wirkungsquantums.

Durchführung: Strahlung mit verschiedenen Wellenlängen wird auf eine negativ geladene Zinkplatte gestrahlt. Die Ladung an der Zinkplatte wird mit einem Elektroskop beobachtet (▶ 1A) bzw. die Stromstärke gemessen (▶ 1B).

Ergebnis: Bei bestimmten Wellenlängen der Strahlung beobachtet man eine Entladung des Elektroskops. Bei sichtbarem Licht sieht man erst für blaues Licht eine Entladung, bei UV-Strahlung vergrößert sich der Effekt. Das bedeutet, dass Elektronen von UV-Strahlung aus der Metallplatte gelöst werden.

Mit der **Gegenfeldmethode** kann man die Gegenspannung U so einstellen, dass gerade kein **Fotostrom** mehr fließt. So kann man auf die kinetische Energie der Elektronen schließen, die durch die Strahlung austreten. Je größer die Frequenz der einfallenden Strahlung ist, umso höher ist die kinetische Energie der Elektronen. Die Intensität der Strahlung beeinflusst die Energie hingegen nicht. Dies ist der **lichtelektrische Effekt** oder **Fotoeffekt**. Der Versuch zeigt, dass Strahlung auch Teilcheneigenschaften besitzt.

Fotoeffekt, lichtelektrischer Effekt, Ablöseenergie

Deutung: Modelliert man die Strahlung als Photonen mit einer bestimmten Energie $E_{ph} = h \cdot f = h \cdot \frac{c}{\lambda}$, kann man den Effekt erklären. Wenn ein Photon auf die Zinkplatte trifft, gibt es seine Energie ab. Ist diese groß genug, um Elektronen aus dem Material zu lösen, werden diese frei beweglich. Das heißt:

> Wenn E_{ph} größer als die **Ablöseenergie** E_{ab} des Materials ist, dann löst ein Photon ein Elektron aus der Platte und es bleibt die Differenz der Energie für die Bewegung der Elektronen:
>
> $$E_{kin,\,e} = E_{ph} - E_{ab} = h \cdot f - E_{ab}$$

Ist die Frequenz größer als eine Grenzfrequenz f_g, steigt die Elektronenenergie linear mit der Frequenz der Strahlung (▶ 1C). Wenn man die Messwerte durch eine Gerade mit der Steigung h und Achsenabschnitt E_{ab} beschreibt, kann man aus dem Steigungsdreieck im Diagramm das Plancksche Wirkungsquantum ermitteln:

$$h = \frac{\Delta E}{\Delta f}$$

Für die Erklärung des Fotoeffekts erhielt Albert Einstein 1922 den Nobelpreis.

Heisenbergsche Unbestimmtheitsrelation

Werner Heisenberg hat für das Verhalten von Quantenobjekten ein fundamentales Prinzip abgeleitet:

> Man kann Ort und Impuls eines Quantenobjektes nicht gleichzeitig beliebig genau bestimmen. Für die Ortsunbestimmtheit Δx und die Impulsunbestimmtheit Δp gilt die **Unbestimmtheitsrelation**:
>
> $$\Delta x \cdot \Delta p \geq \frac{h}{4\pi}$$

Die Unbestimmtheit in einer Eigenschaft eines Quantenobjektes zeigt sich darin, dass die Messergebnisse bei wiederholten Messungen der Eigenschaft an identisch präparierten Quantenobjekten statistisch streuen. Eine Unbestimmtheit Δx oder Δp bezeichnet die jeweilige Standardabweichung.

Das Plancksche Wirkungsquantum gibt also eine Untergrenze für die Unbestimmtheit an, mit der Ort und Impuls gleichzeitig gemessen werden können. Diese Aussage hat eine große Bedeutung für die Vorhersagbarkeit von Beobachtungen.

Unbestimmtheit

Beispiel • Wir betrachten das Auflösungsvermögen eines Teleskops: Ein größeres Teleskop liefert schärfere Bilder als ein kleines. Das liegt daran, dass ein größeres Teleskop eine größere Linse besitzt, sodass Δx größer wird und somit Δp_x kleiner wird. Dadurch ist die Richtung der Photonen genauer bestimmt und das Bild wird schärfer.

Indem das Photon durch die Linse tritt, wird seine Position automatisch gemessen. Diese Messung beeinflusst das Photon und verleiht ihm eine Impulsunbestimmtheit. Indem das Photon zur Bildentstehung beiträgt, wird es ein zweites Mal gemessen, wobei die Impulsunbestimmtheit zu einer Bildunschärfe führt.

eA

Komplementarität

Ähnlich zur Aussage der Unbestimmtheitsrelation sind auch andere Größen nicht immer gleichzeitig genau bestimmbar. Deshalb gilt das Prinzip der Komplementarität:

> Zwei Größen, die nicht zugleich völlig genau bestimmt werden können, heißen **komplementär**.

Bei der Unbestimmtheitsrelation können Ort und Impuls nicht gleichzeitig beliebig genau bekannt sein, sie sind also komplementär. Die Orts-Impulsunbestimmtheit besteht eigentlich aus drei Relationen, eine für jede Raumkomponente x, y und z, beispielsweise $\Delta z \cdot \Delta p_z \geq \frac{h}{4\pi}$. Ebenso sind Energie und Zeit komplementär: $\Delta E \cdot \Delta t \geq \frac{h}{4\pi}$
Die Kenntnis über den Weg eines Quants nennt man auch **Welcher-Weg-Information** (WW). Als Konsequenz gilt:

> Verfügt man über die Welcher-Weg-Information (WWI) von Quantenobjekten, beobachtet man keine Interferenz mehr. Das bedeutet, WWI und Interferenzfähigkeit sind komplementär.

Komplementarität, Welcher-Weg-Information

Verschränkung

Wenn Quantenobjekte miteinander wechselwirken, werden sie **verschränkt**. Denn dabei wird der Impuls Δp übertragen, den das eine Objekt abgibt und das andere aufgenommen haben muss. Das bedeutet, wenn in einem Prozess zwei Photonen entstehen, sind ihre Impulse und Polarisationen nicht stochastisch unabhängig.

Misst man z. B. die Polarisation des einen Photons in einer Messung, so ist sofort auch die Polarisation des anderen Objekts davon betroffen und sie korrelieren.

> Verschränkte Objekte sind in ihren Eigenschaften stochastisch voneinander abhängig.

Verschränkung, Korrelation

EXPERIMENT Interferenz eines Photons

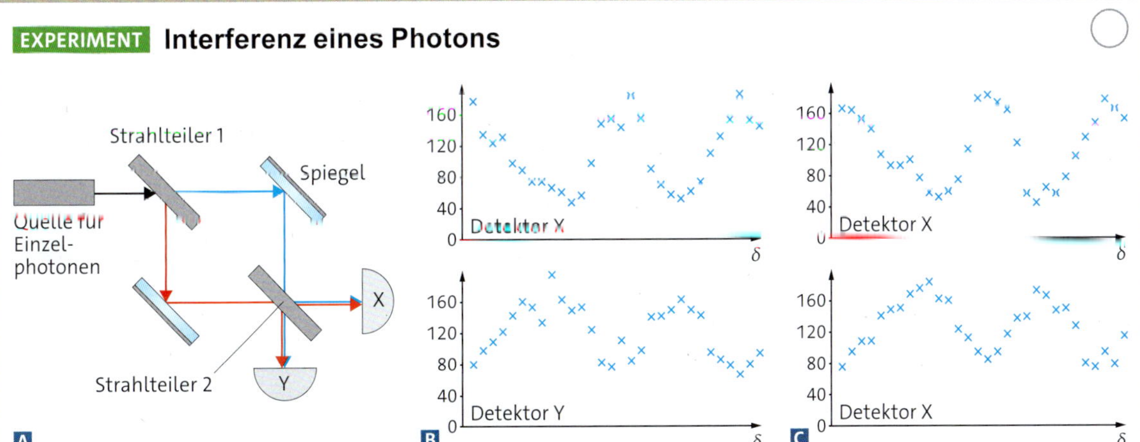

3 A Einzelphotonenexperiment mit Mach-Zehnder-Interferometer, **B** Ergebnis mit Mach-Zehnder-Interferometer, **C** Ergebnis mit Delayed-Choice

Ziel: Demonstration, dass auch einzelne Photonen mit sich selbst interferieren können.

Durchführung: Dazu betrachtet man den Aufbau eines Mach-Zehnder-Interferometers (▶ 3A). Dabei werden einzelne Photonen ausgesendet. Würden sie sich nur wie Teilchen verhalten, müssten sie stochastisch unabhängig voneinander entweder bei Detektor X oder Y ankommen und deshalb mit einer Wahrscheinlichkeit von $p(\text{X}) = p(\text{Y}) = 50\,\%$ bei beiden Detektoren ankommen.

Ergebnis: Tatsächlich misst man aber $p(\text{X}) = 100\,\%$ und $p(\text{Y}) = 0\,\%$. Dies kann nur dadurch erklärt werden, dass es keine Welcher-Weg-Information der Photonen gibt, sodass Interferenz und stochastische Abhängigkeit auftreten. So führt die Wellenfunktion für beide Wege zu einer Wahrscheinlichkeit und das Photon interferiert mit sich selbst:

Bei Y interferiert das Photon mit einem Gangunterschied von $\delta = \frac{\lambda}{2}$ und damit destruktiv. Denn auf dem blauen Weg kommt es zu einer Phasenverschiebung von $\frac{\lambda}{2}$ durch den Spiegel und auf dem roten Weg von $\frac{\lambda}{4} + \frac{\lambda}{2} + \frac{\lambda}{4} = \lambda$ durch Spiegel und Strahlteiler.

Bei X interferiert das Photon mit einem Gangunterschied von jeweils $\frac{\lambda}{2} + \frac{\lambda}{4} = \frac{3}{4}\lambda$ von Spiegel und Strahlteiler auf blauem und rotem Weg.

Durch den Gangunterschied δ interferiert das Photon also auf dem Weg zu Y destruktiv und bei X konstruktiv. Es können also nur bei X Photonen nachgewiesen werden. Verschiebt man die Spiegel, kann man den Gangunterschied ändern. Man sieht, dass sich die Interferenz anpasst (▶ 3B). Das geschieht sogar dann, wenn man den zweiten Strahlteiler erst nach Passieren des ersten schnell einbaut (**Delayed-Choice** ▶ 3C).

Delayed-Choice

Quantenobjekte

Mit der Physik von Quantenobjekten lassen sich physiklaische Phänomene der kleinsten Objekte der Natur beschreiben. Hier kannst du deine Kenntnisse und deine Kompetenzen zu deisem Thema testen.

Fotoeffekt

1 a ☐ Skizzieren Sie den Aufbau der Gegenfeldmethode zur Bestimmung des Planckschen Wirkungsquantums mit dem Fotoeffekt.

b ☐ Erklären Sie Durchführung und Prinzip anhand der Skizze.

2 Eine Fotozelle wird nacheinander mit Licht aus unterschiedlich farbigen Leuchtdioden beleuchtet. Dabei misst man jeweils die Gegenspannung U, bei der der Fotostrom auf 0 A abfällt. Man erhält die Werte der folgenden Tabelle:

	Rot	Gelb	Grün	Blaugrün	Blau
λ in nm	611	588	525	505	472
U in V	0,072	0,195	0,454	0,526	0,697

1 Messwerte Fotoeffekt

a ☐ Begründen Sie, dass für eine Spannung von $U = 0$ V ein Fotostrom gemessen wird.

b ☐ Erklären Sie, warum mit zunehmender Gegenspannung die Stromstärke bis auf null abnimmt.

c ☐ Beschreiben Sie, wie für $U = 0$ V die Fotostromstärke von der Lichtintensität abhängt. Begründen Sie Ihre Antwort.

d ◪ Erklären Sie, warum die in der Tabelle angegebenen Werte der Gegenspannung von der Lichtintensität unabhängig sind.

3 a ◪ Tragen Sie die Gegenspannung aus ▶ **1** über der Frequenz auf.

b ◪ Bestimmen Sie mithilfe des Diagramms die Planck-Konstante sowie die Ablöseenergie für diese Fotozelle.

c ☐ Bestimmen Sie die Grenzwellenlänge des Kathodenmaterials.

d ◪ Zeichnen Sie in das Diagramm den Graphen für ein Kathodenmaterial mit einer Ablöseenergie von 1,0 eV ein.

e ◪ Bestimmen Sie die Grenzwellenlänge dieses Kathodenmaterials.

4 Eine Fotozelle mit einer Kathode aus Cäsium (Ablöseenergie 2,1 eV) ist an einen Kondensator der Kapazität 2,0 nF angeschlossen.

a ◪ Die Kathode wird zunächst mit Infrarotlicht beleuchtet. Man beobachtet keine Aufladung des Kondensators, auch wenn man die Intensität des Lichts erhöht. Verwendet man dagegen violettes Licht, dann gelingt die Aufladung. Erklären Sie diese Beobachtung.

b ☐ Nun trifft violettes Licht der Wellenlänge 420 nm auf die Kathode. Bestimmen Sie die Spannung, die sich am Kondensator einstellt.

c ◪ Berechnen Sie die maximale Ladung des Kondensators.

d ☐ Die Kathode wird nun mit blauem Licht der Wellenlänge 470 nm beleuchtet. Es wird der zeitabhängige Verlauf der Spannung gemessen. Erklären Sie den Verlauf.

e Erläutern Sie, wie und warum sich die Beobachtung mit der Änderung der Wellenlänge der Strahlung ändert.

f ◪ Skizzieren Sie die zeitlichen Verläufe der Spannung und der Stromstärke für zwei unterschiedliche Intensitäten des auftreffenden Lichts.

Interferenz von Materie

1 ◪ Die Elektronen eines Elektronenstrahls werden mit einer Spannung von 2,0 kV beschleunigt und dann an einem Doppelspalt mit einem Spaltabstand von $d = 2{,}0\,\mu\text{m}$ gebeugt.

a Berechnen Sie mithilfe des Energieerhaltungssatzes den Impuls der Elektronen.

b Berechnen Sie die zugehörige De-Broglie-Wellenlänge.

c Das Interferenzmuster wird auf einem Schirm im Abstand von 0,25 m beobachtet. Berechnen Sie die Positionen der ersten zwei Maxima auf dem Schirm.

2 ◪ In ▶ **2** werden die Nachweisorte von Elektronen hinter einem Doppelspalt gesammelt.

a Erläutern Sie, warum man das obere Bild nicht mit dem klassischen Wellenmodell beschreiben kann.

b Erläutern Sie, warum man das untere Bild nicht mit dem klassischen Teilchenmodell beschreiben kann.

2 Interferenzmuster von Elektronen auf einem Schirm

Doppelspaltexperiment

1 Der Weltrekordsprinter Usain Bolt hat eine Masse von 95 kg und lief 100 m in 9,69 s.

a ☐ Berechnen Sie seine De-Broglie-Wellenlänge.

b ◪ Ermitteln Sie die Spaltbreite eines Doppelspalts, an dem ein Objekt dieser Wellenlänge ein Beugungsmaximum 1. Ordnung bei einem Winkel von 0,001° hätte. Beurteilen Sie.

c ■ Ermitteln Sie für einen Spalt mit einer Breite von 0,5 m den Winkel des 1. Maximums.

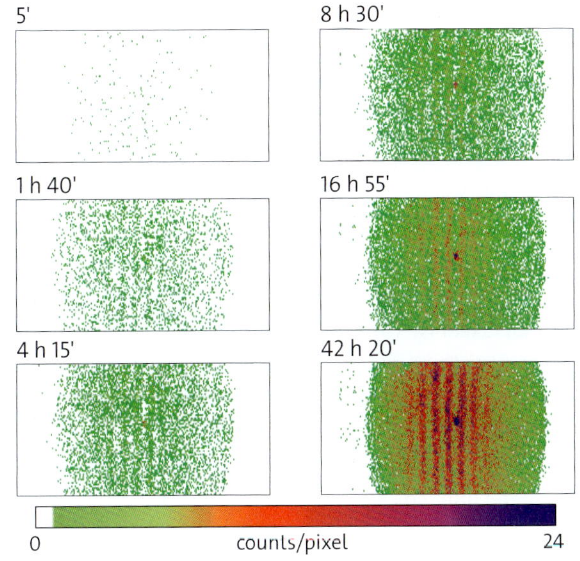

3 Doppelspaltexperiment mit Helium-Atomen

2 Die Abbildung ▸ 3 zeigt Aufnahmen aus einem Doppelspaltexperiment mit Helium-Atomen. Dabei wurden die Nachweisorte nach und nach gesammelt. Das erste Bild zeigt die gesammelten Orte nach 5 min (5').

a ◪ Geben Sie an, ab welchem Bild es Pixel gibt, an denen schon mehr als zehn Helium-Atome angekommen sind. Geben Sie an, wie lange bis zu diesem Bild schon Nachweisorte gesammelt worden sind.

b ◪ Auch Helium-Atome sind Quantenobjekte. Ein Teil der Eigenschaften von Quantenobjekten wird schon im ersten Bild deutlich, der andere Teil später. Erläutern Sie.

c ■ Ein einzelnes Helium-Atom hat in dem Experiment eine Geschwindigkeit von etwa $1\,\frac{\text{m}}{\text{s}}$. Die Apparatur ist kleiner als 1 m. Argumentieren Sie, warum sich im Mittel nicht mehr als ein Helium-Atom in der Apparatur befindet.
Erläutern Sie, inwiefern dies wichtig ist für die Aussage: „Die Helium-Atome beeinflussen sich nicht gegenseitig. So kann das Interferenzmuster also nicht erklärt werden."

3 Wenn man einen Fußball durch Lücken in einem Gartenzaun schießt, bekommt man auch nach mehrmaliger Wiederholung des Experiments kein Interferenzmuster. „Klassische" Objekte, z. B. Fußbälle, zeigen keine Welleneigenschaften. Atome und Moleküle interferieren hingegen. Da der Fußball aus Atomen und Molekülen aufgebaut ist, gibt es für das Verschwinden der Interferenz keinen prinzipiellen Grund. Entscheidend ist die De-Broglie-Wellenlänge. Das untersuchen Sie an folgenden Objekten:
Objekt 1: Ein Fußball mit der Masse 430 g und einer Geschwindigkeit von $1\,\frac{\text{m}}{\text{s}}$.
Objekt 2: Ein Virus mit einem Durchmesser von 50 nm, der Masse $1 \cdot 10^{-20}$ kg und der Geschwindigkeit $10\,\frac{\text{m}}{\text{s}}$.
Objekt 3: Ein Fulleren-Molekül, bestehend aus 60 Kohlenstoff-Atomen, ebenfalls mit einer Geschwindigkeit von $10\,\frac{\text{m}}{\text{s}}$.

a ☐ Berechnen Sie jeweils die De-Broglie-Wellenlänge für die drei Objekte.

b ◪ Das Virus und das Fulleren-Molekül treffen auf ein Gitter mit g = 150 nm. Die Nachweisapparatur befindet sich 1,00 m hinter dem Gitter. Berechnen Sie die zu erwartenden Abstände der Interferenzmaxima.

c ◪ Wiederholen Sie die Rechnung für den Fußball mit der angegebenen Geschwindigkeit bei einem Gitter mit Spaltabstand 0,5 m.

d ■ Beantworten Sie nun begründet die eingangs gestellte Frage.

Determiniertheit

1 ☐ Erläutern Sie die Begriff „Zufall", „Determiniertheit" und „statistische Abhängigkeit" im Kontext von Quantenobjekten.

2 ☐ „Die Ergebnisse von Experimenten mit Quantenobjekten sind zufällig, aber nicht beliebig." Erläutern Sie diese Aussage.

3 In einer Vakuumröhre werden Elektronen an einem Glühdraht freigesetzt, beschleunigt und an einem Doppelspalt mit Spaltmittenabstand 2 µm gebeugt. Dann werden sie durch einen Kamerasensor mit Pixeln an Koordinatenintervallen $[d - \delta, d + \delta]$ gesammelt. Der Kamerasensor gibt ständig Zwischenergebnisse.

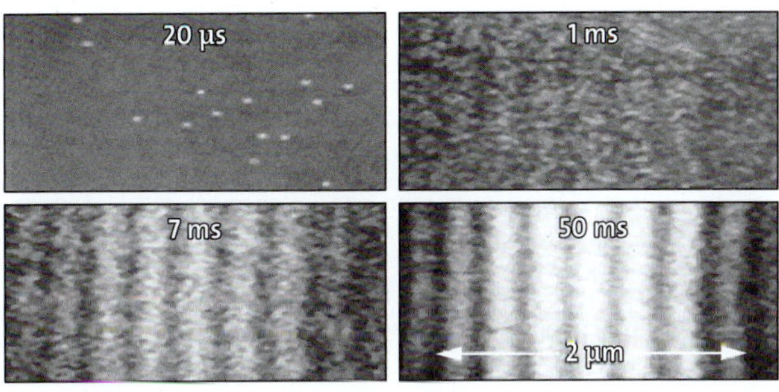

4 Beugung von Elektronen

a ◪ Skizzieren Sie in ▸ 5 den Versuch.

b ◪ Beschreiben Sie, wie das Muster $h(d)$ der Häufigkeiten h an Intervallmitten d mit der Zeit t entsteht (▸ 4).

c ☐ Die Elektronen werden mit U = 50 kV beschleunigt. Ermitteln Sie Geschwindigkeit v und Impuls p.

d ◪ Der Spaltmittenabstand beträgt g = 2 µm. Der Schirm ist vom Doppelspalt a = 100 mm entfernt, benachbarte Maxima sind d = 0,275 µm entfernt. Ermitteln Sie λ.

e ◪ Bestätigen Sie den Term $p = \frac{h}{\lambda}$ für die De-Broglie-Wellenlänge.

f ■ In einem weiteren Versuch werden solche Elektronen an einem Kristallgitter mit dem Abstand 123 pm benachbarter Gitterebenen gebeugt. Ermitteln Sie den Glanzwinkel für die erste Beugungsordnung.

5 Versuchsskizze

Quantenmechanisches Atommodell

1 ◪ Ein Wasserstoff-Atom besteht aus einem Proton als Atomkern und einem Elektron. Beurteilen Sie folgende Aussagen:

a Das Elektron in einem Wasserstoff-Atom hat zu keiner Zeit einen bestimmten Ort.

b Je weiter außen bei einem Elektron im Wasserstoff-Atom eine Ortsmessung durchgeführt wird, umso kleiner ist die Nachweiswahrscheinlichkeit pro Volumeneinheit.

c Eine Ortsmessung verändert den Zustand des Elektrons nicht.

d Die Wahrscheinlichkeit, das Elektron irgendwo nachzuweisen, ist immer gleich groß, unabhängig davon, in welchem Zustand sich das Elektron befindet.

2 ◪ Die Struktur der Materie beschreibt man mit verschiedenen Modellen, z. B. kann man Atome und Moleküle mit dem Teilchenmodell beschreiben. Man verwendet beim Atombau auch das Kern-Hülle-Modell.

a Beschreiben Sie die Unterschiede zwischen den genannten Modellen.

b Stellen Sie an zwei Beispielen dar, welche Phänomene man nur mit dem Kern-Hülle-Modell, nicht aber mit dem Teilchenmodell erklären kann.

c Erklären Sie, warum man das Teilchenmodell trotzdem verwendet.

Einzelphotonen

1 ◻ Berechnen Sie die Wellenlänge eines Gamma-Photons mit der Energie 200 keV. Berechnen Sie außerdem den entsprechenden Impuls des Photons.

2 ◪ Vergleichen Sie mit der Wellenlänge und dem Impuls eines Photons bei rotem Licht mit der Energie 1,55 eV.

3 Wir vergleichen das Doppelspaltexperiment und das Mach-Zehnder-Interferometer-Experiment.

a ◻ Beschreiben Sie das Doppelspaltexperiment mit Photonen.

b ◻ Beschreiben Sie das Mach-Zehnder-Interferometer-Experiment.

c ◪ Nennen Sie Gemeinsamkeiten und Unterschiede beider Experimente.

d ◪ Begründen Sie, dass beide Experimente weder durch die Annahme von Wellen noch von Teilchen, sondern von Quantenobjekten erklärbar sind.

4 Die Quantenphysik erlaubt festzustellen, ob ein Objekt da ist, ohne dass man eine Messung an der Stelle durchführt. Das zeigt folgendes Gedankenexperiment: Ein spezieller Knaller hat einen hochsensiblen Zünder. Wenn auch nur ein Photon auf den Zünder trifft, explodiert er. Man ist unsicher, ob der Knaller den Zünder überhaupt enthält oder ob die Stelle des Zünders leer ist. Um nachzuschauen, müsste man die Stelle beleuchten und dann ginge der Knaller hoch. Wie findet man heraus, ob der Knaller einen Zünder hat, ohne dass er explodiert?

a ◻ Erklären Sie das Michelson- und Mach-Zehnder-Interferometer anhand geeigneter Skizzen in ▶ **1**.

b ◪ Nennen Sie Gemeinsamkeiten und Unterschiede der Interferometer.

Man baut den Knaller in ein idealisiertes Mach-Zehnder-Interferometer für Einzelphotonen ein. Der Zünder (sofern er da ist) blockiert dabei einen der beiden Wege.

c ◪ Betrachten Sie den Fall, dass der Zünder nicht vorhanden ist. Zeichnen Sie die möglichen Wege eines Photons zu den Detektoren in Ihre Skizze ▶ **1** ein.

d ◪ Begründen Sie, warum in diesem Fall von Detektor Y keine Photonen nachgewiesen werden.

e ■ Betrachten Sie nun den Fall, dass der Zünder da ist. Geben Sie begründet die drei Möglichkeiten des Versuchsausgangs mit den zugehörigen Wahrscheinlichkeiten an.

f ■ Bei einem der drei Versuchsausgänge weiß man sicher, dass der Zünder vorhanden ist, ohne dass der Knaller explodiert. Erläutern Sie, wie das möglich ist.

Heisenbergsche Unbestimmtheitsrelation

1 ◻ Zeigen Sie durch eine Rechnung, dass ein Elektron mit einem Impuls von etwa $3 \cdot 10^{-24}\,\frac{\text{kg} \cdot \text{m}}{\text{s}}$ und einer mittleren Geschwindigkeit von $3 \cdot 10^{6}\,\frac{\text{m}}{\text{s}}$ die Unbestimmtheitsrelation erfüllt.

2 ◪ Berechnen Sie die Mindest-Unbestimmtheit der Geschwindigkeit für einen Teddybär mit einer Masse von 200 g und einer Ortsunbestimmtheit von 1 µm.

1 Versuchsskizzen zu Michaelson-Experiment und Mach-Zehnder-Experiment.

3 Auch die Wellenlänge unterliegt einer Unbestimmtheit. Licht mit $\lambda = 400\,\text{nm}$ verläuft von einem Punkt in eine Pupille mit dem Radius 4,5 mm. Ermitteln Sie den Impuls sowie den Querimpuls der Photonen im Auge.

4 Heisenberg untersuchte die Energieunbestimmtheit ΔE eines Quantenobjektes. Die Messung der Energie E wurde über das Zeitintervall δt durchgeführt.

a Ein Beispiel für eine solche Messung ist die Messung einer Photonenfrequenz f innerhalb der Beobachtungsdauer δt in der Radiotechnik. Begründen Sie.

b Die Frequenz f eines Photons haben wir mit einer Unbestimmtheit $\Delta f = \frac{\delta f}{2}$ bestimmt. Nun sollen sich zwei Photonen mit den Frequenzen f_1 und $f_2 = f_1 + \delta f$ überlagern. Begründen Sie, dass wir erkennen können, dass zwei unterschiedliche Photonen überlagert wurden.

c Umgekehrt gilt auch: Wenn wir bei der Überlagerung von zwei Photonen mit Frequenzen f_1 und $f_2 = f_1 + \delta f$ erkennen, dass zwei unterschiedliche Photonen überlagert wurden, dann ist die Unbestimmtheit der Frequenzmessung höchstens δf. Erläutern Sie.

d Die Überlagerung von zwei Photonen mit Frequenzen f_1 und f_2 hat Wellenzüge wie ein Zwei-Ton-Klang. Erläutern Sie.

e Beim Zwei-Ton-Klang gilt die Unbestimmtheitsrelation $\Delta t \cdot \Delta f \geq \frac{1}{4\pi}$. Begründen Sie, dass für die Messung der Energie eines Photons in einem Zeitintervall $\delta t = 2 \cdot \Delta t$ die folgende Unbestimmtheitsrelation für Zeit und Energie gilt:

$$\Delta t \cdot \Delta E \geq \frac{h}{4\pi}$$

Verschränkung und Komplementarität

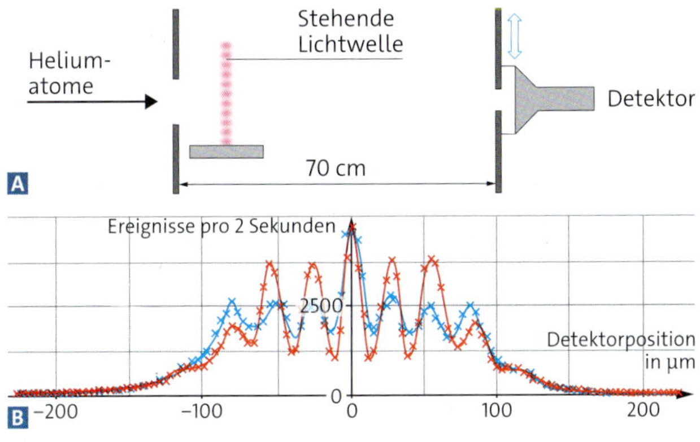

2 Komplementarität bei Helium-Atomen

1 Im Jahr 1994 schickte eine Arbeitsgruppe an der Universität Konstanz Helium-Atome auf eine stehende Lichtwelle (▶ **2A**). Die Auftrefforte von vielen Helium-Atomen bilden ein Interferenzmuster (rote Messpunkte in ▶ **2B**). Wenn man nun die Frequenz des Lasers passend abstimmt, wird etwa die Hälfte der Helium-Atome angeregt, die andere Hälfte nicht. Man erhält dann die blauen Messpunkte.

a Erläutern Sie, inwiefern die Helium-Atome in diesem Experiment folgende Eigenschaften von Quantenobjekten zeigen: Quantenhafter Nachweis, stochastisches Verhalten, Interferenzfähigkeit.

b Wenn ein Atom angeregt wird, werden die zugehörigen Wege unterscheidbar. Erklären Sie das experimentelle Ergebnis mit dem Komplementaritätsprinzip.

2 Das Higgs-Teilchen wurde erstmals 2012 nachgewiesen. Es zerfällt mit einer Halbwertszeit von 10^{-22} s in mehrere Elementarteilchen. Aus den Eigenschaften der entstehenden Elementarteilchen kann man auf die Eigenschaften des Higgs-Teilchens schließen. Eine Möglichkeit ist der Zerfall in ein Elektron und sein Antiteilchen, das Positron. Ein Positron hat die gleichen Eigenschaften wie ein Elektron, ist aber positiv geladen. Aus der Theorie ergibt sich, dass das Higgs-Teilchen elektrisch neutral ist und einen sogenannten Spin von 0 hat. Elektronen und Positronen können entweder den Spin $+\frac{1}{2}$ oder $-\frac{1}{2}$ haben. Beim Zerfall des Higgs-Teilchens haben die Spins von Elektron und Positron immer entgegengesetzte Werte. Solange man den Spin aber nicht misst, ist er unbestimmt.

a Begründen Sie: Wenn ein Zerfallspartner negativ geladen ist, muss der andere positiv geladen sein.

b Elektron und Positron sind beim Zerfall eines Higgs-Teilchens verschränkt. Erläutern Sie, aus welchen Beobachtungen man dies schließen kann.

3 Beim Zerfall eines ruhenden Higgs-Teilchens beobachtet man, dass sich Elektron und Positron mit gleicher Geschwindigkeit in entgegengesetzte Richtungen fortbewegen.

a Begründen Sie dies mit dem Impuls.

b Das Higgs-Teilchen hat in der Regel beim Zerfall schon eine Bewegungsrichtung. Erklären Sie, welchen Einfluss das auf die Bewegung des Elektron-Positron-Paars hat.

c Elektrisch geladene Elementarteilchen sind in Detektoren leichter nachzuweisen als elektrisch neutrale wie das Higgs-Teilchen. Stellen Sie eine Hypothese auf, wie es dazu kommt.

d Wenden Sie Ihre Ergebnisse aus ▶ **a**, **b** und **c** an, um die teilweise Symmetrie, aber auch die Asymmetrie möglicher Nachweisspuren der Teilchen im Detektor zu erklären.

Folgende Aufgaben habe ich bereits gelöst:

Fotoeffekt	1 ○	2 ○	3 ○	4 ○
Interferenz von Materie	1 ○	2 ○		
Doppelspaltexperiment	1 ○	2 ○	3 ○	
Determiniertheit	1 ○	2 ○	3 ○	
Quantenmechanisches Atommodell	1 ○	2 ○		
Einzelphotonen	1 ○	2 ○	3 ○	4 ○
Heisenbergsche Unbestimmtheitsrelation	1 ○	2 ○	3 ○	4 ○
Verschränkung und Komplementarität	1 ○	2 ○	3 ○	

7 Atomphysik

Einstufungstest

Karteikarten

Ich kann:

- Atommodelle vergleichen und das Modell von Energiestufen und Orbitalen erklären. ○
- Absorptions- und Emissionsspektren verschiedener Elemente erklären. ○
- die Energie und Wellenlänge von absorbierten und emittierten Photonen bestimmter Spektrallinien ermitteln. ○
- verschiedene Übergänge zwischen Energieniveaus des Wasserstoffatoms nennen und deren Energien berechnen. ○
- den Farben des sichtbaren Bereich des elektromagnetische Spektrums die entsprechende Wellenlänge zuordnen. ○
- Optische Phänomene wie die Flammenfärbung mit dem Energiestufenmodell erklären. ○

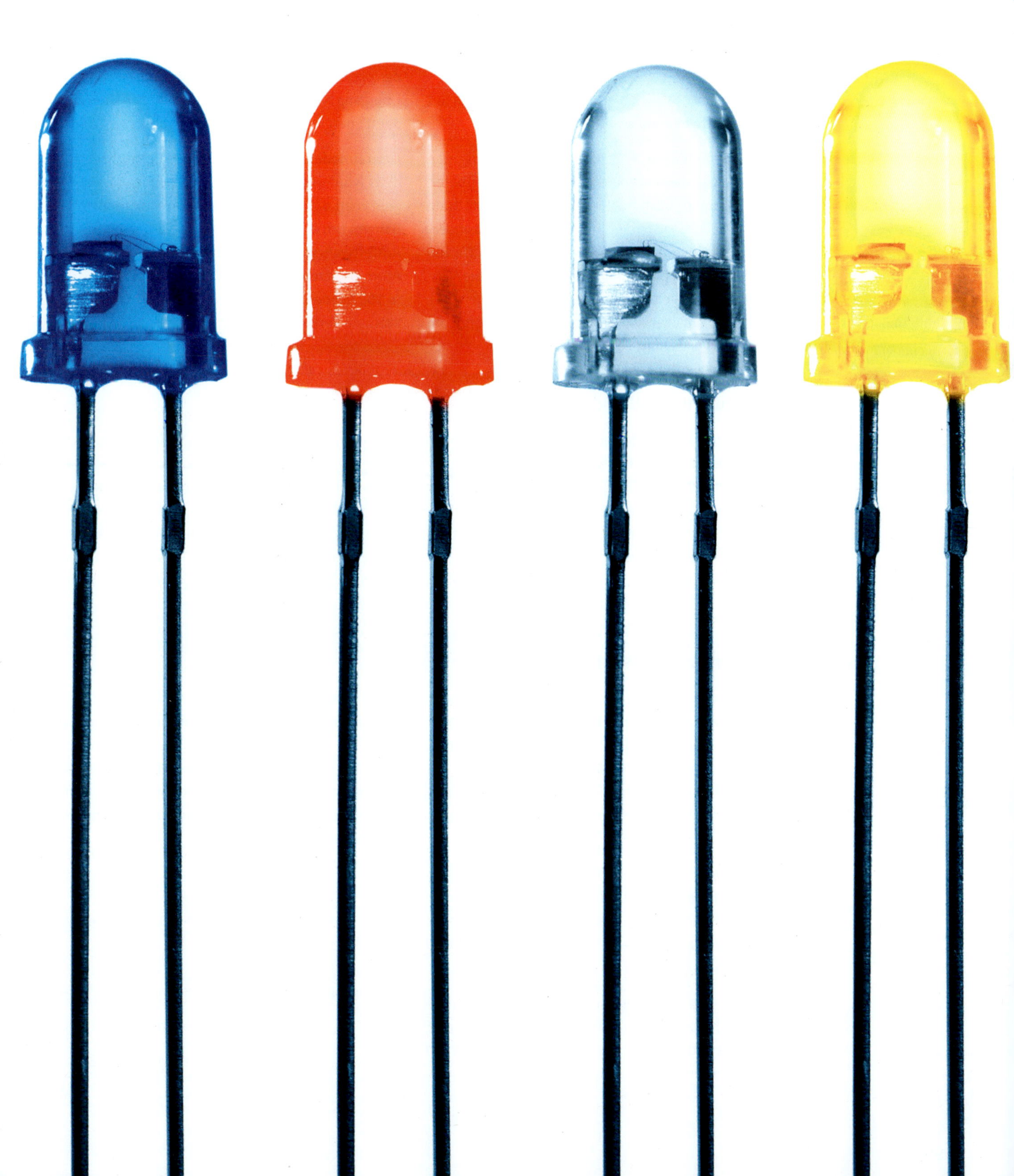

7 Atomphysik

Atommodelle

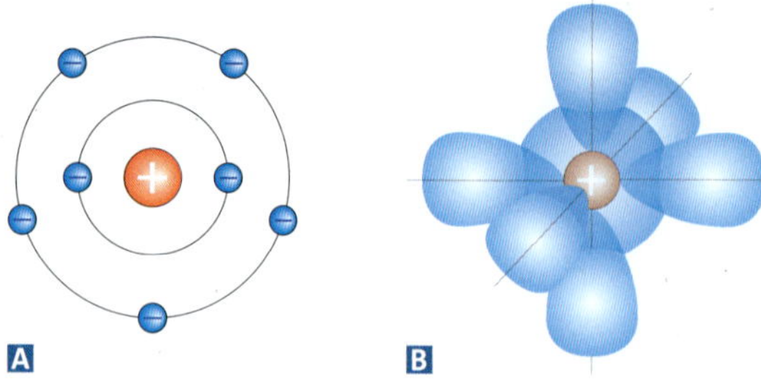

1 A Bohrsches Atommodell, B Orbitalmodell

Die naturwissenschaftliche Atomvorstellung hat sich mit der Zeit immer weiterentwickelt.

Alte Atomvorstellungen • Bereits in der Antike ging man davon aus, dass die Materie aus kleineren unteilbaren Teilchen (Atomen) bestehe. In der antiken Vorstellung waren diese Teilchen durch Haken miteinander verbunden. Deutlich später wurde dieses Modell 1803 von Dalton weiterentwickelt. Er ging bereits davon aus, dass die Masse der unteilbaren Teilchen unterschiedlich sei, je nachdem, zu welchem chemischen Element sie gehören. Im später entwickelten Atommodell wurde dann wiederum 100 Jahre später ergänzt, dass es eine Ladungsverteilung im elektrisch neutralen Atom gibt und dass die negativen Teilchen einen sehr kleinen, positiv geladenen Kern umgeben.

Bohrsches Atommodell • Das 1913 entwickelte Atommodell von Bohr eignet sich bereits zur Beschreibung und Berechnung von Energieniveaus in Wasserstoffatomen. Hier bewegen sich die Elektronen auf Kreisbahnen um den positiven aus Protonen bestehenden Kern (▶ 1A). Beim Übergang zwischen verschiedenen Bahnen kann das Atom dann Energie aufnehmen oder abgeben.

Orbitalmodell • Die Grenzen des Bohrschen Atommodells wurden vom Orbitalmodell beglichen. Heutzutage geht man davon aus, dass sich die Elektronen nicht auf Bahnen um den Kern bewegen. Stattdessen besitzen sie **Antreffwahrscheinlichkeiten** für bestimmte Bereiche im Atom besitzen, die durch Orbitale beschrieben werden (▶ 1B). Mit dem Orbitalmodell lassen sich Atomhülle und atomare Verbindungen beschreiben.

Bohrsches Atommodell, Orbitalmodell

Energiestufenmodell und Energieniveaus

Im Atommodell von Bohr befinden sich die Elektronen auf verschiedenen **diskreten Energieniveaus**. Das heißt, sie können nicht beliebige Energien besitzen, sondern nur ganz bestimmte. Atome haben also kein kontinuierliches, sondern ein diskretes Energiespektrum. Man nennt die Niveaus auch **Energiestufen** oder **Schalen** des Atoms. Die Niveaus werden von $n = 1$ für Elektronen nahe am Kern bis $n = \infty$ für freie Elektronen ohne Bezug zum Kern nummeriert. Je größer n ist, umso höher liegt die Schale und umso weiter ist das Elektron vom Kern entfernt.

> Elektronen in Atomen befinden sich auf bestimmten Energieniveaus. Man bezeichnet sie auch als Schale n von $n = 1$ (nahe am Kern) bis $n = \infty$ (freies Elektron).

Energieniveau, diskretes Energiespektrum

Absorption und Emission von Photonen

Elektronen im Atom können ihr Energieniveau wechseln. Das geschieht, wenn Atome Energie aufnehmen oder abgeben, z. B. wenn sie ein Photon **absorbieren** oder **emittieren**. Dabei geht ein Elektron von dem Niveau n_2 auf das Niveau n_1 über und es wird ein Photon der Frequenz f absorbiert oder emittiert. n heißt **Hauptquantenzahl**.

Emission • Wechselt ein Elektron von einem höheren auf ein niedrigeres Energieniveau ($n_2 > n_1$), gibt das Atom die Energiedifferenz ΔE der beiden Energiestufen ab. Dabei wird ein Photon abgegeben, d. h. **emittiert**. Das Photon hat dann die Energie $\Delta E = h \cdot f$ mit der Frequenz f und Wellenlänge $\lambda = \frac{c}{f}$.

Absorption • Wird ein Photon von einem Atom aufgenommen, d. h. **absorbiert**, nimmt das Atom die Energie ΔE auf. Dabei kann das Photon nur absorbiert werden, wenn seine Energie genau der Energiedifferenz zweier Energiestufen entspricht. Deshalb kann ein Atom nur Photonen mit bestimmten Wellenlängen aufnehmen und abgeben.

> Die Energie der von einem Atom absorbierten bzw. emittierten Photonen entspricht der Energiedifferenz zweier Energieniveaus. Für das **Wasserstoffatom** lautet sie
> $\Delta E = h \cdot f = h \cdot \frac{c}{\lambda}$ mit $f = R_H \cdot \left(\frac{1}{n_2^2} - \frac{1}{n_1^2}\right)$.

Dabei ist $R_H = R \cdot c = 3{,}28984 \cdot 10^{15}$ Hz die Rydberg-Konstante.

Übergang	Energiedifferenz	
$n_2 > n_1$	Atom gibt Energie ab	$\Delta E > 0$
$n_2 < n_1$	Atom nimmt Energie auf	$\Delta E < 0$

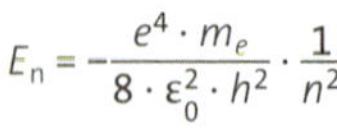

$\Delta E = E_{n_2} - E_{n_1}$

Absorption, Emission, Hauptquantenzahl

Spektrallinien verschiedener Elemente

Die diskreten Energieniveaus eines Atoms geben die Energie, Frequenz und Wellenlänge der Photonen vor, die das Atom absorbieren und emittieren kann. Betrachtet man die zugehörigen Spektren, sind diese nicht kontinuierlich, sondern enthalten charakteristische Spektrallinien. Deshalb kann durch eine **Spektralanalyse** anhand der Linien festgestellt werden, um welches Atom es sich handelt. So kann man die Bestandteile von Gasen und chemische Elemente identifizieren.

Weißes Licht besteht aus allen Wellenlängen (▶ 2A). Im Spektrum von Quecksilber (▶ 2B) kann man hingegen die Emissionslinien identifizieren. Es wird nur Strahlung der entsprechenden Wellenlängen emittiert, das Spektrum ist diskret. Da die möglichen Übergänge zwischen den Energieniveaus im Atom die möglichen Photonenenergien vorgeben, sind die Emissionslinien identisch mit den Absorptionslinien (▶ 2C).

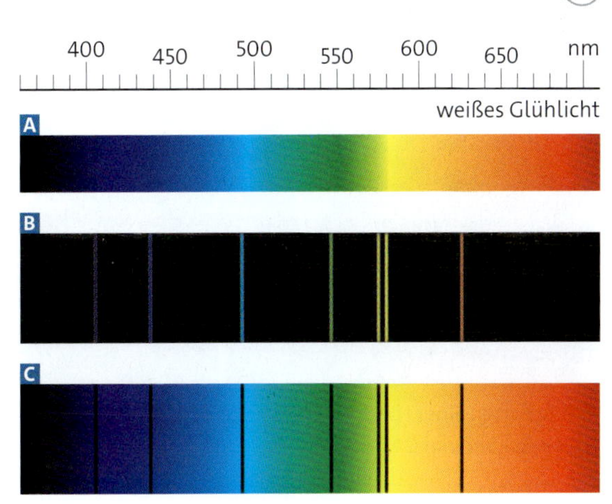

2 A Kontinuierliches Spektrum von weißem Licht, B Emissions- und C Absorptionslinien von Quecksilber

Mit einer Spektralanalyse kann man chemische Elemente in Gasen identifizieren.

Spektrallinie

Fraunhofersche Linien

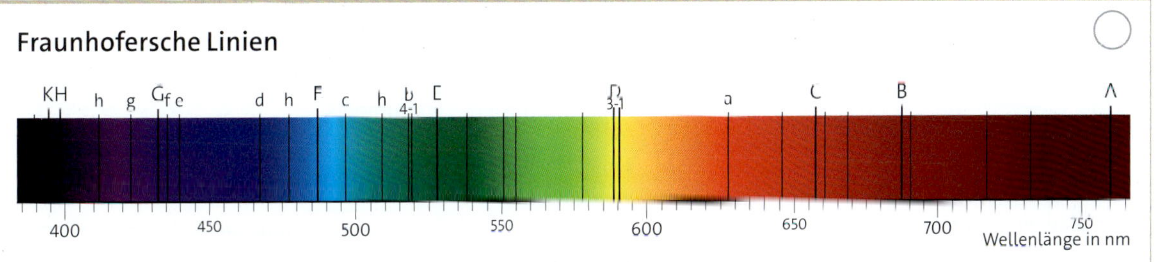

3 Fraunhofersche Linien des Sonnenspektrums

Von den Gasen in der Erdatmosphäre wird ein Teil der Strahlung absorbiert, die von der Sonne stammt. Macht man auf der Erde eine Spektralanalyse des dort ankommenden Sonnenlichts, kann man deshalb schwarze Linien beobachten (▶ 3).

Bestimmte Wellenlängen des Spektrums gelangen nicht bis zur Erdoberfläche, weil sie z. B. in der Atmosphäre absorbiert werden. Diese Absorptionslinien heißen **Fraunhofersche Linien**. Durch die Analyse dieser Linien kann man z. B. die in der Atmosphäre vorhandenen Atome identifizieren und damit die atomare Zusammensetzung bestimmen. So lassen sich die Spektrallinien von Natrium (D) oder von Wasserstoff (C, F, G, h) im Spektrum erkennen. Dieses Verfahren funktioniert mit allen Gasen.

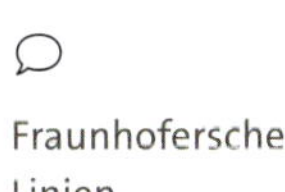

Fraunhofersche Linien

Spektrallinien des Wasserstoffs

4 Sichtbare Spektrallinien der Balmer-Serie von Wasserstoffatoms ($n_1 = 2$)

Das Wasserstoffatom ist das einfachste Atom, da es nur ein Proton als Kern und ein Elektron besitzt. Die Bezeichnung der Übergänge im Spektrum des Wasserstoffs hängt davon ab, auf welches Energieniveau n_1 das Elektron wechselt (▶ 5). So ergeben sich Gruppen von Emissionslinien im Spektrum, z. B. die Balmer-Serie (Übergänge zu $n_1 = 2$, ▶ 4). Die Energie bzw. Wellenlänge lässt sich mit der Formel auf S. 98 berechnen.

Serie	n_1	n_2	Spektralbereich
Lyman	1	2, 3, 4, ...	UV (91 nm – 121 nm)
Balmer	2	3, 4, 5, ...	sichtbar (365 nm – 656 nm)
Paschen	3	4, 5, 6 ,...	IR-A (820 nm – 1 875 nm)
Brackett	4	5, 6, 7, ...	IR-B (1 460 nm – 4 050 nm)

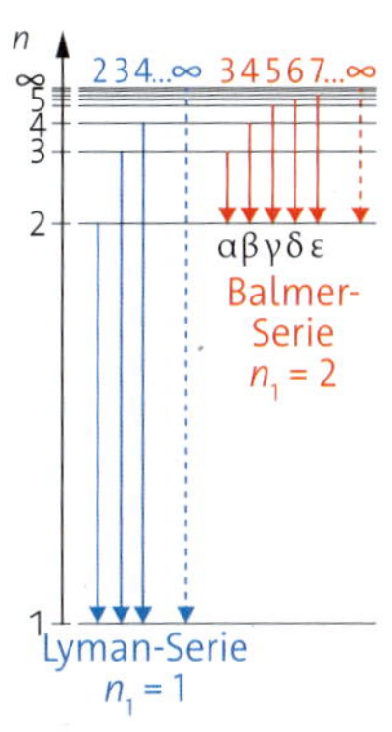

5 Übergänge im Wasserstoff

EXPERIMENT Flammenfärbung

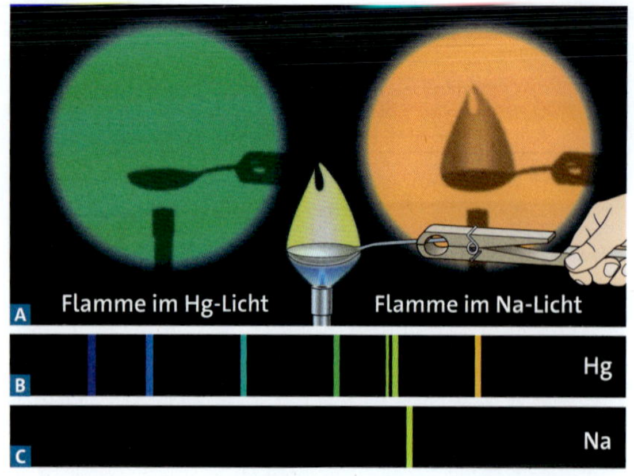

1 A Schatten einer Natrium-Flamme und Spektrum von B Quecksilber und C Natrium

Ziel: Untersuchung der Flammenfärbung von Natrium
Durchführung: Natriumsalz wird in einen Löffel gegeben und über die Flamme eines Bunsenbrenners gehalten. Die Flamme wird einmal mit dem Licht einer Quecksilber-Dampflampe (Hg) und einmal mit dem Licht einer Natrium-Dampflampe (Na) beleuchtet (▶ 1A). Auf einem Schirm wird nur der Schatten der Natrium-Flamme beobachtet.

Ergebnis: Man sieht, dass die Natrium-Flamme vor der Quecksilber-Lampe keinen Schatten wirft. Das Licht der Hg-Lampe wird also nicht von der Natrium-Flamme absorbiert. Das Na-Licht wird von der Flamme absorbiert und gelangt deshalb nicht zum Schirm. Es entsteht ein Schatten. Der Versuch zeigt, dass verschiedene Elemente nur Licht bestimmter Wellenlängen absorbieren können.

Elektronen im Potenzialtopf

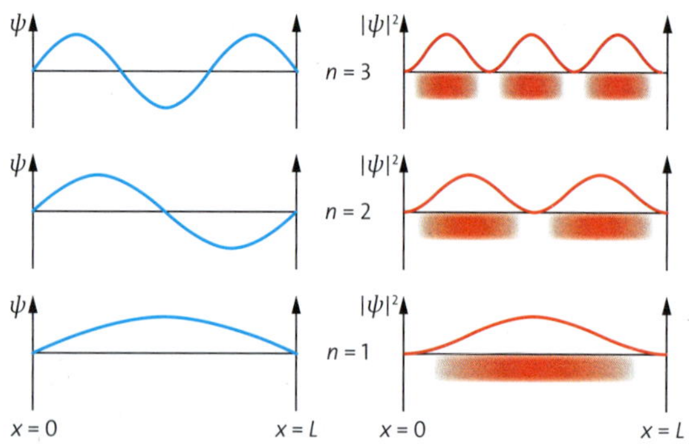

2 A Wellenfunktionen, B Antreffwahrscheinlichkeiten

Elektronen sind Quantenobjekte und besitzen deshalb Welleneigenschaften. Man kann sie mit einer Wellenfunktion $\psi(x,t)$ beschreiben (▶ 2). Das Quadrat dieser Wellenfunktion $|\psi|^2$ ist die Wahrscheinlichkeitsdichte. Das Intergral der Dichte über einen bestimmten Bereich liefert die **Antreffwahrscheinlichkeit** bzw. Aufenthaltswahrscheinlichkeit eines bestimmten Elektrons.
Da Elektronen durch die elektrische Wechselwirkung an den Atomkern gebunden sind, kann man sich vorstellen, sie wären in einem Potenzialtopf mit unendlich hohen Wänden eingesperrt. Dieser Potenzialtopf hat für ein Atom mit dem Radius $r = L/2$ die Breite L.
Ein Elektron im Bereich $0 < x < L$ besitzt gerade dann einen zulässigen Energiewert, wenn seine Wellenfunktion eine stehende Welle im Potenzialtopf beschreibt. Diese besitzt Knoten an den Wänden, ähnlich wie die schwingende Saite eines Instruments.
Die Wellenfunktion hat die **De-Broglie-Wellenlänge** $\lambda = \frac{h}{p}$ mit $p = m \cdot v$. Mit festen Enden und der Breite L gilt:

$$L = n \cdot \frac{\lambda_n}{2} \quad \text{mit} \quad n = 1, 2, 3, \ldots$$

Die Energiewerte der Elektronen ergeben sich mit $E = \frac{p^2}{2m}$ nach folgender Formel:

$$E_n = \frac{h^2}{8 \cdot m_e \cdot L^2} \cdot n^2 \quad \text{mit} \quad n = 1, 2, 3, \ldots$$

Für $n = 1$ befindet sich das Elektron im **Grundzustand**.

> Im Potenzialtopf mit unendlich hohen Wänden lassen sich die diskreten Energiewerte E_n eines Elektrons mithilfe stehender Wellen beschreiben.

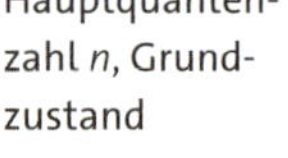

Hauptquantenzahl n, Grundzustand

Wichtige Prinzipien der Atomphysik

Pauli-Prinzip • Das Pauli-Prinzip besagt, dass immer nur zwei Elektronen mit verschiedenem Spin die gleiche Energiestufe besetzen können. Das ist wichtig für den Aufbau der Atomhülle. Der Spin ist eine weitere Quantenzahl und gibt den Eigendrehimpuls eines Teilchens an.

Resonanzabsorption • Das aufgenommene und abgegebene Photon besitzen die gleiche Wellenlänge.

Spontane Emission • Nach Anregung auf ein höheres Energieniveau gehen Elektronen zu einem unbestimmten Zeitpunkt und ohne äußere Veranlassung wieder in den Grundzustand über.

Fluoreszenz • Fluoreszierende Stoffe gehen nach der Anregung über einen Zwischenzustand zurück in den Grundzustand. Dabei emittieren Sie Strahlung mit einer größeren Wellenlänge als das anregende Photon.

Stimulierte Emission • Wenn Photonen passender Wellenlänge auf ein Atom im angeregten Zustand treffen, können sie Elektronen dazu stimulieren, auf ein niedrigeres Energieniveau überzugehen.
Das dabei emittierte Photon hat die gleiche Wellenlänge wie das stimulierende. So wird die eintreffende Strahlung verstärkt, z. B. in einem **Laser** (light amplification by stimulated emission of radiation).

EXPERIMENT Franck-Hertz-Versuch

3 **A** Schematischer Aufbau und **B** Ergebnisse des Franck-Hertz-Versuches

Ziel: Nachweis quantisierter Energieniveaus in Atomen.

Durchführung: In einer mit Quecksilber-Dampf (Hg) gefüllten Röhre werden Elektronen zuerst mit der Spannung U_B von der Glühkathode bis zu einer gitterförmigen Zwischenelektrode beschleunigt (▶ **3A**). Nach dem Gitter gibt es ein Gegenfeld mit Spannung U_G, das die Elektronen am Ende abbremst. Alle Elektronen, welche die Anode erreichen, hatten am Gitter also mindestens die Energie $e \cdot U_G$.

Beobachtung: Für $U_B > U_G$ gibt es einen Strom I_A an der Anode, der mit der Beschleunigungsspannung ansteigt (▶ **3B**). Allerdings verlieren die Elektronen immer dann Energie, wenn diese ein Vielfaches von 4,9 eV beträgt. Gleichzeitig kann man kurze Impulse von Strahlung im UV-Bereich feststellen.

Deutung: Die Elektronen geben Energie ab, weil sie mit den Quecksilber-Atomen zusammenstoßen. Nur wenn ihre Energie ausreicht, um die Hg-Atome anzuregen, geben sie den entsprechenden Teilbetrag ihrer kinetischen Energie ab. Damit kann ein Elektron eines Quecksilber-Atoms auf ein höheres Energieniveau wechseln; das stoßende Elektron wird dabei stark abgebremst und kann die Gegenspannung nicht mehr überwinden. Die Stromstärke sinkt plötzlich ab. Wenn U_B so groß ist, dass sie die Anode trotz Gegenfeld wieder erreichen können, steigt die Stromstärke wieder an. Nach einer Erhöhung von U_B um 4,9 V sinkt I_A erneut ab, da die Elektronen auf der Beschleunigungsstrecke je zwei Hg-Atome anregen können usw.
Die Quecksilber-Atome nehmen die von den Elektronen abgegebene Energie auf. Da der angeregte Zustand aber nicht stabil ist, geben sie die Energie kurz darauf als Photonen wieder ab. Diese Photonen besitzen genau die Energie $\Delta E = h \cdot \frac{c}{\lambda} = 253$ nm. Das ist die beobachtete Wellenlänge im UV-Bereich, die der Energiedifferenz von $\Delta E = 4{,}9$ eV im Quecksilber-Atom entspricht.

Für diesen Versuch und die Erkenntnis, dass die Energie im Atom quantisiert ist, erhielten Franck und Hertz im Jahr 1925 den Nobelpreis für Physik.

Mit dem Franck-Hertz-Versuch kann nachgewiesen werden, dass Atome diskrete Energieniveaus besitzen.

Atomkerne

Atomkerne bestehen aus Protonen und Neutronen (▶ **4**). Die Anzahl der Protonen bestimmt die Art des Atoms und damit das chemische Element. Die Anzahl der Protonen ist die **Ordnungszahl** bzw. **Kernladungszahl** Z.

Ion • Ein elektrisch neutrales Atom hat genau so viele Elektronen wie Protonen. Ein Atom mit mehr oder weniger Elektronen als Protonen ist elektrisch geladen und wird als **Ion** bezeichnet. Das Atom ist ionisiert.

Kennzahlen von Atomkernen • Die Anzahl von Protonen (Z) und Neutronen (N) können sich unterscheiden. Die Summe von beiden ist die **Massenzahl** $\boldsymbol{A = Z + N}$. Große Atome haben meist deutlich mehr Neutronen als Protonen im Kern.

Atome mit gleicher Ordnungszahl, also Versionen des gleichen Elements, aber unterschiedlicher Anzahl von Neutronen heißen **Isotope**.

Es gibt stabile und instabile Isotope. Instabile Isotope zerfallen nach einer bestimmten Zeit über den **radioaktiven Zerfall** in andere Elemente. Eine Übersicht der verschiedenen Isotope eines Elements und ihrer Zerfälle gibt die **Nuklidkarte**.

Beispiel • Stickstoff hat 7 Protonen, also ist $Z = 7$. Ein Stickstoff-Atom mit 7 Neutronen und 7 Elektronen ist neutral und hat die Massenzahl $A = 14$. Man schreibt auch $^{14}_{7}$N.
Für ein Stickstoff-Isotop mit 7 Protonen und 9 Neutronen ist $A = 16$ und man schreibt $^{16}_{7}$N oder nur N. Dieses Isotop ist instabil und zerfällt nach einer gewissen Zeit in ein stabiles Sauerstoff-Atom $^{16}_{8}$O.

Die Ordnungszahl Z gibt die Anzahl der Protonen und damit das chemische Element an. Verschiedene Anzahlen von Neutronen bezeichnet man als Isotope eines Elementes.

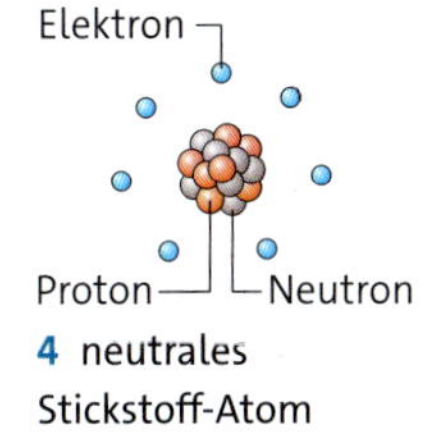

4 neutrales Stickstoff-Atom

Ordnungszahl, Ion, Massenzahl, Isotop

Atomphysik

Viele physikalische Phänomene sind auf Prozesse auf der atomaren Ebene zurückzuführen. Hier kannst du dein Wissen und deine Kompetenzen zu diesem Thema testen.

Atommodelle

1 ▢ Erläutern Sie die Merkmake des Bohrschen Atommodells. Gehen Sie dabei auf die Vor- und Nachteile des Schalenmodells ein und nennen Sie seine Limitationen.

2 ▢ Erklären Sie, warum das Orbitalmodell besser zur Beschreibung von Atomen geeignet ist und gehen Sie auf seine Merkmale ein.

Spektrum des Wasserstoffatoms

1 a ▢ Zeichnen Sie in ▸1 die Energieniveaus E_2 bis E_8 als Schema der Energieniveaus für das Wasserstoffatom ein. Wählen Sie eine geeignete Einteilung der Einheit eV für die Energieachse.
b ▢ Erlautern Sie, welche praktischen Schwierigkeiten sich beim Zeichnen für $n \geq 9$ ergeben.
c Bestimmen Sie, wie weit unterhalb von E_2 das Niveau E_1 eingezeichnet werden müsste.
d ▢ Berechnen Sie die Energie und Wellenlänge von Photonen für $n \leq 8$, die emittiert werden, wenn ein Elektron vom Zustand n in den Zustand $n \rightarrow 1$ übergeht und entscheiden Sie, welche davon im sichtbaren Spektralbereich liegen.

2 ▢ Berechnen Sie die Wellenlängen der ersten vier Balmer-Linien im UV-Bereich.

1 Skizze Energieniveaus des Wasserstoffatoms

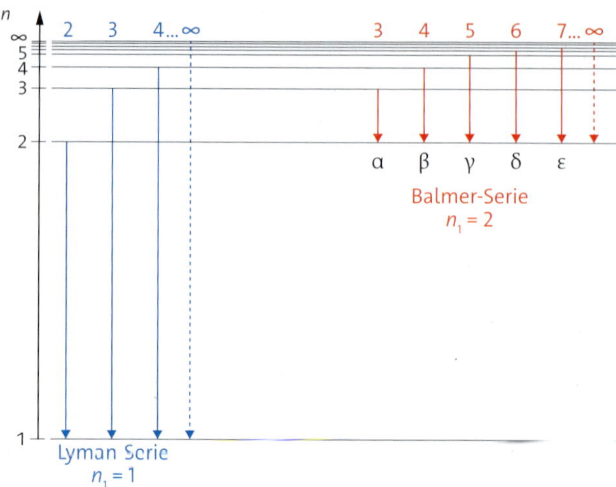

2 Spektrallinien des Wasserstoffs

3 ◪ Für $n_2 \rightarrow \infty$ werden die Frequenzabstände der Linien im Spektrum immer kleiner. Bezogen auf ein festes n_1 streben die Frequenzen der zugehörigen Spektrallinien daher gegen einen Grenzwert. Berechnen Sie diese Grenzfrequenz und die Grenzwellenlänge.

4 ▢ Erläutern Sie, wie es zu den Fraunhoferschen Linien im Sonnenspektrum kommt und geben Sie ein Beispiel.

5 ◪ In einer Spektralröhre wird Wasserstoff zum Leuchten gebracht.
a Erläutern Sie die Entstehung der Spektrallinien mithilfe der Abbildung ▸2.
b Berechnen Sie die größte Wellenlänge der Balmer- und die kleinste Wellenlänge der Paschen-Serie.
c Gegeben ist die folgende Formel:

$$E_{n \rightarrow \infty} = \frac{h \cdot f_R}{e} \cdot \left(\frac{1}{n_1^2} - \frac{1}{n_2^2} \right)$$

Erklären Sie ausführlich, was man mit dieser Formel berechnen kann.
d Bestätigen Sie mithilfe dieser Formel, dass die Ionisationsenergie für Wasserstoff 13,6 eV beträgt.
e Einer Linie der Paschen-Serie lässt sich die Energie $\Delta E = 1{,}299$ eV zuordnen. Bestimmen Sie die zugehörigen Werte für n_1 und n_2.
f Der Wellenlängenbereich 400 nm bis 800 nm wird als sichtbarer Bereich des elektromagnetischen Spektrums bezeichnet. Für Spektrallinien, die von Helium-Ionen erzeugt werden, gilt:

$$f = 4 \cdot f_R \cdot \left(\frac{1}{n_1^2} - \frac{1}{n_2^2} \right)$$

Bestätigen Sie durch Nachrechnen, dass für n = 6 keine Linien im sichtbaren Bereich liegen.
g Das He^+-Ion emittiert nach Anregung Photonen folgender Energien: 0,6 eV, 2,5 eV und 10,2 eV. Zeichnen Sie einen Ausschnitt des Energieniveauschemas von He^+, welches diese beobachteten Energien erklärt.
Hinweis: f_R wird auch mit R_H bezeichnet.

Spektrallinien

1 □ Erklären Sie die unterschiedlichen Farben im Bild des Orionnebels ▸ **3**.

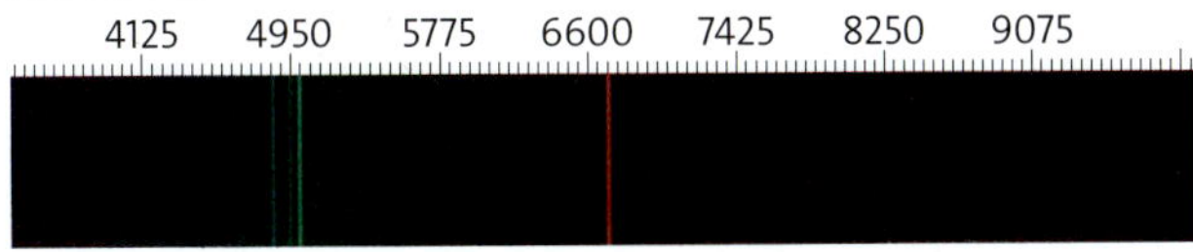

3 Spektrallinien aus dem Orionnebel in 0,1 nm

2 ◪ Die Spektralanalyse liefert Informationen zu den Eigenschaften von Sternen.

a Begründen Sie, dass die durch einen Pfeil gekennzeichnete Stelle des Spektrums in ▸ **4A** durch einen Vorgang in Wasserstoff-Atomen entstehen kann.

b Erklären Sie, welchen Vorteil die Benutzung des Hubble-Teleskops gegenüber Teleskopen auf der Erde hat, auch wenn diese viel größer sind.

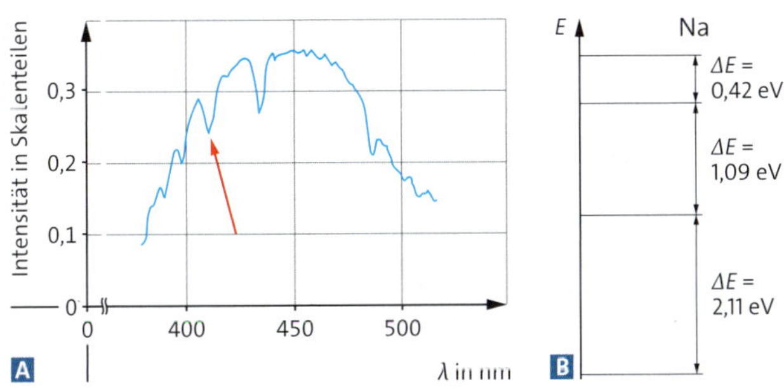

4 **A** Strahlungsintensität, **B** Energieniveaus

3 Die Abbildung ▸ **4B** zeigt ein stark vereinfachtes Energieniveauschema für Natrium.

a ◪ Bestimmen Sie, welche Wellenlänge aus dem Licht des sichtbaren Spektrums in der Lage ist, Natrium-Atome anzuregen.

b ■ Stellen Sie einen Zusammenhang her zwischen dem Spektrum in der linken Abbildung ▸ **4A** und dem Ergebnis zu Teilaufgabe ▸ **a**.

Franck-Hertz-Versuch

1 **a** □ Skizzieren Sie in ▸ **5** den grundlegenden Aufbau einer Franck-Hertz Röhre und erläutern Sie die Funktionsweise.

b Erklären Sie, was man aus dem Franck-Hertz-Versuch über den Aufbau von Atomen lernt.

2 Eine Variante des Franck-Hertz-Versuchs wurde mit einer mit Neon gefüllten Röhre durchgeführt. Dabei erhielt man das $I_A(U_B)$-Diagramm (▸ **6**).

a ◪ Bestimmen Sie aus dem Diagramm die Anregungsenergie für die Neon-Atome.

b ◪ Berechnen Sie daraus die Wellenlänge der ausgesendeten Photonen.

c ◪ In der mit Neon gefüllten Röhre sieht man ein rötliches Leuchten. Klären Sie den damit verbundenen Widerspruch zur berechneten Wellenlänge durch eine Internetrecherche auf.

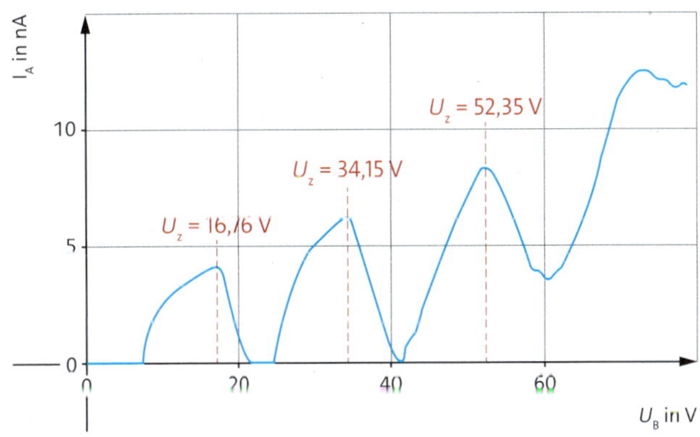

6 $I_A(U_B)$-Diagramm

5 Skizze Franck-Hertz-Versuch

3 Das Diagramm ▸ **1** zeigt die Stromstärke I_A in Abhängigkeit von der Beschleunigungsspannung U_B eines Franck-Hertz-Versuchs. Diese wurde bei verschiedenen Temperaturen des Quecksilberdampfes aufgenommen.

a Beschreiben Sie den Verlauf der Graphen und äußern Sie eine Vermutung über die auftretenden Unterschiede bei den verschiedenen Temperaturen.

b Angeregte Quecksilber-Atome senden UV-Strahlung mit der Wellenlänge $\lambda = 253{,}6$ nm aus. Entnehmen Sie die Anregungsenergie aus dem Diagramm und vergleichen Sie mit der Photonenenergie, die sich aus $\lambda = 253{,}6$ nm ergibt.

c Bestimmen Sie zwei mögliche Geschwindigkeiten eines Elektrons in einer mit Quecksilber gefüllten Franck-Hertz-Röhre nach einer Beschleunigung mit $U_B = 11$ V.

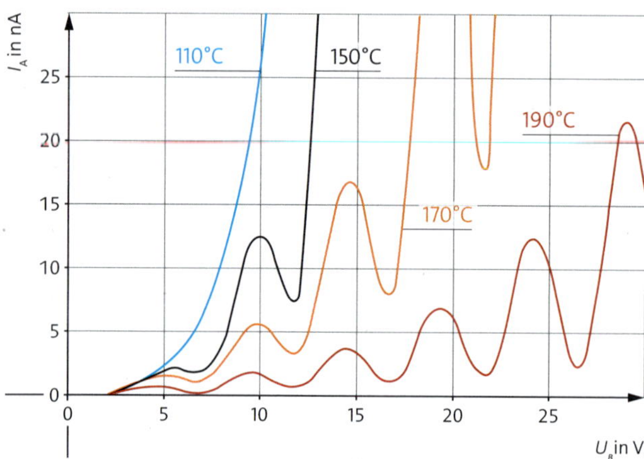

1 $I_A(U_B)$-Diagramm mit Temperaturabhängigkeit

Potenzialtopfmodell

1 a Berechnen Sie die Lokalisationsenergie E_n für ein Elektron im Grundzustand in einem Potenzialtopf der Länge $L = 1{,}0 \cdot 10^{-10}$ m

b Überprüfen Sie durch Nachrechnen, ob ein Energieübergang von $\Delta E = E_{14} - E_{12}$ im oben genannten Beispiel des Farbstoffmoleküls sichtbares Licht absorbieren kann.

2 Cyanine sind eine Gruppe von Farbstoffen, deren Verhalten sich mithilfe des Modells eines linearen Potenzialtopfs beschreiben lässt. Dabei unterscheiden sich die unterschiedlichen Cyanin-Moleküle u. a. in der Länge der Moleküle und damit in der Länge des Potenzialtopfs. Im grau markierten Bereich des exemplarisch dargestellten Cyanin-Moleküls (Länge $L = 1{,}21$ nm) können sich 8 Elektronen innerhalb der Molekülkette frei bewegen. Zur Vereinfachung bleibt ihre gegenseitige Wechselwirkung unberücksichtigt. Wird weißes Licht durch eine verdünnte Lösung dieses Cyanins gesandt und anschließend spektral zerlegt, ergibt sich das dargestellte Spektrum, mit dem Absorptionsmaximum bei $\lambda = 536$ nm.

a Begründen Sie, dass man die Energieniveaus eines dieser frei beweglichen Elektronen vereinfacht mithilfe des Modells des eindimensionalen Potenzialtopfs mit unendlich hohen Wänden beschreiben kann.

b Leiten Sie her, dass im Potenzialtopfmodell für die Energie eines Elektrons mit Masse m im n-ten Quantenzustand gilt:

$$E_n = \frac{h^2}{8 \cdot m \cdot L^2} \cdot n^2$$

Nutzen Sie dazu den Zusammenhang zwischen der Länge des Potenzialtopfs und der Wellenlänge der Wellenfunktion Ψ_n. Die acht frei beweglichen Elektronen besetzen beim nicht angeregten Molekül unter Berücksichtigung des Pauli-Prinzips die untersten vier Energieniveaus.

c Skizzieren Sie in ▸ **2** die Wellenfunktion und die Aufenthaltswahrscheinlichkeitsdichte für ein Elektron im höchsten besetzten Niveau des Grundzustands.

d Berechnen Sie die zum Absorptionsspektrum aus ▸ **3** passende Photonenenergie sowie die Energie eines Elektrons im höchsten besetzten Niveau des Grundzustands. Erläutern Sie anhand einer Skizze, welcher Zusammenhang zwischen diesen Energien besteht. Bestimmen Sie anschließend rechnerisch das Energieniveau, welches das Elektron direkt nach der Absorption einnimmt.

3 Cyanin und Absorptionsspektrum

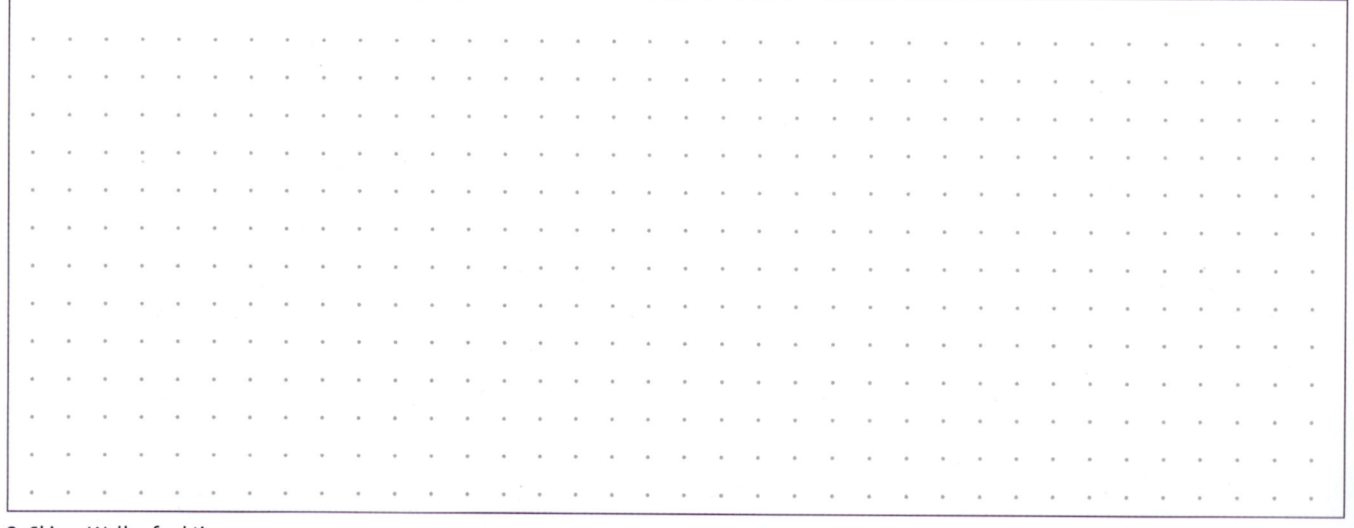

2 Skizze Wellenfunktion

Fluoreszenz

1 Das Molekül des hier verwendeten organischen Cyanin-Farbstoffs enthält eine Kette aus linear angeordneten C-Atomen. Sechs Elektronen können sich entlang der Kette annähernd frei bewegen. Ein solches Molekül kann vereinfacht mit dem Modell eines linearen Potenzialtopfes beschrieben werden. Da jedes Energieniveau nur von maximal zwei Elektronen besetzt werden kann, sind im Grundzustand die ersten drei Energieniveaus voll besetzt. Diese Situation zeigt die Abbildung in Form eines Energieniveauschemas (►4).

a ◪ Zeigen Sie, dass eine Lösung dieses Farbstoffes Photonen mit der Wellenlänge λ = 198,2 nm absorbieren kann.

b ◪ Zeigen Sie, dass das Auftreten von sichtbarer Fluoreszenz grundsätzlich möglich ist.

Hinweis: Der sichtbare Wellenlängenbereich umfasst 400 nm bis 750 nm.

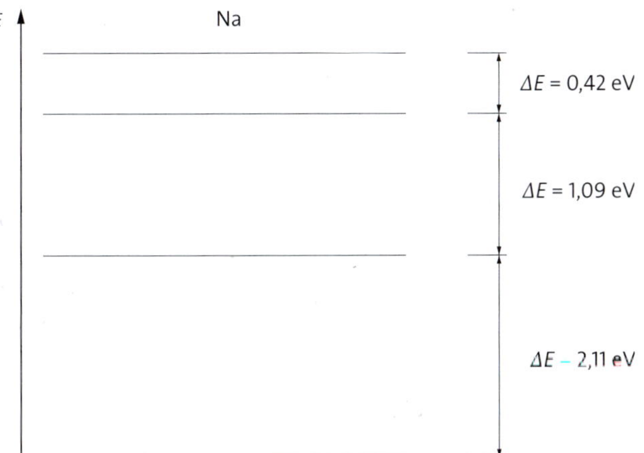

4 Energiedifferenzen

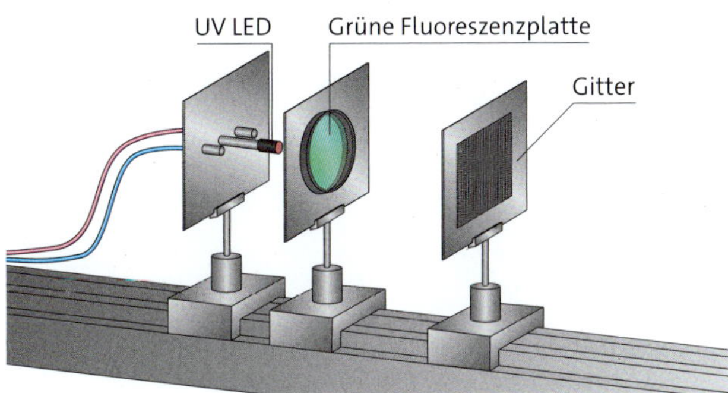

5 Aufbau Fluoreszenz-Experiment

2 Eine grüne Fluoreszenzplatte wird mit dem Licht einer UV-LED durchleuchtet und das Licht anschließend spektral zerlegt. Zum Vergleich wird das Spektrum der UV-LED ohne Platte aufgenommen. ►5 zeigt den Versuchsaufbau, ►6 die Spektren ohne (oben) und mit Platte. Das benutzte Gitter hat 500 Striche pro mm, der Schirm hat einen Abstand von 11,3 cm vom Gitter.

a ◪ Erklären Sie die unterschiedlichen Spektren.

b ■ Bestimmen Sie die zu den Spektrallinien gehörenden Wellenlängen und skizzieren Sie ein maßstabsgerechtes Energieniveauschema.

Erweiterung: Laser

1 □ Recherchieren Sie in Ihren Unterlagen das Funktionsprinzip eines Lasers und erläutern Sie dieses anhand von ►7.

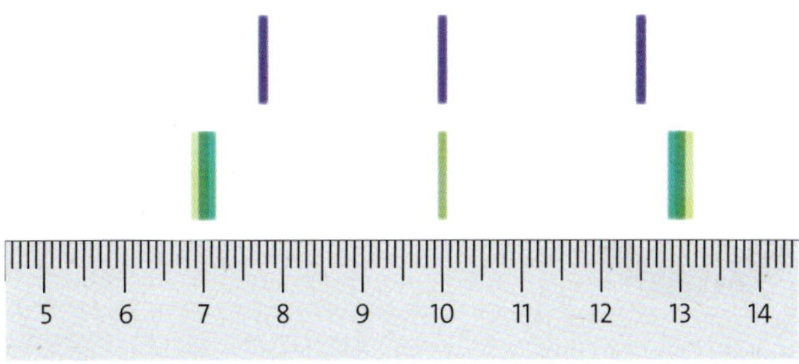

6 Spektrum ohne (oben) und mit Platte

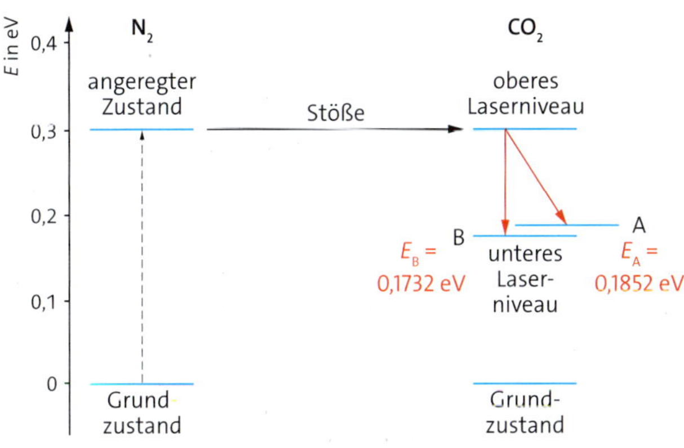

7 Laserniveaus

2 Ein CO_2-Laser funktioniert praktisch wie ein He-Ne-Laser, nur dass hier CO_2-Gas mit N_2-Gas gemischt ist. Das Stickstoffgas übernimmt die Rolle des He-Gases und Übergänge im CO_2-Molekül erzeugen das Laserlicht. Ein entsprechendes Energieniveauschema ist in der Abbildung dargestellt. Für die Emission von Laserlicht sind die Übergänge vom oberen zu den beiden unteren Laserniveaus A bzw. B im CO_2-Molekül verantwortlich.

a ◪ Berechnen Sie, welche Mindestgeschwindigkeit ein stoßendes Elektron haben muss, um beim Stickstoff-Molekül im Grundzustand den Anregungsprozess auszulösen.

◪ Der angeregte Zustand von N_2 liegt $2{,}2 \cdot 10^{-3}$ eV unter dem oberen Laserniveau von CO_2. Erläutern Sie, unter welchen Umständen die Anregung der CO_2-Moleküle durch N_2-Moleküle dennoch energetisch möglich ist.

Folgende Aufgaben habe ich bereits gelöst:

Atommodelle	1 ◯	2 ◯			
Wasserstoffspektrum	1 ◯	2 ◯	3 ◯	4 ◯	5 ◯
Spektrallinien	1 ◯	2 ◯	3 ◯		
Franck-Hertz-Versuch	1 ◯	2 ◯	3 ◯		
Potenzialtopfmodell	1 ◯	2 ◯			
Fluoreszenz	1 ◯	2 ◯			
Laser	1 ◯	2 ◯			

8 Strahlung und Materie

Einstufungstest

Karteikarten

Ich kann:

- die Entstehung von charakteristischer Röntgenstrahlung und Bremsspektrum erklären. ○ eA
- das Prinzip der Bragg-Reflexion und Röntgenspekroskopie beschreiben. ○
- den Zerfall von Nukliden über die Nuklidkarte und das Zerfallsgesetz beschreiben. ○
- die verschiedenen Strahlungsarten nennen und ihre Entstehung erklären. ○
- die Abschwächung und Detektion verschiedener Arten ionisierender Strahlung erläutern. ○
- die Altersbestimmung mit Hilfe der C-14 Methode beschreiben. ○

8 Strahlung und Materie

Entstehung von Röntgenstrahlung

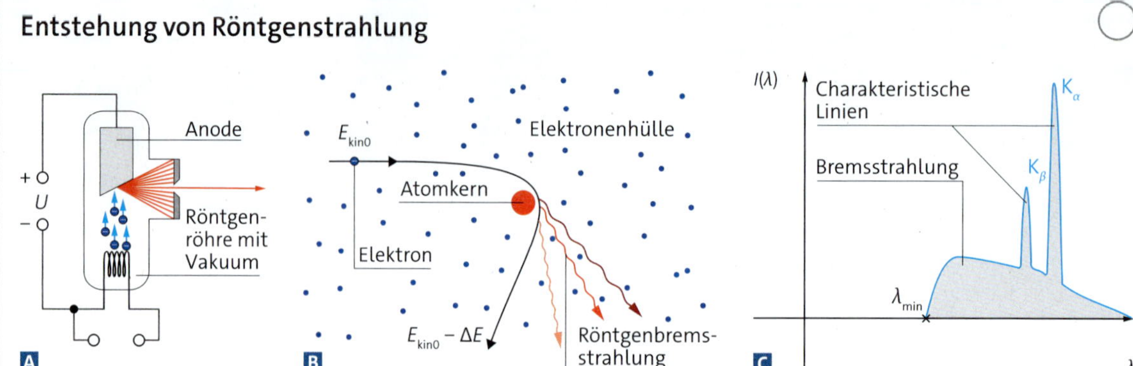

1 A Aufbau einer Röntgenröhre, **B** Entstehung von Bremsstrahlung und **C** Röntgenspektrum

Peak = Spitze im Spektrum

Bremsstrahlung, charakteristisches Spektrum

Bremsstrahlung • In einer Röntgenröhre werden Elektronen im Vakuum beschleunigt und treffen auf eine Anode aus einem Material mit hoher Kernladungszahl, z. B. Wolfram oder Molybdän (▸ 1A). Dabei werden die Elektronen an den Protonen des Kerns stark abgebremst bzw. abgelenkt und geben Bremsstrahlung ab (▸ 1B). Die Beschleunigungsspannung U_B beträgt mehrere kV, die Wellenlänge der Strahlung liegt damit im Bereich zwischen ca. 1 pm und 10 nm. Da die maximale Energie der Strahlung $E = h \cdot f = h \cdot \frac{c}{\lambda}$ nicht größer sein kann als die kinetische Energie der abgebremsten Elektronen $E = e \cdot U_B$, gibt es eine minimale Wellenlänge der Röntgenstrahlung (▸ 1C):

$$\lambda_{min} = \frac{h \cdot c}{e \cdot U_B}$$

Charakteristisches Spektrum • Außer der Bremsstrahlung gibt es auch die für ein Anodenmaterial charakteristische Röntgenstrahlung. Sie entsteht, wenn ein schnelles Elektronen ein kernnahes Elektron aus einem der Atome des Anodenmaterials stößt und dann ein Elektron aus einem höheren Energieniveau nachrückt.

Wird ein Elektron aus der K-Schale ($n = 1$) eines Atoms entfernt und die Lücke durch Nachrücken eines Elektrons von einem höheren Energieniveau ($n = 2$ oder $n = 3$) aufgefüllt, entsteht **K_α bzw. K_β-Strahlung**. Die K_α-Strahlung ($n = 2 \rightarrow 1$) besitzt weniger Energie (größere Wellenlänge λ), ist aber wahrscheinlicher und damit häufiger als die K_β-Strahlung. Deshalb ist der Peak der K_α-Strahlung höher, liegt aber weiter rechts im Spektrum in (▸ 1C).

Röntgenbremsstrahlung ensteht beim starken Abbremsen von schnellen Elektronen im Anodenmaterial.

EXPERIMENT Bragg-Reflexion

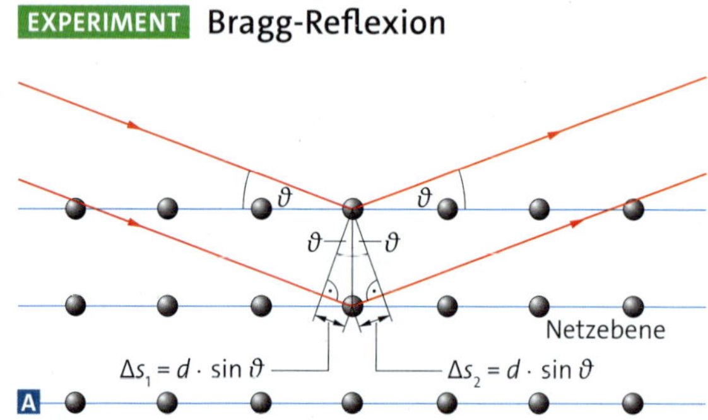

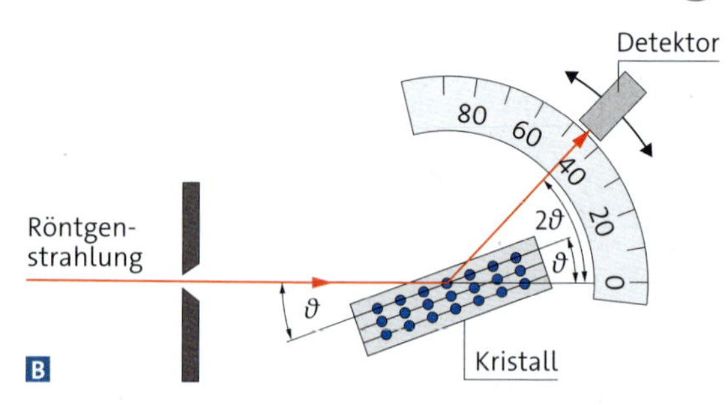

2 A Bragg-Reflexion, **B** Drehkristallmethode

Glanzwinkel, Bragg-Bedingung

Trifft Röntgenstrahlung auf ein Material mit einer regelmäßigen Kristallstruktur, so regt sie die Elektronen zur Aussendung von Strahlung gleicher Frequenz an. Von den Atomen gehen entsprechend dem Huygensschen Prinzip neue Elementarwellen aus. Dabei tritt in der Richtung konstruktive Interferenz auf, für die der Reflexionswinkel gleich dem Einfallswinkel ist. Im Kristall kommt es zur Reflexion an mehreren parallelen Gitterebenen (▸ 2A). Wellen, die an benachbarten Netzebenen reflektiert werden, haben dabei einen Gangunterschied von $\Delta s = 2d \cdot \sin(\vartheta)$ Für den Glanzwinkel ϑ ist zugleich die Bedingung $\Delta s = n\lambda$ der konstruktiven Interferenz erfüllt. Durch die Messung des Glanzwinkels über die Drehkristallmethode kann man mit der Bragg-Bedingung auf den Abstand von Netzebenen im Material schließen (▸ 2B).

Bei der Bragg-Reflexion kommt es zur konstruktiven Interferenz, wenn Röntgenstrahlung der Wellenlänge λ unter einem Winkel ϑ auf parallele Netzebenen im Abstand d trifft und die folgende Bragg-Bedingung erfüllt ist:

$$n \cdot \lambda = 2 \cdot d \cdot \sin(\vartheta) \quad \text{mit} \quad n = 1, 2, 3, \ldots$$

Kernzerfall und Strahlungsarten

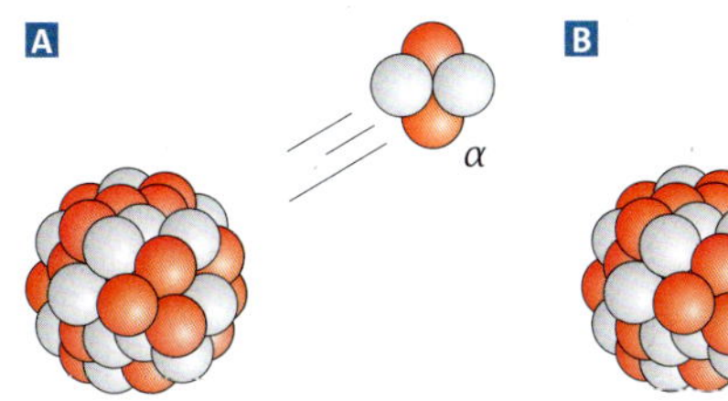

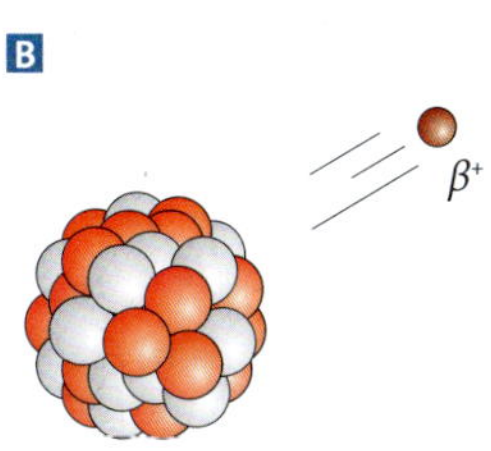

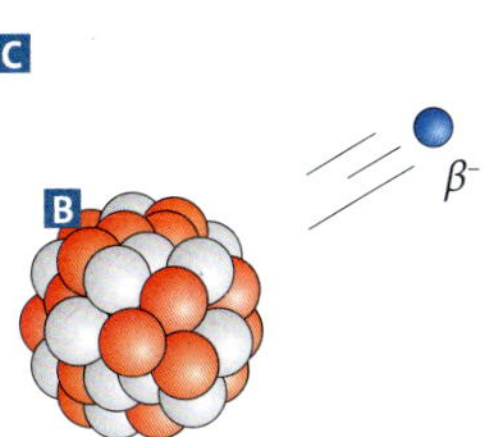

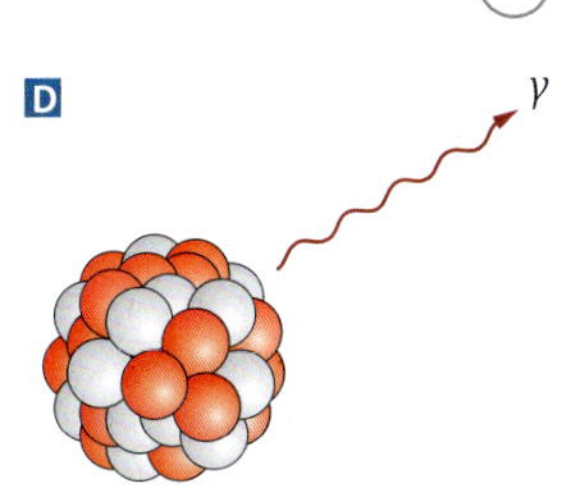

3 A α-Strahlung, B β⁺-Strahlung, C β⁻-Strahlung, D γ-Strahlung

Wenn ein Atomkern X nicht stabil ist, nennt man das Nuklid **radioaktiv**. Dann zerfällt es in kleinere **Tochterkerne** bzw. wandelt sich in einen anderen Kern Y um. Dies geschieht meist unter Abgabe von Strahlung in Form von hochenergetischen Teilchen oder Photonen. Da diese Strahlung genügend Energie besitzt, um Atome und Moleküle zu ionisieren, nennt man sie **ionisierende Strahlung.**

α-Strahlung • Bei der α-Strahlung zerfällt ein Kern X in einen kleineren Kern Y und sendet zusätzlich einen Helium-Kern (α-Teilchen) aus. Dieser besteht aus zwei Protonen und zwei Neutronen. Deshalb reduziert sich die Massenzahl A um 4 und die Ladungszahl um 2:

$$^{A}_{Z}X \rightarrow {}^{A-4}_{Z-2}Y + {}^{4}_{2}He$$

β⁻-Strahlung • Bei der β⁻-Strahlung wandelt sich ein Neutron im Kern in ein Proton um, die Kernladungszahl steigt um eins. Da die Gesamtladung der Zerfallsprodukte erhalten bleiben muss, entsteht auch ein Elektron, das den Kern mit großer Geschwindigkeit verlässt (β⁻-Strahlung). Zusätzlich entsteht ein Antineutrino, das u. a. den Rückstoß aufnimmt

$$^{A}_{Z}X \rightarrow {}_{Z+1}^{A}Y + {}^{0}_{-1}e + \overline{\nu}$$

β⁺-Strahlung • β⁺-Strahlung sind ausgesendeten Positronen. Wenn sich ein Proton im Kern in ein Neutron umwandelt, entstehen dabei ein Positron (das positiv geladene Antiteilchen des Elektrons) und ein Neutrino:

$$^{A}_{Z}X \rightarrow {}_{Z-1}^{A}Y + {}^{0}_{1}e + \nu$$

γ-Strahlung • Bei der γ-Strahlung werden im Gegensatz zu den anderen ionisierenden Strahlungsarten keine Teilchen abgestrahlt, sondern Photonen. Diese entstehen, wenn ein angeregter Kern im Nachgang zu einem α- oder β-Zerfall in einen niedrigeren Energiezustand übergeht. Der Kern bleibt dabei gleich und es wird ein γ-Quant abgegeben:

$$^{A}_{Z}X \rightarrow {}^{A}_{Z}X + \gamma$$

radioaktiv, Tochterkern, ionisierende Strahlung

Nukleonen im Potenzialtopf

Ähnlich zu den Energieniveaus des Wasserstoffatoms kann man das Potenzialtopfmodell auch für Atomkerne anwenden. Da die Protonen im Kern positiv und die Neutronen ungeladen sind, muss eine andere Kraft als die elektrische Kraft diese **Nukleonen** zusammenhalten: die **starke Kernkraft**.

Energie im Kern • Ähnlich zu den Elektronen kann man für den Aufenthalt der Nukleonen näherungsweise zwei getrennte Potenzialtöpfe für Protonen und Neutronen modellieren.

> Protonen und Neutronen im Kern können nur diskrete Energiewerte annehmen. Diese sind für das Atom charakteristisch.

Das Quadrat der Wellenfunktion $|\psi|^2$ beschreibt auch hier die Aufenthaltswahrscheinlichkeit der Nukleonen. Die Masse m steht für die Masse m_p der Protonen bzw. m_n für Neutronen. Ihre Energie ist:

$$E_n = \frac{h^2}{8mL^2} \cdot n^2 \quad \text{mit} \quad n = 1, 2, 3, \ldots$$

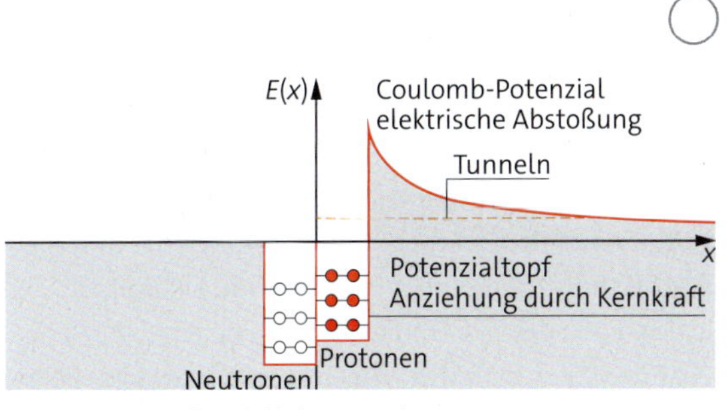

4 Potenzialtopfmodell des Atomkerns

Bedeutung • Die Energieniveaus für Protonen und Neutronen sind infolge ihrer unterschiedlichen Massen verschieden und liegen bei negativen Werten. Deshalb können Nukleonen den Kern nur verlassen, wenn Energie zugeführt wird. Bevor ein Proton in den Kern aufgenommen werden kann, muss es zuerst die elektrische Abstoßung überwinden, während es sich dem Kern nähert. Die Barriere nennt man **Coulomb-Wall** (▶ 4). Ist x klein genug, „fällt" das Proton in den Kern, weil die anziehende Kernkraft stärker ist als die elektrische Abstoßung.
Weitere Protonen brauchen immer mehr Energie, wenn sie sich dem Kern nähern wollen, da die Abstoßung der übrigen Protonen mit der Anzahl immer größer wird.

Nukleon, starke Kernkraft, Aufenthaltswahrscheinlichkeit, Coulomb-Wall

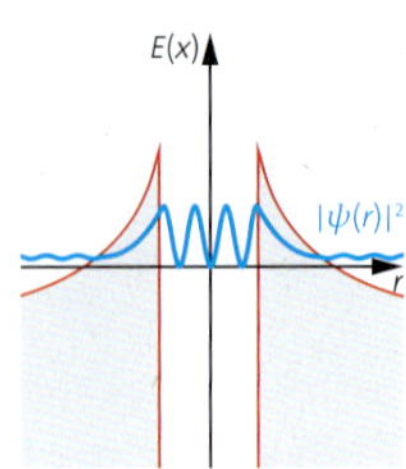
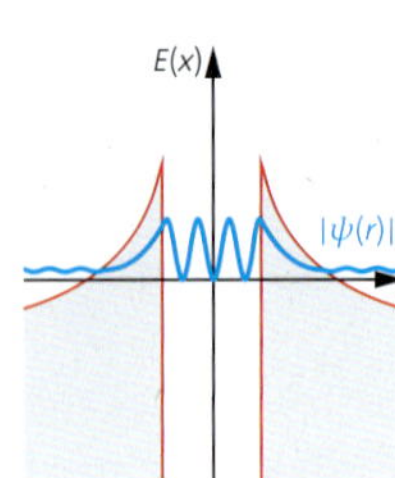

1 Coulomb-Wall

Strahlung im Potenzialtopfmodell

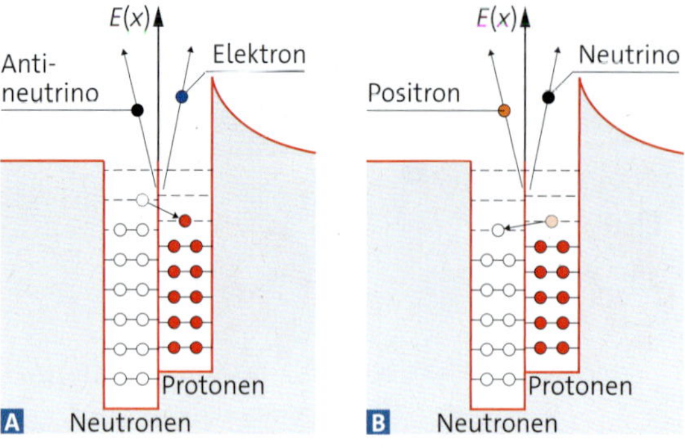

2 Entstehung von **A** β^--Strahlung, **B** β^+-Strahlung im Potenzialtopfmodell

Tunneleffekt • Damit Teilchen aus dem Potenzialtopf nach außen gelangen, müssen sie den Coulomb-Wall überwinden. Die Energie von α-Teilchen ist in der Regel geringer als die Energie, die für das Überwinden nötig wäre. Dennoch werden α-Teilchen außerhalb des Walls detektiert. Es gibt also die Möglichkeit, dass ein α-Teilchen durch den Wall hindurch tunnelt. Seine Antreffwahrscheinlichkeit $|\psi|^2$ ist an den Rändern des Coulombwalls größer null und fällt dann exponentiell nach außen hin ab (▶ 1). Damit gibt es eine geringe Wahrscheinlichkeit für ein α-Teilchen den Coulombwall zu durchqueren.

Tunneleffekt, K-Einfang

Massendefekt • Viele Kerne haben eine größere Masse als die Summe der Massen ihrer Zerfallsprodukte. Zerfällt beispielsweise ein Uran-233 Kern über den Alphazerfall in ^{229}Th, ergibt sich eine Massendifferenz:

$$\Delta m = m_{\text{U-233}} - m_{\text{Th-229}} - m_{\text{He-4}} = 0{,}00526\ \text{u}$$

Entsprechend der Äquivalenz von Masse und Energie $E = mc^2$ wird beim Zerfall eine Energie von 4,9 MeV frei.

β-Strahlung • Wenn bei der β^--Strahlung ein Neutron in ein Proton umgewandelt wird, kann man das durch einen Übergang im Potenzialtopf modellieren (▶ 2A). Dabei werden ein Elektron und ein Anti-Neutrino frei:

$$\text{n} \rightarrow \text{p} + \text{e}^- + \overline{\nu}$$

Bei der β^+-Strahlung wird ein Proton unter Abgabe eines Positrons und Neutrinos in ein Neutron umgewandelt (▶ 2B).

$$\text{p} \rightarrow \text{n} + \text{e}^+ + \nu$$

K-Einfang • Ein Elektron auf der K-Schale, also in der Nähe des Kerns, kann von einem Proton eingefangen und mit ihm zu einem Neutron werden (▶ 2C). Dabei wird ein Neutrino abgegeben: $\text{p} + \text{e}^- \rightarrow \text{n} + \nu$

Beispiel Geiger-Müller-Zählrohr

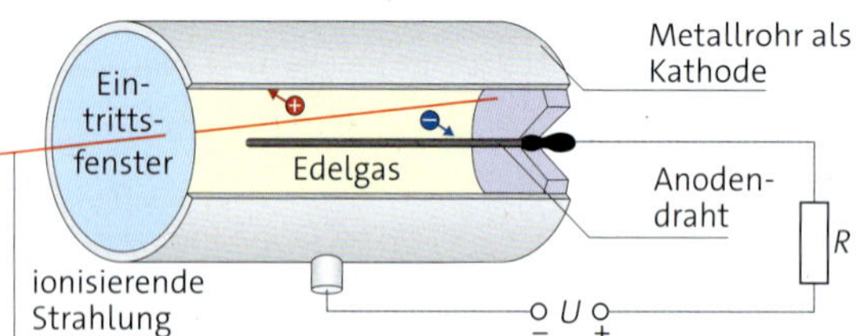

3 Geiger-Müller-Zählrohr

Ionisierende Strahlung kann mit einem Geiger-Müller-Zähler detektiert werden. Die Strahlung tritt durch ein Eintrittsfenster in eine mit Gas gefüllte Röhre ein und ionisiert dort die Gas-Atome (▶ 3). Die entstehenden Ionen-Paare bewegen sich zu den Elektroden: die positiven Atomrümpfe zum Rohr (Kathode) und die Elektronen zum positiven Draht (Anode). Die im Rohr beschleunigten Elektronen ionisieren weitere Gas-Atome und es kommt zu einer Elektronenlawine, die als Spannungspuls gemessen werden kann. Ein Spannungspuls weist dann auf eintreffende ionisierende Strahlung hin.

Totzeit • Die positiven Ionen sind schwerer und somit langsamer als die Elektronen. Während sie sich nach außen bewegen, schirmen sie den Draht gegen die Kathode ab. Der Bereich um den Draht ist dann feldfrei, es können keine weiteren Elektronenlawinen einsetzen. Daher nennt man diese Zeitspanne Totzeit.

Nullrate • In der Natur gibt es immer einen Hintergrund ionisierender Strahlung durch natürliche Radioaktivität. Diese permanente Strahlung sorgt dafür, dass das Zählrohr immer eine bestimmte Rate misst. Man muss also die Nullrate bei Messungen subtrahieren.

Totzeit, Elektronenlawine, Hintergrund, Nullrate

Zerfallsgesetz

$\dot{N} = \frac{dN}{dt}$

Wenn Atomkerne eines radioaktiven Nuklids zerfallen, hängt die Zerfallsrate von der Anzahl der vorhandenen Kerne ab. Je größer die Anzahl, umso mehr Kerne zerfallen pro Zeiteinheit. Zu Beginn ($t = 0$) bezeichnet man die Ausgangszahl der Kerne mit N_0. Nach der Zeit t ist die Anzahl $N(t)$ von Kernen des Ausgangnuklids vorhanden, also noch nicht zerfallen. Nach der **Halbwertszeit** T_H ist genau die Hälfte der anfänglichen Kerne zerfallen.

Die Anzahl der noch nicht zerfallenen Kerne eines Nuklids wird durch das Zerfallsgesetz bestimmt:

$$N(t) = N_0 \cdot 2^{-\frac{t}{T_H}} = N_0 \cdot e^{-\lambda \cdot t} \quad \text{mit} \quad \lambda = \frac{\ln(2)}{T_H}$$

(Zerfallskonstante)

Für die Zerfallsrate oder Aktivität $A(t)$ gilt damit

$$A(t) = -\dot{N}(t) = \lambda \cdot N(t)$$

Halbwertszeit, Zerfallskonstante

Zerfallsreihen

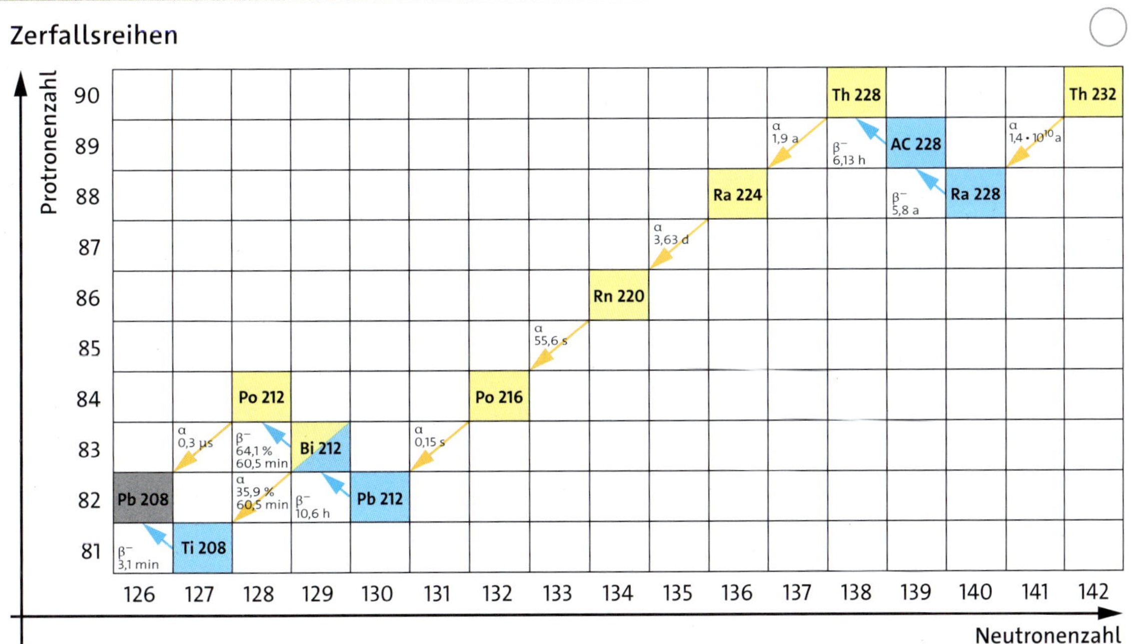

4 Zerfallsreihe von Thorium

Verschiedene natürlich vorkommende Elemente sind radioaktiv und zerfallen über feste Zerfallsreihen. Die drei natürlichen Zerfallsreihen starten bei den besonders langlebigen Nukliden Thorium-232 (▶ **4**), Uran-235 und Uran-238. Über die Nachverfolgung von Zerfallsreihen kann man die entstehenden Zerfallsprodukte identifizieren und herausfinden, welche stabilen Elemente am Ende entstehen. Bei den natürlichen Zerfallsreihen sind dies verschiedene Blei-Isotope (Nuklidkarten siehe Anhang S. 216). Die aus diesen Zerfallsreihen folgende **Natürliche Radioaktivität** umgibt uns in unserem Alltag und sorgt für die **Hintergrundstrahlung** bei Messungen.

natürliche Radioaktivität, Hintergrundstrahlung

EXPERIMENT Abschwächung ionisierender Strahlung

Abstandsgesetz • Je weiter sich Strahlung von ihrer Quelle entfernt, umso mehr verteilen sich die Teilchen im Raum. Deshalb wird die Strahlungsintensität umso schwächer, je weiter man von der Quelle entfernt ist. Misst man die Zählrate $Z(r)$ in einem Abstand r zur Quelle, erkennt man das Abstandsgesetz:

> Die Zählrate ionisierender Strahlung nimmt quadratisch mit dem Abstand zur Quelle ab: $Z(r) \sim \frac{1}{r^2}$

Eindringtiefe • Am effektivsten kann Strahlung durch dicke Materialien abgeschirmt werden (▶ **5**). Je nach Strahlungsart gibt es unterschiedliche Wirkungsquerschnitte. Bei α-Strahlung genügt z. B. bereits Papier, bei β-Strahlung bracht man einige Millimeter Aluminium und bei γ-Strahlung genügt selbst eine dicke Bleischicht nicht zur vollständigen Abschirmung.

> Die Zählrate der Strahlung nimmt mit der Eindringtiefe d in ein Medium exponentiell ab:
> $$Z(d) = Z_0 \cdot 2^{-\frac{d}{d_H}} = Z_0 \cdot e^{-\frac{\ln(2)}{d_H} \cdot d}$$

Wie stark eine bestimmte Strahlung abgeschwächt wird, hängt von der Strahlungsart und dem Material ab und wird durch die **Halbwertsdicke** d_H angegeben. Bei dieser Dicke wird die Hälfte der Strahlungsintensität durch das Material abgeschirmt.

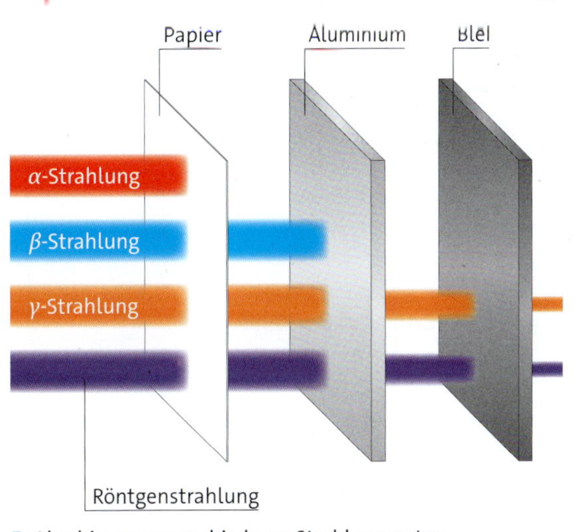

5 Abschirmung verschiedener Strahlungsarten

Bragg-Kurve • Trägt man den Energieverlust pro Weglängeneinheit der Strahlung gegen die Eindringtiefe in einem Material auf, ergibt sich die Bragg-Kurve (▶ **6**). Gegen Ende des Weges besitzt der Energieverlust ein ausgeprägtes Maximum, bevor er schnell abfällt. Diese Kenntnis ist für die Medizin wichtig, da der Bragg-Peak für verschiedene Strahlungsarten, -energien und Materialien unterschiedlich ist und die Verfahren beeinflusst. Er liefert z. B. Informationen, mit welcher Strahlungsart und -energie ein Tumor effizient und zugleich schonend behandelt werden kann.

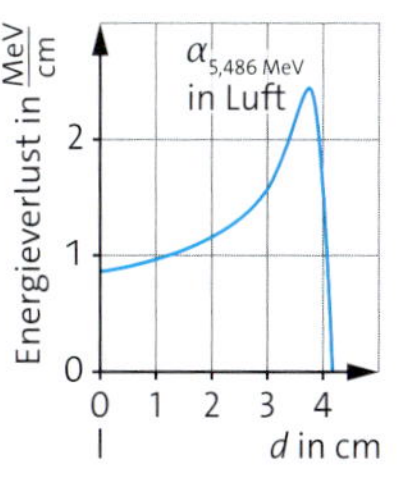

6 Bragg-Kurve für ein α-Teilchen mit 5,5 MeV in Luft

Abstandsgesetz, Eindringtiefe, Halbwertsdicke

Beispiel C-14 Methode

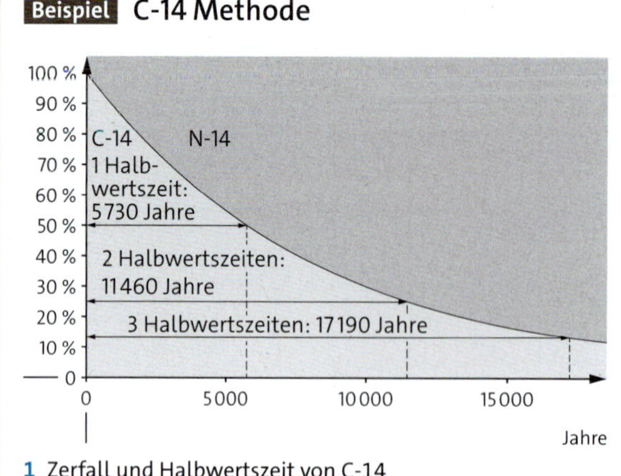

1 Zerfall und Halbwertszeit von C-14

Das Kohlenstoff-Isotop $^{14}_{6}C$ ist radioaktiv und zerfällt über den β^--Zerfall zu Stickstoff $^{14}_{7}N$. Es besitzt eine Halbwertszeit von ca. 5730 Jahren. Lebende Organismen nehmen ^{14}C zusammen mit den stabilen Isotopen C-12 und C-13 über die Nahrung auf. Wenn sie sterben, nimmt der ^{14}C-Gehalt ab und das Verhältnis von C-14 zu C-12 sinkt (▸ 1). Wenn man den typischen Wert für das Verhältnis von ^{14}C- zu C-12-Kernen für einen lebenden Organismus kennt und den aktuellen Wert für die Probe bestimmt, kann man für große Zeiten t über den exponentiellen Abfall das Alter berechnen. Diese Methode wird oft bei archäologischen Funden zur Altersbestimmung eingesetzt.

Beispiel Kernspaltung und Kernfusion

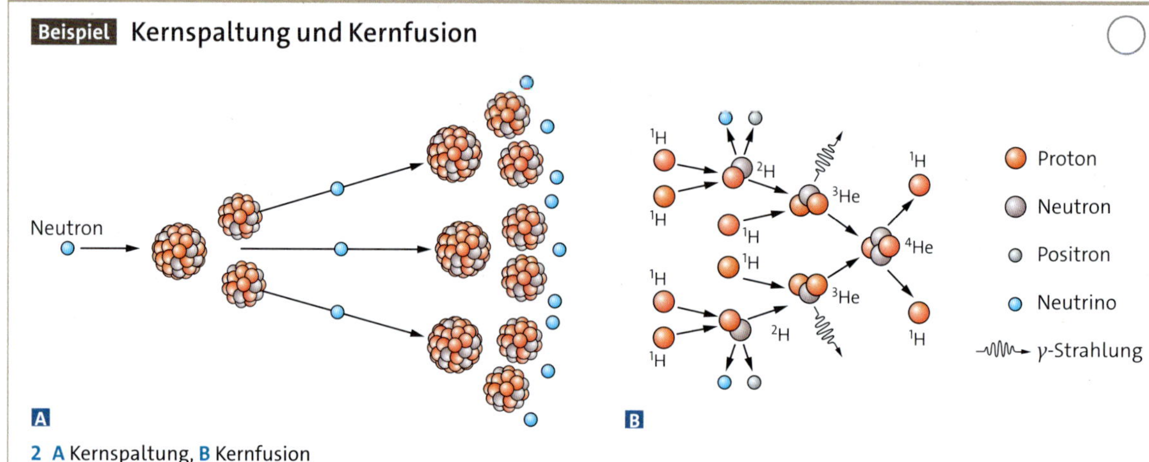

2 A Kernspaltung, B Kernfusion

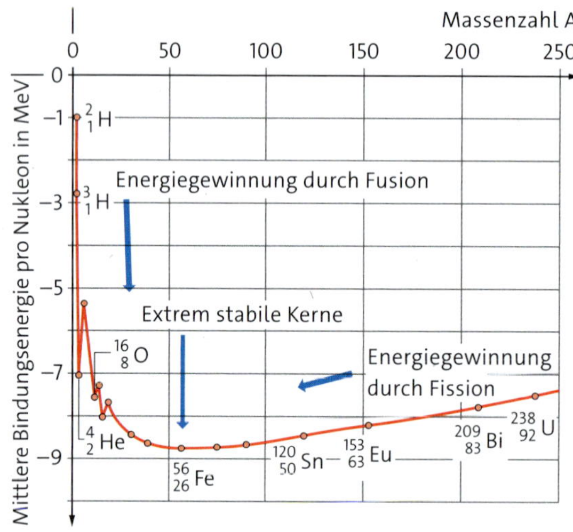

3 Mittlere Bindungsenergie pro Nukleon

Kernspaltung (Fission) • Instabile Kerne zerfallen in Tochterkerne. Durch den Massendefekt wird dabei Energie frei, z. B. in Form von ionisierender Strahlung. Ein Kern mit besonders günstiger Energieabgabe ist Uran-236. Um dieses Isotop zu erhalten, wird das natürlich vorkommende Uran-235 mit **thermischen Neutronen** beschossen. Diese langsamen Neutronen werden eingefangen, es bildet sich ^{236}U und dieses zerfällt dann spontan, z. B. in Barium und Krypton:

$$^{235}_{92}U + ^{1}_{0}n \rightarrow ^{139}_{56}Ba + ^{94}_{36}Kr + 3 \cdot ^{1}_{0}n$$

Es entstehen aber auch viele andere Spaltprodukte. Die allermeisten davon sind giftig und mit langen Halbwertszeiten radioaktiv. Beim Zerfall entstehen zwei bis drei Neutronen, die wiederum neue Spaltungen auslösen können. So entsteht eine **Kettenreaktion** (▸ 2A). Diese wird durch ein Material (Moderator) kontrolliert, das die Neutronen abbremst. Meist wird hierfür schweres Wasser und Graphit genutzt. Die kinetische Energie der Spaltprodukte wird im Kraftwerk genutzt, um Wasserdampf zu erzeugen und damit Turbinen und Generatoren anzutreiben. Die Energie der Spaltprodukte wird so in nutzbare elektrische Energie umgewandelt.

Kernfusion • Bei der Kernfusion verbinden sich zwei Wasserstoff-Isotope zu einem Helium-Kern (▸ 2B). Dabei wird Bindungsenergie durch den Massendefekt frei. Die dabei freiwerdende Energie ist deutlich größer als bei der Kernspaltung und es entstehen keine langlebigen radioaktiven Nebenprodukte (▸ 3).
Deshalb wird derzeit an Fusionsreaktoren geforscht, die eine nachhaltigere und effiziente Energieversorgung ermöglichen sollen. Dazu versucht man, die Wasserstoffkerne mit Magnetfeldern möglichst nahe zusammenzubringen, sodass sie unter hohem Druck fusionieren.
Die Energie wird auch hier genutzt, um mit Wasserdampf Generatoren anzutreiben. Bei einem möglichen Unfall bricht das Magnetfeld zusammen, sodass die Reaktion stoppt.

thermische Neutronen

Strahlung und Materie

Das Wissen über Kernphysik und verschiedenen Strahlungsarten ist Grundlage unseres alltäglichen Lebens. Hier kannst du deine Kenntnisse und deine Kompetenzen zu deisem Thema testen.

Entstehung von Röntgenstrahlung

☐ Erklären Sie die Entstehung von Röntgenstrahlung.

1 Skizzieren Sie dazu in ▸ **1** den grundlegenden Aufbau einer Röntgenröhre.

2 Skizzieren Sie ebenfalls in ▸ **1** ein Diagramm mit Intensität auf der vertikalen und der Wellenlänge auf der horizontalen Achse und erklären Sie die Entstehung und Merkmale dieser Strahlungsart.

3 Elektromagnetische Strahlung mit einer Wellenlänge von weniger als 5 pm wird Gammastrahlung genannt. Berechnen Sie die Spannung, mit der Elektronen beschleunigt werden müssen, damit beim Abbremsen Gammastrahlung entstehen kann.

Röntgenspektroskopie

1 Die in der Tabelle ▸ **2** angegebenen Messwerte wurden bei der Bragg-Reflexion von Röntgenstrahlung an einem Kristall mit Netzebenenabstand $d = 201$ pm gewonnen. Dabei sind U_B die Spannung der Röntgenröhre und ϑ der Glanzwinkel.

U_B in kV	14	16	18	20	22	23
$\vartheta = 8°$				0,5	2,7	3,2
$\vartheta = 10°$			1,0	3,8	6,0	6,8
$\vartheta = 12°$		1,4	3,7	5,5	7,1	7,8
$\vartheta = 13°$		2,6	4,5	5,8	6,8	7,9
$\vartheta = 14°$	1,2	2,8	3,9	5,0	6,2	6,6
$\vartheta = 15°$	1,5	2,6	3,9	4,6	5,3	5,8

2 Intensität *I* in Skalenteilen

a ☐ Skizzieren Sie den Versuchsaufbau und beschreiben Sie den Messvorgang.

b ☐ Stellen Sie die Messergebnisse grafisch dar (U_B auf der horizontalen Achse).

c ◪ Bestimmen Sie durch Verlängern der Graphen deren Schnittpunkte mit der Rechtsachse und tabellieren Sie die Ergebnisse.

d ◪ Begründen Sie die Aussage, nach der aus diesen Schnittpunkten die Grenzwellenlängen der jeweiligen Beschleunigungsspannungen zu erhalten sind.

e ◪ Erstellen Sie ein $U(f)$-Diagramm mit den Werten aus c. Begründen Sie den Verlauf des Graphen. Bestimmen Sie h.

2 Mit Röntgenstrahlung kann man Knochenaufnahmen machen. Die Photonen der Röntgenstrahlung sind so energiereich, dass sie weiches Gewebe durchdringen. Von Knochen aber werden sie absorbiert. Wegen der großen Energie kann Röntgenstrahlung Gewebe aber auch schädigen.

a ☐ Vergleichen Sie die Energie eines Photons aus einer Röntgenröhre mit einer Beschleunigungsspannung U_B von 10 kV mit der Energie eines Photons des sichtbaren Bereichs.

b ☐ Das typische Bremsspektrum einer Röntgenröhre weist eine Grenzwellenlänge auf. Erklären Sie.

c ☐ Berechnen Sie die Grenzwellenlängen für $U_B = 5$ kV und $U_B = 10$ kV.

d ◪ Skizzieren Sie in ▸ **3** die zugehörigen Bremsspektren.

3 Bremsspektren

1 Entstehung von Röntgenstrahlung

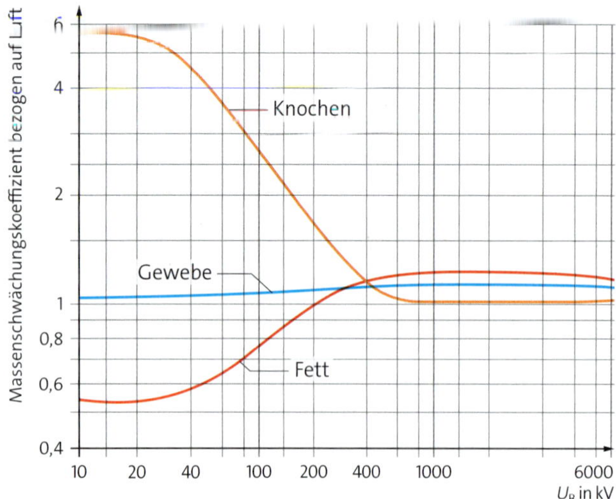

1 Abschwächungskoeffizient

Protonenzahl	59	60	61	62	63	64
49	In 108 58 min β^+ 5,16	In 109 4,2 h β^+ 2,02	In 110 4,9 h β^+ 3,88	In 111 2,8 d β^+ 0,865	In 112 15 min β^+ 2,59 β^- 0,664	In 113
48	Cd 107 6,5 h β^+ 1,42	Cd 108	Cd 109 462,6 d β^+ 2,14	Cd 110	Cd 111	Cd 112
47	Ag 106 24 min β^+ 2,97	Ag 107	Ag 108 147 s β^- 1,65	Ag 109	Ag 110 24,6 s β^- 2,89	Ag 111 7,45 d β^- 1,037
46	Pd 105	Pd 106	Pd 107 $6{,}5 \cdot 10^6$ a β^- 0,033	Pd 108	Pd 109 13,7 h β^- 1,116	Pd 110

Neutronenzahl

3 Ausschnitt Nuklidkarte

3 ◪ Mit Röntgenstrahlung lassen sich Bilder vom Körperinneren aufnehmen, weil Knochen und Gewebe Röntgenstrahlung unterschiedlich gut hindurchlassen (▸ **1**). Wie stark Fett, Knochen und Muskeln Röntgenstrahlung absorbieren, hängt von der Strahlungsenergie ab.

a „Harte" (energiereiche) Röntgenstrahlung ermöglicht kurze Belichtungszeiten. Betrachten Sie die Abbildung und begründen Sie, wie hart die Strahlung gewählt werden sollte, wenn Knochen bzw. Organe untersucht werden sollen.

b Der Darm lässt sich von dem Gewebe, das ihn umgibt, kaum unterscheiden. Deshalb spritzt man dem Patienten ein Kontrastmittel. Welche Eigenschaften muss das Kontrastmittel haben?

Kernzerfälle

1 Wenn man eine Silberfolie mit langsamen Neutronen bestrahlt, entstehen die Nuklide $^{108}_{47}$Ag und $^{110}_{47}$Ag in der Silberfolie. Die daraufhin von den radioaktiven Isotopen ausgesandte Strahlung wird mithilfe eines Geiger-Müller-Zählrohrs gemessen. Die Zählrate $Z(t)$, bei der die Nullrate schon berücksichtigt ist und die direkt nach Beendigung der Bestrahlung aufgenommen wurde, ist in ▸ **2** zu finden, einmal die durchschnittliche Zählrate in den ersten 30 s der Messreihe und einmal die Daten für die Zeitspanne von 300 s bis 480 s.

t in s	0	5	10	15	20	25	30
Z(t) in $\frac{1}{s}$	104	92	81	71	62	56	49

t in s	300	330	360	390	420	450	480
Z(t) in $\frac{1}{s}$	2,07	1,8	1,54	1,35	1,16	1,00	0,85

2 Messwerte

a ☐ Erläutern Sie mithilfe des Ausschnitts aus der Nuklidkarte (▸ **3**) die Entstehung der beiden Isotope.

b ◪ Begründen Sie, dass in den ersten 30 Sekunden größtenteils die Strahlung, die vom Silber-Isotop $^{110}_{47}$Ag ausgeht, eine Rolle spielt und im Zeitraum zwischen 300 und 480 Sekunden die Strahlung, die von $^{108}_{47}$Ag ausgeht.

c ◪ Ermitteln Sie für die Daten in der Tabelle jeweils den funktionalen Zusammenhang $Z(t)$ sowie die Halbwertszeiten der beiden Isotope.

d Interpretieren Sie das Ergebnis.

2 ◪ Die Uran-Radium-Reihe endet bei dem stabilen Nuklid $^{206}_{82}$Pb, das gleich zwei Vorgängernuklide hat: einen α-Strahler und einen β-Strahler. Geben Sie die beiden Vorgängernuklide in der Zerfallsreihe an. Geben Sie eine Vermutung über die Halbwertszeiten der Ausgangsnuklide der Zerfallsreihen an. Begründen Sie Ihre Vermutung (eine Nuklidkarte finden Sie auf S. 216 im Anhang).

Nukleonen im Potenzialtopfmodell

1 ◪ Bor-Atome sind mit den Massenzahlen 6 bis 21 bekannt. Ermitteln Sie die Massendefekte für die Massenzahlen 6 bis 12 anhand der Werte in der Tabelle ▸ **4** und erläutern Sie damit die Stabilität der Isotope ^{10}B und ^{11}B.

2 ◪ Zeichnen Sie das Energieniveauschema der Fermi-Energien, tragen Sie die Nukleonen von ^{12}B ein und erklären Sie damit die natürlich ablaufende Kernreaktion (entsprechend der Nuklidkarte im Anhang).

3 ■ Tragen Sie in Ihr Schema aus Teilausgabe ▸ **b** die Nukleonen von ^{8}B mit einer neuen Farbe ein und erklären Sie damit die natürlich ablaufende Zerfallskette. Einen Ausschnitt der Nuklidkarte finden Sie im Anhang.

Nuklid	Z	N	Kernmasse in u
^{6}B	5	1	6,0480571
^{7}B	5	2	7,0269691
^{8}B	5	3	8,0218644
^{9}B	5	4	9,0105867
^{10}B	5	5	10,0101941
^{11}B	5	6	11,0065621
^{12}B	5	7	12,0116097

4 Kernmassen

Ionisierende Strahlung

1 □ Skizzen Sie in ▶ **5** den Aufbau eines Geiger-Müller-Zählrohrs und erklären Sie das Funktionsprinzip.

2 ◪ Begründen Sie geometrisch die Aussage: Bei zweifacher Entfernung beträgt die Zählrate ein Viertel ihres ursprünglichen Wertes.

3 ◪ Mischstrahler senden gleichzeitig α-, β- und γ-Strahlung aus. Die Abbildung zeigt die Wege der Strahlung eines Mischstrahlers im elektrischen Feld. Ordnen Sie den Strahlungsarten den zugehörigen Weg zu. Begründen Sie Ihre Entscheidung.

4 ■ Das Durchdringungsvermögen der Strahlung eines Knopfstrahlers wird untersucht. Die Nullrate beträgt 50 Impulse pro Minute (▶ **6**). Für den ersten Tabellenwert (d = 0 mm) und die weiteren Werte wird die Zählrate $Z(t)$ mit einem Blatt Papier direkt vor dem Zählrohr ermittelt. Dann werden fortlaufend Aluminiumplatten (Dicke 0,5 mm) eingesetzt und jeweils die Zählrate bestimmt.

***d* in mm**	0	0,5	1,0	1,5	2,0
***Z* in $\frac{1}{mm}$**	949	515	255	169	110

6 Messwerte Durchdringungsvermögen

a Stellen Sie die Werte der Tabelle in ▶ **7** grafisch dar. Entscheiden Sie begründet, ob die Nullrate berücksichtigt werden muss. Erläutern Sie, warum ein Blatt Papier vor dem Zählrohr positioniert wird.
b Ermitteln Sie aus dem Diagramm und auch mit dem Regressionsmodul des Taschenrechners die Halbwertsdicke.
c Erläutern Sie anhand der Nuklidkarte, warum der Knopfstrahler, der U-238 enthält, als β-Strahler angesehen werden kann.
d Inwiefern ist es für die Auswertung wichtig, dass man ausschließen kann, dass der Knopfstrahler γ-Strahlung emittiert?

5 Aufbau Geiger-Müller-Zählrohr

Folgende Aufgaben habe ich bereits gelöst:

Entstehung von Röntgenstrahlung
1 ○ 2 ○ 3 ○

Röntgenspektroskopie
1 ○ 2 ○ 3 ○

Kernzerfälle
1 ○ 2 ○

Nukleonen im Potentialtopfmodell
1 ○ 2 ○ 3 ○

Ionisierende Strahlung
1 ○ 2 ○ 3 ○ 4 ○

7 Durchdringsungsvermögen

9 Relativität

Einstufungstest

Karteikarten

Ich kann:

- die Postulate der Relativitätstheorie nennen und ihre Bedeutung erläutern. 
- Phänomene aus der Perspektive verschiedener Bezugssysteme analysieren und in Minkowski-Diagrammen darstellen.  
- die Phänomene Zeitdilatation und Längenkontraktion am Gedankenexperiment der Lichtuhr herleiten und erklären. 
- den Zusammenhang von relativistischer Masse, Impuls und Geschwindigkeit erklären. 
- die Energie-Masse-Äquivalenz und deren Bedeutung für physikalische Prozesse erklären.  
- die gravitative Rotverschiebung mit der allgemeinen Relativitätstheorie erklären.  

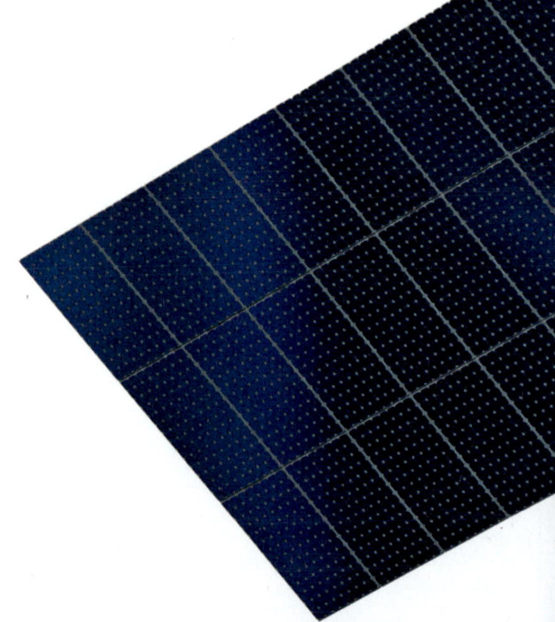

9 Relativität

EXPERIMENT Michelson-Morley-Experiment

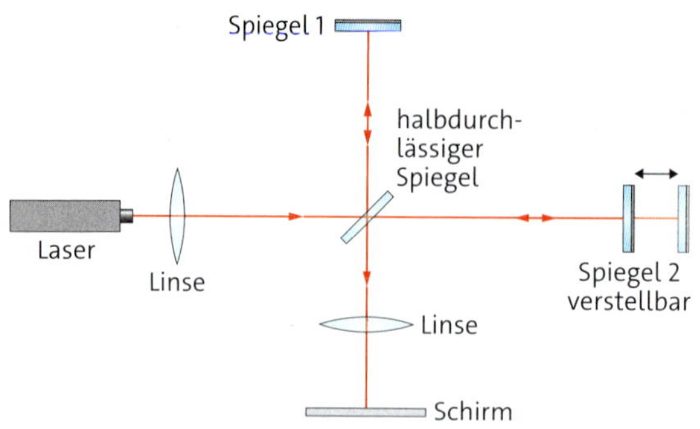

1 Michelson-Morley Experiment

Ziel: Überprüfung, ob es einen Äther gibt.

Zur Zeit von Maxwell ging man davon aus, dass sich elektromagnetische Strahlung wie z. B. Licht über ein Medium ausbreitet; so ähnlich wie sich Schall über die Luft ausbreitet. Dieses Medium wurde als Äther bezeichnet. In seiner Theorie über elektrische und magnetische Felder ging Maxwell 1865 davon aus, dass diese Felder den Äther in Schwingungen versetzen und folgerte daraus elektromagnetische Wellen. Michelson und Morley wollten dann den Äther experimentell nachweisen.

Äther

Durchführung: Gäbe es einen Äther, würde sich die Erde mit einer Geschwindigkeit v durch diesen hindurch bewegen. Es sollten die Lichtlaufzeiten $t_{||}$ parallel und $t_{\perp}$ senkrecht zum Ätherwind mit einem Michelson-Interferometer gemessen werden (▶ 1). Beide Laufzeiten ergeben sich zu (s. Box zur Lichtuhr):

$$t_{\perp} = \frac{2L}{c} \cdot \frac{1}{\sqrt{1-\frac{v^2}{c^2}}} \quad \text{und} \quad t_{||} = \frac{2L}{c} \cdot \frac{1}{1-\frac{v^2}{c^2}}$$

Bei der Geschwindigkeit v sollte das Drehen des verwendeten Interferometers mit Länge $L = 11$ m zu einer Änderung von 0,4 Interferenzstreifen führen.

Ergebnis: Es wurde erwartet, dass durch den Äther $t_{\perp}$ und $t_{||}$ verschieden sind. Tatsächlich wurden aber nur 0,05 Streifen Differenz beobachtet, also $t_{\perp} \approx t_{||}$. Die Gleichheit $t_{\perp} \approx t_{||}$ wurde zunächst durch die Kontraktion der Länge gedeutet. Eine umfassende Deutung der unerwarteten Gleichheit lieferten aber erst die Postulate im folgenden Kasten sowie die daraus resultierenden Phänomene der Zeitdilatation und Äquivalenz von Masse und Energie.

Licht und andere elektromagnetische Wellen bewegen sich ohne Träger. Es gibt also keinen Äther.

Postulate der speziellen Relativitätstheorie

Albert Einstein formulierte basierend auf seinen Überlegungen drei Postulate der Relativitätstheorie, also Annahmen, die als Voraussetzung für weitere Überlegungen gelten.

1. In jedem Inertialsystem breitet sich Licht im Vakuum mit der **gleichen Lichtgeschwindigkeit** aus:

$$c = \text{konst.} = 299\,792\,458\,\frac{\text{m}}{\text{s}} \approx 300\,000\,\frac{\text{km}}{\text{s}}$$

2. Da man keine absolute Geschwindigkeit messen kann, sind verschiedene Inertialsysteme physikalisch gleichwertig. Wir nennen nur ein solches Naturgesetz grundlegend, das in jedem Inertialsystem gilt.

Grundlegende Naturgesetze gelten in jedem Inertialsystem in gleicher Form.

3. Wichtige Werkzeuge der Relativitätstheorie sind Bezugssysteme, Minkowski-Diagramme und grundlegende Naturgesetze.

Weitere weniger grundlegende Naturgesetze kann man mit Transformationsregeln ineinander überführen.

Die Postulate der Relativitätstheorie sind die Grundlage für alle weiteren Überlegungen und spielen bei relativistischen Phänomenen eine Rolle, also wenn man die Physik der hohen Geschwindigkeiten analysiert. Die Richtigkeit der Postulate bestätigt sich durch viele experimentelle Nachweise. So legt bereits das Michelson-Morley-Experiment den Grundstein für die Begründung des ersten Postulats zur Konstanz der Lichtgeschwindigkeit.

Bezugssysteme

Bezugssystem, Inertialsystem, Eigensystem, Außensystem

Niemand kann seine absolute Geschwindigkeit messen. Daher verwendet man bewegte Koordinatensysteme. Sie heißen **Bezugssysteme**. Mit einem Beschleunigungssensor kann man aber messen, ob man sich beschleunigt bewegt, zumindest in horizontale Richtung.
In der speziellen Relativitätstheorie betrachtet man unbeschleunigte Bezugssysteme, sie heißen **Inertialsysteme**. Wenn sich ein Gegenstand relativ zu einem außenstehenden Beobachter bewegt, dann nennt man das Bezugssystem des Gegenstands **Eigensystem** und das des Beobachters **Außensystem**.

Beispiel • Im Eigensystem ist stets $v = 0$. Wenn eine Rakete mit halber Lichtgeschwindigkeit relativ zu einem außenstehenden Beobachter fliegt, dann ist im Außensystem $v = \frac{c}{2}$.

Relativität der Gleichzeitigkeit im Minkowski-Diagramm

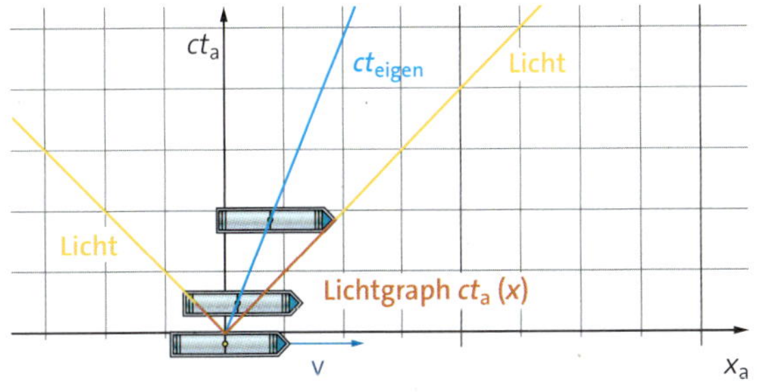

2 Minkowski-Diagramm, Rakete mit $v = \frac{c}{2}$

Eine Rakete mit Länge L fliegt mit halber Lichtgeschwindigkeit relativ zu einem außenstehenden Beobachter. In der Mitte der Rakete wird zum Zeitpunkt null ein Lichtblitz ausgesendet. Ein solches **Ereignis** ist durch einen Ort und einen Zeitpunkt bestimmt. Die Bewegung eines Gegenstands und dabei auftretende Ereignisse lassen sich übersichtlich in einem **Minkowski-Diagramm** darstellen (► 2): Die Ortsachse x_a des Außensystems zeigt nach rechts, die Zeit t_a im Außensystem wird mit der Lichtgeschwindigkeit c multipliziert und an der vertikalen Achse aufgetragen. Jeder $ct(x)$-Graph des Lichts hat die Steigung 1 oder −1. Denn Licht bewegt sich mit der Geschwindigkeit c.

Der $ct(x)$-Graph des Gegenstands hat eine größere Steigung, da für alle Objekte mit Masse $v < c$ ist. Wir analysieren das Beispiel der Rakete:

Außensystem • Im Außensystem bewegt sich die Rakete und die Ereignisse des Lichtblitzes werden in ► 2 durch die roten Pfeilspitzen dargestellt. Diese Ereignisse finden im Außensystem zu unterschiedlichen Zeiten statt, also **nicht gleichzeitig**.

Eigensystem • Im Eigensystem der Rakete ist die Rakete in Ruhe. Daher kommt der Lichtblitz zum Zeitpunkt $t_e = \frac{L}{2c}$ **gleichzeitig** am Bug und am Heck an. Zwei Ereignisse, die in einem Inertialsystem gleichzeitig auftreten, sind in einem relativ dazu bewegten Inertialsystem nicht gleichzeitig.

> Gleichzeitigkeit ist relativ, hängt also vom Bezugssystem ab. Dagegen treten in allen Bezugssystemen die gleichen Ereignisse auf, nur bei unterschiedlichen Koordinaten.

Ereignis, Gleichzeitigkeit

Beispiel Sonneneruption

Auf einem Stern kommt es zu einer Eruption (► 3). Der dabei entstehende Lichtblitz wird von zwei Beobachtern auf benachbarten Planeten verfolgt. Da die Planeten sich in gleicher Entfernung zur Eruption befinden und das Licht konstante Geschwindigkeit hat, erfolgt das Ereignis für beide **synchron.**

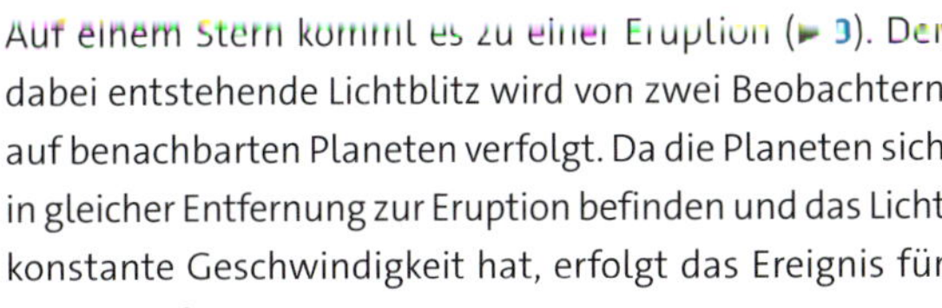

Ein Beobachter auf der Erde verfolgt das Ereignis anders. Für ihn bewegt sich der eine Planet auf das Ereignis zu, der andere davon weg. Demnach sieht der eine Planet den Lichtblitz aus Sicht der Erde früher als der andere. Für den Beobachter erfolgt der Empfang also nicht gleichzeitig.

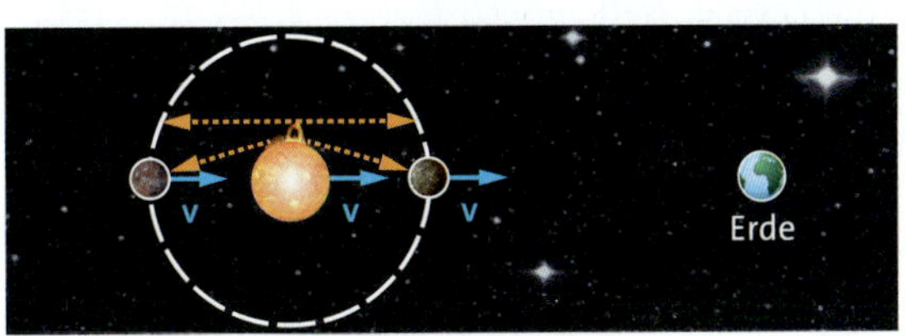

3 Sonneneruption aus zwei Perspektiven

synchron

Lichtuhr (senkrechter Strahlengang)

Bei einer Lichtuhr läuft das Licht in einem Zeitintervall Δt von der Uhr zum Spiegel und zurück. Im Eigensystem ist der Lichtweg $c \cdot \Delta t$. Im Außensystem a ist die Laufzeit Δt_a und der Lichtweg $c \cdot \Delta t_a$, wenn die Uhr einen Weg $v \cdot \Delta t_a$ zurücklegt.
Über das rechtwinklige Dreieck in ► 4 erhält man die Formel für die **Zeitdilatation**:

$$\Delta t = \Delta t_a \cdot \sqrt{1 - \frac{v^2}{c^2}} \quad \text{mit Lorentz-Faktor } \gamma = \frac{1}{\sqrt{1 - \frac{v^2}{c^2}}}$$

Das Zeitintervall zwischen zwei Ereignissen ist im Eigensystem am kleinsten und im Außensystem gedehnt, die Zeit vergeht **dilatiert**.
Das heißt, zwischen den zwei Ereignissen „Aussenden des Lichtstrahls" und „Empfangen des reflektierten Lichtstrahls" vergeht im Außensystem mehr Zeit als im Eigensystem. Daher schreitet zwischen diesen beiden Ereignissen der Zeiger einer Uhr im Außensystem weiter voran als der Zeiger einer Uhr im Eigensystem (► 4).

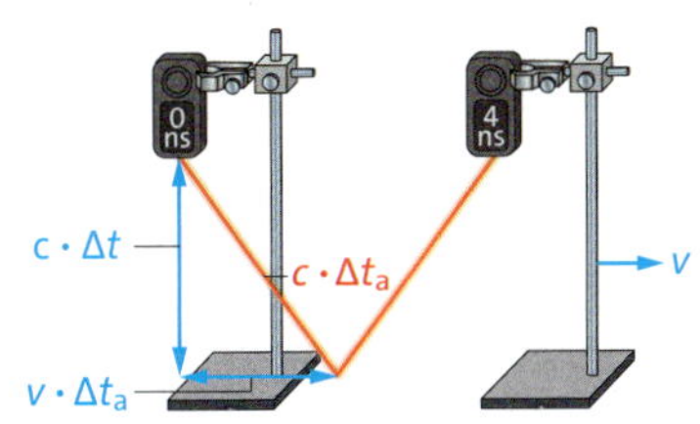

4 Lichtuhr mit einem Laser-Entfernungsmesser im Außensystem (A) und im Bezugssystem der Uhr (B).

> Bewegte Beobachter messen eine größere Zeit zwischen Ereignissen, die Zeit vergeht also langsamer: $\Delta t_a = \gamma \cdot \Delta t$.

Zeitdilatation

Längenkontraktion

Lichtuhr (Strahlengang in Bewegungsrichtung)

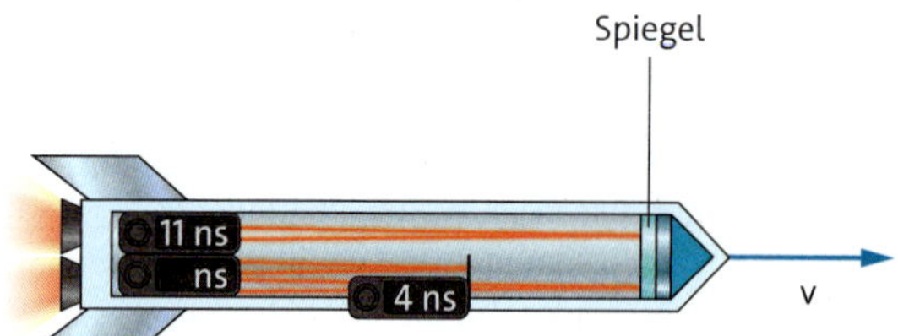

1 Rakete mit Laser-Entfernungsmesser und Spiegel

Eine Lichtuhr an Bord einer Rakete der Länge L mit Laser-Entfernungsmesser und Spiegel bewegt sich nach rechts (▶ 1). Im Eigensystem der Uhr und im Außensystem breitet sich Licht mit c aus. In einem Zeitintervall Δt läuft das Licht von der Uhr zum Spiegel und zurück.

Eigensystem • Die Laufzeit beträgt $\Delta t = \frac{2 \cdot L}{c}$.

Außensystem • Beim Hinweg bewegt sich das Licht mit c um die Strecke $c \cdot \Delta t_{a,hin}$ und das Heck mit v um die Strecke $v \cdot \Delta t_{a,hin}$. Der Vorsprung des Lichts vergrößert sich mit $c - v$ und erreicht die Länge L_a nach der Laufzeit $\Delta t_{a,hin} = \frac{L_a}{c - v}$. Beim Rückweg bewegt sich das Licht mit c nach links, das Heck bewegt sich dagegen mit v nach rechts, somit beträgt die Laufzeit $\Delta t_{a,zurück} = \frac{L_a}{c + v}$.
Mit der gesamten Laufzeit $\Delta t_a = \Delta t_{a,hin} + \Delta t_{a,zurück}$ ergibt sich durch Umformen und Beachtung der Zeitdilatation im Eigensystem die Länge im Außensystem:

$$L_a = \frac{\Delta t_a}{2} \cdot \frac{c^2 - v^2}{c} = \frac{\Delta t_a}{2} \cdot \frac{c}{\gamma^2} = \frac{\Delta t}{2} \cdot \frac{c}{\gamma} = \frac{L}{\gamma} = L \cdot \sqrt{1 - \frac{v^2}{c^2}}$$

Bewegte Beobachter messen in Bewegungsrichtung eine kontrahierte Laufzeitentfernung (Längenkontraktion) $L_a = \frac{L}{\gamma}$.

Beispiel Relativistische Myonen

Myonen sind Elementarteilchen, die mit der Halbwertszeit $\tau = 1{,}52\,\mu s$ zerfallen. Sie entstehen durch eintreffende kosmische Strahlung in der oberen Atmosphäre.
Auf dem Mount Washington mit der Höhe $H = 1917\,m$ beträgt die Zählrate $Z(H) = 563\frac{1}{h}$, auf Meereshöhe nur $Z_{Messung}(0\,m) = 412\frac{1}{h}$. Energiemessungen (siehe folgender Kasten) ergaben eine mittlere Geschwindigkeit $v = 0{,}99165\,c$. Der Lorentz-Faktor beträgt also $\gamma = 7{,}754$. Die Zählrate $Z(0\ m)$ kann vorhergesagt werden:

Außensystem Meer • Für die Flugdauer gilt stets das grundlegende Naturgesetz: $t_{F,a} = \frac{H}{v} = 6{,}444\,\mu s$.
Die Halbwertszeit im Außensystem ist die entsprechend der Zeitdilatation verlängerte Halbwertszeit des Myons: $\tau_a = \tau \cdot \gamma = 11{,}79\,\mu s$. Für die vorhergesagte Zählrate gilt stets das grundlegende Naturgesetz des radioaktiven Zerfalls:

$$Z_a(0\,m) = 563\frac{1}{h} \cdot 2^{-\frac{t_{F,a}}{\tau_a}} = 385\frac{1}{h}.$$

Das ist ungefähr die gemessene Zählrate $Z_{Messung}(0\,m)$.

Eigensystem des Myons • Für die Flugdauer im Eigensystem gilt: $t_{F,e} = \frac{t_{F,a}}{\gamma} = 0{,}831\,\mu s$. Für die Zählrate gilt wiederum das Gesetz des radioaktiven Zerfalls:

$$Z_e(0\,m) = 563\frac{1}{h} \cdot 2^{-\frac{t_{F,e}}{\tau}} = 385\frac{1}{h}.$$

Das gleiche Ergebnis erhält man, wenn das Meer aus Sicht des Myons betrachtet wird. Die drei Lösungswege ergeben die gleiche Zählrate $Z(0\,m)$. Diese vorhergesagte Zählrate ist 6,5 % kleiner als die gemessene. Das kann durch verschiedene Messungenauigkeiten erklärt werden.

Eigenmasse, relativistische Masse

Relativistische Masse und Impuls

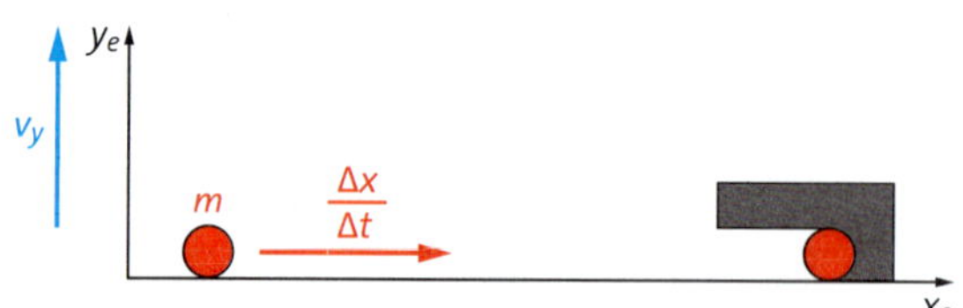

2 Puck auf einem bewegten Feld

Ein Hockeyfeld bewegt sich mit einer großen Geschwindigkeit v_y relativ zu einem Beobachter im Außensystem in y-Richtung (▶ 2). Ein Puck wird in x-Richtung geschossen, trifft auf einen Quader und dringt in diesen ein. Es wird der Impuls p_e im Eigensystem des Pucks anhand der Eindringtiefe Δx_e ermittelt.
Da sich das Feld nur in y-Richtung bewegt, werden im Eigensystem des Feldes und im Außensystem gleiche x-Koordinaten und gleiche Impulse gemessen: $x_e = x_a$ und $\Delta x_e = \Delta x_a$ sowie $p_e = p_a$. Für den Impuls gilt stets das grundlegende Naturgesetz: $p = m \cdot v = m \cdot \frac{\Delta x}{\Delta t}$.

Beim Feld sind Strecke und Impuls in beiden Systemen gleich, für die Dauern gilt $\frac{\Delta t_a}{\Delta t_e} = \gamma(v_y) = \frac{1}{\sqrt{1 - v_y^2/c^2}}$. Auf diese Weise werden somit unterschiedliche Massen ermittelt: $m_a \neq m_e$.
Die Relation zwischen den Massen folgt aus der Zeitdilatation: $p_a = m_a \cdot \frac{\Delta x}{\Delta t_a} = m_e \cdot \frac{\Delta x}{\Delta t_e} = p_e$. Auflösen und Einsetzen der Zeitdilatation ergibt: $m_a = m_e \cdot \gamma\,(v_y)$

Man nennt die Masse im Eigensystem auch **Eigenmasse** $m_0 = m_e$ und die Masse im Außensystem auch **relativistische Masse** $m_r = m_a$.
Ebenso nennt man den Impuls im Eigensystem auch **Eigenimpuls** $p_0 = p_e$ und den Impuls im Außensystem auch **relativistischen Impuls** $p_r = p_a$.

Durch eine Geschwindigkeit v erhöht sich die Eigenmasse um den Lorentz-Faktor und es gilt $m_r = m_0 \cdot \gamma(v)$.

Äquivalenz von Masse und Energie

Wenn eine Masse m_0 beschleunigt wird, dann nehmen die kinetische Energie E_{kin} und die Masse m_r zu:

$$E_{\text{kin}} = \frac{1}{2} m_0 v^2 \quad \text{und} \quad m_r = m_0 \cdot \gamma = m_0 \cdot \frac{1}{\sqrt{\left(1 - \frac{v^2}{c^2}\right)}}$$

Wir betrachten zwei Fälle, um eine Formel für die Gesamtenergie aufzustellen:

Kleine Geschwindigkeiten • Wenn v viel kleiner ist als c, dann ist $\frac{v^2}{c^2} = q$ klein. Dann kann man die Funktion $m_r\left(\frac{v}{c}\right)$ durch eine Tangente darstellen:

$$m_r\left(\frac{v}{c}\right) = m_r\left(\frac{v}{c} = 0\right) + \frac{d m_r}{dq} \cdot \left(\frac{v}{c} = 0\right) \cdot q$$

Daraus ergibt sich die kinetische Energie:

$$E_{\text{kin}} = m_r c^2 - m_0 c^2$$

Große Geschwindigkeiten • Wenn $\frac{v}{c}$ groß ist, kann man durch Ableiten der vorigen Gleichung den Zusammenhang $\frac{dE_{\text{kin}}}{dm_r} = c^2$ aufstellen, umstellen und integrieren:

$$\int_{E_0}^{E_a} d E_{\text{kin}} = c^2 \cdot \int_{m_0}^{m_a} d m_r$$

Daraus folgt wieder die Gleichung $m_a c^2 - m_0 c^2 = E_a - E_0$.

Mit $E_0 = m_0 c^2$ ergibt sich die **Äquivalenz von Masse und Energie**: $E_a = m_a \cdot c^2$.

Beispiel Allgemeine Relativitätstheorie (ART)

Rechnung nicht relevant für das Abitur

Ein Phänomen, das durch die Gravitation zu Stande kommt und erst mit der ART erklärt werden kann, ist die gravitative Rotverschiebung von Strahlung. Dabei erscheint sich von der Erde entfernendes Licht röter (▶ 3). Dieses Phänomen betrachten wir genauer.

Herleitung • Wir betrachten einen Ball mit einer Masse m_0, der von einem riesigen Turm herunterfällt. Der Turm Ist so hoch, dass oben die Beschleunigung sehr gering ist. Aufgrund der Geschwindigkeit v wird die Ruheenergie $m_0 c^2$ beim Fallenlassen und den Lorentz-Faktor $\gamma(v)$ vergrößert. Gemäß der Energieerhaltung ist $\gamma(v)$ durch einen Positionsfaktor $\varepsilon(r)$ kompensiert und der Ball hat die Energie $E(r,v) = m_0 c^2 \cdot \gamma(v) \cdot \varepsilon(r)$.

Wenn der Ball ein kleines Stück fällt (kleines Δr), dann nimmt die Geschwindigkeit um einen kleinen Betrag Δv zu. Dabei vergrößert sich die Energie um die Ableitung von E bezüglich v multipliziert mit Δv, also:

$$\Delta E(r,v) = m_0 c^2 \cdot \gamma(v)' \cdot \varepsilon(r) \cdot \Delta v.$$

Denn für kleine Δv geht $\frac{\Delta E}{\Delta v}$ in die Ableitung $\frac{dE}{dv}$ über. Ebenso verringert sich E um die Ableitung von E bezüglich r multipliziert mit Δr, also:

$$\Delta E(r,v) = m_0 c^2 \cdot \gamma(v) \cdot \varepsilon(r)' \cdot \Delta r$$

Wegen der Energieerhaltung muss aber auch $\Delta E(r,v) = 0$ gelten. Insgesamt beträgt die Energieänderung dann:

$$\Delta E(r,v) = m_0 c^2 \cdot \gamma(v)' \cdot \varepsilon(r) \cdot \Delta v + m_0 c^2 \cdot \gamma(v) \cdot \varepsilon(r)' \cdot \Delta r = 0$$

Teilen durch $m_0 c^2 \Delta t$ ergibt mit $\frac{\Delta v}{\Delta t} = a$ und $\frac{\Delta r}{\Delta t} = v$:

$$\gamma(v)' \cdot \varepsilon(r) \cdot a + \gamma(v) \cdot \varepsilon(r)' \cdot v = 0.$$

Die Ableitung $\gamma(v)' = \frac{\gamma^3 v}{c^2}$ führt zu $\varepsilon(r)' = \frac{-1}{\varepsilon} \frac{a}{c^2} = \frac{-1}{\varepsilon} \frac{GM}{c^2} \frac{1}{r^2}$ mit dem **Schwarzschild-Radius** $R_S = \frac{2GM}{c^2}$. Eine Lösung ist:

$$\varepsilon(r) = \sqrt{1 - \frac{R_S}{r}}$$

Rotverschiebung bei Licht • Analog analysieren wir ein fallendes Photon mit einer Frequenz $f = 1/T(r)$ und

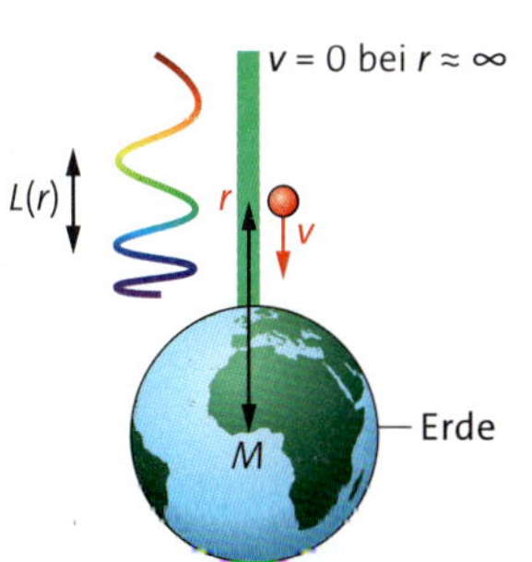

3 Rotverschiebung durch Gravitation

Periodendauer $T(r)$. Wir analysieren, wie sich die Energie mit der Entfernung r zur Erde ändert, deshalb schreibt man $T(r)$. Die Energie E des Photons ist gleich der Quantenenergie $h \cdot f = \frac{h}{T(r)}$ multipliziert mit dem Positionsfaktor:

$$E = \frac{h}{T(r)} \cdot \varepsilon(r) = \frac{h}{T(r \approx \infty)} \cdot \varepsilon(r \approx \infty) = \frac{h}{T(r \approx \infty)}$$

Auflösen nach $T(r)$ ergibt das Gesetz der **gravitativen Zeitdilatation**:

$$T(r) = T(r \approx \infty) \cdot \varepsilon(r)$$

Die Periodendauer von Photonen wird in Atomuhren als Zeitmaßstab verwendet. Demnach läuft die Zeit in Erdnähe langsamer als weiter oben. Mit $\lambda = \frac{c}{f} = c \cdot T$ gilt daher das Gesetz der **gravitativen Rotverschiebung**:

$$\lambda(r) = \lambda(r \approx \infty) \cdot \varepsilon(r)$$

Aufsteigendes Licht wird mit der Entfernung zur Erde langwelliger und erscheint dadurch rötlicher.

Ein Beobachter bei $r \approx \infty$ misst eine Länge $L(r)$ und er bemerkt eine **gravitative Raumdehnung in radiale Richtung**: $L(r) = \frac{L(r \approx \infty)}{\varepsilon(r)}$

Albert Einstein hat 1915 die allgemeine Relativitätstheorie in Form einer Differentialgleichung vorgeschlagen. Schwarzschild hat diese für die Umgebung einer Masse M gelöst und dabei die obigen Gesetze der gravitativen Zeitdilatation und Längendehnung entdeckt.

gravitative Rotverschiebung, Schwarzschild-Radius

Relativität

Spezielle und allgemeine Relativitätstheorie beschreiben die Physik großer Geschwindigkeiten und den Zusammenhang von Energie und Masse. Hier kannst du deine Kenntnisse und deine Kompetenzen zu deisem Thema testen.

Postulate der Relativitätstheorie

1 ▢ Erläutern Sie die Begriffe Bezugssystem, Inertialsystem, Eigensystem und Außensystem an einem Beispiel.

2 ▢ Erläutern Sie, was man unter Gleichzeitigkeit und Relativität der Gleichzeitigkeit versteht.

3 ▢ Formulieren Sie die Postulate der Relativitätstheorie

4 ◪ Geben Sie jeweils ein Beispiel **für die Plausibilität der** Postulate.

Minkowski-Diagramme

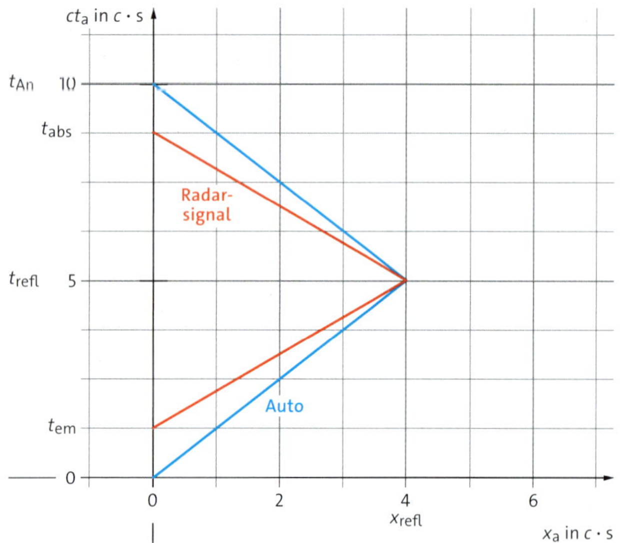

1 Minkowski-Diagramm zur Radarpistole

1 Im Minkowski-Diagramm zeichnet man die Achsen des Außensystems orthogonal zueinander. Dabei gibt die Zeitachse die Zeit t_a im Außensystem, also im System eines ruhenden Beobachters, an. Die Ortsachse gibt die Koordinate x_a zur Zeit $t_a = 0$ im Außensystem an.
Die Koordinaten (x_a, $c \cdot t_a$) eines Objektes stellen ein Ereignis dar, der Verlauf im Minkowski-Diagramm seine Weltlinie.
Im in ▶ **1** abgebildeten Minkowski-Diagramm ist der Prozess einer Geschwindigkeitsmessung dargestellt. Mit einer Radarpistole wird ein Radarsignal emittiert, an einem Auto reflektiert und wieder absorbiert.
a ▢ Erläutern Sie die Merkmale dieses Prozesses anhand des Minkowski-Diagramms in ▶ **1**.
b ▢ Geben Sie begründet den Winkel an, den die Weltlinie des Lichts im Minkowski-Diagramm mit der Zeitachse einschließt. Erläutern Sie dies am Beispiel.
c ◪ Die Weltlinie eines Objekts schließt mit der Hochachse einen Winkel α ein. Begründen Sie, dass die Geschwindigkeit des Objekts gleich arctan(α) ist. Untersuchen Sie dies am Beispiel.

2 Die Zwillingsschwestern Nele und Deike machen ein Experiment. Nele reist mit hoher Geschwindigkeit 3 Jahre lang von der Erde weg, kehrt um und reist in weiteren 3 Jahren wieder zurück. In Neles Eigensystem vergeht dabei die Eigenzeit $\Delta t = 6$ a. Für Deike, die auf der Erde verbleibt, vergeht aber insgesamt die Zeit $\Delta t_a = 10$ a, also zehn Jahre.
a ▢ Berechnen Sie die Geschwindigkeit, mit der Nele reist.
b ◪ Berechnen Sie die Strecke in der Einheit $c \cdot$ a (Lichtgeschwindigkeit multipliziert mit der Einheit „Jahr"), die Nele bis zu ihrem Umkehren gereist ist.
Zum Zeitpunkt 1a sendet Deike ein Lichtsignal aus, das Nele erreicht in ihrem Umkehrpunkt erreicht, reflektiert wird und Deike wieder erreicht. Für Deike vergehen dabei 8 Jahre, sie erhält das reflektierte Signal also zum Zeitpunkt 9a.
c ■ Zeichnen Sie in ▶ **2** das Minkowski-Diagramm für Deike, Nele und das Lichtsignal. Tragen Sie den Ort x_a in $c \cdot a$ auf der

2 Minkowski-Diagramm zu Neles Zeitreise

x-Achse und die mit c multiplizierte Zeit $c \cdot t_a$ auf der y-Achse auf.

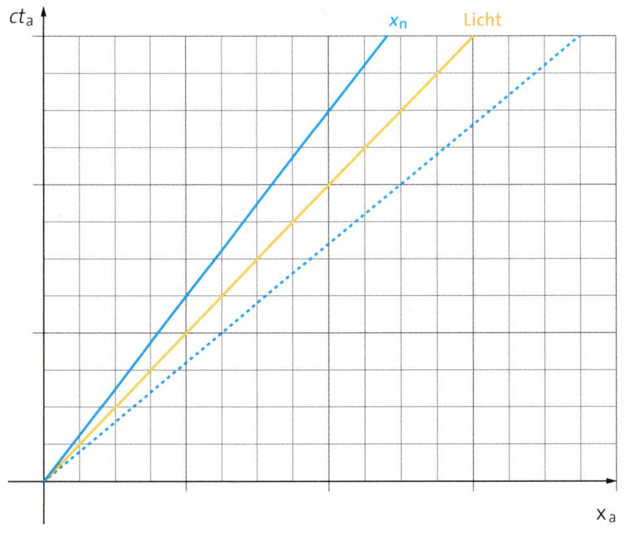

3 Minkowski-Diagramm

3 Die Weltlinie eines Körpers, der sich mit einer Geschwindigkeit v im Außensystem bewegt, ist zugleich die Zeitachse des Körpers.

a ▢ Erläutern Sie dies mithilfe von ▶ **3**.

b ■ Beim Wechsel des Bezugssystems in einem Minkowski-Diagramm ändern sich auch die Einheiten: Um die Einheit e_0 auf der Weltlinie im Eigensystem des Körpers zu ermitteln, gehen wir von der Einheit 1 bei der Zeitkoordinate t_a und der Ortskoordinate x_a im Außensystem des Beobachters in ▶ **3** aus. Die Zeit des Körpers im Punkt A ist somit gleich dem Produkt aus Koordinate und Einheit: $t_0 \cdot e_0$. Erläutern Sie dies mithilfe von ▶ **3**.

c ◪ Wir stellen diese Zeit mithilfe des Satzes von Pythagoras dar: $(ct_0 \cdot e_0)^2 = (ct_a)^2 + x_a^2$
Begründen Sie dies mithilfe von ▶ **3**.

d ▢ Begründen Sie, dass gilt: $x_a = v \cdot t_a$

e ■ Leiten Sie folgende Gleichung für die Einheit e_0 her:

$$e_0^2 = \left(1 + \frac{v^2}{c^2}\right) \cdot \gamma^2$$

Zeitdilatation und Längenkontraktion

1 a ▢ Erklären Sie, was man unter Zeitdilatation und Längenkontraktion versteht.

b ▢ Skizzieren Sie in ▶ **4** jeweils einen Versuch, um diese Effekte nachzuweisen.

c ◪ Leiten Sie aus Ihren Überlegungen die Formeln für die Berechnung von Zeitdilatation und Längenkontraktion her.

2 Myonen sind elektrisch geladene Teilchen, ihre Halbwertszeit ist 1,52 µs.

a ▢ In einem Beschleuniger wurden Myonen auf eine Endgeschwindigkeit v beschleunigt. In diesem Zustand wurde eine Halbwertszeit von 48,1 µs gemessen. Erklären Sie das Messergebnis.

b ▢ Ermitteln Sie die Geschwindigkeit v der Myonen im Beschleuniger.

3 Die auf die Atmosphäre treffende kosmische Strahlung erzeugt in einer Höhe von 10 km ständig Myonen.

a ▢ Ermitteln Sie die Strecke, die diese während ihrer Halbwertszeit maximal in Richtung Erdoberfläche fliegen können.

b ◪ Erörtern Sie, warum man aufgrund dieser Halbwertszeit am Erdboden eintreffende Myonen erwarten kann.

c ▢ Tatsächlich erzeugen die kosmischen Strahlen Myonen mit hoher kinetischer Energie. Realistisch ist eine Geschwindigkeit von 0,9996 c. Ermitteln Sie Halbwertszeit und durchflogene Strecke der Myonen.

d ◪ In der Tat werden am Erdboden zahlreiche Myonen gemessen. Erläutern Sie, wie diese Teilchen den Erdboden erreichen.

Relativistische Masse und Energie

1 In einem Linearbeschleuniger zur Strahlentherapie wird ein Elektron mit einer Spannung von U = 5 MeV beschleunigt.

a ▢ Ermitteln Sie die relativistische Masse, den relativistischen Impuls, die Gesamtenergie und die kinetische Energie des Elektrons.

b ◪ Berechnen Sie die entsprechenden Größen für ein Proton, das mit dieser Spannung beschleunigt wird.

4 Skizze zu Zeitdilatation und Längenkontraktion

c ◪ Ermitteln Sie eine Spannung, durch die ein Proton auf 90 % der Lichtgeschwindigkeit beschleunigt wird.

2 Bereits 1909 beschleunigte Bucherer Elektronen mithilfe einer Spannung und stellte mittels eines Geschwindigkeitsfilters die Geschwindigkeit v fest. Danach ermittelte er mithilfe eines Magnetfeldes die Masse m der Elektronen.

$\frac{v}{c}$	0,3787	0,4281	0,5154	0,6780
m in 10^{-30} kg	0,9835	1,0080	1,0630	1,2380

1 Geschwindigkeit und Masse

a ▢ Erstellen Sie eine Versuchsskizze.
b ◪ Ermitteln Sie für die Messwerte in Tabelle ► **1** den Lorentz-Faktor γ und erstellen Sie in ► **2** das $E(\gamma)$-Diagramm.
c ◪ Erläutern Sie, welchen Zusammenhang Sie für $E(\gamma)$ gemäß der Relativitätstheorie erwarten. Führen Sie eine entsprechende Regression durch.
d ◪ Deuten Sie die beiden Parameter der linearen Regression physikalisch.
e ■ Erörtern Sie die Qualität der Regression und beurteilen Sie damit die Qualität der Beschreibung bewegter Massen durch die Relativitätstheorie.

3 In einem Versuch werden Elektronen mit einer Energie E auf eine Elektrode geschossen, sodass Gammastrahlen entstehen, die auf Deuterium treffen. Mit einem Detektor werden die dabei freigesetzten Neutronen aufgezeichnet (► **3**).
a ◪ Deuten Sie den Versuch durch eine Reaktion. Geben Sie auch die Reaktionsgleichung an.
b ▢ Stellen Sie eine Energiebilanz auf.
c Setzen Sie die Energien von Deuterium, Proton und Gammaquant ein und ermitteln Sie die Masse des Neutrons.

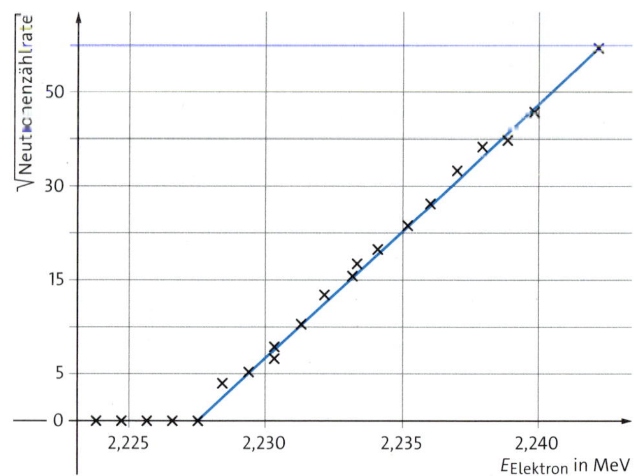

3 Messwerte Massenbestimmung des Neutrons

4 Die Fluchtgeschwindigkeit der Erde beträgt nur 11 $\frac{km}{s}$, während die Ionen des Sonnenwindes eine Geschwindigkeit von 400 $\frac{km}{s}$ haben und somit die Atmosphäre schnell abtragen könnten. Das verhindert jedoch das Erdmagnetfeld, indem es Ionen auf Kreisbahnen einfängt. Dabei treten ganz bestimmte Frequenzen f auf. Um das Auftreten dieser Frequenzen zu erklären, analysieren wir die bei der Kreisbewegung wesentlichen Kräfte.
a ▢ Erläutern Sie diese wesentlichen Kräfte. Geben Sie den Zusammenhang zwischen diesen an.
b ◪ Erklären Sie, warum die Zentripetalkraft gleich der zeitlichen Ableitung $\dot{p}$ des Impulses ist.
c ◪ Erklären Sie, warum bei der Kreisbewegung die relativistische Masse m_a konstant ist und somit für die Zeitableitung $\dot{p}$ gilt: $\dot{p} = m \cdot \dot{v}$
d ■ Erläutern Sie, dass bei der Kreisbewegung die Kreisfrequenz ω zeitlich konstant ist, dass $v = r \cdot \omega$ und somit für die zeitliche Ableitung $\dot{v}$ gilt: $\dot{v} = v \cdot \omega$
e ◪ Leiten Sie folgende Gleichung für ein im Magnetfeld B kreisendes Teilchen mit einer Ladung q und einer Masse m_a her:

$$\dot{p} = m_a \cdot v \cdot \omega = q \cdot v \cdot B$$

f ◪ Leiten Sie daraus einen Term für die Kreisfrequenz ω her, mit der das Teilchen im Magnetfeld B kreist (Zyklotronfrequenz).

2 $E(\gamma)$-Diagramm

Allgemeine Relativitätstheorie

1 Ein Satellit des Global Positioning Systems (GPS) umkreist in einer Höhe H von 20 200 km über dem Erdboden die Erde. Ein Referenzsatellit befindet sich bei einem Bahnradius von $r \approx \infty$.

a ☐ Ermitteln Sie die Zeit t_E, um die eine Uhr am Erdboden voranschreitet, während eine Uhr im Referenzsatelliten um $t_{Ref} = 24$ h fortschreitet.

b ◪ Ermitteln Sie die Zeit t_H, die eine Uhr in der Höhe H währenddessen weitergeht.

c ◪ Ermitteln Sie den Unterschied $\Delta t = t_H - t_E$, die in dieser Zeit Δt von Licht zurückgelegte Strecke und die Bedeutung für die Positionsbestimmung.

2 In der Höhe $H = 20\,200$ km aus Aufgabe ▶ **1** hat ein Sender eine Frequenz von $f_H = 2{,}227$ GHz.

a ☐ Ermitteln Sie die entsprechende Wellenlänge λ_H am Sender sowie die Wellenlänge λ_E beim Empfänger am Erdboden.

b ☐ Deuten Sie den Wellenlängenunterschied.

c ◪ Berechnen Sie die Energiemesswerte $E = h \cdot f$ der gesendeten Photonen beim Sender und beim Empfänger.

Anwendungen der Relativitätstheorie

1 In einem Linearbeschleuniger werden Elektronen mit einer Spannung von 20 MV beschleunigt.

a ☐ Ermitteln Sie die Energie, die Masse und den Impuls eines Elektrons am Ausgang des Beschleunigers.

b ☐ Erläutern Sie an dem Beispiel die Äquivalenz von Masse und Energie sowie den Lorentz-Faktor.

c ■ Hinter dem Beschleuniger werden die Elektronen durch ein magnetisches Feld mit $B = 5$ T um 90° umgelenkt. Leiten Sie eine Formel für den Bahnradius r her und berechnen Sie r.

d ◪ Dahinter werden die Elektronen auf ein Blei-Target gelenkt, um Gammastrahlen für eine Strahlentherapie zu erzeugen. Ermitteln Sie die kürzeste Wellenlänge der dabei freigesetzten Photonen.

e ■ In einem anderen Linearbeschleuniger werden Myonen mit der Ladung $q = -e$, der Ruhemasse 106 $\frac{\text{MeV}}{c^2}$ und der Halbwertszeit von $T_H = 1{,}52$ µs mit einer Spannung von 500 MV beschleunigt. Anschließend durchfliegen sie einen $s = 27$ km langen Tunnel und werden in einem Detektor nachgewiesen. Ermitteln Sie die Flugdauer jeweils im Bezugssystem des Beschleunigers sowie in dem der Myonen. Erläutern Sie daran die Zeitdilatation, ermitteln Sie den Anteil $\frac{N}{N_0}$ der während des Fluges nicht zerfallenen Myonen sowie den Anteil $\frac{N_a}{N_0}$ der währenddessen nicht zerfallenen Myonen einer ruhenden Probe.

2 Ein autonomes Fahrzeug muss seine physikalische Bewegung vollständig erfassen, um Fahrfehler zu vermeiden. Klassisch wird die Bewegung durch die Geschwindigkeit $\vec{v}$ und die Rotation $\vec{\omega}$ dargestellt. Jedoch ist die Geschwindigkeit $\vec{v}$ physikalisch lokal kaum definiert. Stattdessen ist die Beschleunigung mitsamt der dynamisch gleichwertigen Gravitation entscheidend, was durch einen Trägheitssensor erfasst wird.

a ◪ Ein Laserkreisel misst die Gierwinkelgeschwindigkeit ω_{Gier}. Sie beschreibt, wie schnell sich das Fahrzeug um seine vertikale bzw. horizontale Achse dreht. Erklären Sie die Funktionsweise.

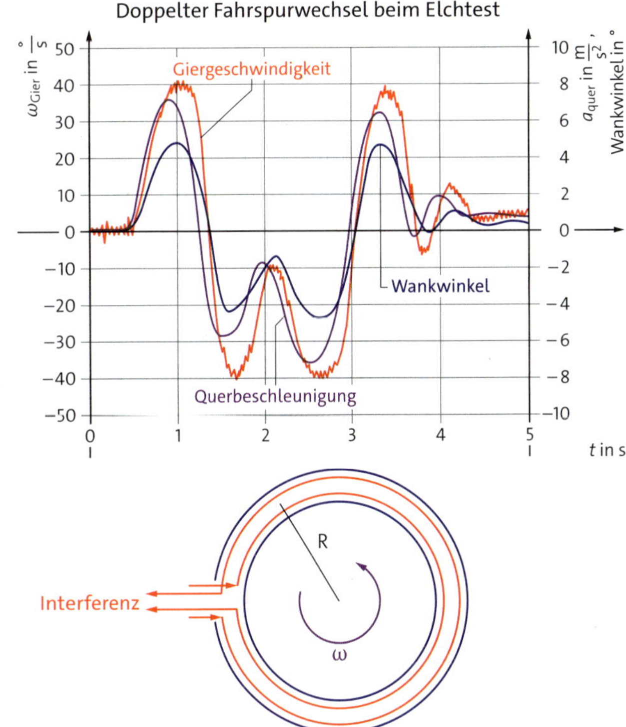

4 Sensoren beim autonomen Fahren

b ◪ Begründen Sie, dass eine Winkelgeschwindigkeit ω des Laserkreisels mit Radius R und Fläche A beim Licht folgenden Wegunterschied hervorruft.

$$\Delta s = 2\omega \cdot r \cdot dt = 2\omega \cdot r \cdot \frac{2\pi \cdot r}{c} = \frac{4\omega \cdot A}{c}$$

c ■ Ermitteln Sie für das Maximum von ω_{Gier} im Diagramm ▶ **4** den Wegunterschied Δs und den Phasenunterschied $\Delta\varphi$ bei $\lambda = 500$ nm und $R = 0{,}1$ m. Erläutern Sie, wie man $\Delta\varphi$ mithilfe einer gewickelten Glasfaser vervielfachen kann.

d ■ Funktionsweise und Aussagekraft dieser Sensoren beruhen auf der Relativitätstheorie. Beurteilen Sie diese These.

Folgende Aufgaben habe ich bereits gelöst:
Postulate der Relativitätstheorie 1 ○ 2 ○ 3 ○ 4 ○
Minkowski-Diagramme 1 ○ 2 ○ 3 ○
Zeitdilatation und Längenkontraktion 1 ○ 2 ○ 3 ○
Relativistische Masse und Energie 1 ○ 2 ○ 3 ○ 4 ○
Allgemeine Relativitätstheorie 1 ○ 2 ○
Anwendungen der Relativitätstheorie 1 ○ 2 ○

Abiturklausuren

Grundkurs

- Abiturklausur 1
- Abiturklausur 2
- Abiturklausur 3
- Abiturklausur 4
- Abiturklausur 5
- Abiturklausur 6

Leistungskurs

- Abiturklausur 1
- Abiturklausur 2
- Abiturklausur 3
- Abiturklausur 4
- Abiturklausur 5
- Abiturklausur 6

Lösungen

Abiturklausur 1

Grundkurs

Aufgabe: Interferenz von Wasser-, Licht- und Materiewelle

Teilaufgabe 1: Interferenz von Wasserwellen

Mit einer Wellenwanne werden Wasserwellen untersucht. Dazu erzeugen zwei punktförmige Erreger in den Punkten E_1 und E_2 kreisförmige Wellen. Die beiden Erreger schwingen gleichphasig mit derselben Frequenz f und derselben Amplitude A. ▶ **Abbildung 1** zeigt schematisch die Wellenfronten von Wellenbergen und Wellentälern zu einem bestimmten Zeitpunkt.

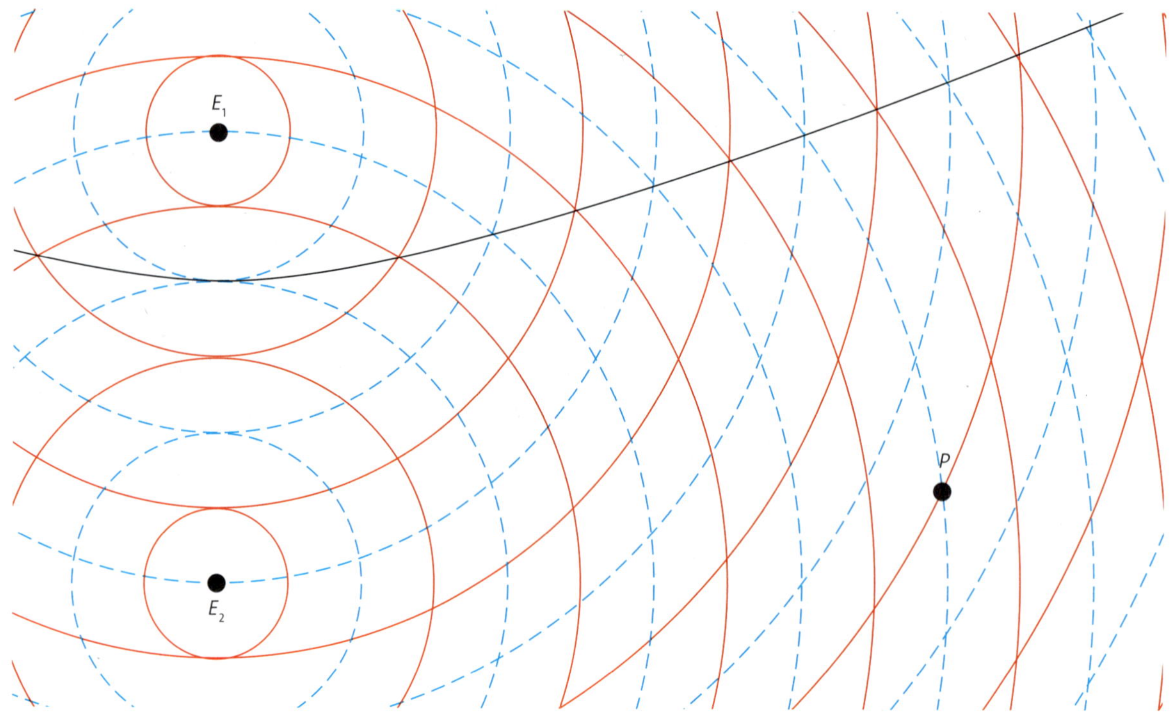

Abbildung 1 Momentaufnahme des Wellenfeldes

Wellenberge sind durch eine durchgezogene schwarze Linie gekennzeichnet, Wellentäler durch eine gestrichelte Linie.

Die von den beiden Erregern erzeugten Wasserwellen haben die Wellenlänge $\lambda = 2{,}0\,\text{cm}$ und die Ausbreitungsgeschwindigkeit $c = 16\,\frac{\text{cm}}{\text{s}}$.

a *Berechnen Sie die Frequenz f, mit der die beiden Erreger schwingen.*
- *Beschreiben Sie jeweils ein Experiment, mit dem das Auftreten einer Induktionsspannung gemäß dem 1. bzw. 2. Term demonstriert werden kann.*

b
- *Bestimmen Sie den Gangunterschied Δs im Punkt P.*
- *Geben Sie die Bedeutung der eingezeichneten Linie a in Bezug auf den Begriff „Gangunterschied" an.*

Der Punkt P liegt auf einer nicht eingezeichneten Linie b mit einer ähnlichen Bedeutung in Bezug auf den Begriff „Gangunterschied".

- *Zeichnen Sie in* ▶ **Abbildung 1** *die entsprechende Linie b ein.*
- *Erläutern Sie allgemein und mit Bezug auf die beiden Linien a und b die Begriffe „konstruktive" und „destruktive Interferenz".*

(2 + 11 *Punkte*)

Teilaufgabe 2: Interferenz von Lichtwellen

a ▶ **Abbildung 2** zeigt einen Versuchsaufbau, in dem ein Doppelspalt mit Spaltabstand g durch das Licht eines Lasers ausgeleuchtet wird. Auf einem Schirm im Abstand a zum Doppelspalt ist ein Interferenzmuster zu erkennen.

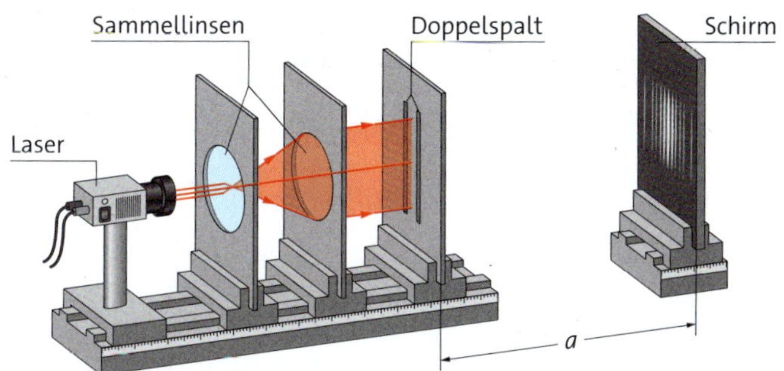

Abbildung 2 Versuch zur Interferenz von Lichtwellen

- *Nennen Sie die Aussagen des Huygens'schen Prinzips.*
- *Erklären Sie mithilfe des Huygens'schen Prinzips die Entstehung des Interferenzmusters auf dem Schirm.*

b Für den Winkel α_n, unter dem das Maximum n-ter Ordnung beobachtet werden kann, sind die beiden folgenden Gleichungen von Bedeutung:

$$g \cdot \sin(\alpha_n) = n \cdot \lambda \quad \text{und} \quad \tan(\alpha_n) = \frac{d_n}{\alpha}$$

Dabei bezeichnet d_n den Abstand des Maximums n-ter Ordnung von dem Maximum nullter Ordnung.

Erläutern Sie beide Gleichungen mithilfe einer oder mehrerer aussagekräftiger Skizzen, wobei Sie insbesondere den Gangunterschied Δs kennzeichnen.

c Der Laser in ▶ **Abbildung 2** sendet monochromatisches Licht unbekannter Wellenlänge λ aus. Der Abstand der beiden Spaltmitten beträgt $g = 0{,}50\,\text{mm}$ und der Abstand des Schirms von dem Doppelspalt beträgt $a = 4{,}5\,\text{m}$. Der Abstand der beiden Maxima erster Ordnung beträgt $d = 1{,}1\,\text{cm}$.

Bestimmen Sie mithilfe der in Aufgabenteil b) genannten Gleichungen die Wellenlänge λ des Lasers.

d Der Doppelspalt wird nun durch ein Beugungsgitter ersetzt. Anstelle einer monochromatischen Lichtquelle wird eine Glühlampe verwendet. ▶ **Abbildung 3** zeigt das auf dem Schirm zu beobachtende Interferenzmuster.

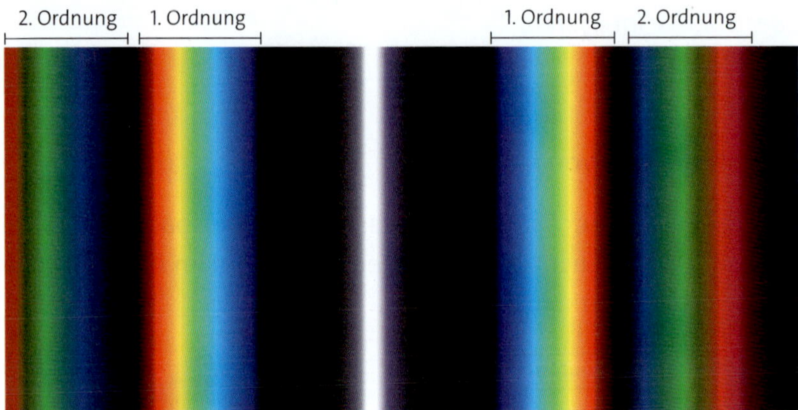

Abbildung 3 Interferenzmuster bei Verwendung eines Gitters und einer Glühlampe

Begründen Sie, weshalb das weiße Licht der Glühlampe durch ein Beugungsgitter in ein Farbspektrum aufgespalten wird.

e In ▶ **Abbildung 3** erkennt man, dass sich das Farbspektrum erster Ordnung nicht mit dem Farbspektrum zweiter Ordnung überlagert. Zwischen dem Farbspektrum zweiter Ordnung und dem dritter Ordnung beobachtet man hingegen eine Überlagerung.

– *Geben Sie allgemein die Bedingung dafür an, dass es zu einer derartigen Überlagerung kommt.*

Misst man in dem dunklen Bereich zwischen dem Spektrum erster Ordnung und dem Spektrum zweiter Ordnung die Intensität der dort auftreffenden Strahlung mit einem speziellen Messgerät, so zeigt dieses eine deutlich von null abweichende Intensität an.

– *Interpretieren Sie dieses Messergebnis.*

(*6 + 5 + 3 + 3 + 5 Punkte*)

Teilaufgabe 3: Interferenz von Materiewellen

Gemäß der De-Broglie-Hypothese kann man Elektronen, die sich mit der Geschwindigkeit v bewegen, die Wellenlänge $\lambda = \frac{h}{m \cdot v}$ zuordnen, wobei h das Planck'sche Wirkungsquantum und m_e die Elektronenmasse bezeichnen. In einer Simulation ist ein Strahl von Elektronen, die aus der Ruhe heraus eine Beschleunigungsspannung von $U_B = 1{,}0\,\text{kV}$ durchlaufen, senkrecht auf einen Doppelspalt mit dem Spaltabstand $g = 1{,}0\,\mu\text{m}$ gerichtet.

a Die Geschwindigkeit der Elektronen nach Durchlaufen der Beschleunigungsspannung U kann mithilfe des Zusammenhangs $v = \sqrt{\frac{2 \cdot e \cdot U_B}{m_e}}$ berechnet werden.

– *Leiten Sie diesen Zusammenhang, ausgehend von einem Energieansatz, her.*

Auf einem Schirm im Abstand $a = 3{,}0\,\text{m}$ vom Doppelspalt kann ein Interferenzmuster beobachtet werden. ▶ **Abbildung 4** zeigt das Ergebnis einer Simulation, nachdem 1000 Elektronen den Schirm erreicht haben. Der Doppelspalt ist nicht maßstabsgerecht und bezogen auf den abgebildeten Maßstab deutlich vergrößert dargestellt.

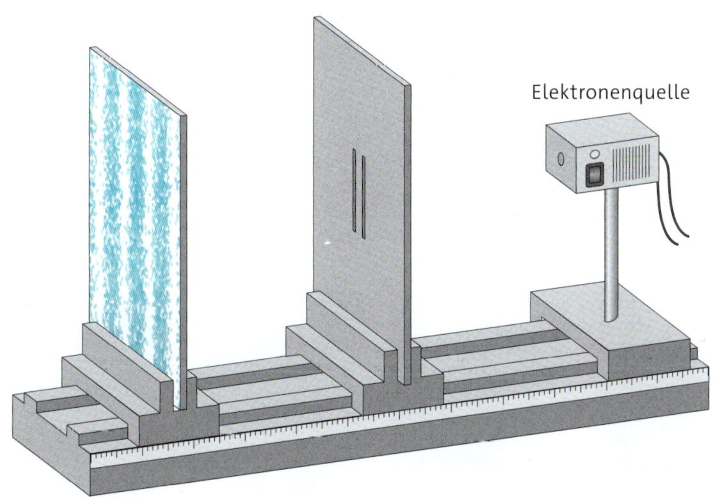

Abbildung 4 Simulation zum Doppelspaltexperiment mit Elektronen

– *Begründen Sie anhand einer geeigneten Rechnung, dass das Interferenzmuster auf dem Schirm stark vergrößert dargestellt ist.*
  [Zwischenergebnis zum Weiterrechnen: Die Wellenlänge der Elektronen beträgt $\lambda = 3{,}9 \cdot 10^{-11}$ m.]

b Der Physik-Nobelpreisträger Richard Feynman schreibt zum Verhalten von Elektronen: „So ging man früher davon aus, das Elektron beispielsweise verhalte sich wie ein [klassisches] Teilchen, doch dann fand man heraus, in vieler Hinsicht verhält es sich wie eine [klassische] Welle. In Wirklichkeit verhält es sich also wie keines von beiden. Mittlerweile haben wir es aufgegeben. Wir sagen: ‚Es ist wie keines von beidem.' "[1]

Erläutern Sie die Aussage von Richard Feynman unter besonderer Berücksichtigung des Verhaltens von klassischen Teilchen bzw. klassischen Wellen am Doppelspalt.

c Anstelle eines Strahls von Elektronen wird nun ein Strahl von Photonen der gleichen Energie auf den Doppelspalt gerichtet.
Entscheiden Sie anhand einer geeigneten Rechnung, ob sich der Abstand d_1 des Maximums erster Ordnung von dem Maximum nullter Ordnung vergrößert.

(7 + 4 + 4 Punkte)

Zugelassene Hilfsmittel:

- Physikalische Formelsammlung
- Taschenrechner (grafikfähiger Taschenrechner / CAS-Taschenrechner)
- Wörterbuch zur deutschen Rechtschreibung

1 Richard P. Feynman: „Sechs physikalische Fingerübungen", Piper München Zürich, S. 176

Abiturklausur 1

Grundkurs – Anlage

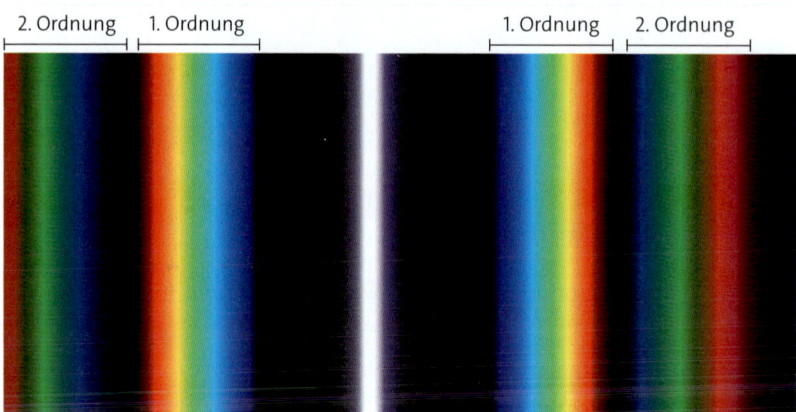

Abbildung 3 Interferenzmuster bei Verwendung eines Gitters und einer Glühlampe

Abiturklausur 2

Grundkurs

Aufgabe: Spannungserzeugung, Bereitstellung und Transport von elektrischer Energie

Teilaufgabe 1: Grundlagen zum Induktionsgesetz

Die an den Enden einer Spule induzierte Spannung U_{ind} kann gemäß folgender Formel beschrieben werden:

$$U_{\text{ind}} = -n \cdot U_{\text{ind}} \cdot \frac{\Delta B}{\Delta t}$$

Dabei ist n die Windungszahl der Spule, A die vom Magnetfeld senkrecht durchsetzte Querschnittsfläche der Spule, B die Stärke des magnetischen Feldes und t die Zeit.

a *Geben Sie an, welche grundlegende Ursache der Induktion mit der oben angegebenen Formel mathematisch beschrieben wird.*

Im folgenden Versuch werden Induktionserscheinungen untersucht. Hierbei befindet sich im homogenen Magnetfeld einer felderzeugenden Spule eine Induktionsspule mit $n = 400$ Windungen und einem Querschnitt von $A = 2{,}50 \cdot 10^{-3}\,\text{m}^2$. Die Achsen beider Spulen sind parallel (vgl. ▶ **Abbildung 1**).

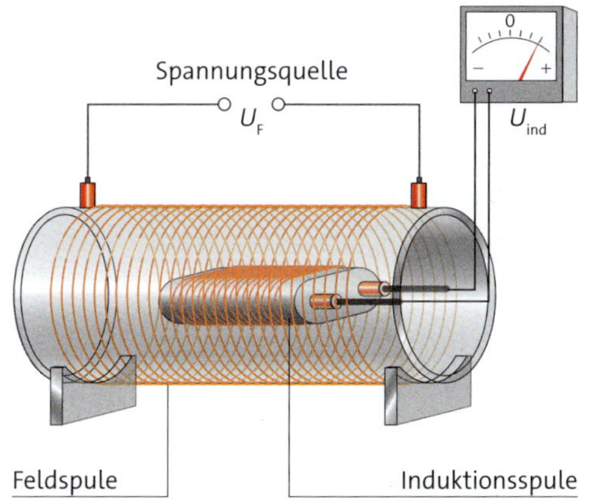

Abbildung 1 Induktionsspule in Feldspule

Eine regelbare Spannungsquelle ist mit der felderzeugenden Spule verbunden und erzeugt in ihr das in ▶ **Abbildung 2** dargestellte, zeitlich sich ändernde Magnetfeld der Stärke *B*.

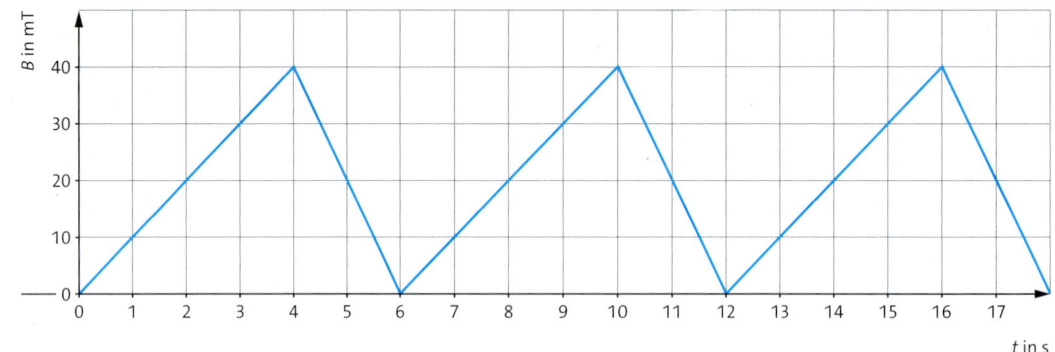

Abbildung 2 Zeitlicher Verlauf der Stärke *B* des magnetischen Feldes im Innern der Feldspule

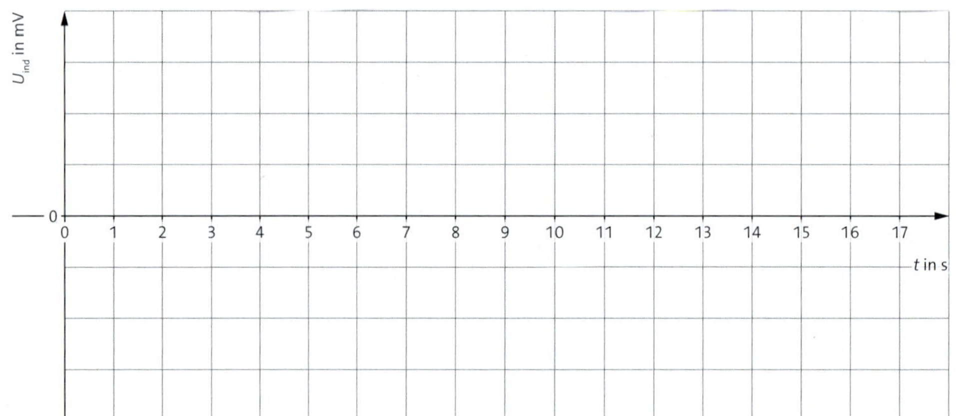

Abbildung 3 Koordinatensystem zum Zeichnen eines zu ▶ **Abbildung 2** passenden t-U_{ind}-Diagramms

b Mithilfe eines an die Induktionsspule angeschlossenen Voltmeters kann die Induktionsspannung U_{ind} gemessen werden.

- *Begründen Sie die Konstanz der Induktionsspannung U_{ind} für das Zeitintervall von $t = 0\,s$ bis $t = 4\,s$.*

- *Berechnen Sie jeweils die Induktionsspannung U_{ind} für das Zeitintervall von $t = 0\,s$ bis $t = 4\,s$ und das Zeitintervall von $t = 4\,s$ bis $t = 6\,s$.*

- *Zeichnen Sie ein zu* ▶ **Abbildung 2** *passendes t-U_{ind}-Diagramm für die ersten 18 Sekunden in das Koordinatensystem von* ▶ **Abbildung 3**.

Der oben dargestellte Versuch lässt sich vielfach variieren, z. B. könnte damit einhergehend eine Veränderung der Werte der Induktionsspannung U_{ind} beobachtet werden.

- *Nennen Sie zwei experimentelle Variationsmöglichkeiten, sodass sich die Werte der Induktionsspannung U_{ind} verdoppeln.*

c Das Magnetfeld der Stärke B im Inneren der Feldspule soll so geregelt werden, dass sich ein Spannungssignal der Induktionsspule gemäß ▶ **Abbildung 4** ergibt.

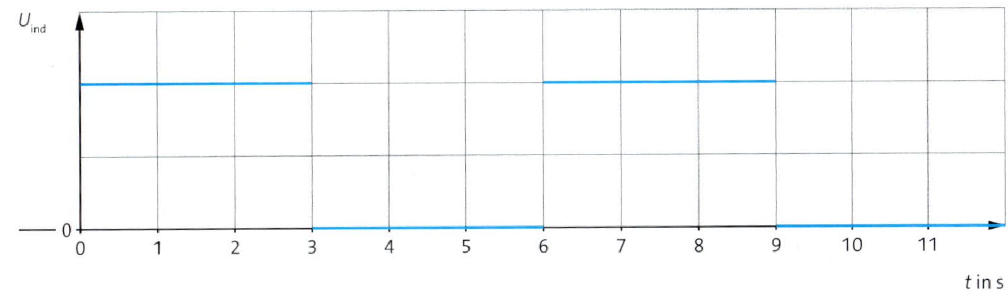

Abbildung 4 t-U_{ind}-Diagramm für die Induktionsspule ohne Angabe der Spannungswerte

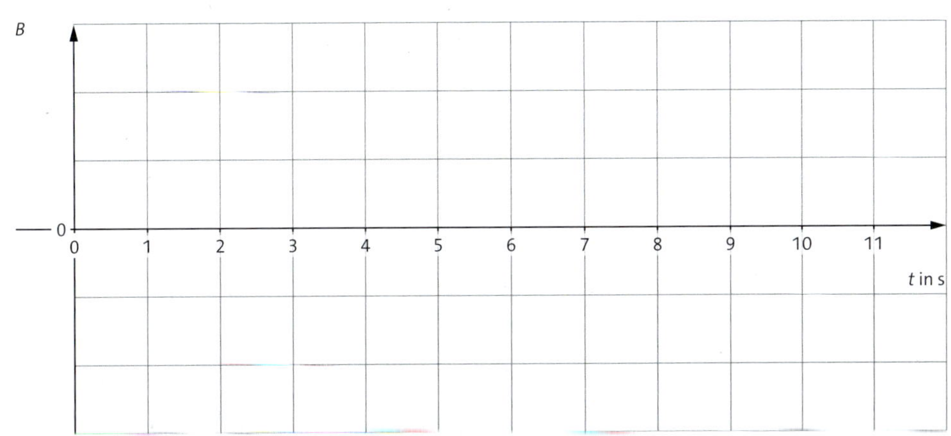

Abbildung 5 Leeres Koordinatensystem zum Skizzieren eines geeigneten Verlaufs eines t-U_{ind}-Diagramms für die felderzeugende Spule

Skizzieren Sie in ▶ **Abbildung 5** *ein zu ▶* **Abbildung 4** *passendes t-B-Diagramm für die felderzeugende Spule.*

(2 + 10 + 4 Punkte)

Teilaufgabe 2: Induktives Laden von Elektroautos

Seit einigen Jahren wird das Induktionsprinzip für kabellose Ladevorgänge untersucht und weiterentwickelt. Auch die Idee, Autos kabellos zu laden, wird dabei betrachtet.

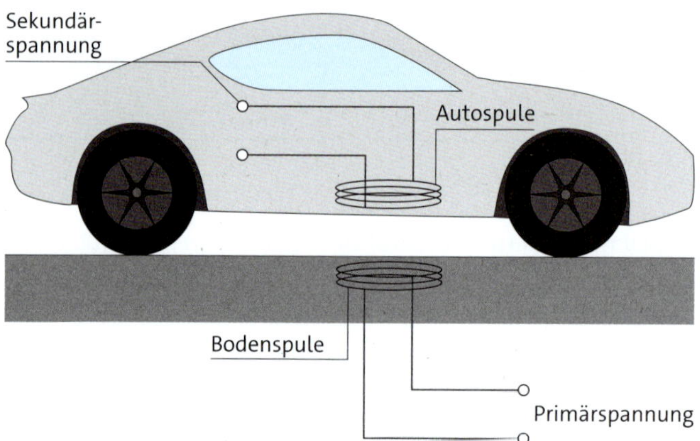

Abbildung 6 Kabelloses Laden eines Elektroautos

Dazu sind zwei Spulen notwendig, eine befindet sich im Boden und eine an der Unterseite des Autos (siehe ▶ **Abbildung 6**). An der Bodenspule liegt die Primärspannung an. Eine auftretende Sekundärspannung an der Autospule kann mit einer Schaltung so verarbeitet werden, dass die nicht eingezeichnete Batterie des Autos geladen wird.

a Die Primärspannung sei zunächst eine Gleichspannung. Das Auto wird auf die Parkposition gemäß ▶ **Abbildung 6** gefahren und dann dort abgestellt.

– *Erklären Sie, warum bei diesem Prozess nur kurzzeitig eine Sekundärspannung auftritt.*

Die Primärspannung sei von nun an eine Wechselspannung. Das Auto steht weiterhin auf der Parkposition gemäß ▶ **Abbildung 6**.

– *Erklären Sie, warum damit die Batterie des Autos fortwährend geladen werden kann.*

b In Deutschland wird elektrische Energie via Wechselspannung typischerweise mit einer Wechselspannungsfrequenz von $f_{Netz} = 50\,\text{Hz}$ bereitgestellt. Wird an der Bodenspule eine Wechselspannung mit einer höheren Frequenz $f > f_{Netz}$ angelegt, erhöht sich die Sekundärspannung beim Ladeprozess.

– *Erläutern Sie, warum sich die Sekundärspannung erhöht, wenn an der Bodenspule eine Wechselspannung höherer Frequenz $f > f_{Netz}$ angelegt wird.*

– *Beschreiben Sie eine weitere Möglichkeit, mit der man die Sekundärspannung vergrößern kann.*

(6 + 5 Punkte)

Teilaufgabe 3: Elektromotorische Bremse

Neben induktiven Ladeprozessen können auch bei Bremsvorgängen von Elektroautos Induktionsphänomene genutzt werden, z. B. kann ein Elektromotor beim Bremsvorgang als elektromotorische Bremse eingesetzt werden.
Im Folgenden wird der elektromotorische Bremsvorgang vereinfacht anhand der geradlinigen Bewegung eines Metallstabs in einem homogenen Magnetfeld der Stärke B untersucht. Dabei wird das vordere Ende des Metallstabs mit P bezeichnet, das hintere Ende mit Q (vgl. ▸ **Abbildung 7**).

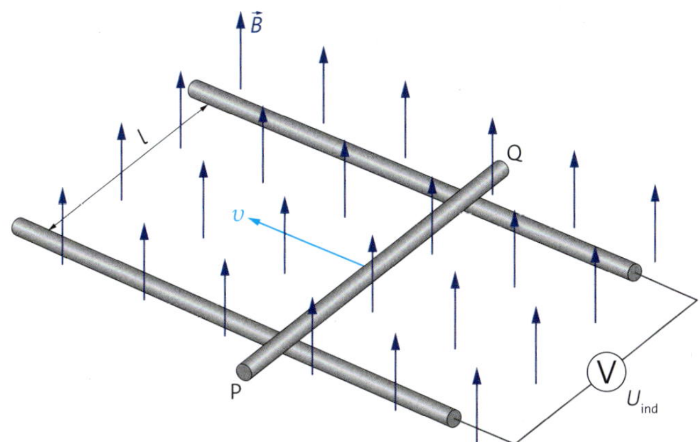

Abbildung 7 Bewegter gerader Leiter im senkrecht zur Bewegungsrichtung stehenden Magnetfeld der Stärke B

a Ein Metallstab bewegt sich gleichförmig mit dem Geschwindigkeitsbetrag $v = 1{,}2\,\text{cm/s}$ auf zwei leitenden Schienen senkrecht zum homogenen Magnetfeld der Stärke $B = 2{,}5\,\text{mT}$. Die Schienen sind parallel zueinander mit einem Abstand von $l = 6{,}0\,\text{cm}$. Zwischen den Schienen befindet sich ein Spannungsmessgerät.

– *Erklären Sie, dass sich zwischen den Schienen eine konstante Induktionsspannung einstellt.*

– *Leiten Sie her, dass für den Betrag der Induktionsspannung gilt:*
$U_{ind} = B \cdot l \cdot v$.

– *Berechnen Sie die Induktionsspannung mit den oben angegebenen Werten.*

b Das Spannungsmessgerät wird durch ein Kabel ersetzt (vgl. ▶ **Abbildung 8**), sodass sich im geschlossenen Stromkreis ein Induktionsstrom ergibt. Die Stromstärke des Induktionsstroms wird mit I bezeichnet.

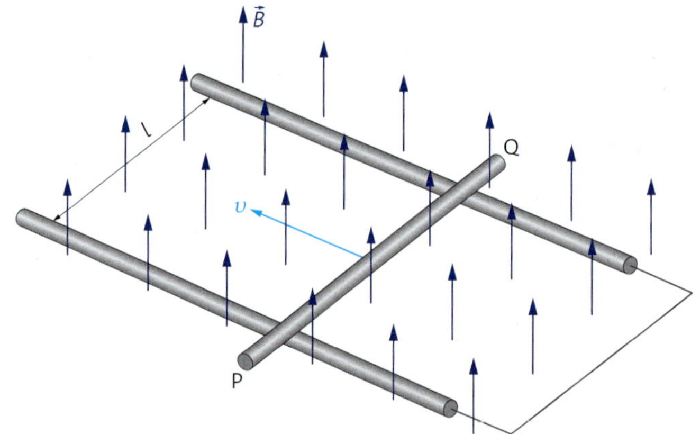

Abbildung 8 Kabel ersetzt Voltmeter

Begründen Sie, dass durch den Induktionsstrom eine auf den bewegten Stab bremsende Kraft wirkt.

c Die bremsende Kraft F_B gemäß ▶ **Aufgabenteil 3b** wird durch die Formel $F_B = I \cdot l \cdot B$ berechnet. Die Induktionsstromstärke I ist also proportional zur bremsenden Kraft F_B.
Bei einem konkreten Bremsvorgang des bewegten Stabs wird die Induktionsstromstärke I in Abhängigkeit von der Zeit t erfasst. ▶ **Abbildung 9** zeigt das dazugehörige t-I-Diagramm.

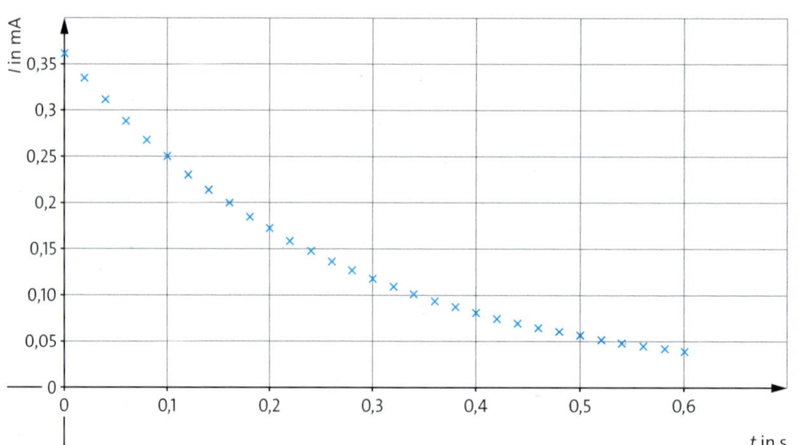

Abbildung 9 t-i-Diagramm bei einem Bremsvorgang des bewegten Stabs

- *Begründen Sie, dass der Stab nach* $t = 0{,}6\,\text{s}$ *noch in Bewegung ist.*
- *Erklären Sie, warum die Induktionsstromstärke I mit der Zeit t kleiner wird.*

d In den Teilaufgaben ▸ **3b** und ▸ **3c** wird der Bremsvorgang eines kurzgeschlossenen bewegten Stabs in einem Magnetfeld untersucht. Nach diesem grundlegenden Prinzip kann auch eine elektromotorische Bremse eines Elektroautos funktionieren, sodass die bisher gewonnenen Erkenntnisse darauf übertragen werden können.

– *Beschreiben Sie, wie der Fahrer den Bremsvorgang wahrnimmt, wenn das Auto gemäß* ▸ **Abbildung 9** *abgebremst wird.*

Bei einer Vollbremsung bis zum Stillstand wird das Auto in möglichst kurzer Zeitspanne auf $v = 0$ abgebremst.

– *Begründen Sie anhand von* ▸ **Abbildung 9**, *dass Elektroautos mit einer elektromotorischen Bremse für eine Vollbremsung bis zum Stillstand zusätzlich eine mechanische Bremse benötigen.*

(9 + 4 + 6 + 4 Punkte)

Zugelassene Hilfsmittel:

- Physikalische Formelsammlung
- Taschenrechner (grafikfähiger Taschenrechner / CAS-Taschenrechner)
- Wörterbuch zur deutschen Rechtschreibung

Lösungen

Abiturklausur 3

Grundkurs

Aufgabe: Entstehung und Analyse von Strahlung

Teilaufgabe 1: Lichtemission von Wasserstoff

a ▶ **Abbildung 1** zeigt das Energieniveauschema eines Wasserstoffatoms unter Angabe der Quantenzahl *n*.

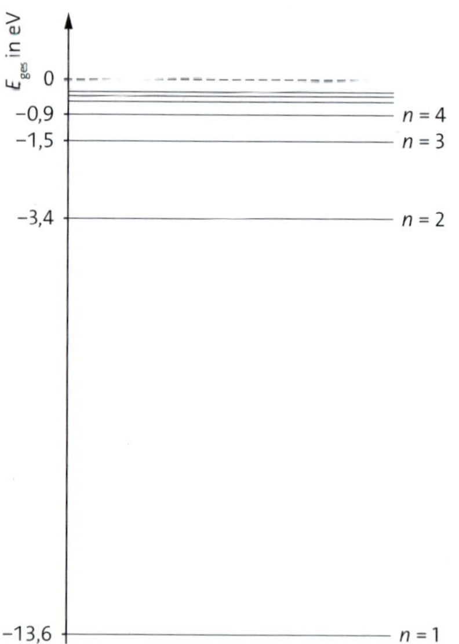

Abbildung 1 Energieniveauschema eines Wasserstoffatoms

- *Erläutern Sie allgemein die Bedeutung eines Energieniveauschemas im Rahmen eines Atommodells, das die Energiequantelung berücksichtigt.*
- *Erklären Sie die Begriffe Grundzustand und angeregter Zustand.*
- *Beschreiben Sie den Aufbau der Atomhülle eines Wasserstoffatoms anhand der konkreten Angaben in* ▶ **Abbildung 1**.
- *Erklären Sie die Bedeutung des Energieniveaus* $E_{ges} = 0$ *in* ▶ **Abbildung 1**.

b Für die Emission von Licht durch Wasserstoff gilt die Gleichung

$$\Delta E = -13{,}6\ \text{eV} \cdot \left(\frac{1}{m^2} - \frac{1}{n^2}\right)$$

Hierbei sind die ganzen Zahlen m und n Quantenzahlen von zwei verschiedenen Zuständen des Wasserstoffs.

– *Erläutern Sie die Bedeutung von ΔE im Zusammenhang mit der Lichtemission.*

Bei der Lichtemission nimmt ΔE einen positiven Wert an.

– *Ermitteln Sie, welche der beiden Quantenzahlen m und n dem energiereicheren und welche dem energieärmeren Zustand zuzuordnen ist.*

c Die Wellenlänge der roten Wasserstoff-Spektrallinie beträgt $\lambda = 656\,\text{nm}$.

– *Berechnen Sie die zugehörige Photonenenergie E_{Ph} in der Einheit Joule und in der Einheit Elektronenvolt.*

– *Ermitteln Sie mithilfe von* ▶ **Abbildung 1** *den Übergang im Wasserstoffatom für die rote Spektrallinie.*

(8 + 4 + 6 Punkte)

Teilaufgabe 2: Sternspektren

In spektroskopischen Aufnahmen des Sonnenlichts findet man die sogenannten Fraunhoferlinien (siehe ▶ **Abbildung 2**).

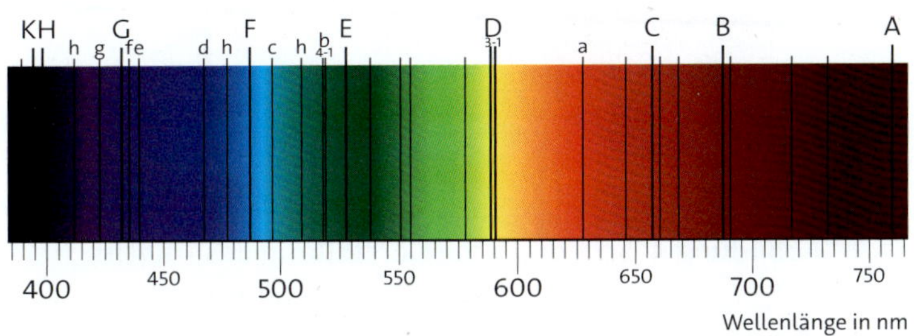

Abbildung 2 Fraunhoferlinien im Sonnenspektrum

Die angegebenen Bezeichnungen der markantesten Linien (Großbuchstaben) und weniger markanten Linien (Kleinbuchstaben) stammen von Joseph Fraunhofer.

a – *Erläutern Sie allgemein den Unterschied in der Entstehung von Linienspektren in Emission bzw. Absorption.*

– *Geben Sie an, ob es sich bei dem Spektrum in* ▶ **Abbildung 2** *im Hinblick auf die Fraunhoferlinien um Spektrallinien in Emission oder Absorption handelt.*

b Fraunhofers „C-Linie" entspricht der roten Spektrallinie des Wasserstoffs aus ▶ **Aufgabenteil 1c**. Die sichtbaren Spektrallinien des Wasserstoffs gehören alle zur sogenannten Balmer-Serie (Übergang nach $n = 2$).
Zeigen Sie mithilfe von ▶ **Abbildung 1**, *dass die „E-Linie" (λ_E = 527 nm bzw. $E_{Ph,E}$ = 2,35 eV) keine Spektrallinie des Wasserstoffs ist.*

c Bei bestimmten Sternen außerhalb des Sonnensystems konnte man das Vorhandensein von sogenannten Exoplaneten nachweisen, die diese Sterne umkreisen. ▶ **Abbildung 3** zeigt schematisch die Helligkeit des beobachteten Lichts in Abhängigkeit von der Zeit, während der Exoplanet vom Beobachter aus gesehen vor dem Stern entlangläuft.

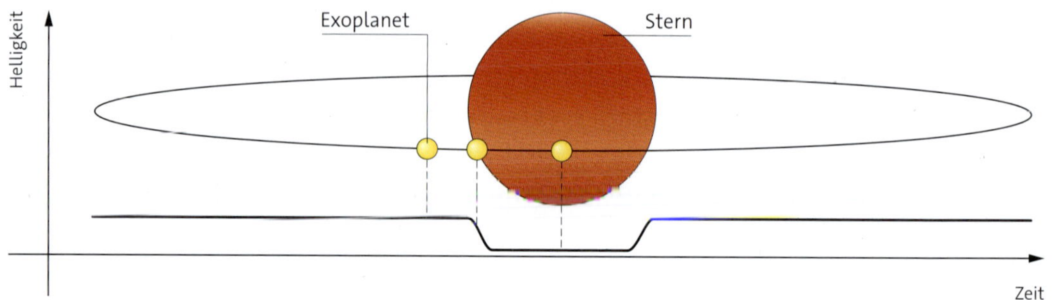

Abbildung 3 Schematische Darstellung der Helligkeit während des Umlaufs des Exoplaneten (nachempfunden nach https://en.wikipedia.org/wiki/File:Planetary_transit.svg (verändert))

Als Transit bezeichnet man die Phase, in der der Exoplanet den Stern teilweise verdeckt (siehe ▶ **Abbildung 4**).

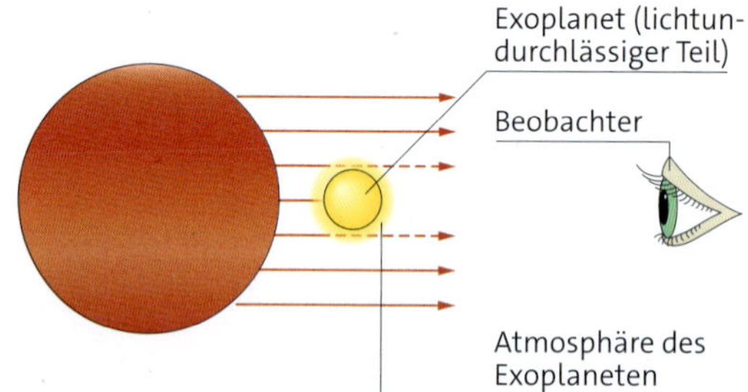

Abbildung 4 Schematische Darstellung des Transits

Wie die Sonne hat auch der Stern eines Exoplaneten ein charakteristisches Spektrum.

- *Erläutern Sie, wie sich ein vom Beobachter gemessenes Spektrum des Sterns verändert, wenn ein Planet mit Atmosphäre, wie in* ▶ **Abbildung 4** *dargestellt, einen Transit durchläuft.*

- *Vergleichen Sie dies mit dem Fall, in dem der Exoplanet keine Atmosphäre hat, also nur aus dem lichtundurchlässigen Teil in* ▶ **Abbildung 4** *besteht.*

(5 + 2 + 5 Punkte)

Teilaufgabe 3: Leuchtkraft der Sonne

In unserer Sonne ist die sogenannte Proton-Proton-Reaktion bzw. kurz p-p-Reaktion für mehr als 98 % der Leuchtkraft verantwortlich.

a Der erste Schritt der p-p-Reaktion wird durch die folgende Reaktionsgleichung beschrieben:

$$^{1}\text{H} + {}^{1}\text{H} \rightarrow {}^{2}\text{H} + e^{+} + \nu + 0{,}42\,\text{MeV}.$$

Beschreiben Sie den Kernumwandlungsprozess anhand der Reaktionsgleichung und unter Zuhilfenahme von ▶ **Abbildung 5**.

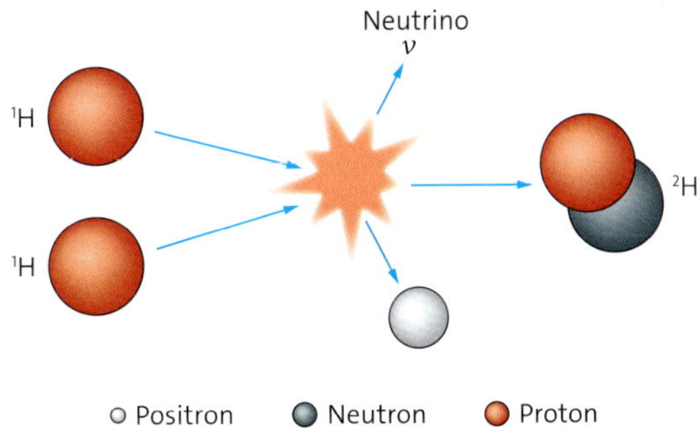

Abbildung 5 Erster Schritt der p-p-Reaktion

b Bei dem Kernumwandlungsprozess in ▶ **Aufgabenteil a** ändern sich die Quarks in den Nukleonen.

- *Beschreiben Sie die Zusammensetzung von Proton p und Neutron n aus Quarks.*
- *Geben Sie die elektrischen Ladungen der Quarks sowie daraus resultierend die Ladungen der Nukleonen p und n an.*
- *Erläutern Sie unter Berücksichtigung des Austauschteilchens (bzw. des Wechselwirkungsteilchens) die Veränderung der Nukleonen auf der Ebene der Quarks.*

► **Abbildung 6** zeigt schematisch die aus drei Teilprozessen bestehende, vollständige p-p-Reaktion (hier mit „I", „II" und „III" bezeichnet), bei der schließlich ^{4}He in der Sonne produziert wird.

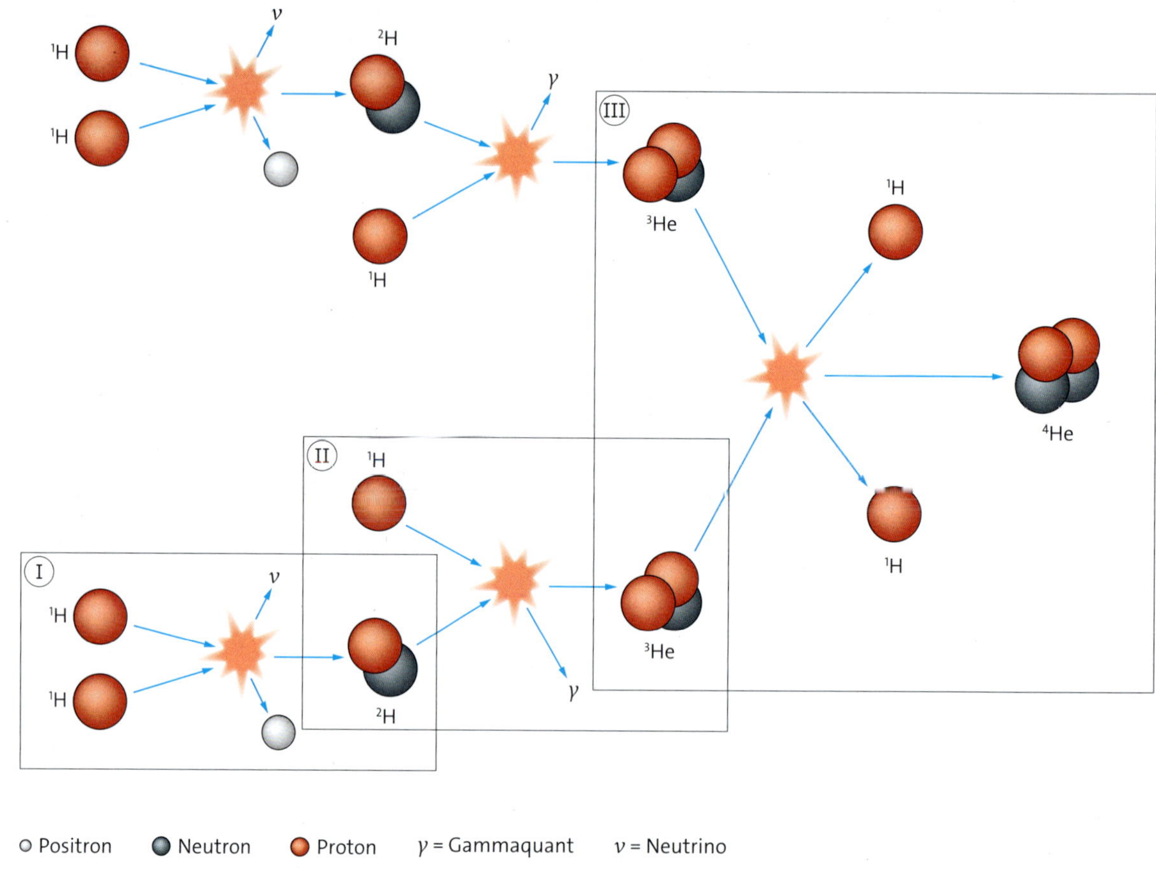

Abbildung 6 Schematischer Ablauf der Heliumproduktion in der Sonne

c Beschreiben Sie den Ablauf der Heliumproduktion anhand der Kernumwandlungsprozesse II und III in ► **Abbildung 6**.

d Die Teilchenbilanz bei der p-p-Reaktion lässt sich gemäß ► **Abbildung 6** folgendermaßen zusammenfassen:

$$4\,{}^1\text{H} \rightarrow {}^4\text{He} + 2\,e^+ + 2\nu\,.$$

Die Masse des entstehenden ^{4}He-Kerns ist zusammen mit den Massen der weiteren entstehendenTeilchen um 0,685 % geringer als die Masse der ursprünglichen vier Wasserstoffkerne ^{1}H zusammen. Diese weisen jeweils eine Masse von $m_{^1\text{H}} = 1{,}007276\,\text{u}$ auf.

Der Wert für die atomare Masseneinheit ist $1\,\text{u} = 1{,}660539 \cdot 10^{-27}\,\text{kg}$.

– *Begründen Sie die geringere Masse.*

Bei der p-p-Reaktion wird insgesamt eine Energie ΔE freigesetzt.

– *Berechnen Sie den Wert für* ΔE *in der Einheit* MeV *mit einer Genauigkeit von einer Nachkommastelle.*

(3 + 7 + 4 + 6 Punkte)

Zugelassene Hilfsmittel:

- Physikalische Formelsammlung
- Taschenrechner (grafikfähiger Taschenrechner / CAS-Taschenrechner)
- Wörterbuch zur deutschen Rechtschreibung

Lösungen

Abiturklausur 4

Grundkurs

Aufgabe: Teilchen- und Welleneigenschaften von Licht

Teilaufgabe 1: Interferenz am Doppelspalt

▶ **Abbildung 1** zeigt einen Aufbau zur Demonstration von Interferenzerscheinungen bei der Beugung von monochromatischem Licht an einem Doppelspalt.

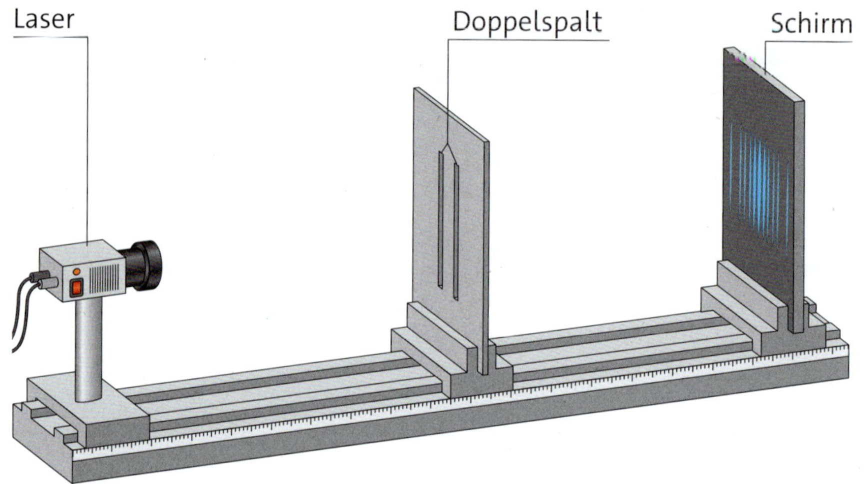

Abbildung 1 Aufbau zur Demonstration von Interferenzerscheinungen

a – *Nennen Sie das Huygens'sche Prinzip.*
– *Erläutern Sie qualitativ die Entstehung des Interferenzbildes auf dem Schirm.*

b Für die Bestimmung des Winkels α_n, unter dem das Minimum n-ter Ordnung ($n \geq 1$) beobachtet werden kann, sind die folgenden Gleichungen von Bedeutung:

Gleichung 1: $\Delta s = n \cdot \lambda - 0{,}5 \cdot \lambda$

Gleichung 2: $g \cdot \sin(\alpha_n) = \Delta s$

Gleichung 3: $\tan(\alpha_n) = \frac{d_n}{a}$

Dabei bezeichnen Δs den Gangunterschied, λ die Wellenlänge des Lichts, a den Abstand zwischen Doppelspalt und Schirm, g den Abstand der Spaltmitten sowie d_n den Abstand des Minimums n-ter Ordnung von dem Maximum nullter Ordnung.

– *Erläutern Sie die Bedeutung von Gleichung 1 in Bezug auf die Entstehung des Minimums n-ter Ordnung.*

▶ **Abbildung 2** zeigt eine Skizze, anhand der Gleichung 2 hergeleitet werden kann.

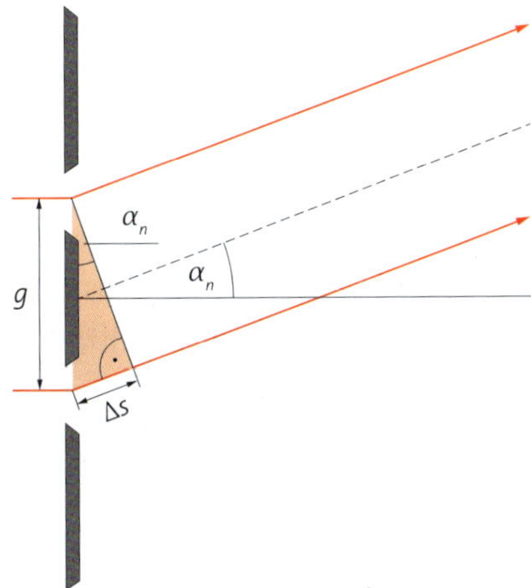

Abbildung 2 Skizze zur Herleitung von Gleichung 2

Die Gleichung 2 gilt nur dann, wenn der Abstand der Spaltmitten g wesentlich kleiner als der Abstand a zwischen Doppelspalt und Schirm ist.

– *Begründen Sie anhand von* ▶ **Abbildung 2** *die Notwendigkeit dieser Voraussetzung für die Gültigkeit von Gleichung 2.*

c Die Wellenlänge des in dem Experiment verwendeten Lasers ist mit λ = 537 nm angegeben. Der Abstand zwischen Doppelspalt und Schirm beträgt a = 2,5 m und der Spaltmittenabstand beträgt g = 0,10 mm. ▶ **Abbildung 3** zeigt ein Foto des Schirmbildes zusammen mit einer unvollständigen Längenskala.

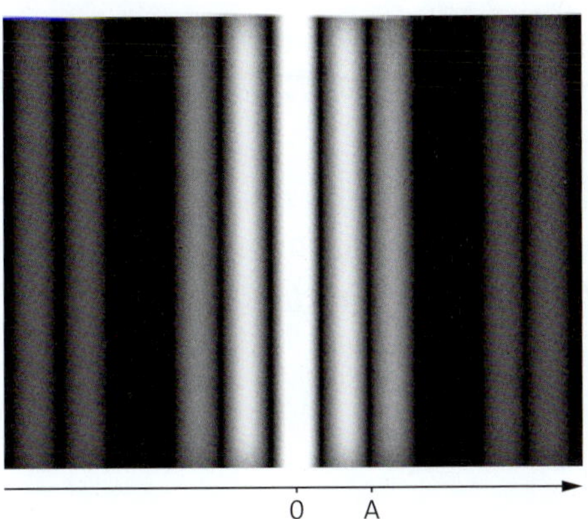

Abbildung 3 Foto vom Schirmbild mit Längenskala
(nachempfunden nach T. L. Dimitrova & A. Weis: „The wave-particle duality of light: A demonstration experiment", in: American Journal of Physics, 76 (2008), S. 138 (abgeändert)

– *Ermitteln Sie mithilfe der in* ▶ **Aufgabenteil b** *gegebenen Gleichungen den Skalenwert in der Einheit* cm *für die mit dem Buchstaben* A *markierte Stelle.*

Der Versuchsaufbau kann so abgeändert werden, dass sich an der mit dem Buchstaben A markierten Stelle ein Maximum anstelle eines Minimums befindet.

- *Beschreiben Sie qualitativ zwei prinzipiell unterschiedliche Möglichkeiten, dies durch eine Veränderung am Versuchsaufbau zu erreichen.*

d In einem weiteren Versuch wird die Intensität des Laserlichts stark verringert. Dazu werden Absorber in den Strahlgang zwischen Laser und Doppelspalt gebracht. ▸ **Abbildung 4** zeigt Aufnahmen des Schirmbildes bei jeweils unterschiedlich vielen Absorbern.

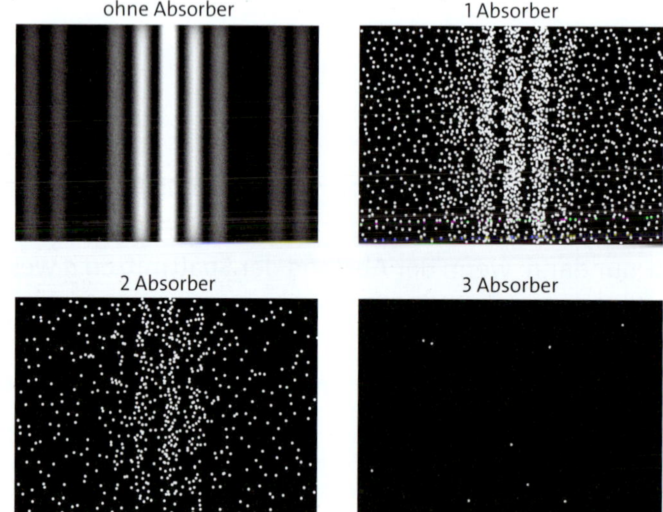

Abbildung 4 Aufnahmen vom Schirmbild bei unterschiedlich vielen Absorbern (nachempfunden nach T. L. Dimitrova & A. Weis: „The wave-particle duality of light: A demonstration experiment", in: American Journal of Physics, 76 (2008), S. 138 (abgeändert)

- *Beschreiben Sie die unter Verwendung von Absorbern aufgenommenen Schirmbilder in* ▸ **Abbildung 4**.
- *Erläutern Sie anhand von* ▸ **Abbildung 4**, *dass sich Licht nicht allein durch ein klassisches Wellenmodell und nicht allein durch ein klassisches Teilchenmodell beschreiben lässt.*

(6 + 5 + 7 + 6 Punkte)

Teilaufgabe 2: Der Photoeffekt

a ▶ **Abbildung 5** zeigt schematisch einen Versuchsaufbau zur qualitativen Demonstration des Photoeffekts.

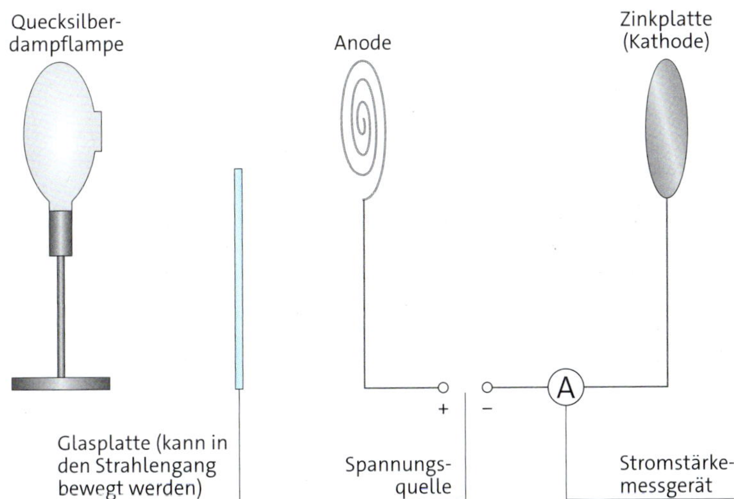

Abbildung 5 Versuchsaufbau zur qualitativen Demonstration des Photoeffekts

Die Zinkplatte wird vollständig mit dem Licht der Quecksilberdampflampe beleuchtet. Die Zinkplatte und die Anode sind über eine Spannungsquelle und ein Stromstärkemessgerät leitend verbunden. Die Glasplatte befindet sich zunächst nicht zwischen Quecksilberdampflampe und Anode.

– *Erklären Sie das Auftreten eines elektrischen Stroms in dem Experiment.*

Die Quecksilberdampflampe wird nun näher an die Anode herangeschoben, wobei die Zinkplatte weiterhin vollständig beleuchtet wird.

– *Erklären Sie den Anstieg der gemessenen elektrischen Stromstärke.*

Wird die Glasplatte zwischen die Quecksilberdampflampe und die Anode gestellt, so ist kein elektrischer Strom mehr zu messen.

– *Interpretieren Sie diese Beobachtung.*

b Die Teilcheneigenschaft des Lichts wird u. a. durch die Gleichung $E = h \cdot f$ beschrieben, wobei E die Photonenenergie, h das Planck'sche Wirkungsquantum und f die Frequenz des Lichts bezeichnen.

– *Erläutern Sie die Gleichung $E = h \cdot f$ im Zusammenhang mit der Lichtquantenhypothese.*

c ► **Abbildung 6** zeigt einen Ausschnitt des Emissionsspektrums von Quecksilber. Die Spektrallinien mit einer nicht zu vernachlässigenden Intensität sind mit Buchstaben markiert.

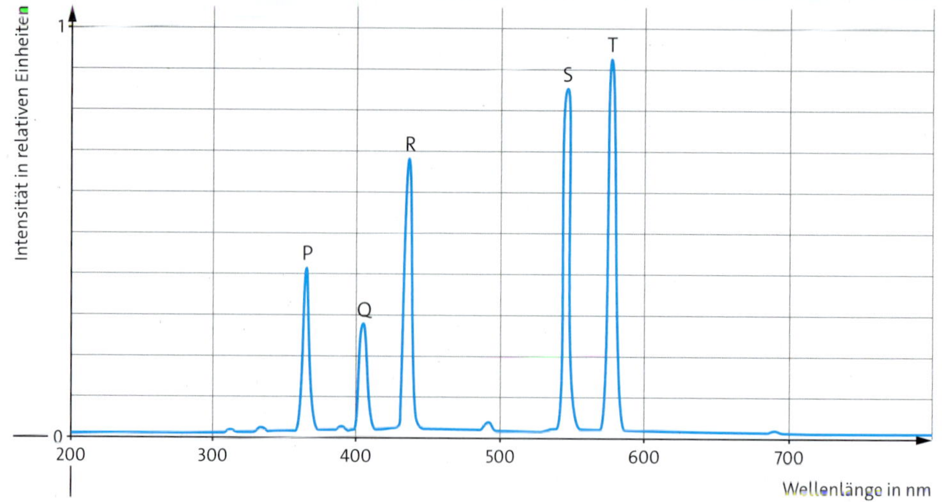

Abbildung 6 Emissionsspektrum von Quecksilber

Zink hat eine Auslöseenergie von $E_A = 4{,}34\,\text{eV}$.

– *Geben Sie die Spektrallinie mit den energiereichsten Photonen an.*

– *Zeigen Sie rechnerisch, dass Quecksilber mindestens eine Spektrallinie mit einer Wellenlänge* $\lambda < 200\,\text{nm}$ *besitzen muss.*

d Mithilfe einer Photozelle kann der Photoeffekt quantitativ untersucht werden. Dazu wird zwischen Kathode und Anode eine Gegenspannung U_G angelegt und der Photostrom I_{Ph} gemessen. ► **Abbildung 7** zeigt die schematische Darstellung einer Photozelle.

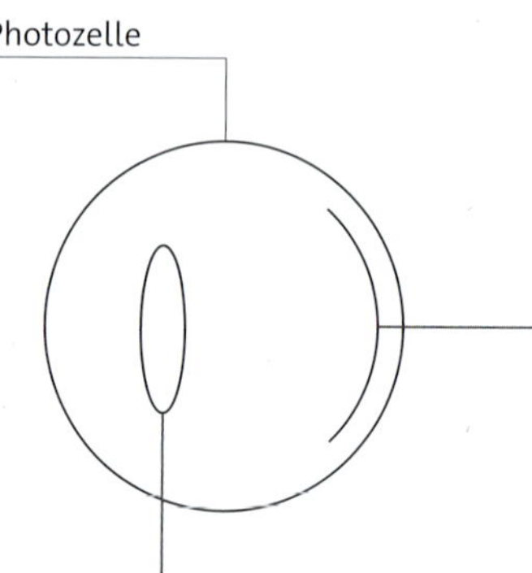

Abbildung 7 Schematische Darstellung einer Photozelle

– *Zeichnen Sie in* ► **Abbildung 7** *die elektrische Beschaltung der Photozelle ein (Spannungsquelle, Spannungsmessgerät und Stromstärkemessgerät).*

▶ **Abbildung 8** zeigt für zwei unterschiedliche monochromatische Lichtquellen, wie sich bei einem bestimmten Kathodenmaterial der Photostrom in Abhängigkeit von der Gegenspannung verändert.

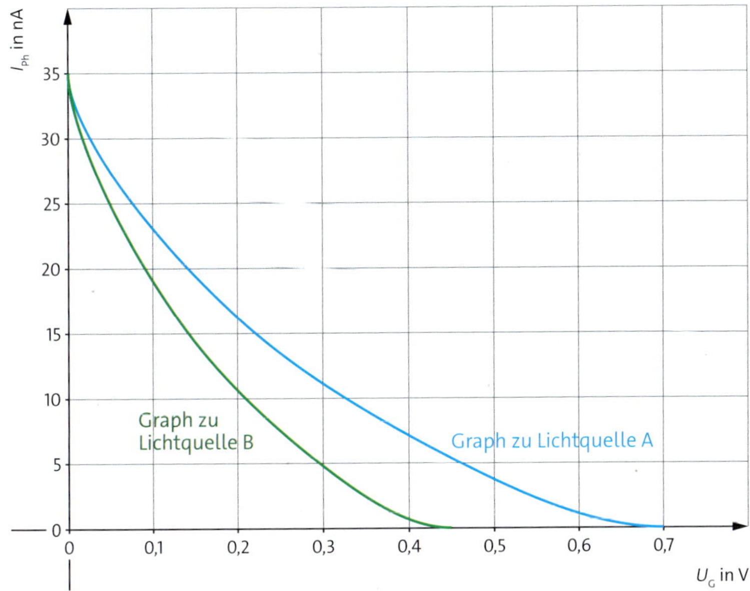

Abbildung 8 Photostromstärke in Abhängigkeit von der Gegenspannung für zwei verschiedene Lichtquellen

– *Begründen Sie, dass Lichtquelle A Licht einer kleineren Wellenlänge λ emittiert.*

Die beiden Lichtquellen A und B emittieren pro Sekunde die gleiche Strahlungsenergie. Tritt der Photoeffekt ein, so lösen nicht alle Photonen unbedingt Elektronen aus.

– *Entscheiden Sie begründet, bei welcher Lichtquelle der Anteil der Photonen, die Elektronen aus der Kathode auslösen, größer ist.*

(8 + 3 + 6 + 9 Punkte)

Zugelassene Hilfsmittel:

- Physikalische Formelsammlung
- Taschenrechner (grafikfähiger Taschenrechner / CAS-Taschenrechner)
- Wörterbuch zur deutschen RechtschreibungAbiturklausur 3

Lösungen

Abiturklausur 5

Grundkurs

Aufgabe: Eigenschaften und Anwendungen des radioaktiven Isotops ^{32}P

Das chemische Element Phosphor kommt in mehreren Erscheinungsformen und vielen mineralischen Verbindungen in der Natur vor. Zudem ist Phosphor neben anderen Elementen einer der Grundbausteine für den Aufbau des DNA-Moleküls, und kommt zudem in vielen weiteren biologisch relevanten Molekülen vor. Das radioaktive Phosphorisotop ^{32}P ist durch seine Strahlung messbar und bietet sich daher an, biologische Stoffwechselprozesse auf molekularer Ebene experimentell zu untersuchen.

Teilaufgabe 1: Eigenschaften des Isotops ^{32}P

Phosphor ist mit der Ordnungszahl $Z = 15$ in das Periodensystem der Elemente eingeordnet. Im Zuge der kernphysikalischen Untersuchungen aller Elemente zeigte sich, dass in der Natur lediglich ein stabiles Phosphorisotop vorkommt. ▸ **Abbildung 1** zeigt den entsprechenden Ausschnitt der Isotopentafel.

Z ↑

Cl-31 190 ms	Cl-32 298 ms	Cl-33 2,511 s	Cl-34 1,5266 s	**Cl-35** 75,760 %	Cl-36 $3{,}013 \cdot 10^5$ y	**Cl-37** 24,240 %	Cl-38 37,34 m	Cl-39 56,2 m
S-30 1,178 s	S-31 2,5534 s	**S-32** 94,990 %	**S-33** 0,750 %	**S-34** 4,250 %	S-35 87,37 d	**S-36** 0,010 %	S-37 5,05 m	S-38 170,3 m
P-29 4,142 s	P-30 2,498 m	**P-31** 100,000 %	P-32 14,268 d	P-33 25,35 d	P-34 12,43 s	P-35 47,3 s	P-36 5,6 s	P-37 2,31 s
Si-28 92,223 %	**Si-29** 4,685 %	**Si-30** 3,092 %	Si-31 157,36 m	Si-32 153 y	Si-33 6,11 s	Si-34 2,77 s	Si-35 0,78 s	Si-36 0,45 s

Abbildung 1 Auszug aus der Nuklidkarte
(Quelle: https://www.physiklehrer.net/nuklidkarte/ (verändert; Zugriff: 12.05.2022))

a *Geben Sie an, aus wie vielen Protonen und Neutronen der Kern des in der Natur vorkommenden stabilen Phosphorisotops besteht.*

Im Weiteren geht es um die Eigenschaften des radioaktiven Phosphorisotops ^{32}P.

b Das Phosphorisotop ^{32}P wandelt sich durch einen β^--Zerfall um.

- *Geben Sie die komplette Zerfallsgleichung für dieses Isotop an.*

Bei den allermeisten instabilen Nukliden, die sich durch einen β-Zerfall umwandeln, entsteht zusätzlich noch γ-Strahlung.

- *Nennen Sie einen wesentlichen Unterschied zwischen den Eigenschaften der β-Strahlung und der γ-Strahlung.*

Wenn man für wissenschaftliche Untersuchungen das Phosphorisotop ^{32}P benötigt, dann muss man es dazu im Labor künstlich herstellen. Diese Herstellung erfolgt, indem die stabilen Nuklide ^{32}S oder ^{35}Cl mit Neutronen bestrahlt werden. In beiden Fällen findet jeweils eine Kernreaktion statt, bei der ein ^{32}P-Kern sowie ein weiteres Teilchen entsteht.

- *Geben Sie für beide stabilen Nuklide an, welches weitere Teilchen außer dem ^{32}P-Kern bei der entsprechenden Kernreaktion noch entsteht.*

c Ein Nachweis auch kleiner Mengen des Phosphorisotops ^{32}P ist durch die Messung der beim β^--Zerfall dieses Kerns entstehenden ionisierenden Strahlung möglich. Eine solche Messung der ionisierenden Strahlung erfolgt im einfachsten Fall mit einem Geiger-Müller-Zählrohr (GM-Zähler). ▸ **Abbildung 2** zeigt den prinzipiellen Aufbau eines GM-Zählers.

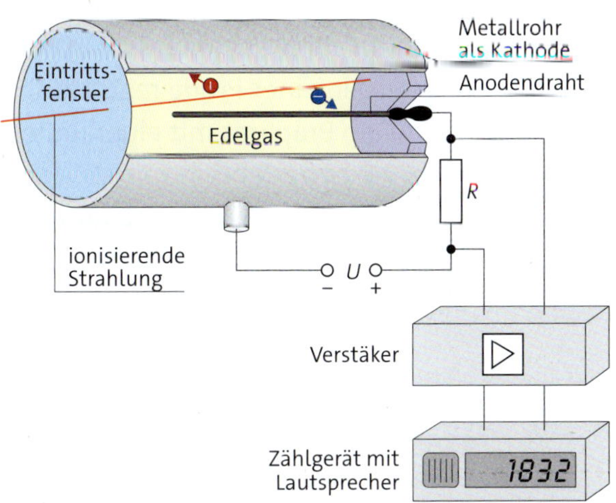

Abbildung 2 Prinzipieller Aufbau eines GM-Zählers

Erläutern Sie unter Bezug auf ▸ **Abbildung 2** *die prinzipielle Funktionsweise eines GM-Zählers.*

d Der GM-Zähler ist im Prinzip für alle Arten ionisierender Strahlung geeignet, jedoch gibt es bei der Nachweisempfindlichkeit je nach Strahlungsart große Unterschiede. Die Ionisierungsfähigkeit von α-, β- und γ-Strahlung in einem gegebenen Gasvolumen verhält sich bei gleicher Strahlungsintensität ungefähr wie $10^4:10^2:1$.

– *Begründen Sie anhand dieser Information, dass ein GM-Zähler bei gleicher Strahlungsintensität für den Nachweis von γ-Strahlung weniger gut geeignet ist als für den Nachweis von β-Strahlung.*

Obwohl α-Strahlung die größte Ionisierungsfähigkeit in Gas besitzt, kann mit üblichen GM-Zählern nur ein sehr geringer Anteil der von außen auf den Zähler treffenden α-Strahlung tatsächlich nachgewiesen werden.

– *Begründen Sie diesen Umstand mit einer Eigenschaft der α-Strahlung.*

(2 + 7 + 5 + 5 Punkte)

Teilaufgabe 2: Zerfallseigenschaften des ^{32}P

Während ein GM-Zähler nur einen kleinen Teil der einfallenden ionisierenden Strahlung nachweisen kann, sind andere Detektortypen erheblich empfindlicher und werden heute in wissenschaftlichen Laborgeräten verwendet.

a Von einer speziellen Labormessapparatur für β^--Strahler ist bekannt, dass sie einen Anteil von w = 2,70 % aller β^--Zerfallsereignisse in einer Probe registriert.
In diese Labormessapparatur wird nun ein Präparat mit einer unbekannten Menge ^{32}P eingebracht. Außer dem Phosphorisotop ^{32}P befindet sich kein weiteres radioaktives Nuklid in der Probe. Für eine Messzeit von jeweils Δt_{mess} = 4,00 s wird nun kurz hintereinander von dieser Messapparatur die Anzahl der registrierten β^--Zerfallsereignisse dieser Probe ermittelt. Es ergeben sich die folgenden, bereits untergrundkorrigierten Messwerte:

Messung mit Probe	1	2	3	4
registrierte Ereignisse	74863	74630	75003	74761

Tabelle 1 Messwerte

– *Geben Sie die wesentliche Ursache dafür an, warum sich die Werte der vier Einzelmessungen trotz gleicher Messbedingungen voneinander unterscheiden.*

Hinweis:
Sie können davon ausgehen, dass sich die Aktivität der Probe während der vier Messungen nicht verändert hat.

– *Zeigen Sie unter Verwendung aller Messwerte, dass in der Probe $n = 6{,}93 \cdot 10^5$ β^--Zerfallsereignisse pro Sekunde stattfinden.*

Es ist bekannt, dass in m = 1,00 mg reinem ^{32}P in Δt = 1,00 s insgesamt $n = 1{,}06 \cdot 10^{13}$ Zerfälle stattfinden, diese Menge ^{32}P demnach die Aktivität $A = 1{,}06 \cdot 10^{13}$ Bq besitzt.

– *Bestimmen Sie die Gesamtmenge des Phosphorisotops ^{32}P in der Probe in der Maßeinheit „Pikogramm", wobei 1 pg = $1 \cdot 10^{-12}$ g ist.*

b In den folgenden Wochen wurde regelmäßig die Aktivität der Probe aus ▶ **Teilaufgabe 2a** mit der beschriebenen Labormessapparatur bestimmt. ▶ **Abbildung 3** zeigt den zeitlichen Verlauf der Messwerte.

– *Beschreiben Sie, wie man anhand der Messwerte in ▶* **Abbildung 3** *einen Wert für die Halbwertszeit* $T_{\frac{1}{2}}$ *des Phosphorisotops* ^{32}P *bestimmen kann.*

– *Bestimmen Sie anhand der Messwerte in ▶* **Abbildung 3** *einen Wert für die Halbwertszeit des Phosphorisotops* ^{32}P *in Tagen und Stunden.*

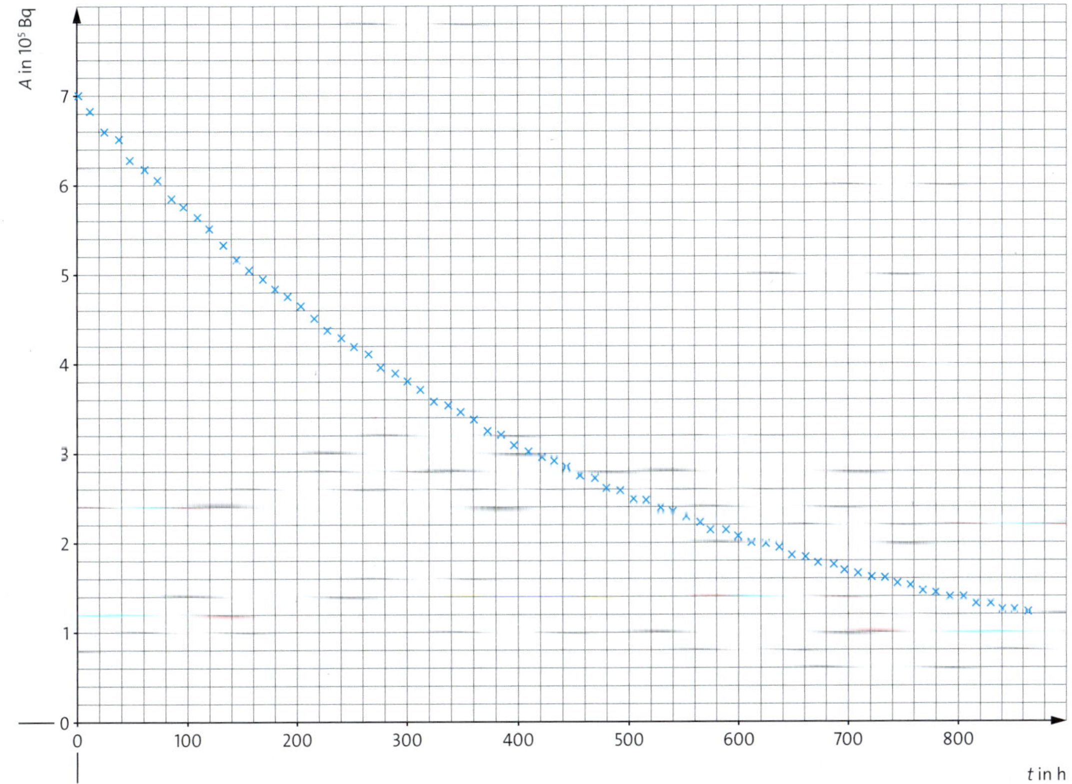

Abbildung 3 Zeitlicher Verlauf der Aktivität der ^{32}P-Probe

c Eine genaue Auswertung ergibt, dass die Halbwertszeit des Phosphorisotops ^{32}P $T_{\frac{1}{2}} = 1{,}235 \cdot 10^6\,\text{s}$ beträgt.

Die Nachweisgrenze der Laborapparatur aus ▶ **Teilaufgabe 2a** für β^--Strahlung ist dann erreicht, wenn die Aktivität einer Messprobe in die Größenordnung $A \approx 1 \cdot 10^2\,\text{Bq}$ kommt. *Bestimmen Sie, nach wie vielen Wochen die* ^{32}P*-Probe aus ▶* **Teilaufgabe 2a** *die Nachweisgrenze für die Labormessapparatur erreicht.*

(8 + 6 + 4 Punkte)

Teilaufgabe 3: Zerfallseigenschaften des ^{32}P

Das Element Phosphor ist in Form von Phosphat ein wesentlicher Bestandteil von Düngemitteln. Bei der Bewertung neugezüchteter Nutzpflanzen ist deren Aufnahme der Nährstoffe aus Düngemitteln ein wichtiges Kriterium. Das radioaktive Phosphorisotop ^{32}P eignet sich dabei gut für die Untersuchung dieser Eigenschaft der Pflanzen. Dazu wird einem Kunstdünger im Produktionsprozess ein kleiner Anteil des radioaktiven Phosphorisotops ^{32}P hinzugefügt. Dieser radioaktiv markierte Kunstdünger hat ansonsten identische Eigenschaften wie das übliche Produkt.

Die Eigenschaft „Nährstoffaufnahme" zweier neugezüchteter Gerstensorten (Sorte A und Sorte B) wird mit dem folgenden Vorgehen vergleichend untersucht:
Eine identische Anzahl von Pflanzen beider Gerstensorten werden in einem Gewächshaus unter kontrollierten Bedingungen angebaut. Die Nährstoffaufnahme aus dem Boden hängt bei Pflanzen von den Einflussfaktoren Bodenbeschaffenheit, Wasserzufuhr, Temperatur und den Lichtverhältnissen ab

Zu einem bestimmten Zeitpunkt $t = 0$ der Wachstumsphase wird dem Boden beider Gerstenarten einmalig die gleiche Menge des mit ^{32}P radioaktiv markierten Düngers zugeführt. Vor der Zuführung des Düngers und dann $\Delta t = 7\,d$ nach Düngung werden Proben aus einem definierten Wurzelbereich beider Gerstensorten entnommen und deren β^--Aktivität mit dem Labormessgerät aus Teilaufgabe 2 bestimmt.

	1. Probe vor der Düngung		**2. Probe Δt =7 d nach der Düngung**	
	m_{Probe} in g	A_{Probe} in Bq	m_{Probe} in g	A_{Probe} in Bq
Sorte A	2,45	31	1,55	117
Sorte B	1,82	22	2,18	139

Tabelle 2 β^--Aktivität zweier Gerstensorten

a *Erläutern Sie, dass es für eine vergleichende wissenschaftliche Untersuchung der Düngeraufnahme unbedingt erforderlich ist, dass für beide Gerstensorten die Bodenbeschaffenheit, Wasserzufuhr, Temperatur und Lichtverhältnisse gleich sind.*

b *Begründen Sie, dass es notwendig ist, die Aktivität der Proben schon vor der Düngung zu messen.*

c *Begründen Sie, dass die mengenmäßige Abnahme des Isotops ^{32}P durch radioaktiven Zerfall während dieser Untersuchung keinen Einfluss auf die Fragestellung hat, welche Gestensorte mehr Dünger aufnimmt.*

d Eine der beiden Gerstensorten ist dann zu bevorzugen, wenn sie aus dem Dünger unter gleichen Bedingungen mindestens 15 % mehr Phosphor aufnimmt als die andere Sorte. *Untersuchen Sie anhand der Messdaten, ob eine der Gerstensorten zu bevorzugen ist.*

Hinweis:
Beziehen Sie die unterschiedliche Masse der Proben in ihre Untersuchung mit ein.

(2 + 2 + 3 + 6 Punkte)

Zugelassene Hilfsmittel:

- Physikalische Formelsammlung
- Taschenrechner (grafikfähiger Taschenrechner / CAS-Taschenrechner)
- Wörterbuch zur deutschen RechtschreibungAbiturklausur 3

Abiturklausur 6

Grundkurs

Lösungen

Aufgabe: Zeitdilatation am Beispiel der Lichtuhr

Die Spezielle Relativitätstheorie (SRT) wurde im Jahre 1905 von Albert Einstein begründet, insbesondere um verschiedene Phänomene im Bereich des Elektromagnetismus zu erklären. Die SRT hat weitreichende Konsequenzen für die gesamte Physik, auch im Bereich der Kinematik. Zu diesen Konsequenzen gehört die sogenannte „Zeitdilatation".

Teilaufgabe 1: Gedankenexperiment „Lichtuhr"

a Beim Erkenntnisgewinn wird in der SRT häufig auf Realexperimente verzichtet.

– *Erläutern Sie, warum im Rahmen der SRT häufig auf Realexperimente verzichtet wird.*

Das Phänomen der relativistischen Zeitdilatation kann mittels der sogenannten „Lichtuhr", eines sogenannten „Gedankenexperiments", illustriert werden.
Die hier vorgestellte Lichtuhr besteht aus zwei planparallelen Spiegeln mit festem Abstand L und einer im Bezugssystem der Spiegel ruhenden Uhr als Zeitmessgerät. Licht bewegt sich zwischen den beiden Spiegeln hin und her, und die Uhr wird genutzt, um die Laufzeiten des Lichts zwischen den Spiegeln im Ruhebezugssystem zu messen (siehe ▶ **Abbildung 1** (links)).

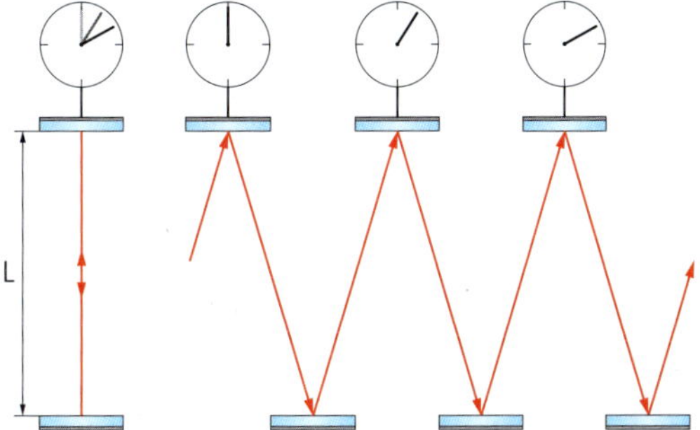

Abbildung 1 Lichtuhr mit Lichtstrahl in zwei verschiedenen Bezugssystemen

– *Berechnen Sie die Zeit T, die das Licht von einem zum anderen Spiegel für den Fall $L = 6 \cdot 10^6$ m benötigt.*

Hinweis: Die Lichtgeschwindigkeit im Vakuum beträgt etwa $c = 3 \cdot 10^8$ m/s.

In einem zweiten Bezugssystem sollen sich die beiden Spiegel geradlinig gleichförmig in der gleichen Richtung und mit der gleichen Geschwindigkeit v bewegen. (Diese Bewegungsrichtung soll aus Sicht des ersten Bezugssystems senkrecht zur Bewegungsrichtung des Lichtstrahls verlaufen.) In diesem zweiten Bezugssystem bilden die Hin- und Rückwege des Lichts eine Zickzacklinie (siehe ▶ **Abbildung 1** (rechts)).

– *Erklären Sie, warum der Abstand L zwischen den Spiegeln in beiden Bezugssystemen gleich groß ist, trotz der Relativität von Längen in der SRT.*

Im zweiten Bezugssystem besitzt jedoch der Lichtweg zwischen den Spiegeln nicht die Länge L (wofür das Licht die Zeit T benötigen würde), sondern die Länge L' (wofür es die Zeit T' benötigt), da sich die Spiegel in diesem Bezugssystem in Bewegung befinden (siehe ▶ **Abbildung 2**).

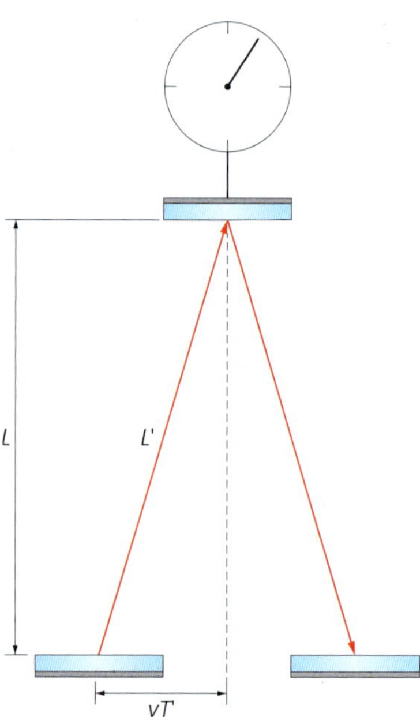

Abbildung 2 Lichtuhr im zweiten Bezugssystem, in dem sich die Spiegel geradlinig gleichförmig bewegen

Die Größen L, T, L', T' und v erfüllen die folgenden Gleichungen:

$(L')^2 = L^2 + (vT')^2$ $\qquad L = cT$ $\qquad L' = cT'$

– *Begründen Sie mithilfe von* ▶ **Abbildung 2** *die Gültigkeit der linken Gleichung.*

Die beiden anderen Gleichungen lassen (auch ohne Rechnung) erkennen, dass das Einsteinsche Postulat der „Konstanz der Lichtgeschwindigkeit“ vorausgesetzt wird.

– *Begründen Sie diese Aussage.*

b Ausgehend von diesen drei Gleichungen lässt sich mit einigen Umformungen die folgende Formel der Zeitdilatation ableiten:

$$T' = \frac{T}{\sqrt{1 - \frac{v^2}{c^2}}}.$$

Ist somit eine Zeit T im Ruhebezugssystem der Lichtuhr gegeben, lässt sich die Zeit T' in einem Bezugssystem berechnen, das sich relativ zum Ruhebezugssystem mit der Geschwindigkeit v bewegt.

- *Berechnen Sie T' für den Fall T = 100 s und v = 0,80 c.*

- *Zeigen Sie anhand eines Beispiels, dass für hinreichend kleine Geschwindigkeiten näherungsweise $T = T'$ gilt.*

- *Begründen Sie, dass T' für jede Geschwindigkeit v größer oder gleich T ist.*

(13 + 10 Punkte)

Teilaufgabe 2: Zeitdilatation und Längenkontraktion in der SRT

a Auf einer im Ruhebezugssystem einer Raumstation unbewegten Uhr sollen 2,0 Minuten vergehen (siehe ▶ **Abbildung 3**). Aus Sicht des Ruhebezugssystems einer Rakete, die sich mit einer konstanten Geschwindigkeit v relativ zur Raumstation bewegt, sollen währenddessen 4,0 Minuten vergehen.

- *Berechnen Sie die Relativgeschwindigkeit v.*

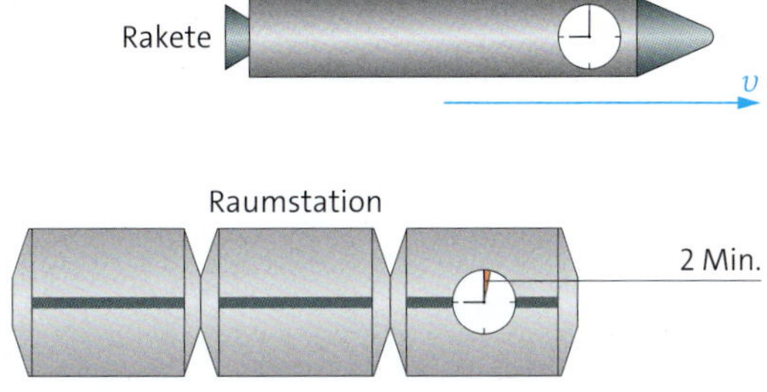

Abbildung 3 Zeitdilatation im Weltraum

Die Geschwindigkeit soll nun weiterhin v betragen, allerdings sollen nun, anders als zuvor, auf einer im Ruhebezugssystem der Rakete ruhenden Uhr 4,0 Minuten vergehen (siehe ▸ **Abbildung 4**)

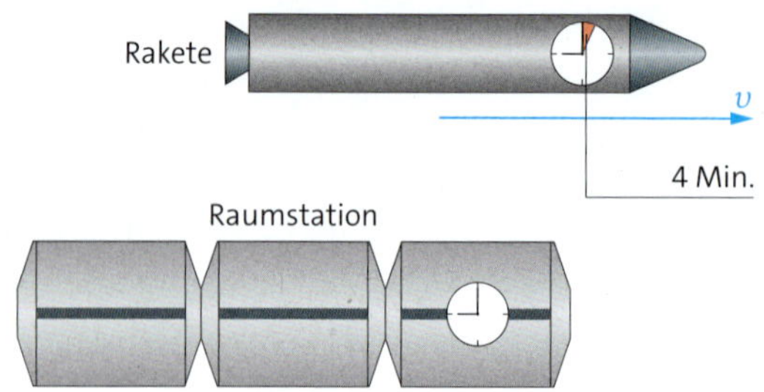

Abbildung 4 Zeitdilatation, anders

– *Entscheiden Sie anhand der folgenden Alternativen, wie viel Zeit währenddessen **aus Sicht der Raumstation** (also in deren Ruhebezugssystem) vergeht:*
  $\Delta t = 2{,}0\,\text{min}$ $\Delta t = 4{,}0\,\text{min}$ $\Delta t = 8{,}0\,\text{min}$ $\Delta t = 16{,}0\,\text{min}$

Es wird nun angenommen, dass die beiden Uhren (die relativ zur Raumstation ruhende Uhr und die relativ zur Rakete ruhende Uhr) gerade in dem einen Moment auf „0:00 Uhr" stehen, in dem die Rakete die Raumstation passiert. Dann werden etwas später, in beiden Bezugssystemen in unterschiedlicher Reihenfolge, beide Uhren sukzessive auf „0:01 Uhr" umspringen.

– *Beurteilen Sie, welche der beiden Uhren **aus Sicht der Rakete** als erstes auf „0:01 Uhr" umspringen wird.*

b Neben der Zeitdilatation ist die Längenkontraktion eine weitere, für die Kinematik bedeutsame Konsequenz der SRT.
Wird beispielsweise die Entfernung zwischen vorderem und hinterem Ende der Rakete gemessen, so ergibt sich im Ruhebezugssystem der Rakete die sogenannte Ruhelänge Δx. Im Ruhebezugssystem der Raumstation dagegen wird zwischen vorderem und hinterem Ende der Rakete eine kürzere Länge $\Delta x'$ gemessen.

– *Entscheiden Sie, welche der folgenden Formeln den Zusammenhang zwischen Δx und $\Delta x'$ physikalisch korrekt wiedergibt:*

$$\Delta x' = \frac{\Delta x}{\sqrt{1 - \frac{v^2}{c^2}}} \qquad \Delta x' = \frac{\Delta x}{1 - \frac{v^2}{c^2}} \qquad \Delta x' = \Delta x \cdot \sqrt{1 - \frac{v^2}{c^2}}$$

Die Ruhelänge der Rakete soll $\Delta x = 50\,\text{m}$ und die Geschwindigkeit $v = 0{,}95\,c$ betragen.

– *Berechnen Sie die Länge $\Delta x'$ der Rakete im Bezugssystem der Raumstation.*

Es wird nun angenommen, dass die Rakete von Beginn an in der entgegengesetzten Richtung geflogen ist.

– *Erläutern Sie den Einfluss dieser Annahme auf das Ausmaß der Längenkontraktion.*

(10 + 10 Punkte)

Teilaufgabe 3: Zeitdilatation und Längenkontraktion in der SRT

Erkenntnisse der SRT sind nicht nur bei klassischen Realexperimenten zu berücksichtigen, etwa beim Verständnis verschiedener Experimente mit Teilchenbeschleunigern, sondern auch bei komplexen technischen Systemen wie etwa Satellitennavigationssystemen.

– *Geben Sie zwei weitere Realexperimente an, für deren Verständnis Ergebnisse der SRT zu berücksichtigen sind.*

Bei modernen Navigationssystemen wie beispielsweise GPS werden Funksignale zwischen Navigationsgerät (etwa im Auto oder Flugzeug) und mindestens drei im Erdorbit befindlichen Satelliten (für die drei Raumkoordinaten x, y und z) ausgetauscht (von den Satelliten in Richtung des Navigationsgeräts). Die Signallaufzeiten dienen als Navigationsgrundlage.

– *Erklären Sie qualitativ, warum solche Navigationssysteme zwingend das Phänomen der Zeitdilatation berücksichtigen müssen.*

Die für das Navigationssystem GPS notwendige zeitliche Genauigkeit wird innerhalb der Satelliten durch hochpräzise Atomuhren sichergestellt. Das GPS-Gerät des Empfängers (das sich beispielsweise in einem Auto befindet) verfügt in der Regel jedoch über keine Atomuhr zur präzisen Zeitmessung.

– *Stellen Sie dar, wieso das Signal von vier anstelle von drei GPS-Satelliten präzisere Zeitmessungen am Ort des Empfängers ermöglicht.*

(7 Punkte)

Zugelassene Hilfsmittel:

- Physikalische Formelsammlung
- Taschenrechner (grafikfähiger Taschenrechner / CAS-Taschenrechner)
- Wörterbuch zur deutschen RechtschreibungAbiturklausur 3

Lösungen

Abiturklausur 1

Leistungskurs

Aufgabe: Experimentelle und theoretische Untersuchung von induktiven Vorgängen

Das Induktionsgesetz kann mit Differenzenquotienten gemäß

$$U_{\text{ind}} = \underbrace{-n \cdot B \cdot \frac{\Delta A}{\Delta t}}_{\text{1. Term}} \underbrace{- n \cdot A \cdot \frac{\Delta B}{\Delta t}}_{\text{2. Term}}$$

notiert werden. Dabei steht U_{ind} für die Induktionsspannung, n für die Windungszahl, B für die Stärke des magnetischen Feldes, A für die senkrecht vom Magnetfeld durchsetzte Fläche und t für die Zeit.

Teilaufgabe 1: Grundlagen zum Induktionsgesetz

a – *Erläutern Sie jeweils, welche Ursache für das Auftreten einer Induktionsspannung mit dem 1. bzw. 2. Term beschrieben wird.*

– *Beschreiben Sie jeweils ein Experiment, mit dem das Auftreten einer Induktionsspannung gemäß dem 1. bzw. 2. Term demonstriert werden kann.*

b In einem Gedankenexperiment gemäß ▶ **Abbildung 1** bewegt sich eine rechteckige, mit einem Voltmeter verbundene Leiterschleife der Breite b mit konstanter Geschwindigkeit v von links nach rechts vollständig durch ein räumlich begrenztes homogenes Magnetfeld der Stärke B.

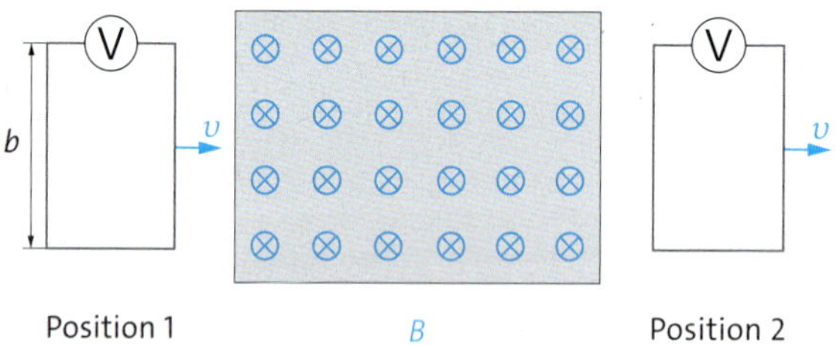

Abbildung 1 Schema des Gedankenexperiments

▶ **Abbildung 1** zeigt sowohl den Beginn des Gedankenexperiments zum Zeitpunkt $t = 0$ (Position 1) sowie das Ende (Position 2) der zu betrachtenden Bewegung.

Zeichnen Sie ein qualitatives t-U_{ind}-Diagramm dieses Gedankenexperiments.

c Das Auftreten einer von null verschiedenen Induktionsspannung beim Eintritt einer Leiterschleife in ein räumlich begrenztes homogenes Magnetfeld gemäß ▶ **Abbildung 1** kann quantitativ mithilfe des oben angegebenen Induktionsgesetzes beschrieben werden.

- *Begründen Sie, dass dafür eine Vereinfachung des angegebenen Induktionsgesetzes zu $U_{ind} = -B \cdot \frac{\Delta A}{\Delta t}$ verwendet werden kann.*
- *Zeigen Sie, dass sich daraus $U_{ind} = -v \cdot B \cdot b$ herleiten lässt*

(6 + 4 + 5 Punkte)

Teilaufgabe 2: Fahrbahn-Versuche zum Induktionsgesetz

Im Folgenden wird das Gedankenexperiment gemäß ▶ **Abbildung 1** in einem Realexperiment untersucht (siehe ▶ **Abbildung 2a**).

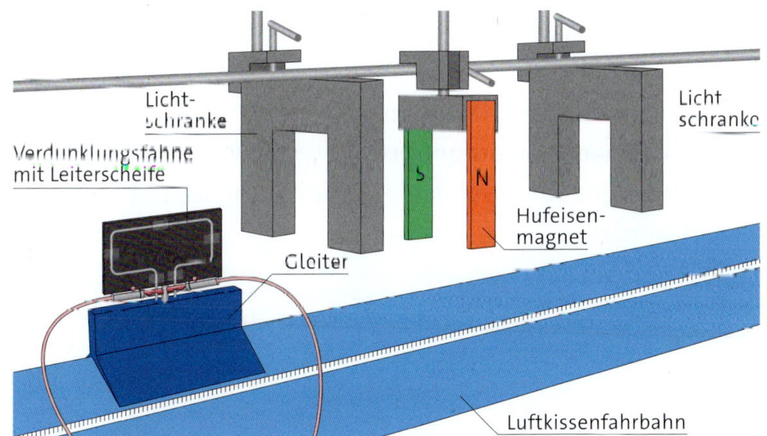

Abbildung 2a Aufbau des Realexperiments mit einer Leiterschleife

▶ **Abbildung 2a** zeigt den konkreten Aufbau mit einer Luftkissenfahrbahn, einem Gleiter mit Verdunklungsfahne und Leiterschleife, einem Hufeisenmagneten und zwei Lichtschranken. Die Leiterschleife befindet sich auf einem Gleiter, der sich auf der Luftkissenfahrbahn bewegt. Die Luftkissenfahrbahn dient dazu, eine gleichförmige Bewegung zu realisieren. Zwischen den Lichtschranken ist gemäß ▶ **Abbildung 2a** der Hufeisenmagnet angebracht. Der Gleiter bewegt sich durch den Hufeisenmagneten und die Lichtschranken hindurch. Die Lichtschranken messen jeweils eine Verdunklungszeit Δt.

▸ **Abbildung 2b** zeigt den Gleiter samt Verdunklungsfahne der Länge Δl, auf der eine Leiterschleife mit der Breite b und der Länge d angebracht ist.

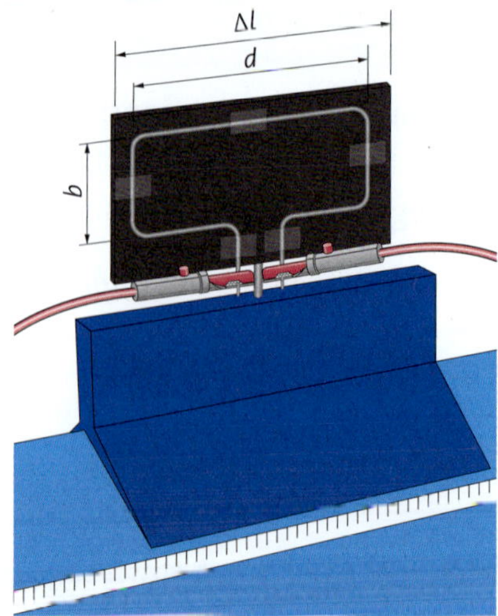

Abbildung 2b Gleiter mit Verdunklungsfahne und Leiterschleife

Bei Kenntnis der Länge Δl der Verdunklungsfahne lässt sich durch das Messen der Verdunklungszeit Δt der Geschwindigkeitsbetrag v des Gleiters mittels $v = \frac{\Delta l}{\Delta t}$ berechnen.

a Die Leiterschleife ist an ein Messwerterfassungssystem angeschlossen, sodass der zeitliche Verlauf der elektrischen Spannung aufgezeichnet werden kann. ▸ **Abbildung 3** stellt das aufgenommene Spannungssignal dar, wobei die Verdunklungszeiten der beiden Lichtschranken gleich gemessen werden.

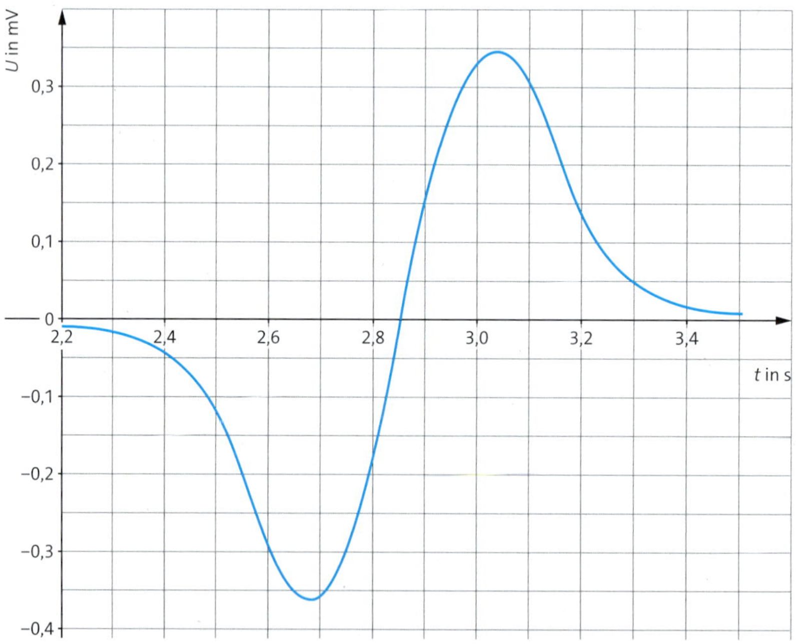

Abbildung 3 t-U-Diagramm

Beschreiben Sie das Diagramm in ▸ **Abbildung 3**.

b Die Leiterschleife bewegt sich entlang der x-Achse (vgl. ▶ **Abbildung 4**), wobei die Ortskoordinate $x = 0\,\text{cm}$ genau mittig zwischen den Schenkeln des Hufeisenmagneten liegt.

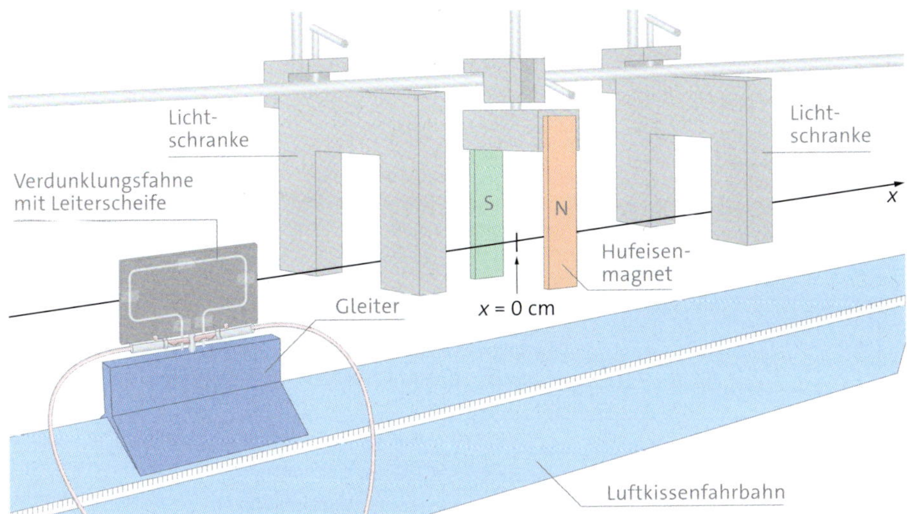

Abbildung 4 Realexperiment mit x-Achse

Das Magnetfeld des Hufeisenmagneten wird im Folgenden zwischen den Schenkeln ($-1{,}5\,\text{cm} \leq x \leq 1{,}5\,\text{cm}$) näherungsweise als homogen angenommen. Außerhalb der Schenkel ist das Magnetfeld inhomogen. ▶ **Abbildung 5a** stellt die Stärke B des Magnetfeldes in Abhängigkeit vom Ort x dar.

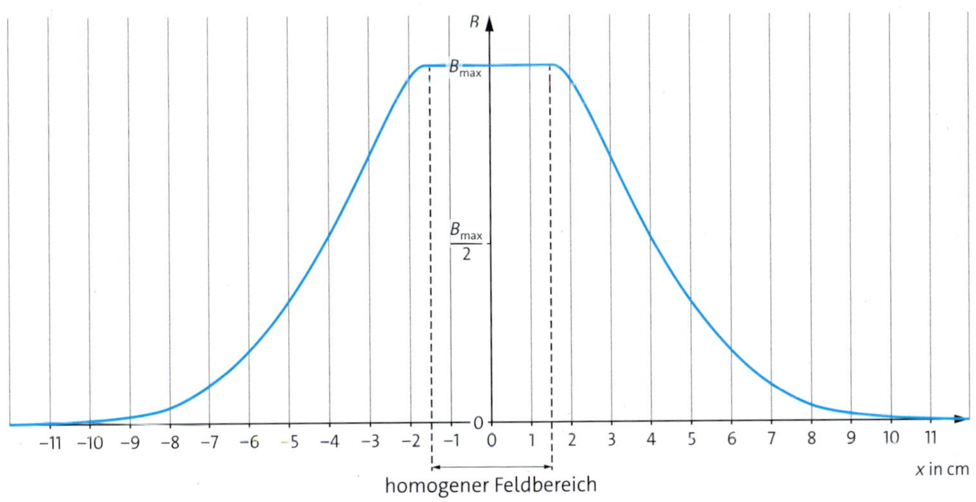

Abbildung 5a Stärke B des magnetischen Feldes in Abhängigkeit vom Ort x

Die ▶ **Abbildungen 5b** und **5c** zeigen die sich von links nach rechts bewegende Leiterschleife an zwei verschiedenen Positionen

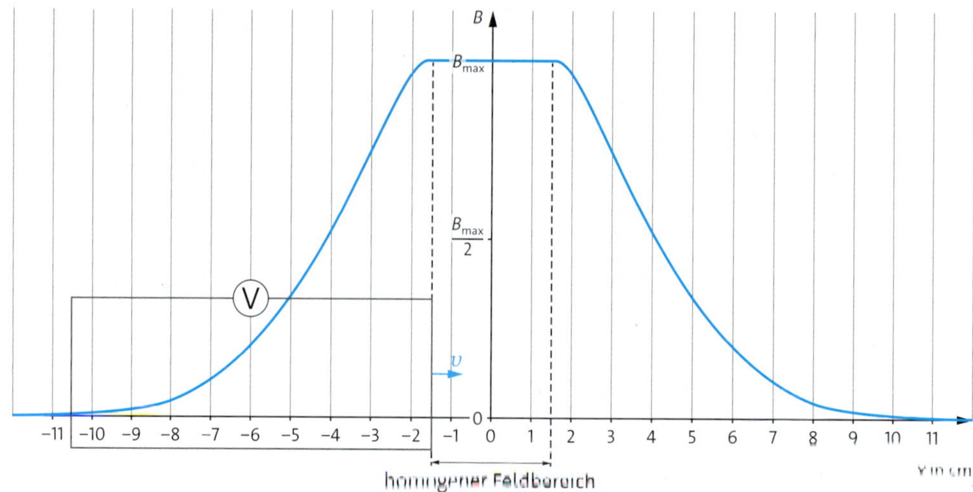

Abbildung 5b Eintritt des rechten Leiterstücks der Leiterschleife in das homogene Feld

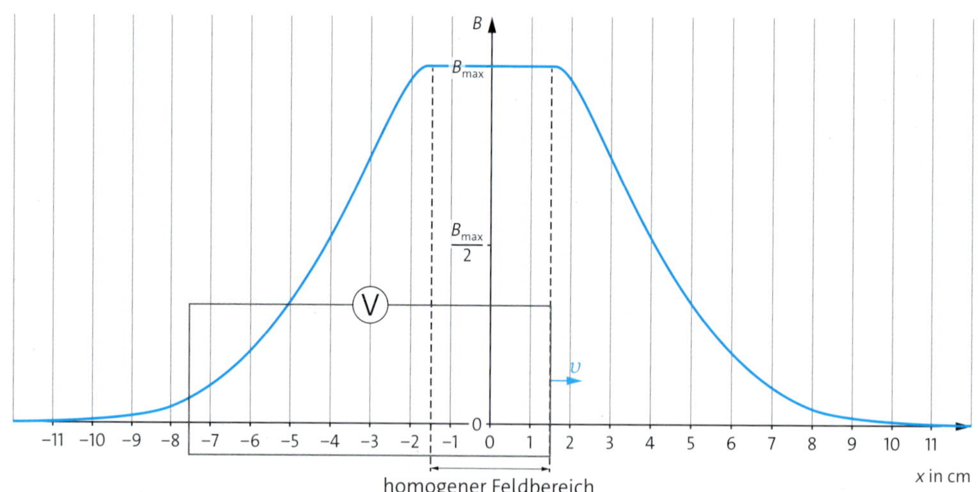

Abbildung 5c Austritt des rechten Leiterstücks der Leiterschleife aus dem homogenen Feld

Bei der Bewegung der Leiterschleife von links nach rechts (vgl. ▶ **Abbildungen 5b** und **5c**) wirkt jeweils im rechten und linken Leiterstück eine Lorentzkraft. Damit kann die Stärke des gemessenen Spannungssignals erklärt werden.

- *Erklären Sie mithilfe eines Vergleichs der Lorentzkraft im rechten und linken Leiterstück, dass in* ▶ **Abbildung 5b** *das gemessene Spannungssignal höher ist als in* ▶ **Abbildung 5c**.
- *Begründen Sie, dass die gemessene Spannung kleiner wird, wenn sich das rechte Leiterstück durch den homogenen Feldbereich bewegt.*
- *Erläutern Sie, dass die Spannung mit* $U = 0$ mV *gemessen wird, wenn sich die Mitte der Leiterschleife genau in der Mitte des homogenen Feldbereichs befindet.*

Das Spannungssignal gemäß ▶ **Abbildung 3** verändert sich, wenn im Experiment eine Leiterschleife mit der halben Länge $d = 4{,}5\,\text{cm}$ (statt $d = 9{,}0\,\text{cm}$) verwendet wird. Dabei kann davon ausgegangen werden, dass die Breite b gleich ist, die Lichtschranken weiterhin die gleichen Verdunklungszeiten wie in 2a) messen und sich die Mitte der kürzeren Leiterschleife zum selben Zeitpunkt in der Mitte des homogenen Feldbereichs befindet.

– *Skizzieren Sie in* ▶ **Abbildung 3** *das veränderte Spannungssignal.*

c In ▶ **Abbildung 6** sind vier t-U-Diagramme und die dazugehörigen Verdunklungszeiten Δt dargestellt. Dabei hat sich die Leiterschleife jeweils gleichförmig durch den Hufeisenmagneten bewegt.

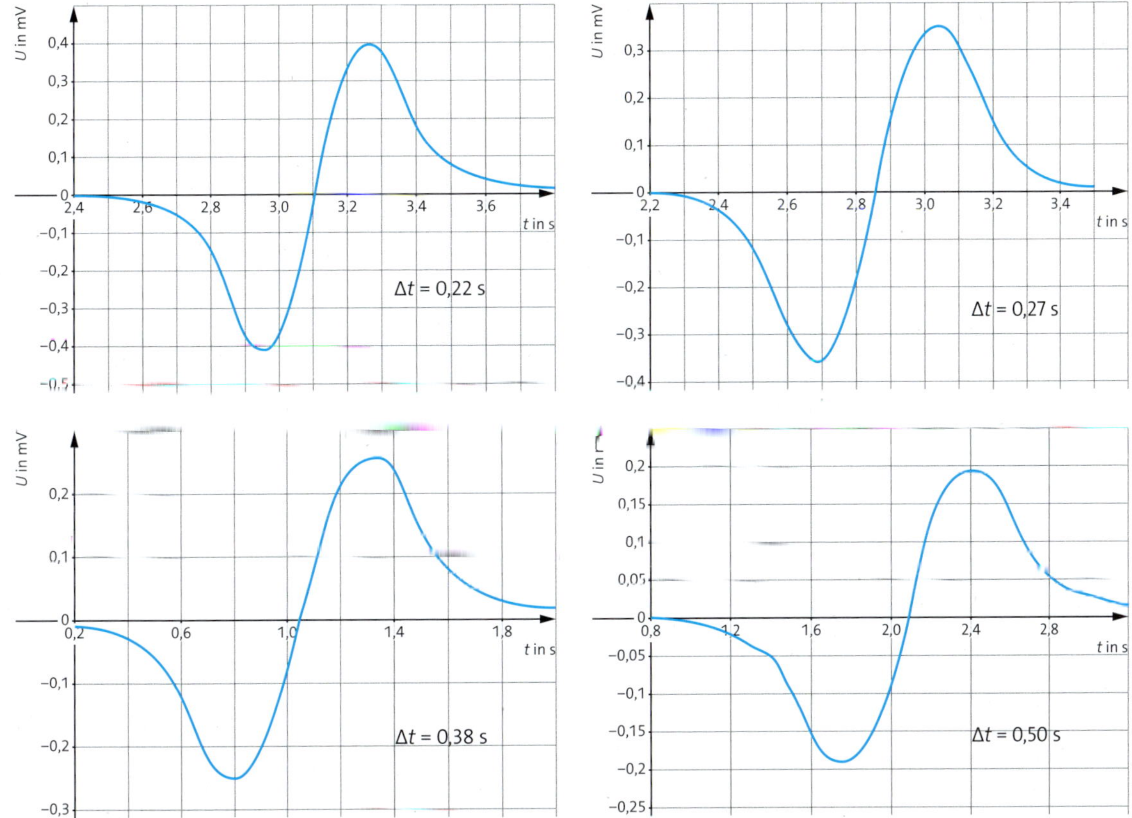

Abbildung 6 t-U-Diagramme

U_{max} beschreibt den maximalen Betrag des Spannungssignals ohne Berücksichtigung des Vorzeichens. Die maximale Stärke B_{max} des magnetischen Feldes im homogenen Bereich kann für die verwendete Leiterschleife näherungsweise mittels $U_{max} = v \cdot B_{max} \cdot b$ ermittelt werden. Die Breite der Leiterschleife beträgt dabei $b = 3{,}2\,\text{cm}$ und die Länge der Verdunklungsfahne $\Delta l = 10\,\text{cm}$.

- *Bestimmen Sie für jedes Diagramm gemäß* ▶ **Abbildung 6** *den Betrag der maximalen Induktionsspannung U_{max} sowie den Geschwindigkeitsbetrag v des Gleiters.*
  Hinweis: Berücksichtigen Sie dabei die unterschiedlichen Skalierungen der *U*-Achsen.
- *Zeichnen Sie ein v-U_{max}-Diagramm.*
- *Ermitteln Sie anhand einer grafischen Auswertung des v-U_{max}-Diagramms die Stärke B_{max} des magnetischen Feldes.*

d Der Versuchsaufbau wird gemäß ▶ **Abbildung 7a** durch einen weiteren Hufeisenmagneten ergänzt. Die zweite Lichtschranke ist dabei der Übersichtlichkeit halber nicht mehr dargestellt. Der Gleiter samt rechteckiger Leiterschleife bewegt sich gleichförmig von links nach rechts. ▶ **Abbildung 7b** zeigt das dabei aufgenommene *t*-*U*-Diagramm.

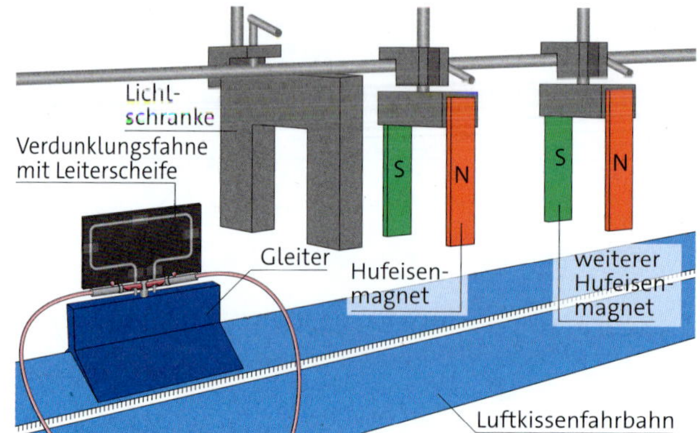

Abbildung 7a *Versuchsaufbau inklusive eines weiteren Hufeisenmagneten*

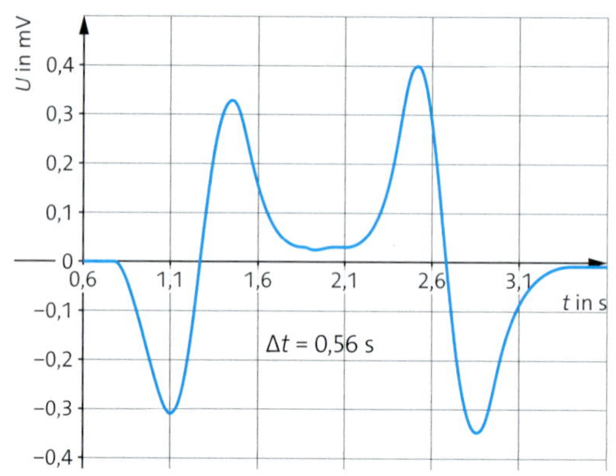

Abbildung 7b *t*-*U*-Diagramm

- *Erläutern Sie mithilfe von* ▶ **Abbildung 7b**, *wie der ergänzte Magnet gepolt ist und welcher der beiden Magnete eine größere Stärke B des magnetischen Feldes aufweist.*

Dem Diagramm in ▶ **Abbildung 7b** kann man zwei Nulldurchgänge des Spannungssignals entnehmen. Bei einem Nulldurchgang muss die Mitte der Leiterschleife genau mittig zwischen den Schenkeln eines Hufeisenmagneten sein (vgl. ▶ **Aufgabenteil 2b**).

- *Bestimmen Sie mithilfe von* ▶ **Abbildung 7b** *den Abstand D zwischen den Mitten der beiden Hufeisenmagneten.*

e Nachfolgend wird das Experiment abermals verändert. Unter den gleichnamigen Polen der beiden Hufeisenmagneten werden jeweils quaderförmige Eisenkerne so angebracht, dass zwischen ihnen ein Spalt ist (vgl. ▶ **Abbildung 8a**). ▶ **Abbildung 8b** zeigt das aufgenommene *t*-*U*-Diagramm, wenn sich der Gleiter abermals gleichförmig von links nach rechts bewegt.

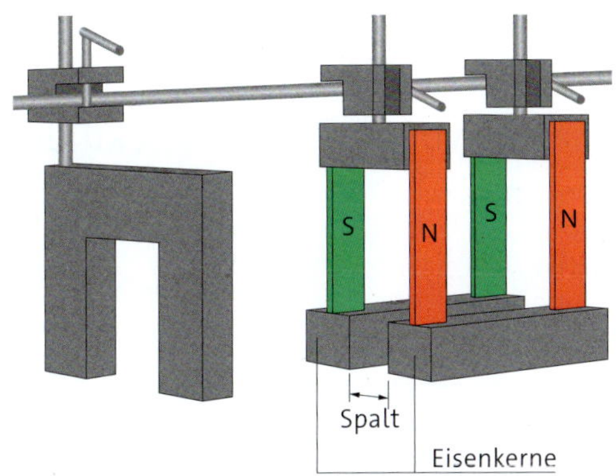

Abbildung 8a Versuchsaufbau inklusive eines weiteren Hufeisenmagneten

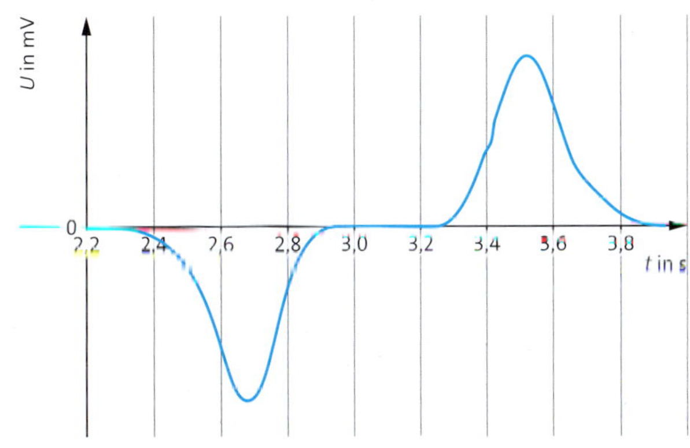

Abbildung 8b *t*-*U*-Diagramm

Die Leiterschleife bewegt sich dabei durch den Spalt zwischen den beiden Eisenkernen.

- *Vergleichen Sie den zeitlichen Verlauf der Spannung in* ▶ **Abbildung 3** *und* ▶ **Abbildung 8b**.
- *Erklären Sie die mit annähernd* $U = 0$ *gemessene Spannung im Zeitintervall von* $t = 2{,}96\,\text{s}$ *bis* $t = 3{,}24\,\text{s}$ *in* ▶ **Abbildung 8b**.

(*4 + 16 + 15 + 8 + 7 Punkte*)

Zugelassene Hilfsmittel:

- Physikalische Formelsammlung
- Taschenrechner (grafikfähiger Taschenrechner / CAS-Taschenrechner)
- Wörterbuch zur deutschen Rechtschreibung

Lösungen

Abiturklausur 2

Leistungskurs

Aufgabe: Welleneigenschaften von Farbstoffmolekülen

Teilaufgabe 1: Materiewellen

a Die ▶ **Abbildungen 1a** und **1b** zeigen Momentaufnahmen aus einer Simulation zur Ausbreitung von Wellen. In ▶ **Abbildung 1a** trifft eine von links einlaufende ebene Welle der Wellenlänge λ auf einen Spalt der Breite $b \approx \lambda$. In ▶ **Abbildung 1b** ist hingegen $b > \lambda$.

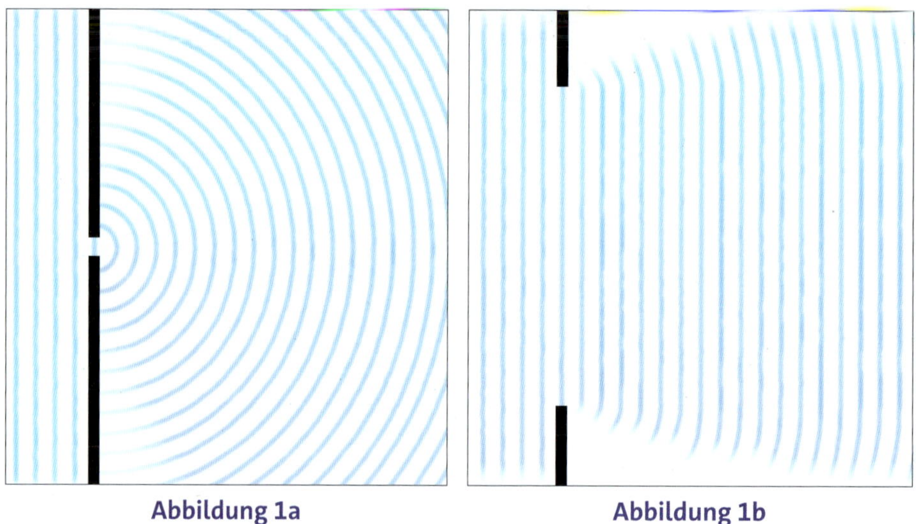

Abbildung 1a **Abbildung 1b**

- *Nennen Sie die Aussagen des Huygens'schen Prinzips.*
- *Erläutern Sie mithilfe des Huygens'schen Prinzips die Ausbreitung der Wellen nach dem Durchtritt durch den jeweiligen Spalt und gehen Sie dabei insbesondere auf das Phänomen der Beugung ein.*

b Nach de Broglie kann man jedem Objekt der Masse m, das sich mit der Geschwindigkeit v bewegt, die Wellenlänge $\lambda = \frac{h}{m \cdot v}$ zuordnen, wobei h das Planck'sche Wirkungsquantum ist.

– *Berechnen Sie die Wellenlänge λ, die einem H_2-Molekül der Masse $m = 3{,}32 \cdot 10^{-27}\,\text{kg}$ mit der Geschwindigkeit = $200\,\frac{\text{m}}{\text{s}}$ zugeordnet werden kann.*

Anders als bei Lichtwellen muss man bei Beugungsexperimenten mit Materiewellen materiefreie Spaltöffnungen verwenden.

– *Geben Sie einen Grund dafür an, dass die Spaltöffnungen materiefrei sein müssen.*

– *Erläutern Sie mithilfe der* ▶ **Abbildungen 1a** *und* ▶ **1b**, *warum gemäß der De-Broglie-Beziehung die Welleneigenschaften von Materie nur bei Materieobjekten einer sehr geringen Masse m deutlich in Erscheinung treten können.*

c De Broglie hat die Beziehung $\lambda = \frac{h}{m \cdot v}$ im Wesentlichen durch Übertragung der damals seit Einstein bekannten Gleichung $\lambda_{Ph} = \frac{h}{m_{Ph} \cdot c}$ für Photonen (mit $c = v_{Ph}$) auf massebehaftete Objekte mit der Geschwindigkeit $v < c$ aufgestellt.

Leiten Sie die Einstein'sche Gleichung $\lambda_{Ph} = \frac{h}{m_{Ph} \cdot c}$ für Photonen her.

(7 + 9 + 4 Punkte)

Teilaufgabe 2: Ein Interferenzexperiment mit Farbstoffmolekülen

Im Jahr 2012 führte eine internationale Forschergruppe an der Universität Wien ein eindrucksvolles Experiment zur Untersuchung der quantenmechanischen Wellennatur von massereichen Farbstoffmolekülen durch. ▶ **Abbildung 2** zeigt den prinzipiellen Aufbau der Versuchsapparatur.

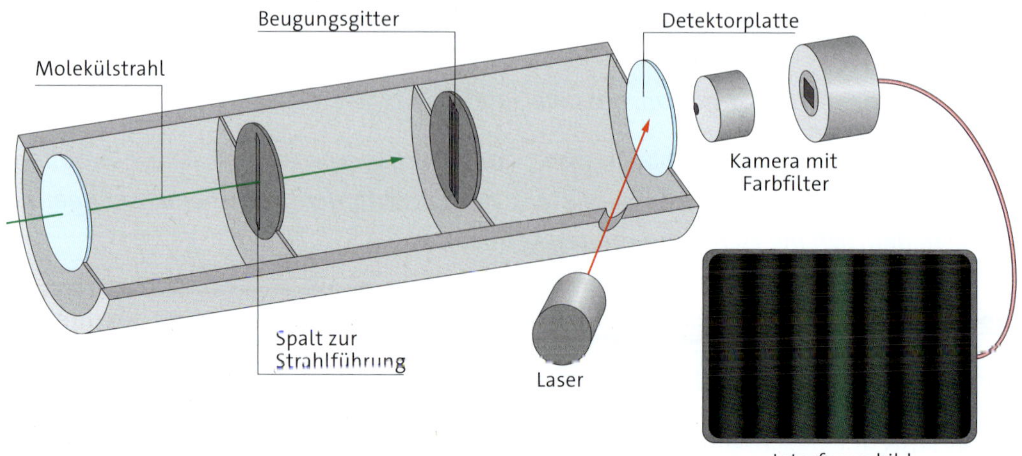

Abbildung 2 Versuchsaufbau zum Interferenzexperiment mit Farbstoffmolekülen

Ein horizontal ausgerichteter Strahl aus Farbstoffmolekülen einheitlicher Geschwindigkeit trifft dabei im Inneren einer Vakuumkammer auf ein Beugungsgitter mit der Gitterkonstante $g = 100\,\text{nm}$. Am Ende der Versuchsapparatur erreichen die Farbstoffmoleküle eine Detektorplatte, die sich im Abstand $a = 564\,\text{mm}$ hinter dem Beugungsgitter befindet. Mit einem Laser werden sie dort zum Leuchten angeregt. Eine Kamera, vor deren Objektiv ein Farbfilter angebracht ist, filmt das Interferenzbild auf der Detektorplatte.

a *Erläutern Sie qualitativ, wie es zur Entstehung der Interferenzmaxima auf der Detektorplatte kommt.*

b Für den Abstand d_n des Maximums n-ter Ordnung von dem Maximum nullter Ordnung gilt unter Berücksichtigung der Kleinwinkelnäherung $\sin(\alpha) \approx \tan(\alpha)$ der folgende Zusammenhang:

$$d_n = \frac{n \cdot \lambda \cdot a}{g}.$$

Dabei bezeichnet λ die den Farbstoffmolekülen zugeordnete Wellenlänge.

Leiten Sie den Zusammenhang mithilfe einer aussagekräftigen Skizze her.

c In einem ersten Versuch beträgt die Geschwindigkeit der Farbstoffmoleküle $v = 150\,\frac{\text{m}}{\text{s}}$.

▶ **Abbildung 3** zeigt die an der Detektorplatte registrierte Intensitätsverteilung des Interferenzmusters.

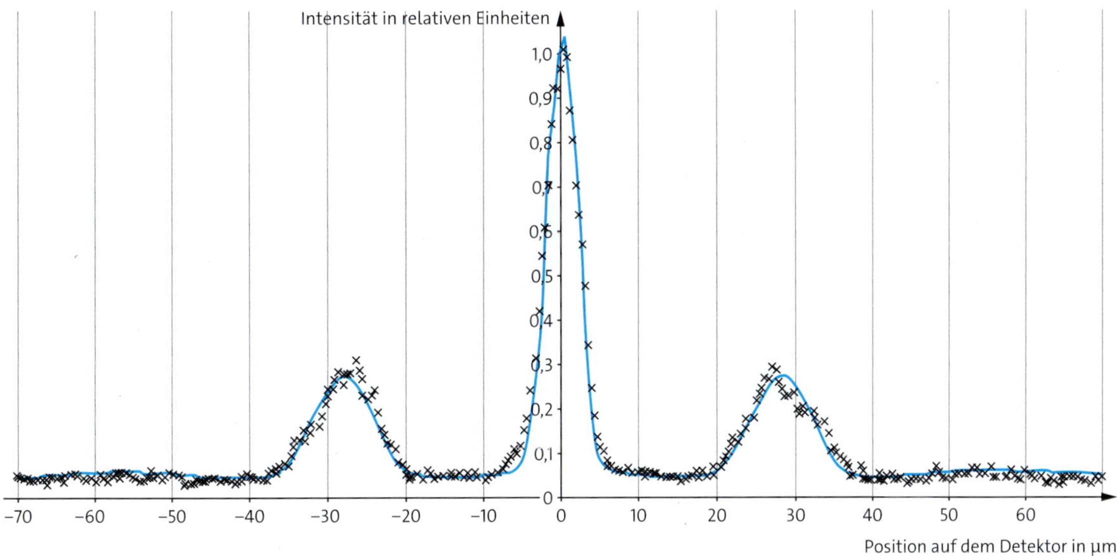

Abbildung 3 Intensitätsverteilung des Interferenzmusters

– *Bestimmen Sie mithilfe von* ▶ **Abbildung 3** *sowie dem Zusammenhang aus* ▶ **Aufgabenteil b** *und der De-Broglie-Beziehung die Masse m der Farbstoffmoleküle in dem Experiment.*

Die Geschwindigkeit v der im Experiment verwendeten Farbstoffmoleküle weist eine geringfügige Streuung Δv um den oben angegebenen Wert auf.

– *Erläutern Sie die Veränderung der beiden Maxima erster Ordnung für den Fall, dass die Streuung Δv verringert werden könnte.*

d ► **Abbildung 4** zeigt vier Momentaufnahmen aus dem Video, das die Kamera während der Versuchsdurchführung aufgenommen hat. Zu sehen ist jeweils der gleiche Ausschnitt der Detektorplatte zu verschiedenen aufeinanderfolgenden Zeitpunkten $t_1 < t_2 < t_3 < t_4$.

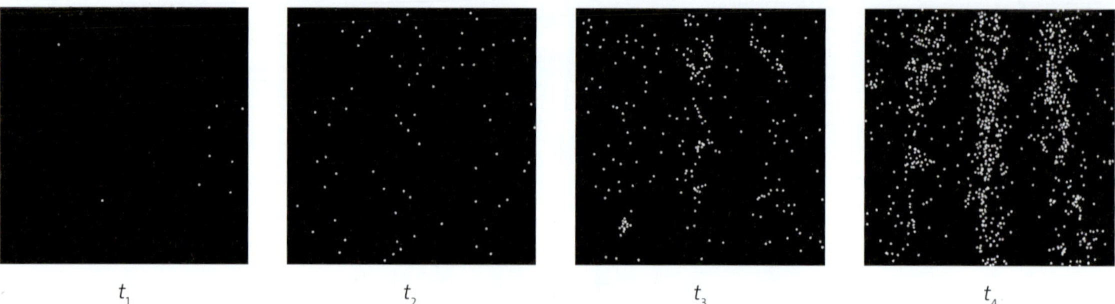

Abbildung 4: Interferenzmuster einzelner Farbstoffmoleküle zu vier verschiedenen Zeitpunkten (nachgestellt und verändert nach [1])

Beschreiben Sie die zeitliche Entwicklung des Interferenzmusters.

e In einer veränderten Version des Experiments besitzen die Farbstoffmoleküle deutlich unterschiedliche Geschwindigkeiten. In dem Strahl gibt es Farbstoffmoleküle aller Geschwindigkeiten v zwischen einem Minimalwert v_{min} und einem Maximalwert v_{max}. ► **Abbildung 5** zeigt das komplette Interferenzmuster auf der Detektorplatte. Der Pfeil veranschaulicht die Richtung der auf die Farbstoffmoleküle wirkenden Gravitationskraft F_G.

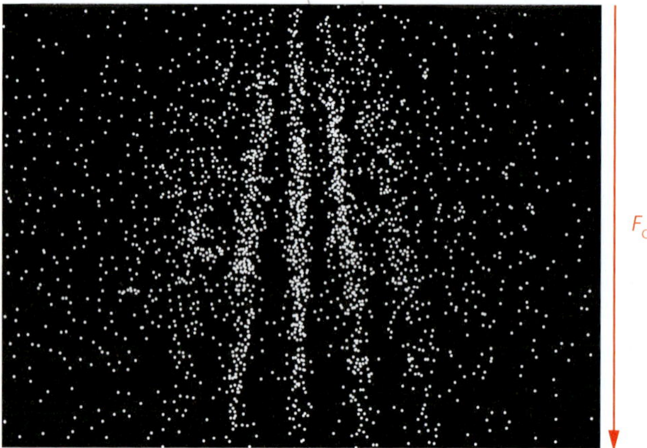

Abbildung 5 Komplettes Interferenzmuster bei großer Geschwindigkeitsstreuung (nachgestellt und verändert nach [1])

Die Wissenschaftlerinnen und Wissenschaftler schreiben in der Veröffentlichung des Fotos: „Wir können [...] die Geschwindigkeit der Moleküle ableiten, da die Beugung den Molekülstrahl in horizontaler Richtung ausbreitet und die Gravitationskraft dazu führt, dass die Höhe h auf der Detektorplatte von der Geschwindigkeit v des Moleküls abhängt."[1]

1 T. Juffmann et al.: „Real-time single-molecule imaging of quantum interference", in: nature nanotechnology, Vol. 7 (2012), S. 299

- *Erklären Sie mithilfe des Zitats die nicht parallel verlaufenden Interferenzstreifen für die Maxima erster Ordnung.*
- *Weisen Sie anhand von* ▶ **Abbildung 5** *nach, dass die Geschwindigkeit v_{max} der schnellsten Farbstoffmoleküle etwa doppelt so groß ist wie die Geschwindigkeit v_{min} der langsamsten Farbstoffmoleküle.*
- *Beschreiben Sie das Muster, das man bei einer Versuchsdurchführung in Schwerelosigkeit beobachten würde.*

(3 + 6 + 8 + 3 + 9 Punkte)

Teilaufgabe 3: Detektion von Farbstoffmolekülen mittels eines Lasers

Der Laser, der zur Anregung der Farbstoffmoleküle verwendet wird, sendet monochromatisches Licht der Wellenlänge $\lambda_L = 661\,nm$ aus. Der Laser leuchtet die Detektorplatte homogen aus. Absorbiert ein Farbstoffmolekül auf der Detektorplatte ein Photon des Laserlichts, so nimmt es die Photonenenergie auf und gibt die aufgenommene Energie anschließend in Form eines Photons und in Form von Wärme wieder ab.

a ▶ **Abbildung 6** zeigt einen Ausschnitt des Emissionsspektrums der in dem Experiment verwendeten Farbstoffmoleküle.

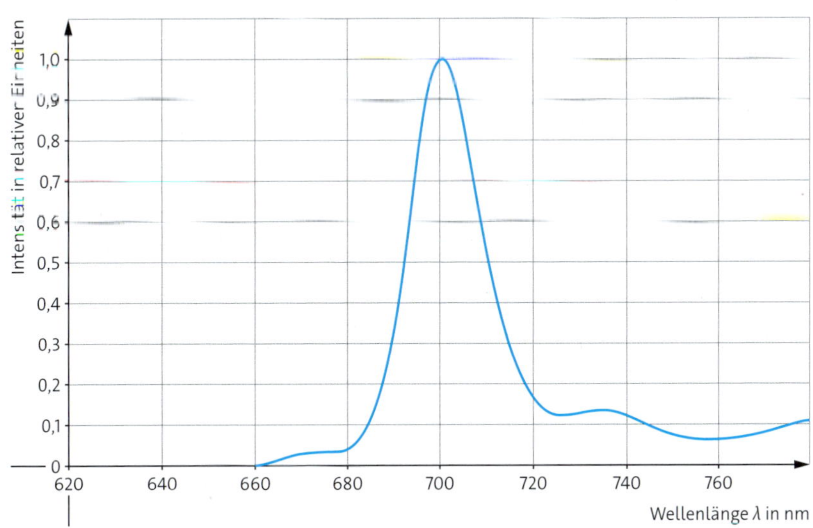

Abbildung 6 Ausschnitt aus dem Emissionsspektrum der im Experiment verwendeten Farbstoffmoleküle

Der sichtbare Teil des elektromagnetischen Spektrums entspricht dem Wellenlängenbereich $400\,nm \leq \lambda \leq 780\,nm$.

- *Geben Sie die Farbe an, die dem in* ▶ **Abbildung 6** *dargestellten Wellenlängenbereich zugeordnet werden kann.*
- *Begründen Sie, weshalb die Farbstoffmoleküle kein Licht in anderen Farben des sichtbaren Spektrums emittieren.*

Für die Filmaufnahme wird ein Farbfilter vor dem Objektiv der Kamera angebracht. Dieser absorbiert das Laserlicht der Wellenlänge $\lambda_L = 661\,nm$ und lässt nur Licht aus einem kleinen Wellenlängenbereich um $\lambda = 700\,nm$ passieren.

- *Erläutern Sie den Zweck des Farbfilters für die Filmaufnahme.*

b Die Strahlungsleistung, d. h. die pro Zeiteinheit emittierte Energie des Lasers, beträgt $P_L = 50\ \frac{mJ}{s}$.

Berechnen Sie die Anzahl der pro Sekunde vom Laser emittierten Photonen.

c Das monochromatische Licht des Lasers wird zum Teil auch an der Detektorplatte reflektiert und trifft anschließend auf die Metallwand der Vakuumkammer. Durch den Photoeffekt können dort freie Elektronen erzeugt werden.

– *Geben Sie an, welche Bedingung das Metall dafür erfüllen muss.*

Das Licht zweier verschiedener Laser, die im Folgenden als Laser 1 und Laser 2 bezeichnet werden, trifft nacheinander auf die Metallwand. Beide Laser haben die gleiche Strahlungsleistung P_L, aber Laser 1 emittiert pro Sekunde weniger Photonen als Laser 2.

– *Entscheiden Sie begründet bei jeder der beiden Aussagen A und B, ob diese richtig bzw. falsch ist.*

Aussage A: Wenn Laser 1 den Photoeffekt in der Metallwand nicht auslöst, dann löst auch Laser 2 den Photoeffekt dort nicht aus.

Aussage B: Wenn Laser 1 den Photoeffekt in der Metallwand auslöst, dann löst auch Laser 2 den Photoeffekt dort aus.

(7 + 3 + 6 Punkte)

Zugelassene Hilfsmittel:

- Physikalische Formelsammlung
- Taschenrechner (grafikfähiger Taschenrechner / CAS-Taschenrechner)
- Wörterbuch zur deutschen Rechtschreibung

Abiturklausur 3

Leistungskurs

Lösungen

Aufgabe: Nachweis und Eigenschaften extrem seltener Elemente

Insgesamt 10 chemische Elemente waren bereits in der Antike bekannt und bis zum Ende des 19. Jahrhunderts wurden 73 weitere chemische Elemente entdeckt. Zwar gelang in der zweiten Hälfte des 19. Jahrhunderts eine immer bessere Sortierung dieser Elemente aufgrund ihrer Atommasse und wiederkehrender ähnlicher chemischer Eigenschaften, aber es fehlte dem damals noch unvollständigen Periodensystem eine zuverlässige „Nummerierung" dieser Elemente. Erst zu Beginn des 20. Jahrhunderts gelang es Physikerinnen und Physikern, durch die Entwicklung erklärungsstarker Atommodelle und neuer experimenteller Methoden die Reihenfolge der Elemente im Periodensystem durch ihre „Ordnungszahl Z" eindeutig festzulegen. Einen wesentlichen Beitrag dazu lieferte die zu dieser Zeit entwickelte Röntgenspektroskopie.

Teilaufgabe 1: Physikalische Grundlagen der Röntgenspektroskopie

a Röntgenstrahlung wird in dafür optimierten Vakuumröhren erzeugt.

- *Zeichnen Sie eine beschriftete Skizze zum Aufbau einer Röntgenröhre sowie ihrer elektrischen Beschaltung.*
- *Erläutern Sie die Funktionsweise einer Röntgenröhre, ohne dabei auf die atomaren Prozesse der Erzeugung der Röntgenstrahlung einzugehen*

b ▸ **Abbildung 1** zeigt ein typisches Röntgenspektrum. Es besitzt zwei spektrale Anteile: das kontinuierliche Spektrum der Bremsstrahlung sowie die Linien der charakteristischen Röntgenstrahlung.

Erklären Sie die Entstehung der Bremsstrahlung sowie der charakteristischen Röntgenstrahlung anhand der zugehörigen elementaren Prozesse sowie einer geeigneten Modellvorstellung vom atomaren Aufbau des Anodenmaterials.

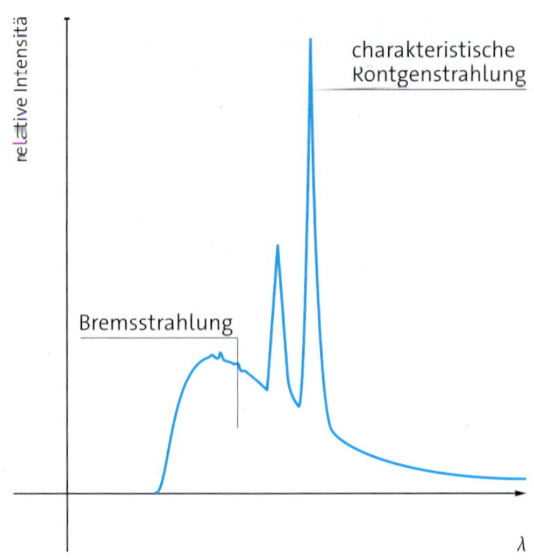

Abbildung 1 Spektrum einer Röntgenröhre
(nachempfunden und verändert nach LD Handblätter Physik, Nr. P.6.3.3.1, © LEYBOLD / LD DIDACTIC GmbH/www.ld-didactic.de, Hürth)

c Eine einfache Möglichkeit der Aufnahme eines Röntgenspektrums ist die Drehkristallmethode. ▶ **Abbildung 2** zeigt einen typischen Aufbau zur Durchführung dieser Messmethode.

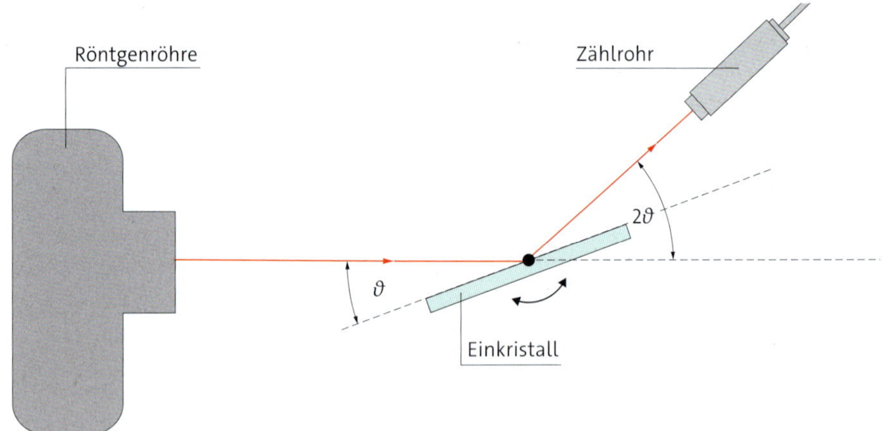

Abbildung 2 Drehkristallmethode zur Aufnahme eines Röntgenspektrums

Bei der Messung des Röntgenspektrums mit dieser Methode trifft die gebündelte Strahlung unter einem Winkel ϑ auf einen Einkristall, dessen Oberfläche parallel zu seinen Netzebenen verläuft. Unter dem Winkel 2ϑ zur Einfallsrichtung der Röntgenstrahlung misst ein Zählrohr die vom Einkristall gestreute Strahlung. Für die Wellenlänge λ der dort nachgewiesenen Röntgenstrahlung gilt die sogenannte Bragg-Bedingung:

$$n \cdot \lambda = 2 \cdot d \cdot \sin\vartheta \quad \text{mit} \quad n = 1, 2, 3, \ldots$$

Dabei bezeichnet d den Abstand benachbarter Netzebenen des Einkristalls.

– *Leiten Sie die Bragg-Bedingung anhand einer geeigneten Skizze her.*

Bei der Messung eines Röntgenspektrums mit einem typischen Schulröntgengerät wird bei der Drehkristallmethode der Einkristall in gleichmäßigen Drehschritten $\Delta\vartheta$, beginnend bei kleinen Winkeln bis zu $\vartheta = 45°$, bewegt. Das Zählrohr wird dabei entsprechend um den doppelten Drehwinkel mitgeführt. Nach jedem Drehschritt wird für eine immer gleiche Zeit Δt die Zahl der Strahlungsereignisse im Zählrohr gemessen und für den jeweiligen Winkel ϑ registriert.

– *Erklären Sie, warum für die Aufnahme eines Röntgenspektrums bei jedem Messwert die Messzeit Δt gleich sein muss.*

Bei einer konkreten Messung mit einem LiF-Kristall (Netzebenenabstand $d = 0{,}201\,\text{nm}$) beträgt die Drehschrittweite $\Delta\vartheta = 0{,}2°$. Die Messung beginnt bei $\vartheta = 3{,}0°$.

– *Geben Sie an, wie viele Messpunkte bei dieser Messung erfasst werden.*

– *Zeigen Sie, dass bei dieser Messung in erster Ordnung $n = 1$ der Wellenlängenbereich zwischen $\lambda_{\text{min.}} = 2{,}10 \cdot 10^{-11}\,\text{m}$ und $\lambda_{\text{max.}} = 2{,}84 \cdot 10^{-10}\,\text{m}$ abgedeckt wird.*

Die Messung erfolgt bei einer Beschleunigungsspannung an der Röntgenröhre von $U_B = 25{,}0\,\text{kV}$.

– *Untersuchen Sie begründet, ob das kurzwellige Ende des Röntgenspektrums unter den Bedingungen dieser Messung erfasst werden kann.*

(6 + 4 + 14 Punkte)

Teilaufgabe 2: Sortierung des Periodensystems durch Bestimmung der Ordnungszahlen der Elemente

Nachdem sich in den 1910er-Jahren das Kern-Hülle-Atommodell etabliert hatte, gelang es, den Aufbau des Periodensystems mit der schrittweisen Auffüllung von Elektronenschalen in der Atomhülle zu verstehen. Die Ordnungszahl Z eines Elements bezeichnete dabei die Zahl der Elektronen in der Atomhülle und damit die Zahl der positiven Elementarladungen im Atomkern.

Anhand der zu dieser Zeit erstmals systematisch untersuchten charakteristischen Röntgenstrahlung verschiedener Elemente konnten die Energiedifferenzen zwischen den inneren Elektronenschalen eines Elements bestimmt werden. Damals wurde die heute noch verwendete Bezeichnung „K-, L-, M- ... Schale" für die inneren Elektronenschalen eines Atoms eingeführt.

a ▸ **Abbildung 3** zeigt das Spektrum der Röntgenstrahlung des Kupfers. Die beiden Linien in dem Spektrum sind die K_α- und die K_β-Linie des Kupfers. Die genaue Wellenlänge der K_α-Linie in diesem Spektrum beträgt $\lambda_{K\alpha} = 0{,}154\,\text{nm}$. ▸ **Abbildung 4** zeigt das vereinfachte Niveauschema eines Atoms mit den Übergängen der charakteristischen Röntgenlinien.

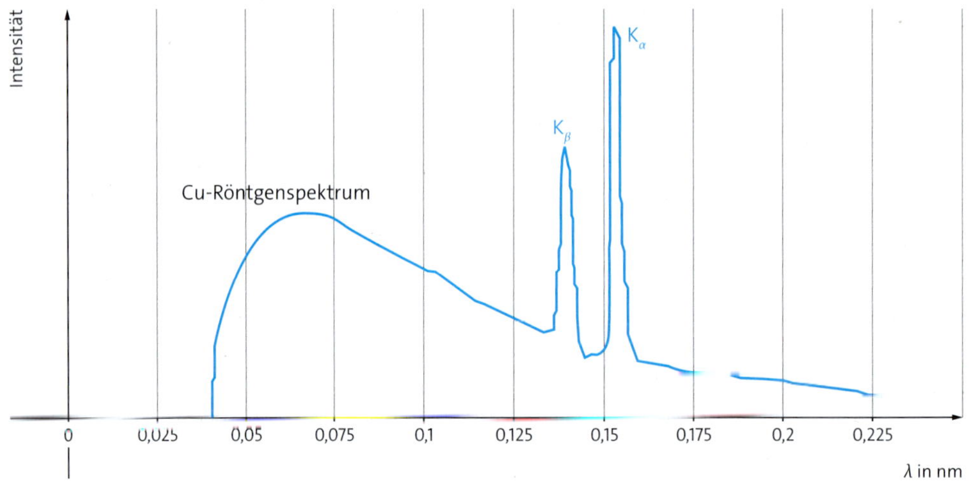

Abbildung 3 Röntgenspektrum des Kupfers

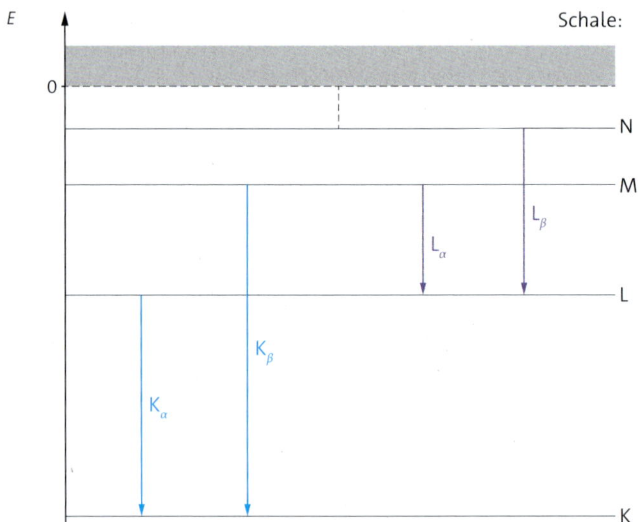

Abbildung 4 Vereinfachtes Niveauschema eines Atoms

Bestimmen Sie anhand von $\lambda_{K\beta}$ aus ▸ **Abbildung 3** *die Energiedifferenz zwischen der L-Schale und der M-Schale im Kupferatom in der Einheit* keV .

b Dem britischen Physiker H. Moseley gelang es bereits 1914 empirisch, den folgenden Zusammenhang zwischen den Wellenlängen der K_α-Röntgenlinien der chemischen Elemente (bis zum Zirkon) und deren Ordnungszahl Z zu finden:

$$\sqrt{\frac{1}{\lambda_{K\alpha}}} = \sqrt{C} \cdot (Z - 1)$$

Dabei bezeichnet $\sqrt{C}$ eine empirisch gefundene Proportionalitätskonstante mit der Maßeinheit $[\sqrt{C}] = \frac{1}{\sqrt{m}}$.

▶ **Tabelle 1** beinhaltet die von H. Moseley gemessenen Wellenlängen der K_α-Röntgenlinien einiger Elemente.

Element:	Aluminium	Kalzium	Chrom	Kobalt	Zink	Zirkon
Z:	13	20	24	27	30	40
$\lambda_{K\alpha}$ in m:	$8{,}36 \cdot 10^{-10}$	$3{,}37 \cdot 10^{-10}$	$2{,}30 \cdot 10^{-10}$	$1{,}80 \cdot 10^{-10}$	$1{,}45 \cdot 10^{-10}$	$0{,}794 \cdot 10^{-10}$

Tabelle 1 K_α-Röntgenlinien einiger Elemente
(Quelle: H. Moseley: The High-Frequency Spectra of the Elements, Part II, in: Phil.Mag 27, Taylor & Francis, London 1914, S. 703 ff.)

- *Zeigen Sie anhand einer grafischen Auswertung, dass die Messwerte in* ▶ **Tabelle 1** *den oben angegebenen Zusammenhang bestätigen.*
- *Bestimmen Sie anhand dieser grafischen Auswertung einen Wert für die Proportionalitätskonstante* $\sqrt{C}$.
- *Bestimmen Sie anhand dieser Auswertung und der Informationen aus* ▶ **Teilaufgabe 2a** *die Ordnungszahl Z von Kupfer.*

(4 +12 Punkte)

Teilaufgabe 3: Extrem seltene Elemente und ihre Entstehung

Aufgrund immer besserer chemischer Analyse- und Synthesemethoden sowie einer weiter verbesserten Röntgenspektroskopie gelang es bis 1930, fast alle chemischen Elemente mit einer Ordnungszahl kleiner als der des Wismut ($Z < 83$) in natürlich vorkommenden Mineralien zu entdecken und in das Periodensystem der Elemente einzusortieren. Lediglich die chemischen Elemente mit den Ordnungszahlen $Z = 43$ und $Z = 61$ konnten damals noch nicht nachgewiesen werden.

a Heute ist bekannt, dass das Element mit der Ordnungszahl $Z = 43$ (Technetium Tc) ausschließlich Isotope besitzt, welche radioaktiv zerfallen. ▶ **Abbildung 5** zeigt einen Ausschnitt aus einer heutigen Nuklidkarte.

– *Geben Sie die Zerfallsgleichungen der beiden Tc-Isotope mit den längsten Halbwertszeiten an.*

Ruthenium $Z = 44$	Ru-96 stabil	Ru-97 β+ 69,6 h	Ru-98 stabil	Ru-99 stabil	Ru-100 stabil	Ru-101 stabil
Technetium $Z = 43$	TC-95 β+ 20,0 h	Tc-96 β+ 4,28 d	Tc-97 β+ 2,60–10⁶ a	Tc-98 β– 4,20–10⁶ a	Tc-99 β– 2,11–10⁵ a	Tc-100 β– 15,8 s
Molybdän $Z = 42$	Mo-94 stabil	Mo-95 stabil	Mo-96 stabil	Mo-97 stabil	Mo-98 stabil	Mo-99 β– 65,9 h

Abbildung 5 Ausschnitt aus einer heutigen Nuklidkarte (nachempfunden und verändert nach Nuklidkarte_EGW.pdf)

Man nimmt an, dass bei der Entstehung der Erdmaterie vor etwa $t_E = 5{,}0 \cdot 10^9$ a eine gewisse Menge an Technetium mitentstanden ist.

– *Bestimmen Sie, welcher Anteil des Technetiumisotops mit der längsten Halbwertszeit nach „nur“ $\frac{1}{20}\,t_E$ von der ursprünglichen Menge noch existiert hat.*

Im Jahr 1937 wurde das Element Technetium erstmals aus einer Molybdän-Folie chemisch extrahiert und röntgenspektroskopisch identifiziert. Diese Molybdän-Folie war zuvor an einem Teilchenbeschleuniger über einen langen Zeitraum mit hochenergetischen Deuteriumkernen (^{2}H-Kernen) beschossen worden.

– *Geben Sie die Reaktionsgleichung einer möglichen Kernreaktion an, mit der ein Technetiumisotop in der Molybdän-Folie entstanden sein kann.*

Erst 24 Jahre später konnte das natürliche Vorkommen von Technetium in winzigen Spuren in Uranerzen nachgewiesen werden. Es entsteht dort infolge einer extrem selten vorkommenden Spontanspaltung (sf) eines ^{238}U-Kerns. ▶ **Abbildung 6** zeigt die Zerfallsgleichung dieses natürlichen Vorgangs sowie die daraus resultierende Zerfallsreihe bis zum Technetium. Die in der Zerfallsreihe angegebenen Zeiten sind die Halbwertszeiten der entsprechenden Nuklide.

$$^{238}_{92}\mathrm{U} \xrightarrow{\text{sf}} {}^{137}_{53}\mathrm{I} + {}^{99}_{39}\mathrm{Y} + 2\,{}^{1}_{0}\mathrm{n}$$

$$^{99}_{39}\mathrm{Y} \xrightarrow[1{,}47\,\mathrm{s}]{\beta^-} {}^{99}_{40}\mathrm{Zr} \xrightarrow[2{,}1\,\mathrm{s}]{\beta^-} {}^{99}_{41}\mathrm{Nb} \xrightarrow[15{,}0\,\mathrm{s}]{\beta^-} {}^{99}_{42}\mathrm{Mo} \xrightarrow[65{,}94\,\mathrm{h}]{\beta^-} {}^{99}_{43}\mathrm{Tc}$$

Abbildung 6 Entstehung von Technetium in der Natur

– *Erklären Sie qualitativ, warum zwar das* ^{99}Tc *im Uranerz nachweisbar ist, die anderen Nuklide der Zerfallsreihe aus* ▶ **Abbildung 6** *jedoch nicht.*

b Genauso wie Technetium besitzt auch das Element mit Z = 61 (Promethium Pm) keine stabilen Isotope. Die Pm-Isotope mit den längsten Halbwertszeiten sind:

Isotop:	^{145}Pm	^{146}Pm	^{147}Pm
Halbwertszeit t_H:	17,71 a	5,534 a	2,625 a

Tabelle 2 Pm-Isotope mit den längsten Halbwertszeiten

Dieses Element wurde erst 1947 im Zuge der chemischen Untersuchung der Spaltprodukte aus den ersten Kernreaktoren entdeckt. ▶ **Abbildung 7** zeigt die relative Häufigkeit *H* der Spaltprodukte eines typischen Kernreaktors als Funktion von deren Massenzahl *A*.

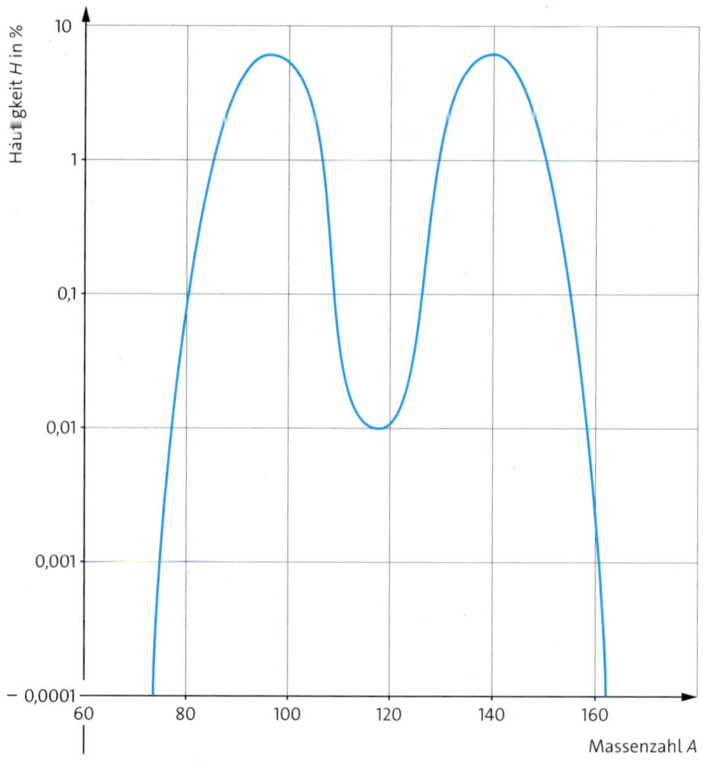

Abbildung 7 Relative Häufigkeit der Spaltprodukte bei der Kernspaltung von ^{235}U (nachempfunden nach www.kernd.de/kernd-wAssets/docs/service/018basiswissen.pdf, S. 34 (verändert))

– *Beurteilen Sie anhand von* ▶ **Abbildung 7** *qualitativ die relative Häufigkeit, mit der das Element Promethium in den Spaltprodukten eines Kernreaktors zu erwarten ist.*

Im Vergleich zum Element Technetium ist das Element Promethium in der Erdkruste noch einmal deutlich seltener anzutreffen. Es entsteht auf natürlichem Wege in Uranerzen durch einen ähnlichen Spalt- und Zerfallsmechanismus wie in ▶ **Abbildung 6**. Man geht heute davon aus, dass es in der ganzen Erdkruste insgesamt lediglich $m = 0{,}570\,\text{kg}$ Promethium natürlichen Ursprungs gibt. Es handelt sich dabei praktisch ausschließlich um das Isotop ^{147}Pm.

– *Bestimmen Sie die Gesamtaktivität A_{ges} des natürlichen Promethiums in der Erdkruste in der Einheit* Bq .

Hinweis: Sie können davon ausgehen, dass 147 g natürliches Promethium etwa $6{,}02 \cdot 10^{23}$ Pm-Atomen entsprechen.

(12 + 7 Punkte)

Teilaufgabe 4: Das extraterrestrische Vorkommen von Promethium

Heute ist bekannt, dass Promethium auf der Erde und damit wahrscheinlich auch in unserem Sonnensystem nur in verschwindend geringen Mengen natürlich vorkommt.
Durch Untersuchungen der optischen Absorptionsspektren einiger sehr spezieller Sterne weiß man heute aber auch, dass Promethium sowie die im Periodensystem benachbarten Elemente im Bereich der Oberfläche und der nahen Umgebung dieser Sterne in messbarer Menge vorhanden sind. Das Alter dieser seltenen speziellen Sterne ist etwa dem unserer Sonne vergleichbar (ca. $5 \cdot 10^9$ a).

a *Begründen Sie qualitativ, dass der Nachweis des Promethiums in diesen Sternen nur damit erklärt werden kann, dass dieses Element dort ständig neu erzeugt wird.*

Eine der Theorien, die das dortige „viel häufigere" Vorkommen der bei uns sehr seltenen chemischen Elemente erklären soll, geht davon aus, dass im Bereich der Oberfläche dieser besonderen Sterne eine hohe Konzentration von langlebigen Uranisotopen vorhanden ist. Diese langlebigen Uranisotope existieren dort seit der Sternentstehung und werden durch die dort reichlich vorhandenen freien Neutronen aus dem Inneren des Sterns permanent gespalten. Als Spaltprodukte bleiben dabei u. a. die seltenen Elemente in messbarer Menge zurück.

b *Erläutern Sie qualitativ, wie es experimentell möglich wäre, diese Theorie durch Beobachtungen zu bestätigen oder zu widerlegen.*

(3 + 3 Punkte)

Zugelassene Hilfsmittel:

- Nuklidkarte
- Physikalische Formelsammlung
- Taschenrechner (grafikfähiger Taschenrechner / CAS-Taschenrechner)
- Wörterbuch zur deutschen Rechtschreibung

Lösungen

Abiturklausur 4

Leistungskurs

Aufgabe: Bestimmung des Planck'schen Wirkungsquantums auf zwei verschiedene Arten

Das sogenannte Planck'sche Wirkungsquantum h ist eine wichtige Konstante in der Physik. Im Folgenden sollen zwei Methoden zur Bestimmung von h thematisiert werden.

Teilaufgabe 1: Wellen- und Teilcheneigenschaften von Licht

Ende des 19. Jahrhunderts war die Beschreibung des Lichts als elektromagnetische Welle vielfach experimentell bestätigt worden und allgemein anerkannt. Anfang des 20. Jahrhunderts führten neue experimentelle Erkenntnisse zu einer Weiterentwicklung der physikalischen Beschreibung von Licht.

a – Beschreiben Sie kurz ein Experiment, mit dem man die Welleneigenschaft des Lichts zeigen kann.

– *Geben Sie eine Beobachtung in Ihrem Experiment an, die sich durch die Welleneigenschaft von Licht erklären lässt.*

a – Beschreiben Sie kurz ein Experiment, mit dem man die Teilcheneigenschaft des Lichts zeigen kann.

– *Geben Sie eine Beobachtung in Ihrem Experiment an, die sich durch die Teilcheneigenschaft von Licht erklären lässt.*

(4 + 4 Punkte)

Teilaufgabe 2: h-Bestimmung mit dem Fotoeffekt

Eine Möglichkeit, das Planck'sche Wirkungsquantum h zu bestimmen, ist die Gegenfeldmethode des Fotoeffekts. ▶ **Abbildung 1** zeigt den schematischen Aufbau des Versuchs. In diesem Versuch bestehen die Ringanode und die Fotokathode aus demselben Material.

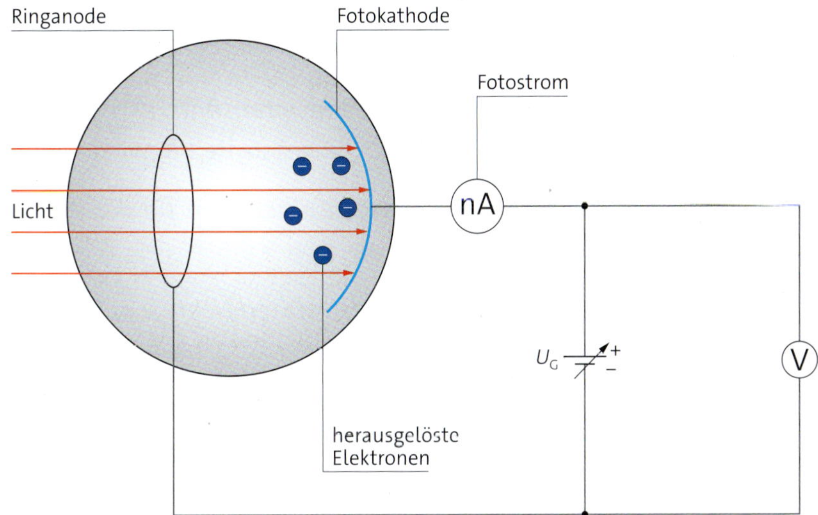

Abbildung 1 Schematischer Aufbau zur Gegenfeldmethode des Fotoeffekts (nachempfunden nach https://physikunterricht-online.de/wp-content/uploads/2014/11/Gegenfeldmethode-Fotozelle.jpg (verändert))

a *Beschreiben Sie den Aufbau des Versuchs zur Gegenfeldmethode des Fotoeffekts.*

b – *Erklären Sie die Entstehung des Fotostroms I_F und sein Absinken bei der Erhöhung der Spannung U_G.*

Die Spannung $U_{G,max}$ ist die Spannung, bei der der Fotostrom I_F gerade auf null abgesunken ist.

– *Erläutern Sie, dass die kinetische Energie E_{kin} der schnellsten aus der Fotokathode ausgelösten Elektronen mit der Formel $E_{kin} = e \cdot U_{G,max}$ berechnet werden kann.* e ist dabei die Elementarladung.

Bei der Durchführung des Versuchs aus ▶ **Abbildung 1** werden folgende Werte aufgenommen:

λ in nm	578	546	436	405	366
f in 10^{14} Hz		5,49	6,88	7,41	8,20
$U_{G,max}$ in V	0,99	1,13	1,72	1,90	2,26

Tabelle 1 Messwerte zum Versuch zur Gegenfeldmethode des Fotoeffekts

c Berechnen Sie die Frequenz f des eingestrahlten Lichts mit der Wellenlänge $\lambda = 578\,\text{nm}$.

- *Zeigen Sie durch eine graphische Auswertung aller Messwerte, dass es zwischen der Frequenz f des eingestrahlten Lichts und der kinetischen Energie E_{kin} der schnellsten aus der Fotokathode ausgelösten Elektronen einen linearen Zusammenhang gibt.*
- *Erläutern Sie den Zusammenhang $e \cdot U_{G,max} = h \cdot f - W_A$ zwischen der Spannung $U_{G,max}$ und der Frequenz f des eingestrahlten Lichts.*
- *Begründen Sie (mit der obigen Gleichung), dass eine Intensitätsveränderung des eingestrahlten Lichts keine Änderung der Messwerte aus ▶ **Tabelle 1** bewirken würde.*
- *Bestimmen Sie unter Verwendung aller Messwerte einen Wert für das Planck'sche Wirkungsquantum h.*
- *Bestimmen Sie die minimale Frequenz des eingestrahlten Lichts f_{min}, bei der in der Fotozelle des Versuchs aus ▶ **Tabelle 1** gerade Elektronen aus der Fotokathode ausgelöst werden.*

(4 + 6 + 19 Punkte)

Teilaufgabe 3: *h*-Bestimmung mit einer Röntgenröhre

Die Erzeugung von Röntgenstrahlung erfolgt mit einer Röntgenröhre. Der schematische Aufbau einer Röntgenröhre ist in ▶ **Abbildung 2** dargestellt.

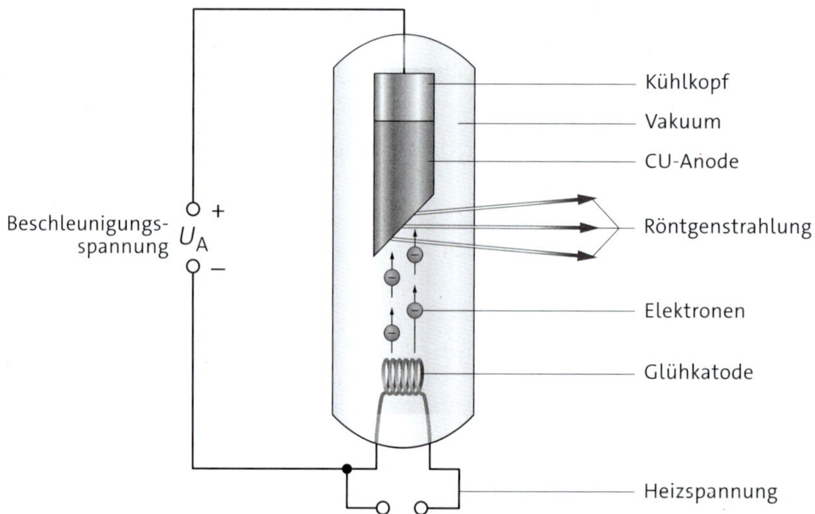

Abbildung 2 Schematischer Aufbau einer Röntgenröhre

a *Erläutern Sie die Wechselwirkungsprozesse in der Anode der Röntgenröhre, die zur Emission von Röntgenbremsstrahlung und charakteristischer Röntgenstrahlung führen.*

► **Abbildung 3** zeigt den schematischen Aufbau zur genaueren Untersuchung der Röntgenstrahlung mit dem Drehkristallverfahren nach Bragg.

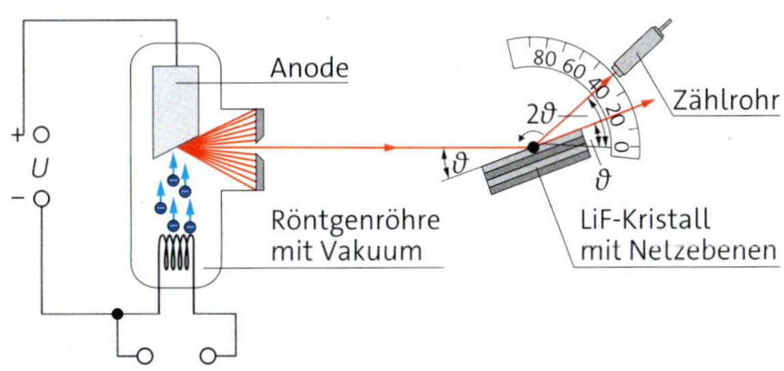

Abbildung 3 Schematischer Aufbau des Drehkristallverfahrens nach Bragg

b *Erläutern Sie anhand von ►* **Abbildung 3** *die Entstehung von konstruktiver Interferenz beim Drehkristallverfahren nach Bragg zur Untersuchung von Röntgenstrahlung.*

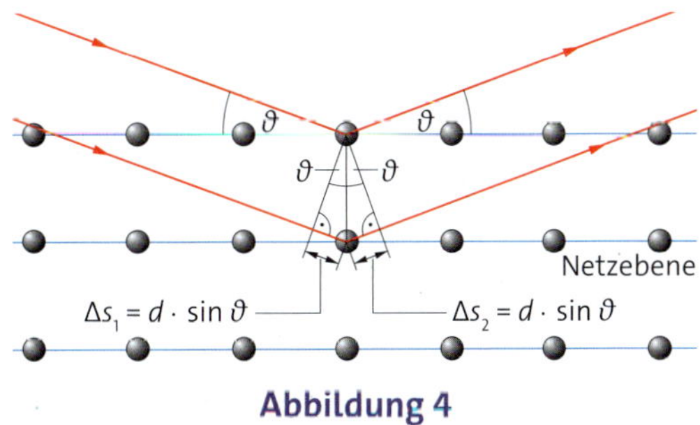

Abbildung 4

c *Leiten Sie mithilfe der in ►* **Abbildung 4** *vorgegebenen Zeichnung die Bragg-Gleichung* $2 \cdot d \cdot \sin\vartheta = n \cdot \lambda$ *her.*

Hierbei meint d den Netzebenenabstand, *n* die Ordnung des Maximums, λ die Wellenlänge der Röntgenstrahlung und ϑ den sogenannten Glanzwinkel, unter dem man konstruktive Interferenz beobachten kann.

In ▸ **Abbildung 5** sind kontinuierliche Bremsstrahlungsspektren für verschiedene Beschleunigungsspannungen U_a einer Wolfram-Anode dargestellt.

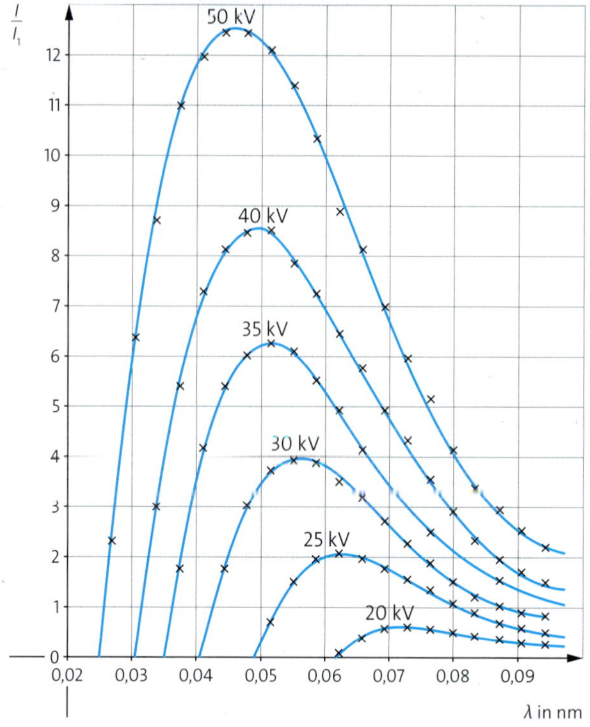

Abbildung 5 Kontinuierliches Bremsstrahlungsspektrum für verschiedene Beschleunigungsspannungen einer Wolfram-Anode; hier ist die Intensität I der Röntgenstrahlung in relativen Einheiten gegen die Wellenlänge λ aufgetragen (nachempfunden nach https://www.degruyter.com/database/PHYSIKO/entry/physiko.4.36/html, Zusatzmaterial, S. 139 (verändert))

d *Erläutern Sie die Entstehung der kurzwelligen Grenze der Röntgenbremsstrahlung λ_{min}.*

e – *Bestimmen Sie für die verschiedenen Beschleunigungsspannungen U_a die kurzwelligen Grenzen der Röntgenbremsstrahlung λ_{min} aus* ▸ **Abbildung 5**.

– *Zeigen Sie mithilfe der abgelesenen Werte für λ_{min} aus* ▸ **Abbildung 5**, *dass die maximale Energie der Röntgenstrahlung E_R proportional zum Kehrwert der kurzwelligen Grenze der Röntgenbremsstrahlung λ_{min} ist: $E_R \sim \frac{1}{\lambda_{min}}$.*

– *Bestimmen Sie mithilfe Ihrer Messwerte aus* ▸ **Abbildung 5** *einen Wert für das Planck'sche Wirkungsquantum h.*

(6 + 3 + 5 + 2 + 12 Punkte)

Zugelassene Hilfsmittel:

- Physikalische Formelsammlung
- Taschenrechner (grafikfähiger Taschenrechner / CAS-Taschenrechner)
- Wörterbuch zur deutschen Rechtschreibung

Abiturklausur 5

Leistungskurs

Lösungen

Aufgabe: Das Rasterelektronenmikroskop

Mit herkömmlichen Lichtmikroskopen lassen sich Strukturen im Mikrometerbereich beobachten. Noch feinere Strukturen können beispielsweise mit einem sogenannten Rasterelektronenmikroskop (REM) sichtbar gemacht werden. In einem solchen Gerät wird ein Elektronenstrahl über das zu untersuchende Objekt geführt. Dabei wird die Wechselwirkung der Elektronen mit dem Objekt zur Erzeugung eines Bildes dieses Objektes genutzt. ▶ **Abbildung 1** zeigt die Aufnahme einer Ringelblumenpolle mit einem REM.

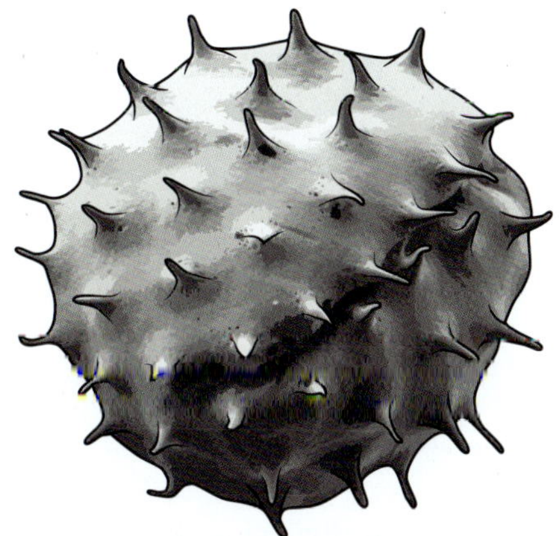

Abbildung 1 Zeichnung einer elektronenmikroskopischen Aufnahme einer Ringelblumenpolle

Teilaufgabe 1: Erzeugung und Führung des Elektronenstrahls im REM

▶ **Abbildung 2** zeigt den schematischen Aufbau eines REM sowie ein Koordinatensystem.

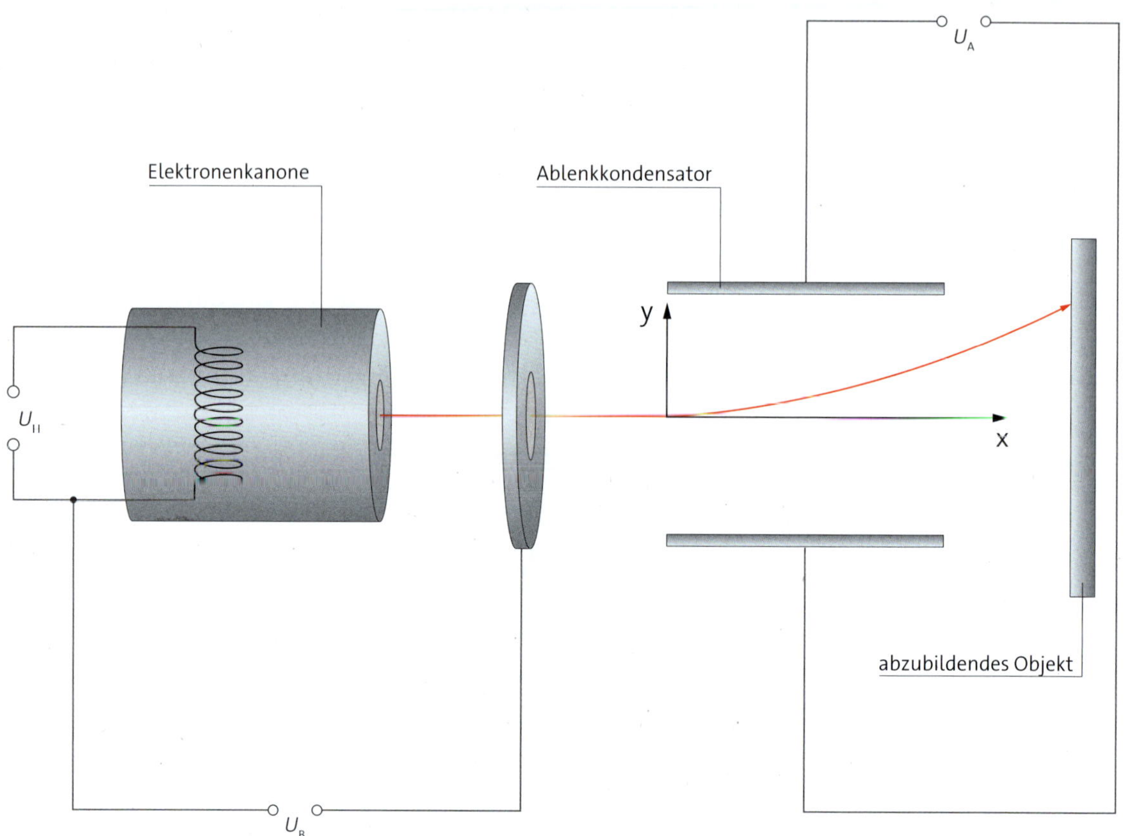

Abbildung 2 Schematischer Aufbau eines Rasterelektronenmikroskops

Um ein Objekt elektronenmikroskopisch abzubilden, werden Elektronen in einer Elektronenkanone beschleunigt und der so erzeugte Elektronenstrahl mithilfe von einem Ablenkkondensator über das abzubildende Objekt geführt.

a – *Erläutern Sie die Funktionsweise einer Elektronenkanone.*

Während die Spannung U_B notwendigerweise eine Gleichspannung sein muss, darf die Spannung U_H als Gleich- oder Wechselspannung vorliegen.

– *Erklären Sie diesen Sachverhalt.*

b Die Geschwindigkeit v, mit der die Elektronen die Elektronenkanone verlassen, kann mit einem klassischen Ansatz hergeleitet werden zu:

$$v = \sqrt{\frac{2 \cdot e \cdot U_B}{m_0}}.$$

Dabei bezeichnen m_0 die Ruhemasse des Elektrons und e die Elementarladung.

– *Leiten Sie den genannten Zusammenhang her.*

Die Elektronenkanone in einem REM kann mit einer Beschleunigungsspannung U_B zwischen 0,10 kV und 30 kV betrieben werden. Betreibt man die Elektronenkanone mit einer Beschleunigungsspannung U_B, bei der der oben genannte Zusammenhang eine Geschwindigkeit $v \leq 0{,}10 \cdot c$ liefert, so kann das Verhalten der Elektronen ohne relativistische Korrekturen beschrieben werden.

– *Bestimmen Sie die maximale Beschleunigungsspannung $U_{B,max}$, bei der das Verhalten der Elektronen ohne relativistische Korrekturen beschrieben werden kann.*

Zwischen dem Verlassen der Elektronenkanone und dem Auftreffen auf dem abzubildenden Objekt legen die Elektronen im homogenen Gravitationsfeld der Erde eine vertikale Strecke von $h = 50\,\text{cm}$ zurück. Dabei erfährt ein Elektron den Zuwachs $\Delta E_{kin} = m_0 \cdot g \cdot h$ an kinetischer Energie, wobei $g = 9{,}81\,\text{m/s}^2$ den Ortsfaktor am Betriebsort des REM bezeichnet.

– *Zeigen Sie, dass dieser Zuwachs der kinetischen Energie beim Betrieb des REM vernachlässigbar ist.*

c An dem in ▸ **Abbildung 2** abgebildeten Ablenkkondensator liegt die Spannung U_A an.

– *Geben Sie die Polung der Spannung U_A an, sodass sich die abgebildete Bahnkurve der Elektronen ergibt.*

Bei dem verwendeten Ablenkkondensator handelt es sich um einen Plattenkondensator mit dem Plattenabstand d. Das elektrische Feld zwischen den Kondensatorplatten kann dabei näherungsweise als homogen angenommen werden. Für die konstante Beschleunigung in x-Richtung, die Elektronen klassisch im Inneren des Kondensators erfahren, gilt dann der folgende Zusammenhang:

$$a = \frac{e \cdot U_A}{m_0 \cdot d}.$$

– *Leiten Sie diesen Zusammenhang für die Beschleunigung in x-Richtung her.*

Der Auftreffpunkt des Elektronenstrahls auf dem in ▶ **Abbildung 2** dargestellten abzubildenden Objekt soll innerhalb einer vorgegebenen Zeitspanne vom linken Ende des Objekts zum rechten Ende des Objekts bewegt werden.

– *Erklären Sie, warum dies mit einer geeigneten zeitabhängigen Ablenkspannung $U_A(t)$ erreicht werden kann.*

(6 + 11 + 8 Punkte)

Teilaufgabe 2: Detektion der Elektronen

Während der Elektronenstrahl wie in ▶ **Teilaufgabe 1** beschrieben über das abzubildende Objekt geführt wird, wechselwirken die schnellen Elektronen des Strahls mit den Hüllelektronen der Atome in der Nähe des Auftreffpunkts. Auf diese Weise entstehen freie Elektronen.

a – *Beschreiben Sie die Entstehung von freien Elektronen durch die Wechselwirkung von schnellen Elektronen mit Atomen.*

– *Begründen Sie anhand einer energetischen Betrachtung, dass die Elektronen für diese Art der Wechselwirkung mit Atomen schnell sein müssen.*

Ein Teil der freien Elektronen tritt aus dem abzubildenden Objekt nach oben aus. Diese Elektronen werden mit einem Detektor registriert. ▶ **Abbildung 3** zeigt schematisch einen entsprechenden Aufbau, in dem ein **Wien-Filter** verwendet wird.

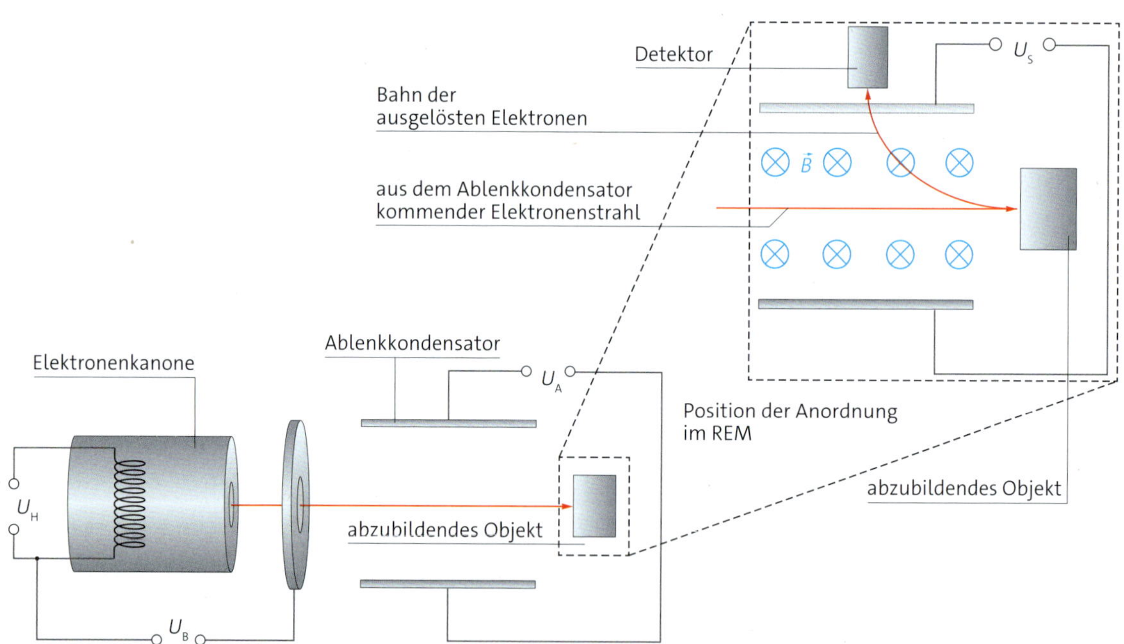

Abbildung 3 Anordnung zur Detektion der Elektronen

Zur Vereinfachung wird im Folgenden ein von oben kommender Elektronenstrahl betrachtet, der entlang der Mittelachse in den Wien-Filter eintritt, bevor er auf das abzubildende Objekt trifft. Im Bereich zwischen den Kondensatorplatten besteht ein homogenes Magnetfeld, das senkrecht zum homogenen elektrischen Feld des Plattenkondensators und senkrecht zur Bewegungsrichtung des Elektronenstrahls gerichtet ist. Hinter der rechten, durchlöcherten Kondensatorplatte befindet sich der Detektor.

b Der Wien-Filter kann so eingestellt werden, dass der von oben kommende Elektronenstrahl die Anordnung geradlinig durchläuft.

- *Geben Sie die Bedingung an, unter der ein von oben in den Wien-Filter eintretendes Elektron die Anordnung geradlinig durchläuft.*
- *Zeigen Sie, dass das Elektron in Abhängigkeit von der Stärke E des elektrischen Feldes und der Stärke B des magnetischen Feldes die Geschwindigkeit* $v = \frac{E}{B}$ *besitzen muss, damit es geradlinig durch die Anordnung gelangt.*

Bei einer Veränderung der Beschleunigungsspannung U_B an der Elektronenkanone in ▶ **Abbildung 2** muss ebenfalls eine Veränderung der Spannung U_S in ▶ **Abbildung 3** vorgenommen werden.

- *Erläutern Sie diese Notwendigkeit unter Berücksichtigung der im Wien-Filter wirkenden Kräfte.*

c Vereinfachend treten die aus dem abzubildenden Objekt ausgelösten Elektronen gemäß ▶ **Abbildung 3** entlang der Mittelachse von unten in den Wien-Filter ein. Dabei besitzen sie im Vergleich zu den schnellen Elektronen des auftreffenden Elektronenstrahls eine deutlich geringere Geschwindigkeit.

Begründen Sie, dass die aus dem abzubildenden Objekt austretenden Elektronen stets in Richtung Detektor abgelenkt werden.

d Den Elektronen, die auf das abzubildende Objekt treffen, kann gemäß der De-Broglie-Hypothese eine Wellenlänge λ zugeordnet werden.

– *Erläutern Sie die De-Broglie-Hypothese zur Analogie zwischen Licht und Materie.*

Für die De-Broglie-Wellenlänge gilt der Zusammenhang $\lambda = \frac{h}{p}$. Dabei bezeichnen h das Planck'sche Wirkungsquantum und p den Impuls der Elektronen.
De Broglie stellte diesen Zusammenhang zunächst für Photonen auf.

– *Begründen Sie ausgehend von der für die Energie von Photonen mit der Frequenz f geltenden Gleichung $E = h \cdot f$ den Zusammenhang $\lambda = \frac{h}{p}$ für Photonen.*

Für eine bestimmte Aufnahme mit einem REM wird die Elektronenkanone mit der Beschleunigungsspannung $U_B = 2{,}30\,\text{kV}$ betrieben.

– *Bestimmen Sie mit einem klassischen Ansatz die De-Broglie-Wellenlänge λ, die den Elektronen zugeordnet werden kann.*

Die mit $U_B = 2{,}30\,\text{kV}$ beschleunigten Elektronen treffen in einem Versuch auf ein Objekt, das aus einem regelmäßigen Atomgitter mit dem Gitterabstand $d = 10^{-10}\,\text{m}$ besteht.

– *Erklären Sie, warum Interferenzerscheinungen bei der Streuung der Elektronen an den Atomen des Gitters möglich sind.*

(4 + 9 + 3 + 12 Punkte)

Teilaufgabe 3: Fokussierung des Elektronenstrahls

Um ein möglichst hochauflösendes Bild mit einem REM zu erzeugen, muss der Elektronenstrahl fokussiert werden, bevor er auf das abzubildende Objekt trifft. Dies kann beispielsweise mithilfe von sogenannten Quadrupolmagneten erreicht werden. Diese spezielle Anordnung besteht aus zwei sich jeweils gegenüberstehenden magnetischen Nord- und Südpolen. ▶ **Abbildung 4** zeigt den schematischen Aufbau eines solchen Quadrupolmagneten sowie den Querschnitt des Elektronenstrahls, der aus der Zeichenebene heraustritt.

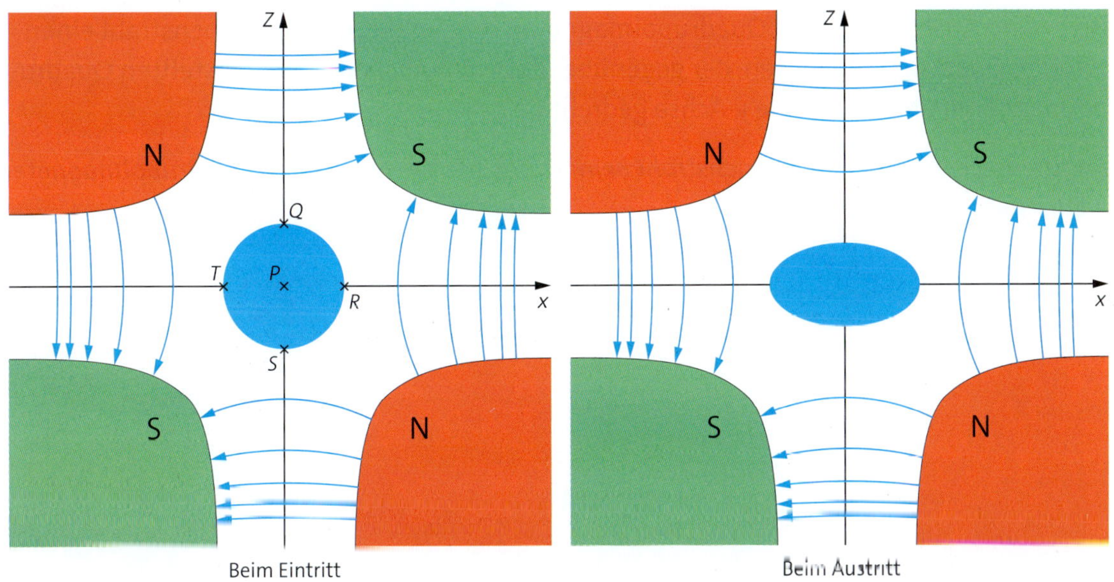

Abbildung 4 Schematische Darstellung des Quadrupolmagneten und des Querschnitts des Elektronenstrahls beim Eintritt (links) und beim Austritt (rechts)

a In ▶ **Abbildung 4** ist ein unvollständiges Feldlinienbild des durch den Quadrupolmagneten erzeugten Magnetfeldes dargestellt. Die Dichte der Feldlinien ist dabei ein Maß für die Stärke B des Magnetfeldes.

- *Beschreiben Sie den Verlauf der Stärke B des Magnetfeldes im dargestellten Bereich entlang der x-Achse.*
- *Erklären Sie, weshalb auf ein Elektron im Punkt P keine Lorentzkraft* $\vec{F}_L$ wirkt.

b Der Querschnitt des Elektronenstrahls ist in ▶ **Abbildung 4** grau dargestellt. Die Elektronen des Elektronenstrahls bewegen sich vor dem Eintritt in das Magnetfeld parallel zur y-Achse, die in ▶ **Abbildung 4** aus der Zeichenebene heraus zeigt. Die vier Punkte Q, R, S und T befinden sich auf dem Rand des Elektronenstrahls.

Begründen Sie unter Zuhilfenahme der vier Punkte Q, R, S und T, dass der Elektronenstrahl beim Austritt aus dem Quadrupolmagneten den im rechten Teil von ▶ **Abbildung 4** *dargestellten Querschnitt besitzt.*

c Nach dem Austritt aus dem Quadrupolmagneten durchquert der Elektronenstrahl einen zweiten Quadrupolmagneten, der gegenüber dem in ▶ **Abbildung 4** dargestellten Quadrupolmagneten um 90° um die y-Achse gedreht ist.

Erläutern Sie, dass der Elektronenstrahl beim Durchqueren des zweiten Quadrupolmagneten weiter fokussiert wird.

(*5 + 3 + 4 Punkte*)

Zugelassene Hilfsmittel:

- Physikalische Formelsammlung
- Taschenrechner (grafikfähiger Taschenrechner / CAS-Taschenrechner)
- Wörterbuch zur deutschen Rechtschreibung

Abiturklausur 6

Leistungskurs

Lösungen

Aufgabe: Neutrinomassenbestimmung

Die experimentelle Untersuchung von Neutrinos stellt ein schwieriges Unterfangen dar. Es gilt heute als sicher, dass Neutrinos eine endliche Masse $m_\nu > 0$ besitzen, jedoch ist diese Masse m_ν so klein, dass bisher kein Wert für sie experimentell ermittelt werden konnte. Gleichzeitig ist der Wert der Neutrinomasse wichtig für weitergehende Erkenntnisse der Kosmologie.
Das „Karlsruher Tritium Neutrino" (KATRIN)-Experiment ist seit einigen Jahren eines der weltweit größten Experimente zur Bestimmung der Neutrinomasse m_ν.
Das KATRIN-Experiment wird noch mehrere Jahre weiterlaufen und seine Genauigkeit dabei ständig verbessert werden.

Teilaufgabe 1: Neutrinos im Standardmodell der Elementarteilchen

Die heutige Systematik des Standardmodells der Elementarteilchen teilt diese in Quarks und Leptonen ein. Während die Quarks der starken, der schwachen und der elektromagnetischen Wechselwirkung unterliegen, nehmen die Leptonen nicht an der starken Wechselwirkung teil.
▶ Abbildung 1 zeigt einen Überblick über die Elementarteilchen des Standardmodells.

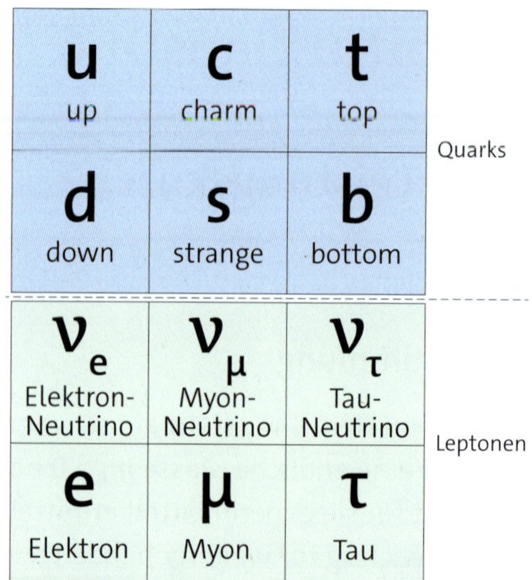

Abbildung 1 Überblick über die elementaren Teilchen des Standardmodells

a Die drei unterschiedlichen Neutrinosorten gehören zur Teilchenart der Leptonen.

– *Geben Sie die elektrische Ladung q des Elektrons, des Myons und des Tauons sowie der jeweiligen zugehörigen Neutrinos an.*

– *Erläutern Sie, warum ein direkter Nachweis von Neutrinos erheblich schwieriger ist als der Nachweis der anderen Leptonen.*

b Alle aus Atomen aufgebaute Materie besteht lediglich aus drei der in ▸ **Abbildung 1** dargestellten elektrisch geladenen Elementarteilchen.

– *Erläutern Sie, warum alle anderen elektrisch geladenen Elementarteilchen aus* ▸ **Abbildung 1** *nicht in der heute existierenden atomaren Materie vorkommen.*

Eines der einfachsten Atome ist das des Wasserstoffisotops ^{2}H (Deuterium).

– *Geben Sie an, aus wie vielen und welchen Elementarteilchen aus* ▸ **Abbildung 1** *das Deuteriumatom* ^{2}H *aufgebaut ist.*

– *Beschreiben Sie, welche elementaren Wechselwirkungen für die Stabilität des* ^{2}H-*Atoms verantwortlich sind.*

c Neutrinos und ihre Antiteilchen treten ausschließlich bei Prozessen unter Beteiligung der schwachen Wechselwirkung auf. Ein typisches Beispiel für einen solchen Prozess ist der β^--Zerfalls eines Neutrons in ein Proton. Dieser Umwandlungsprozess ist auf Quarkebene in ▸ **Abbildung 2** dargestellt.

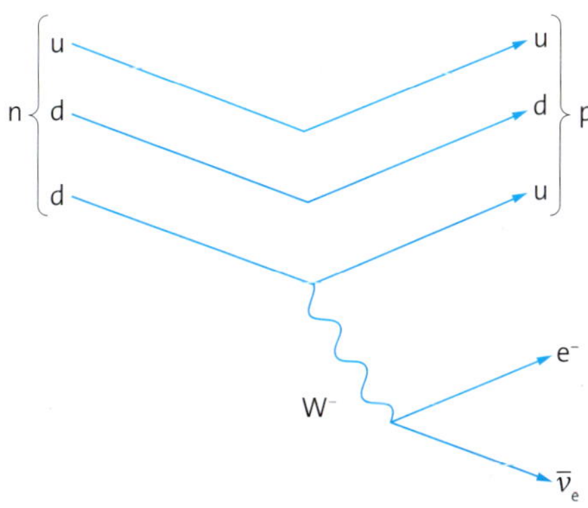

Abbildung 2 Prozess der β^--Umwandlung aufgrund der schwachen Wechselwirkung (die Pfeilspitzen zeigen auf die bei dem Prozess auslaufenden Teilchen)

- *Beschreiben Sie den in ▶* **Abbildung 2** *dargestellten Vorgang und gehen Sie dabei insbesondere auf die Bedeutung des* W^-*-Teilchens ein.*
- *Geben Sie an, was sich an ▶* **Abbildung 2** *ändert, wenn anstelle des* β^-*-Zerfalls ein* β^+*-Zerfall dargestellt wird.*

(5 + 8 + 5 Punkte)

Teilaufgabe 2: Die Zerfallseigenschaften des Tritiums und das Energiespektrum seiner β^--Strahlung

a Das Wasserstoffisotop ^3H (Tritium) ist ein β^--Strahler mit der Zerfallsgleichung:

$$^3H \rightarrow {}^3He + e^- + \overline{\nu}_e.$$

Die Abnahme der Anzahl N der Tritiumkerne in einer Probe als Funktion der Zeit wird durch das Zerfallsgesetz $N(t) = N_0 \cdot e^{-\lambda \cdot t}$ beschrieben. Dabei bezeichnet N_0 die Anfangszahl der Tritiumkerne und λ die Zerfallskonstante des Tritiums.
Die Aktivität A der Probe ergibt sich aus der Ableitung von N nach der Zeit, also der Änderungsrate der Tritiumkerne $A = -\dot{N}$. Für die Aktivität A gilt das Abnahmegesetz $A(t) = A_0 \cdot e^{-\lambda \cdot t}$.

- *Zeigen Sie, dass für die Anfangsaktivität* A_0 *der Probe folgender Zusammenhang gilt:*

$$A_0 = \lambda \cdot N_0.$$

- *Zeigen Sie, dass die Halbwertszeit* $T_{\frac{1}{2}}$ *eines radioaktiven Nuklids wie folgt von dessen Zerfallskonstante* λ *abhängt:* $T_{\frac{1}{2}} = \frac{ln2}{\lambda}$.

Beim radioaktiven Zerfall des Tritiums handelt es sich um einen einstufigen Zerfall, d. h., der Tochterkern ist stabil. Es kann demnach davon ausgegangen werden, dass die Aktivität einer Tritiumprobe ausschließlich aus dem Zerfall des Tritiums stammt. Die Aktivität einer konkreten Tritiumprobe wird zum Zeitpunkt $t = 0$ bestimmt und dann nach $t = 548\,\text{d}$ erneut. Es zeigt sich, dass sich die Aktivität A der Probe um 8,1 % gegenüber der ersten Messung reduziert hat.

– *Bestimmen Sie aus dieser Messung die Halbwertszeit $T_{\frac{1}{2}}$ des Tritiums in Jahren.*

b Da der β^--Zerfall des Tritiums direkt in den Grundzustand des Tochternuklids ^{3}He erfolgt, tritt bei diesem Prozess keine γ-Strahlung auf. Somit verteilt sich bei diesem β^--Zerfall die gesamte frei werdende Energie E_{ges} auf die entstehenden Teilchen. Für die Gesamtenergie E_{ges} des β^--Zerfalls gilt dabei der folgende Zusammenhang:

$$E_{ges} = [m_{^3\text{He}} + m_e + m_{\bar{\nu}}] \cdot c^2.$$

– *Erläutern Sie den angegebenen Zusammenhang zwischen den Massen und der Gesamtenergie des β^--Zerfalls E_{ges}.*

c Ein gemessenes Energiespektrum der beim β^--Zerfall des Tritiums entstehenden Elektronen ist in ▶ **Abbildung 3** dargestellt.

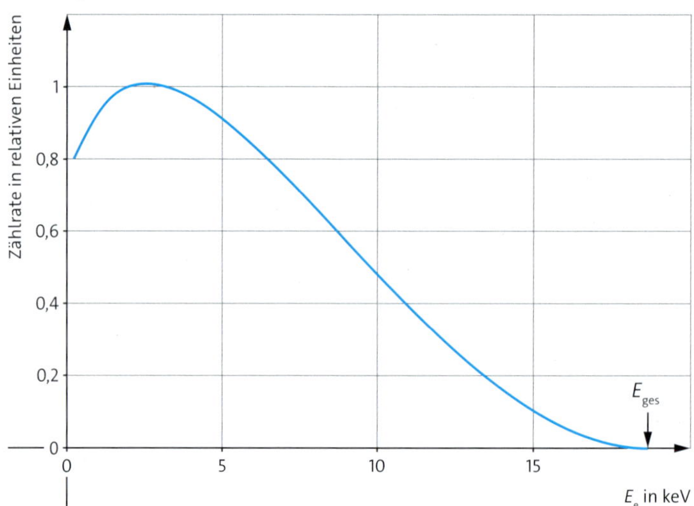

Abbildung 3 Energiespektrum der Elektronen des Tritium β^--Zerfalls (nachempfunden nach KATRIN Design Report 2004. Wissenschaftliche Berichte FZKA 7090; S. 29; verändert)

– *Beschreiben Sie den Verlauf des Energiespektrums der Elektronen in* ▶ **Abbildung 3**.

Die Gesamtenergie des Zerfalls beträgt immer $E_{ges} \approx 18{,}6\,\text{keV}$. Aufgrund des großen Massenunterschieds zwischen Elektron und Tochterkern kann der ^{3}He-Kern aus dem β^{-}-Zerfall aufgrund der Impulserhaltung maximal 0,04 % der kinetischen Energie des Elektrons E_e erhalten.

– *Begründen Sie, dass das ansonsten nicht nachweisbare Antineutrino $\overline{\nu}_e$ erforderlich ist, um das Spektrum in* ▶ **Abbildung 3** *zu erklären.*

(11 + 4 + 6 Punkte)

Teilaufgabe 3: Das KATRIN-Experiment und die Masse des Neutrinos

Für das Elektron-Antineutrino $\overline{\nu}_e$ könnte die experimentelle Massenbestimmung im KATRIN-Experiment möglich sein. Da ein Teilchen immer **exakt die gleiche Masse besitzt wie sein Antiteilchen**, ist es egal, ob man die Masse eines Neutrinos m_ν oder die Masse seines Antineutrinos m_ν bestimmt. Aus diesen Gründen wird im Weiteren zur Vereinfachung die Bezeichnung **„Neutrino" für „Elektron-Neutrino" und durchgängig der Begriff „Neutrinomasse m_ν"** verwendet, obwohl in dem Experiment Antineutrinos untersucht werden.

Die Masse der Neutrinos ist so klein, dass aus bisherigen Experimenten lediglich eine Aussage über deren Maximalwert gewonnen werden konnte. Aus Messungen vor dem KATRIN-Experiment ergab sich für die Ruheenergie des Neutrinos: $m_\nu c^2 < 2{,}1\,\text{eV}$.

a Berechnen Sie die bislang gültige obere Grenze für die Neutrinomasse m_ν in der Maßeinheit „kg".

b Das Ziel des KATRIN-Experiments ist es, das hochenergetische Ende des Energiespektrums beim β^{-}-Zerfall des Tritiums sehr genau zu messen. Die Masse des zerfallenden Tritiumkerns $m_{^3\text{H}}$, die Masse des ^{3}He-Kerns $m_{^3\text{He}}$ sowie die Masse des Elektrons m_e sind sehr genau bekannt. Für die Annahme, dass das Antineutrino $\overline{\nu}_e$ masselos ist $m_\nu = 0$,kann damit die Gesamtenergie des β^{-}-Zerfalls des Tritiums sehr genau bestimmt werden und sie ergibt sich zu $E_{ges,\,m_\nu=0} = 18589{,}9\,\text{eV}$.

▸ **Abbildung 4** zeigt die Verläufe des Elektronen-Energiespektrums des β^--Zerfalls im Bereich der Gesamtenergie $E_{ges, m_\nu=0}$ für die Annahme eines masselosen Antineutrinos $m_\nu = 0$ sowie für den Fall $m_\nu > 0$. Bei einer Neutrinomasse $m_\nu > 0$ gilt für die maximal mögliche Energie E_{max} der Elektronen aus dem β^--Zerfall $E_{max} < E_{ges, m_\nu=0}$.

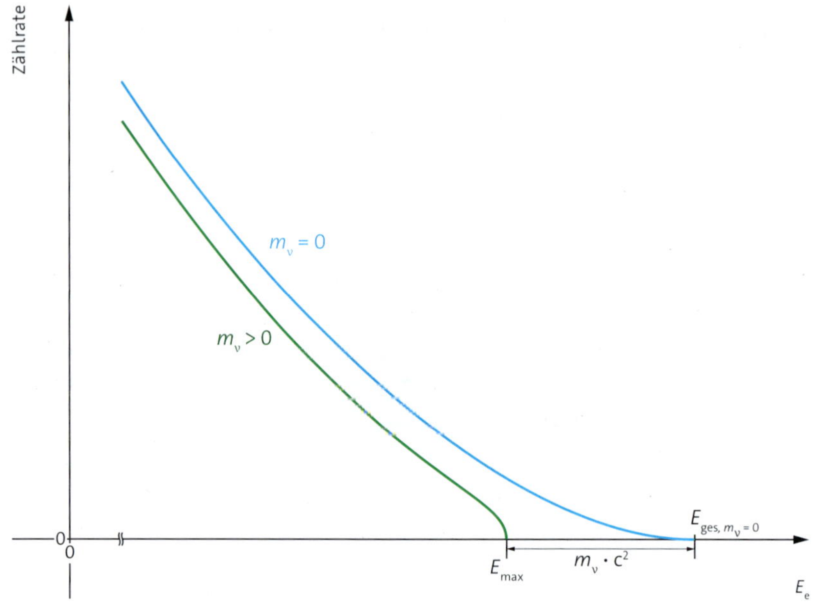

Abbildung 4 Einfluss der Neutrinomasse ν m auf das hochenergetische Ende des Elektronenspektrums beim β^--Zerfall in der Nähe der Gesamtenergie E_{ges}
(nachempfunden nach KATRIN Design Report 2004. Wissenschaftliche Berichte FZKA 7090; S. 29; verändert)

– *Begründen Sie den in* ▸ **Abbildung 4** *dargestellten Unterschied zwischen der maximalen Elektronenenergie* E_{max} *beim* β^-*-Zerfall und* $E_{ges, m_\nu=0}$.

Im Idealfall soll mit dem KATRIN-Experiment die maximale Energie E_{max} der dabei entstehenden Elektronen bestimmt werden.

– *Geben Sie an, in welchem Energieintervall die maximale Energie* E_{max} *der Elektronen beim* β^-*-Zerfall des Tritiums zu erwarten ist.*

▶ **Abbildung 5** zeigt vereinfacht die Komponenten des KATRIN-Experiments.

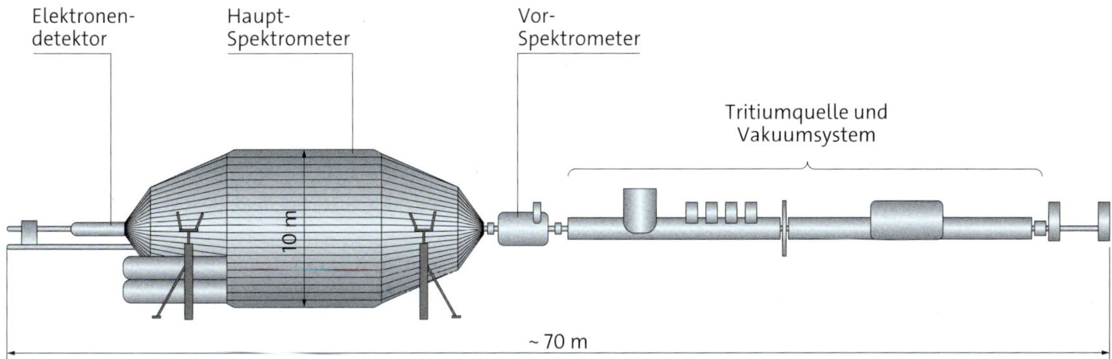

Abbildung 5 Komponenten des KATRIN-Experiments
(nachempfunden nach https://www.ph.tum.de/latest/news/katrin-initial-results/, verändert)

Die Elektronen des β^--Zerfalls werden in der Tritiumquelle freigesetzt und durch ein starkes Magnetfeld zunächst in das Vor- und dann in des Haupt-Spektrometer geführt. Da es beim KATRIN-Experiment nur um die Elektronen mit Energien nahe der maximalen Energie E_{max} geht, passieren das Vor-Spektrometer nur Elektronen mit einer Energie $E_e > 18\,500$ eV und treten dann ins Haupt-Spektrometer ein.

c Aus messtechnischen Gründen werden die Elektronen im Innern des Haupt-Spektrometers zudem durch ein stark inhomogenes Magnetfeld zum Elektronendetektor geführt.

– *Begründen Sie qualitativ, warum die kinetische Energie der Elektronen durch statische Magnetfelder prinzipiell **nicht** beeinflusst wird.*

Die energetische Untersuchung der Elektronen in den beiden Spektrometern basiert auf der Gegenfeldmethode. Im Haupt-Spektrometer werden Elektronen durch eine hochstabilisierte und sehr genau einstellbare Gegenspannung U_G weiter abgebremst und nur nach Überwinden dieser Gegenspannung im Elektronendetektor nachgewiesen.
Die Gegenspannung im Haupt-Spektrometer kann zum jetzigen Zeitpunkt in Schritten von $\Delta U_G = 0{,}5$ V stabilisiert eingestellt werden und soll in den nächsten Jahren durch weitere Verbesserungen am Experiment in Schritten von $\Delta U_G = 0{,}2$ V variierbar sein.

– *Erläutern Sie, warum diese Verbesserung der Einstellgenauigkeit der Gegenspannung U_G bei der Gegenfeldmethode zu genaueren Messergebnissen führt.*

d Bereits heute grenzen die ersten vorläufigen Ergebnisse des KATRIN-Experiments die Ruheenergie des Elektron-Neutrinos auf $m_\nu c^2 < 1{,}0$ eV ein.

Beurteilen Sie diesen Erkenntnisfortschritt gegenüber dem Kenntnisstand vor dem KATRIN-Experiment.

(2 + 8 + 7 + 3 Punkte)

Teilaufgabe 4: Die Bedeutung der Neutrinomasse für die Kosmologie

Nach heutigem Kenntnisstand der Kosmologie besitzt das kugelförmige Universum einen Radius von mindestens $r_U \approx 45 \cdot 10^9$ Lichtjahren und etwa die Masse $m_U \approx 10^{53}$ kg an „sichtbarer" Materie, also Materie, die aus Teilchen des heute bekannten Standardmodells besteht.

Abschätzungen der Astrophysik liefern das Ergebnis, dass sich in jedem Kubikzentimeter (cm^3) des Universums im Mittel etwa 330 Neutrinos befinden.

Weitere Optimierungen am KATRIN-Experiment werden zukünftig zu einer höheren Messgenauigkeit führen. Es besteht die Aussicht, dass es dann auch einen Messwert für die Neutrinomasse m_ν geben wird. Eine Neutrino-Ruheenergie von $m_\nu c^2 \approx 0{,}3$ eV wäre mit einem weiter verbesserten KATRIN-Experiment durchaus messbar.

Untersuchen Sie, ob die Neutrinos unter Annahme von $m_\nu c^2 \approx 0{,}3$ eV *einen relevanten Anteil, also mindestens* 10 %, *an der Masse der sichtbaren Materie im Universum ausmachen können.*

(*6 Punkte*)

Zugelassene Hilfsmittel:

- Nuklidkarte
- Physikalische Formelsammlung
- Taschenrechner (grafikfähiger Taschenrechner / CAS-Taschenrechner)
- Wörterbuch zur deutschen Rechtschreibung

Internationales Einheitensystem (SI)

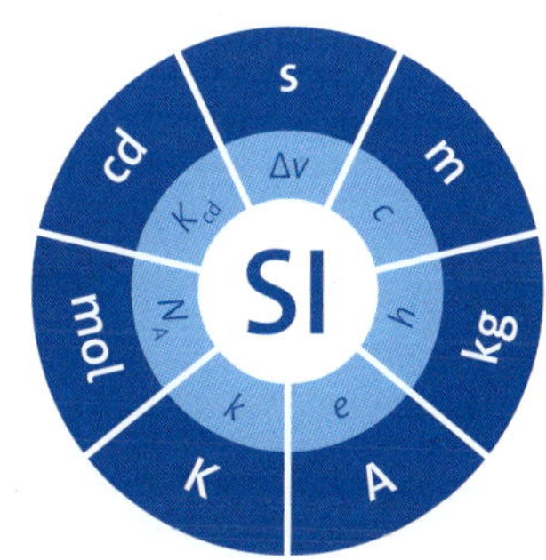

Die Generalkonferenz für Maß und Gewicht legte sieben Basiseinheiten fest, deren Wert seit 2019 von definierten Naturkonstanten bestimmt ist. Wenn eine physikalische Größe in einer Basiseinheit gemessen wird, dann muss die jeweilige Naturkonstante den definierten Wert haben. Während man also früher über festgelegte Einheiten die Naturkonstanten bestimmt hat, bestimmt man heute umgekehrt über festgelegte Naturkonstanten einheitliche Basiseinheiten.

Um beispielsweise festzustellen, wie lang eine Sekunde ist, wird ein striktes Messverfahren vorgegeben, bei dem die Frequenz der Strahlung, die beim Übergang zwischen den Hyperfeinstrukturniveaus des Grundzustandes des Caesium-Nuklids ^{133}Cs entsteht, genau $\Delta f_{Cs} = 9\,192\,631\,770\,s^{-1}$ annimmt.

Alle weiteren Einheiten können aus diesen Basiseinheiten abgeleitet werden. Die elektrische Spannung hat die Einheit Volt (1 V). Sie kann als Energie pro Ladung durch die Einheiten Joule pro Coulomb $\left(1\,V = 1\frac{J}{C}\right)$ ausgedrückt werden. Die Einheit Joule basiert auf dem Kilogramm, dem Meter und der Sekunde, das Coulomb entspricht einer Amperesekunde:

$$1\,V = 1\frac{J}{C} = 1\frac{kg \cdot m^2 \cdot s^{-2}}{A \cdot s} = 1\frac{kg \cdot m^2}{A \cdot s^3}$$

Basiseinheiten

Größe	Einheit	beruht auf der festgelegten Naturkonstante	verwendet
Zeit	Sekunde (s)	Strahlung des Caesium-Atoms $\Delta f_{Cs} = 9\,192\,631\,770\,s^{-1}$	Δf_{Cs}
Länge	Meter (m)	Lichtgeschwindigkeit $c = 299\,792\,458\,m \cdot s^{-1}$	c, Δf_{Cs}
Masse	Kilogramm (kg)	Plancksches Wirkungsquantum $h = 6{,}626\,070\,15 \cdot 10^{-34}\,kg \cdot m\,2 \cdot s^{-1}$	h, c, Δf_{Cs}
Stromstärke	Ampere (A)	Elementarladung $e = 1{,}602\,176\,634 \cdot 10^{-19}\,A \cdot s$	e, Δf_{Cs}
Temperatur	Kelvin (K)	Boltzmann-Konstante $k_B = 1{,}380\,649 \cdot 10^{-23}\,kg \cdot m^2 \cdot s^{-2} \cdot K^{-1}$	k_B, h, Δf_{Cs}
Stoffmenge	Mol (mol)	Avogadro-Konstante $N_A = 6{,}022\,140\,76 \cdot 10^{23}\,mol^{-1}$	N_A
Lichtstärke	Candela (cd)	Photometrisches Strahlungsäquivalent $K_{cd} = 683\,cd \cdot sr \cdot s^3 \cdot kg^{-1} \cdot m^{-2}$	K_{cd}, Δf_{Cs}, h

Präfixe

Faktor	Vorsatz	Präfix
10^1	Deka	da
10^2	Hekto	h
10^3	Kilo	k
10^6	Mega	M
10^9	Giga	G
10^{12}	Tera	T
10^{15}	Peta	P
10^{18}	Exa	E
10^{21}	Zetta	Z
10^{24}	Yotta	Y

Faktor	Vorsatz	Präfix
10^{-1}	Dezi	d
10^{-2}	Zenti	c
10^{-3}	Milli	m
10^{-6}	Mikro	µ
10^{-9}	Nano	n
10^{-12}	Piko	p
10^{-15}	Femto	f
10^{-18}	Atto	a
10 −21	Zepto	z
10 −24	Yokto	y

Physikalische Größen

Größe	Symbol	Einheit	Gleichung oder Definition
Amplitude	s_{max}	m (Meter)	Maximale Auslenkung
Arbeit	W	J	$W = \Delta\Phi \cdot m$
Auslenkung	s	m	$s(t) = s_{max} \cdot \sin(\omega t + \Delta\varphi)$
Beschleunigung	a	$\frac{m}{s^2}$	$a = \frac{\Delta v}{\Delta t}$ für $\Delta t \to 0$
Drehwinkel	φ	rad (Radiant)	Bogenlänge pro Radius
Drehzahl	n	$\frac{1}{s}$(Anzahl Umdrehungen pro Sekunde)	$n = \frac{1}{T}$
Energie	E	$J = N \cdot m$(Joule)	
Federkonstante	D, k	$\frac{N}{m}$	$D = \frac{F}{s}$
Fallbeschleunigung	g	$\frac{m}{s^2}$	$g = \frac{F_G}{m}$
Fläche, Flächeninhalt	A	m^2	
Frequenz	f	Hz (Hertz)	$f = \frac{1}{T}$
Geschwindigkeit	v	$\frac{m}{s}$	$v = \frac{\Delta s}{\Delta t}$ für $\Delta t \to 0$
Gewichtskraft	F_G	N (Newton)	$F_G = m \cdot g$
Gleitreibungskraft	F_{GR}	N	$F_{GR} = \mu_{GR} \cdot F_N$ (F_N = Normalkraft)
Gravitationskraft	F_G	N	$F_G = G \cdot \frac{m \cdot M}{r^2}$
Haftreibungskraft	F_{HR}	N	$F_{HR} = \mu_{HR} \cdot F_N$ (F_N = Normalkraft)
Gravitationsfeldstärke	g	$\frac{m}{s^2}$	$g = G \cdot \frac{M}{r^2}$
Höhenenergie	E_H	J	$E_H = m \cdot g \cdot h$
Impuls	p	$\frac{kg \cdot m}{s}$	$p = m \cdot v$
kinetische Energie	E_{kin}	J	$E_{kin} = \frac{1}{2} \cdot m \cdot v^2$
Kraft	F	N	$F = m \cdot a$
Kreisfrequenz	ω	$\frac{rad}{s}$, $\frac{1}{s}$	$\omega = \frac{\Delta\varphi}{\Delta t}$ $\omega = \frac{2\pi}{T} = 2\pi f$
Länge	l	m	
Leistung	P	$W = \frac{J}{s}$	$P = \frac{E}{t}$
Luftreibungskraft	F_{LR}	N	$F_{LR} = \frac{1}{2} \cdot c_W \cdot A \cdot \rho \cdot v^2$
Masse	m	kg	$m = \frac{F}{A}$
Periodendauer	T	s	

Größe	Symbol	Einheit	Gleichung oder Definition
Gravitationspotential	Φ	$\frac{J}{kg}$	$\Phi = -\frac{m \cdot G}{r}$
Rollreibungskraft	F_{RR}	N	$F_{RR} = \mu_{RR} \cdot F_N$ (F_N = Normalkraft)
Rückstellkraft	$F_{rück}$	N	$F_{rück} = -D \cdot y$
Temperatur	T	K (Kelvin)	$T = \left(\frac{\vartheta}{1°C} + 273{,}15\,K\right)$ ϑ = Temperatur in Grad Celsius
Volumen	V	m^3	
Weg	s	m	
Wellenlänge	λ	m	
Winkelbeschleunigung	a	$\frac{rad}{s^2}$	$a = \frac{\Delta\omega}{\Delta t}$
Winkelgeschwindigkeit	ω	$\frac{rad}{s}$	$\omega = \frac{\Delta\varphi}{\Delta t}$
Zeit	t	s	
Zentripetalbeschleunigung	a_Z	$\frac{m}{s^2}$	$a_Z = \frac{v^2}{r}$
Zentripetalkraft	F_Z	N	$F_Z = m \cdot \frac{v^2}{r}$
Lorentzfaktor	γ	–	$\gamma = \frac{1}{\sqrt{1 - \frac{v^2}{c^2}}}$

Physikalische Konstanten

Konstante	Symbol	Wert
Gravitationskonstante	G	$6{,}6741 \cdot 10^{-11}\,\frac{m^3}{kg \cdot s^2}$
Kepler-Konstante (für das Sonnensystem)	K	$2{,}97 \cdot 10^{-19}\,\frac{s^2}{m^3}$
Lichtgeschwindigkeit (im Vakuum)	c	$299\,792\,458\,\frac{m}{s}$

Physikalische Konstanten auf der Erde unter Standardbedingungen

Standardbedingungen: Temperatur: $T_0 = 273{,}15\,K$, Luftdruck: $p_0 = 1013{,}25\,hPa$

Konstante	Symbol	Wert
Dichte der Luft	ϱ_L	$1{,}293\,\frac{kg}{m^3}$
mittlere Fallbeschleunigung	g	$9{,}81\,\frac{m}{s^2}$
Schallgeschwindigkeit in Luft	c_L	$331\,\frac{m}{s}$
mittlerer Erdradius	r_E	$6{,}371 \cdot 10^6\,m$
Erdmasse	m_E	$5{,}97 \cdot 10^{24}\,kg$

Naturkonstanten und Normwerte

Größe	Wert
Lichtgeschwindigkeit im Vakuum	$c = 2{,}99792458 \cdot 10^{8}\ \frac{\text{m}}{\text{s}}$
Plancksches Wirkungsquantum	$h = 6{,}62606896\ (33) \cdot 10^{-34}\ \text{J} \cdot \text{s}$
Elementarladung	$e = 1{,}602176487\ (40) \cdot 10^{-19}\ \text{C}$
elektrische Feldkonstante	$\varepsilon_0 = \frac{1}{\mu_0 \cdot c^2} = 8{,}85418781762... \cdot 10^{-12}\ \frac{\text{F}}{\text{m}}$
magnetische Feldkonstante	$\mu_0 = 4\pi \cdot 10^{-7}\ \frac{\text{N}}{\text{A}^2} = 12{,}566370614... \cdot 10^{-7}\ \frac{\text{N}}{\text{A}^2}$
Rydberg-Konstante	$R_\infty = 1{,}0973731568527\ (73) \cdot 10^{7}\ \frac{1}{\text{m}}$
Boltzmann-Konstante	$\sigma = 5{,}670400\ (40) \cdot 10^{-8}\ \frac{\text{W}}{\text{m}^2 \cdot \text{K}^4}$
Elektronenmasse	$m_e = 9{,}10938215\ (45) \cdot 10^{-31}\ \text{kg}$
Protonenmasse	$m_p = 1{,}672621637\ (83) \cdot 10^{-27}\ \text{kg}$
Neutronenmasse	$m_n = 1{,}674927211\ (84) \cdot 10^{-27}\ \text{kg}$
Atomare Masseneinheit	$1\ \text{u} = 1{,}660538782\ (83) \cdot 10^{-27}\ \text{kg}$
Masse eines Wasserstoffatoms (^{1}H)	$m_H = 1{,}01\ \text{u}$
Masse eines Heliumatoms (^{4}He)	$m_{He} = 4{,}00\ \text{u}$
Sonnenmasse	$1\ M_\odot = 1{,}98892\ (25) \cdot 10^{30}\ \text{kg}$
Hubble-Parameter	$H_0 \approx 68 - 74\ \frac{\text{km/s}}{\text{Mpc}}$
Gravitationskonstante	$G = 6{,}67428\ (67) \cdot 10^{-11}\ \frac{\text{m}^3}{\text{kg} \cdot \text{s}^2}$
Ortsfaktor in Deutschland	$g = 9{,}81\ \frac{\text{m}}{\text{s}^2}$
relative Permittivität von Luft (Dielektrizitätszahl)	$\varepsilon_r = 1{,}0$
Permeabilitätszahl von Luft	$\mu_r = 1{,}0$
sichtbarer Wellenlängenbereich	400 nm – 800 nm
Schallgeschwindigkeit in Luft (bei 1 bar und 20 °C in trockener Luft)	$c = 343\ \frac{\text{m}}{\text{s}}$

Umrechnung von Einheiten

Energie	$1\ \text{eV} = 1{,}602176 \cdot 10^{-19}\ \text{J}$ $1\ \text{kWh} = 3{,}60 \cdot 10^{6}\ \text{J}$
Temperatur	$-273{,}15\ °\text{C} = 0\ \text{K}$
Astronomische Längenmaße	Lichtjahr: $1\ \text{Lj} = 9{,}4605 \cdot 10^{15}\ \text{m}$ Parsec: $1\ \text{pc} = 3{,}0875 \cdot 10^{16}\ \text{m}$ Astronomische Einheit: $1\ \text{AE} = 1{,}496 \cdot 10^{11}\ \text{m}$
Druck	$\text{Pa} = 1\ \text{Nm}^{-2}$ $1\ \text{bar} = 10^{5}\ \text{Pa}$

Fallbeschleunigungen (Werte in $\frac{m}{s^2}$)

Hamburg	9,814	**Nordpol**	9,832	**Mondoberfläche**	1,62
Berlin	9,813	**Äquator**	9,780	**Marsoberfläche**	3,71
München	9,807	**1000 km oberhalb der Erdoberfläche**	7,33	**Sonnenoberfläche**	274

Halbwertszeiten

Isotop	Halbwertszeit	Isotop	Halbwertszeit
^{218}Rn	35 Millisekunden	^{137}Cs	30 Jahre
^{220}Rn	55,6 Sekunden	^{14}C	5730 Jahre
^{11}C	20,36 Minuten	^{235}U	703 800 000 Jahre
^{131}I	8 Tage	^{238}U	4 468 000 000 Jahre

Solarkonstanten der Planeten

Planet	S_E in $\frac{W}{m^2}$	Planet	S_E in $\frac{W}{m^2}$
Merkur	9123	Jupiter	50
Venus	2615	Saturn	15
Erde	1367	Uranus	3,7
Mars	589	Neptun	1,5

Die Sonne: Physikalische Eigenschaften

Äquatorradius	$6{,}96 \cdot 10^5$ km	**Oberflächentemperatur**	5 770 K
Masse	$1{,}99 \cdot 10^{30}$ kg	**Temperatur im Innern**	$1{,}5 \cdot 10^7$ K
Fallbeschleunigung am Äquator	$274 \frac{m}{s^2}$	**mittlere Dichte**	$1\,410 \frac{kg}{m^3}$
Fluchtgeschwindigkeit	$618 \frac{km}{s}$	**Druck im Innern**	$2{,}5 \cdot 10^{14}$ kPa

Hall-Konstanten A_H in $\frac{m^3}{C}$

Aluminium	$-3{,}5 \cdot 10^{-11}$	**Gold**	$-7{,}2 \cdot 10^{-11}$	**Wolfram**	$1{,}2 \cdot 10^{-11}$
Bismut	$-5 \cdot 10^{-7}$	**Kupfer**	$-5{,}3 \cdot 10^{-11}$	**Zink**	$6{,}4 \cdot 10^{-11}$
Blei	$0{,}9 \cdot 10^{-11}$	**Platin**	$-2{,}0 \cdot 10^{-11}$	**Zinn**	$-0{,}3 \cdot 10^{-11}$
Cadmium	$5{,}9 \cdot 10^{-11}$	**Silber**	$-8{,}9 \cdot 10^{-11}$	**Indiumantimonid**	$-2{,}4 \cdot 10^{-4}$

Die Werte für Hall-Konstanten sind stark von der Temperatur und der Materialreinheit abhängig. positive Werte: Löcher als Ladungsträger, negative Werte: Elektronen als Ladungsträger

Brechzahlen *n*

für den Einfall von Licht der Wellenlänge 589,3 nm aus dem Vakuum ($n = 1$)

Augenlinse, menschlich	1,35–1,42	**Glas**	1,45–2,14	**Luft, trocken (0 °C)**	1,000 28
Benzol	1,501	**Glycerin**	1,473 99	**Methanol**	1,329
Bleikristall	bis 1,93	**Kochsalz**	1,54	**Plexiglas**	1,49
Diamant	2,417	**Kohlenstoffdioxid**	1,000 45	**Rübenzucker (30-%-Lsg.)**	1,38
Ethanol	1,3614	**Kronglas**	1,46–1,65	**Rübenzucker (80-%-Lsg.)**	1,49
Eis (0 °C)	1,309	**Kunststoff-Brillenglas**	bis 1,76	**Stickstoff**	1,000 30
Flintglas	1,56–1,93	**Leinöl**	1,486	**Wasser**	1,333

Je nach Materialreinheit sind Abweichungen möglich. Brechzahlen für Gase unter Normbedingungen.

Vorgehensweise bei der Bearbeitung von Aufgaben

- Lesen Sie vor der Bearbeitung alle Aufträge durch.
- Notieren Sie stichwortartig anwendbare physikalische Regeln. Notieren Sie passende Formeln. Erstellen Sie einen Plan der Lösungsschritte.
- Beachten Sie die Operatoren (beschreiben, nennen, erklären, erläutern, deuten, ermitteln ...).

Operatoren

Analysieren:	diejenigen Bestandteile oder Eigenschaften eines Sachverhaltes herausarbeiten, die für die gegebene Fragestellung wichtig sind
Aufstellen einer Hypothese:	eine Vermutung formulieren, die sich anhand von Beobachtungen, Experimenten oder Untersuchungen begründen lässt
Begründen:	Sachverhalte auf Regeln, Gesetzmäßigkeiten oder kausale Zusammenhänge zurückführen
Beschreiben:	Sachverhalte und Zusammenhänge unter Verwendung der Fachsprache mit eigenen Worten wiedergeben
Bestätigen:	die Gültigkeit einer Aussage, die zu einem Experiment, zu Messdaten oder zu Schlussfolgerungen aus diesen gemacht wurde, feststellen
Beurteilen:	eine eigene Einschätzung eines Sachverhaltes formulieren, die mithilfe von Fachwissen und Fachmethoden gewonnen wurde und begründet werden kann
Deuten:	Zusammenhänge dahingehend untersuchen, wie sie erklärt werden können
Erklären:	unter Verwendung der Fachsprache nachvollziehbar auf allgemeine Aussagen und Gesetze zurückführen
Erläutern:	unter Verwendung der Fachsprache durch zusätzliche Informationen verständlich und anschaulich machen
Ermitteln:	rechnerisch, grafisch oder experimentell eine Lösung oder ein Ergebnis finden und formulieren
Erörtern:	Argumente und verschiedene Positionen zu einer Aussage oder einem Sachverhalt einander gegenüberstellen und zwischen ihnen abwägen
Herleiten:	die Bestimmungsgleichung einer naturwissenschaftlichen Größe aufstellen, aus bereits bekannten Größengleichungen mittels mathematischer Operationen
Nennen:	Sachverhalte, Begriffe, Daten lediglich aufzählen, ohne weitere Erläuterungen
Planen eines Experimentes:	zu einer gegebenen Fragestellung eine Experimentieranordnung finden oder eine Experimentieranleitung erstellen
Skizzieren:	das Wesentliche eines Sachverhaltes oder eines Ergebnisses übersichtlich grafisch darstellen
Vergleichen:	Gemeinsamkeiten, Ähnlichkeiten und Unterschiede zwischen mehreren Sachverhalten finden und formulieren
Zusammenfassen:	einen Sachverhalt auf die wesentlichen Punkte konzentriert wiedergeben

Umgang mit physikalischen Größen

Darstellung von Größen • Mit physikalischen Größen kann man Objekte und Vorgänge quantitativ beschreiben. Dazu hat man für jede Größe eine **Maßeinheit** oder kurz Einheit festgelegt. Nur mit Zahlenwert und **Einheit** ist eine Größe bestimmt.
Oft sind die Zahlenwerte unanschaulich groß oder klein. Um solche Größen darzustellen, verwendet man Zehnerpotenzen oder **Präfixe** vor den Einheiten. In der **Normdarstellung** schreibt man den Zahlenwert in der Form $a \cdot 10^b$, wobei der Vorfaktor a zwischen 1 und unter 10 liegt. ▶ 1 zeigt dies anhand von Beispielen.

Signifikante Ziffern • Gemessene Größen sind nicht exakt bestimmt. Die Anzahl der sogenannten **signifikanten Ziffern** ist ein Maß für die Genauigkeit von Größen. In der Normdarstellung $a \cdot 10\ b$ ist die Anzahl der signifikanten Ziffern gleich der Anzahl an bekannten Ziffern des Faktors a (▶ 1). Bei einer Angabe wie $s = 1000\,\text{m}$ ist die Anzahl der signifikanten Ziffern nicht eindeutig. Es ist daher besser, eine eindeutige Präfixdarstellung wie $s = 1\,\text{km}$ oder die Normdarstellung $s = 1 \cdot 10\ 3\,\text{m}$ zu verwenden.

Rechnen mit Größen • Aus bekannten Größen können unbekannte Größen berechnet werden. ▶ 2 zeigt die Vorgehensweise am Beispiel der gleichförmigen Bewegung. Dabei wird aus der gemessenen Geschwindigkeit und der benötigten Zeit die zurückgelegte Strecke berechnet.

Ziffernregel • Sowohl die Geschwindigkeit als auch die Zeitdauer sind als gemessene Größen nicht genau bekannt. Daher kann auch die daraus berechnete Strecke nicht exakt angegeben werden. Folglich muss ihr Zahlenwert gerundet werden.
Die **Ziffernregel** besagt, dass die berechnete Größe auf die gleiche Anzahl signifikanter Ziffern gerundet wird wie die gegebene Größe mit der kleinsten Anzahl an signifikanten Ziffern.
Im Beispiel aus ▶ 2 hat die Geschwindigkeit drei und die Zeit zwei signifikante Ziffern. Also wird die Geschwindigkeit auf zwei Ziffern gerundet.

Einheitenkontrolle • Eine Kontrolle der Einheiten kann auf einen Fehler in der Berechnung hinweisen. Dazu rechnet man mit den Einheiten wie mit den entsprechenden Größen.

Da $s = v \cdot t$ ist, muss als Einheit der Strecke m herauskommen:

$$\begin{aligned} s &= v \cdot t \\ &= 1{,}43 \cdot 10^{-4}\,\tfrac{\text{m}}{\text{s}} \cdot 0{,}12\,\text{s} \\ &= 1{,}7 \cdot 10^{-5}\,\tfrac{\text{m}}{\text{s}}\,\text{s} \\ &= 1{,}7 \cdot 10^{-5}\,\text{m} \end{aligned}$$

Bei diesem Beispiel ist dies leicht zu sehen, bei komplizierteren Formeln lohnt sich eine Kontrolle immer.

Angabe mit Präfix	Angabe ohne Präfix	Angabe in Normdarstellung	Anzahl signifikanter Ziffern
$s = 2{,}5\,\text{km}$	$s = 2\,500\,\text{m}$	$s = 2{,}5 \cdot 10^3\,\text{m}$	2
$t = 0{,}165\,\text{ms}$	$t = 0{,}000\,165\,\text{s}$	$t = 1{,}65 \cdot 10^{-4}\,\text{s}$	3

1 Angabe von Größen mit großen und kleinen Zahlenwerten

① Geg.: $v = 14{,}3\,\frac{\text{mm}}{\text{s}} = 1{,}43 \cdot 10\ {-4}\,\frac{\text{m}}{\text{s}}$ $t = 0{,}12\,\text{s}$	① Notieren Sie die gegebenen Größen möglichst in den Grundeinheiten und mit Zehnerpotenzen.
② Ges.: s	② Notieren Sie die gesuchte Größe.
③, ④ $v = \frac{s}{t} \Rightarrow s = v \cdot t$	③ Notieren Sie die erforderliche Gleichung. ④ Formen Sie die Gleichung nach der gesuchten Größe um.
⑤ $= 1{,}43 \cdot 10^{-4}\,\frac{\text{m}}{\text{s}} \cdot 0{,}12\,\text{s}$	⑤ Setzen Sie die gegebenen Größen mit Zahlenwerten und Einheiten ein.
⑥ $= 1{,}7 \cdot 10^{-5}\,\text{m}$	⑥ Berechnen Sie den Zahlenwert und runden Sie nach der Ziffernregel.

2 Musterbeispiel zur Lösung von Aufgaben

Physikalische Gesetze

Name	Bedeutung	Gleichung
Bahngleichung	Die Bahnen eines Himmelskörpers im Gravitationsfeld einer Masse lassen sich über den Bahnradius parametrisieren	$r(\varphi) = \frac{p}{1 + \varepsilon \cos \varphi}$
Freier Fall	In der Zeit t zurückgelegte Strecke s	$s = \frac{1}{2} g \cdot t^2$
Geradlinige Bewegung: Weg	In der Zeit t erreichte Strecke s	$s = \frac{1}{2} a \cdot t^2 + v_0 \cdot t + s_0$
Geradlinige Bewegung: Geschwindigkeit	In der Zeit t erreichte Geschwindigkeit v	$v = a \cdot t + v_0$
Wurfparabel beim waagerechten Wurf	Beim waagerechten Wurf überlagern sich eine gleichförmige Bewegung in x-Richtung und der freie Fall in y-Richtung	$s_y(s_x) = h_0 - \frac{g}{2} \cdot \frac{s_x^2}{v_0^2}$
Gravitationsgesetz	Anziehungskraft zweier Massen m und M im Abstand r zueinander	$F_G = G \cdot \frac{m \cdot M}{r^2}$
Durchschnittliche Geschwindigkeit	Mittelwert der Momentangeschwindigkeit während Δt	$\overline{v} = \frac{\Delta s}{\Delta t} = \frac{s_2 - s_1}{t_2 - t_1}$
Durchschnittliche Beschleunigung	Mittelwert der Momentanbeschleunigung während Δt	$\overline{a} = \frac{\Delta v}{\Delta t} = \frac{v_2 - v_1}{t_2 - t_1}$
1. Keplersches Gesetz	Die Planeten unseres Sonnensystems bewegen sich auf elliptischen Umlaufbahnen um die Sonne, wobei sich diese in einem Brennpunkt der Ellipsen befindet.	
2. Keplersches Gesetz	Der Fahrstrahl zwischen Sonne und Planet überstreicht in gleichen Zeiten jeweils gleiche Flächen.	$\frac{\Delta A}{\Delta t} = \text{const.}$
3. Keplersches Gesetz	Beschreibt das Verhältnis der Umlaufzeiten und Längen der großen Halbachsen zweier Planetenbahnen	$\left(\frac{T_1}{T_2}\right)^2 = \left(\frac{a_1}{a_2}\right)^3$
1. Newtonsches Axiom	**Trägheitsprinzip:** Ein Körper verharrt in Ruhe oder einer gleichförmig geradlinigen Bewegung, solange keine resultierende Kraft auf ihn wirkt.	
2. Newtonsches Axiom	**Grundgleichung der Mechanik:** Ein ruhender Beobachter stellt fest, dass eine Kraft F bei einer Masse m die Beschleunigung $a = \frac{F}{m}$ hervorruft.	$\vec{F} = m \cdot \vec{a}$
3. Newtonsches Axiom	**Wechselwirkungsprinzip:** Übt ein Körper A auf einen Körper B eine Kraft aus, so übt Körper B eine gleich große, aber ent gegengesetzt gerichtete Kraft auf Körper A aus.	$\vec{F}_{AB} = -\vec{F}_{BA}$
Zeitdilatation	Die zwischen zwei Ereignissen verstreichende Zeit hängt vom Inertialsystem ab und ist im (ruhenden) Eigensystem am kürzesten.	$\Delta t_a = \Delta t \cdot \gamma$, mit $\gamma = \frac{1}{\sqrt{1 - \frac{v^2}{c^2}}}$
Längenkontraktion	Bewegt sich ein Eigensystem mit einer Geschwindigkeit v entlang einer Strecke $\Delta x = v \cdot \Delta t$, so ist der Messwert Δx kleiner als der entsprechende Wert Δxa im Außensystem.	$\Delta x_a = \Delta x \cdot \frac{1}{\gamma}$, mit $\gamma = \frac{1}{\sqrt{1 - \frac{v^2}{c^2}}}$

Die Erläuterung der Größen und Konstanten finden Sie in den vorhergehenden Tabellen

Name oder Inhalt	Bedeutung	Gleichung
Bragg-Bedingung	Trifft Röntgenstrahlung einer Wellenlänge λ unter einem Winkel ϑ auf parallele Netzebenen im Abstand d, dann kommt es zu konstruktiver Interferenz, wenn die Bragg-Bedingung erfüllt ist.	$n \cdot \lambda = 2d \cdot \sin\vartheta$ mit $n = 1, 2, 3 \ldots$
De-Broglie-Wellenlänge	Wellenlänge von Materiewellen	$\lambda = \frac{h}{p}$
Doppelspalt	Am Doppelspalt mit dem Spaltabstand g führt Interferenz zu Maxima im Abstand d_n. a ist der Abstand zwischen Gitter und Schirm. Die Beugung an den einzelnen Spalten der Spaltbreite b führt zu Minima bei d_k.	$d_n \approx \frac{n \cdot \lambda \cdot a}{g}$, mit $n = 1, 2, 3 \ldots$ $d_k \approx \frac{k \cdot \lambda \cdot a}{b}$, mit $k = 1, 2, 3 \ldots$
Energie des Photons		$E = h \cdot f$
Gesetz von Malus	Tritt polarisiertes Licht durch einen Polarisator, dessen Transmissionsrichtung um den Winkel α gegenüber der Polarisationsrichtung verdreht ist, dann sinkt seine Intensität.	$I_A(\alpha) = I_P \cdot \cos^2\alpha$
Gitter, optisches	An einem Gitter mit der Gitterkonstanten g treten Interferenzmaxima im Abstand d n von der optischen Achse auf. a ist der Abstand zwischen Gitter und Schirm.	$d_n = a \cdot \tan\left(\arcsin\left(\frac{n \cdot \lambda}{g}\right)\right)$
Harmonische Schwingungen	Können durch eine Differenzialgleichung beschrieben werden	$\ddot{s}(t) = -\frac{D}{m} \cdot s(t)$
Impuls des Photons		$p = \frac{h}{\lambda}$
Interferenz	Je nach Gangunterschied zwischen zwei sich überlagernden Wellen können sich diese verstärken oder abschwächen.	Auslöschung: $\Delta s = n \cdot \lambda$ maximale Verstärkung: $\Delta s = \left(n + \frac{1}{2}\right) \cdot \lambda$
Kondensator	Beim Entladen eines Kondensators folgen elektrische Ladung, Spannung am Kondensator und Stromstärke Exponentialgesetzen, mit $\tau = R \cdot C$ Zeitkonstante des Kondensators.	$Q(t) = Q_0(t) \cdot e^{-\frac{t}{\tau}}$ $U(t) = U_0(t) \cdot e^{-\frac{t}{\tau}}$ $I(t) = I_0(t) \cdot e^{-\frac{t}{\tau}}$
Lineares Kraftgesetz	Die Rückstellkraft eines schwingenden Systems ist proportional zur Auslenkung.	$F_{rück} = -D \cdot (s_0 - s)$
Radioaktiver Zerfall	Die Anzahl N der Kerne, die noch nicht zerfallen sind, nimmt exponentiell ab.	$N(t) = N_0 \cdot e^{-\lambda \cdot t}$, mit: $\lambda = \frac{\ln 2}{T_{\frac{1}{2}}}$
Rydberg-Formel	Bietet die Möglichkeit, alle erdenklichen Linien des Wasserstoffspektrums zu errechnen.	$\frac{1}{\lambda} = R \cdot \left(\frac{1}{n_1^2} - \frac{1}{n_2^2}\right)$
Schwingungsgleichung	Beschreibt die Auslenkung zu einem bestimmten Zeitpunkt.	$s(t) = s_{max} \cdot \sin(\omega t + \Delta\varphi)$
Stehende Wellen	auf einem Träger der Länge l bilden sich stehende Wellen unter folgenden Bedingungen:	gleiche Enden: $\lambda_n = \frac{2l}{n}$ ungleiche Enden: $\lambda_n = \frac{4l}{2n-1}$
Thomsonsche Schwingungsgleichung	Ein Schwingkreis aus Kondensator und Spule ist ein harmonischer Oszillator mit der Eigenfrequenz $\omega_0 = \sqrt{\frac{1}{L \cdot C}}$.	$I(t) = -I_0 \cdot \sin(\omega_0 \cdot t)$ $U_C(t) = U_0 \cdot \cos(\omega_0 \cdot t)$ $U_L(t) = -U_0 \cdot \cos(\omega_0 \cdot t)$ $Q(t) = Q_0 \cdot \cos(\omega_0 \cdot t)$

Vereinfachter Auszug aus der Nuklidkarte

Elemente

Hg 200,592	Elementsymbol Atommasse in u

Stabile Nuklide

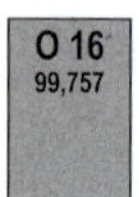

Elementsymbol, Massenzahl
Isotopenhäufigkeit in %

primordiale Nuklide (Nuklide, die mit der Erde entstanden)

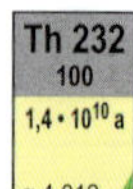

Elementsymbol, Massenzahl
Isotopenhäufigkeit in %
Halbwertszeit
Energie der Strahlung

instabile Nuklide (radioaktive Nuklide)

β^--Zerfall

Elementsymbol, Massenzahl
Halbwertszeit
Endpunktsenergie in MeV
Energie der γ Strahlung in keV

β^+-Zerfall oder Elektroneneinfang (ε)

Elementsymbol, Massenzahl
Halbwertszeit
Endpunktsenergie in MeV
Energie der γ Strahlung in keV

α-Zerfall

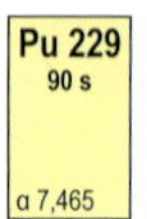

Elementsymbol, Massenzahl
Halbwertszeit
Teilchenenergie in MeV

spontane Spaltung

mit geringer Häufigkeit

Nuklide mit mehreren Zerfallsarten

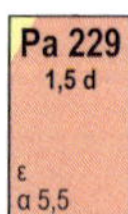

Die Reihenfolge der Einträge und die Größe der Farbflächen symbolisiert vereinfacht die Häufigkeiten der Zerfallsarten.

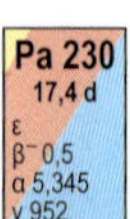

Für die untergeordnete Zerfallsart bedeutet
- kleines Dreieck in einer Ecke : ≤ 5%.
- diagonale Teilung: 5 – 50 %.

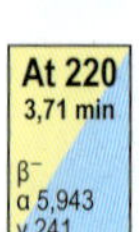

Die Reihenfolge der Farben bleibt dabei gleich.

a Jahr
d Tag
h Stunde
min Minute
s Sekunde
ms Millisekunde
μm Mikrosekunde

Protonenzahl	Element	Neutronenzahl 0	1	2	3	4	5	6	7	8	9
14	Si 28,085									Si 22 29 ms β^+	Si 23 42,3 ms β^+
13	Al 26,9815385										Al 22 91,1 ms β^+ γ 1247
12	Mg 24,3050									Mg 20 90,8 ms β^+ γ 984	Mg 21 122 ms β^+ γ 332
11	Na 22,98976928										Na 20 447,9 ms β^+ 11,2 γ 1634
10	Ne 20,1797								Ne 17 109,2 ms β^+ 8,0 γ 495	Ne 18 1,6654 s β^+ 3,4 γ 1042	Ne 19 17,254 s β^+ 2,2
9	F 18,998403163									F 17 64,49 s β^+ 1,7	F 18 109,728 min β^+ 0,634 no γ
8	O 15,9994						O 13 8,58 ms β^+ 16,7	O 14 70,619 s β^+ 1,8 γ 2313	O 15 122,24 s β^+ 1,732 no γ	O 16 99,757	O 17 0,038
7	N 14,00674						N 12 11 ms β^+ 16,4 γ 4439	N 13 9,965 min β^+ 1,198 no γ	N 14 99,636	N 15 0,364	N 16 7,13 s β^- 4,3 γ 6129
6	C 12,01				C 9 126,5 ms β^+ 15,5	C 10 19,3080 s β^+ 1,9 γ 718	C 11 20,364 min β^+ 0,960 no γ	C 12 98,93	C 13 1,07	C 14 5730 a β^- 0,156 no γ	C 15 2,449 s β^- 4,5 γ 5298
5	B 10,811				B 8 770 ms β^+ 15,0		B 10 19,9	B 11 80,1	B 12 20,20 ms β^- 13,4 γ 4439	B 13 17,33 ms β^- 13,4 γ 3684	B 14 12,5 ms β^- 14,0 γ 6090
4	Be 9,0121831				Be 7 53,22 d ε γ 478		Be 9 100	Be 10 $1{,}387 \cdot 10^6$ a β^- 0,6 no γ	Be 11 13,81 s β^- 11,5 γ 2125	Be 12 21,5 ms β^- 11,7	
3	Li 6,941				Li 6 7,59	Li 7 92,41	Li 8 838,75 ms β^- 13,0	Li 9 178,3 ms β^- 13,6		Li 11 8,75 ms β^- 16,7 γ 3368	
2	He 4,002602		He 3 0,000134	He 4 99,999866		He 6 806,89 ms β^- 3,5		He 8 119,1 ms β^- 9,7 γ 981			
1	H 1,00794	H 1 99,9885	H 2 0,0115	H 3 12,312 a β^- 0,0185743 no γ							
0			n 1 10,17 min								

Protonenzahl ↑ Neutronenzahl →

14	**Si 24** 140,5 ms β^+ 9,3 γ 664	**Si 25** 218 ms β^+ γ 452	**Si 26** 2,2453 s β^+ 3,8 γ 829	**Si 27** 4,15 s β^+ 3,8	**Si 28** 92,223	**Si 29** 4,685	**Si 30** 3,092	**Si 31** 157,36 min β^- 1,5	**Si 32** 153 a β^- 0,2 no γ	**Si 33** 6,11 s β^- 5,8 γ 1848	**Si 34** 2,77 s β^- 3,0 γ 1179	**Si 35** 0,78 s β^- γ 4101	**Si 36** 0,45 s β^- γ 175	**Si 37** 90 ms β^-	**Si 38** >1 µs	**Si 39** 47,5 ms β^-	**Si 40** 33,0 ms β^-	**Si 41** 20,0 ms β^-	**Si 42** 12,5 ms β^-
13	**Al 23** 446 ms β^+ γ 451	**Al 24** 2,053 s β^+ 4,4 γ 1369	**Al 25** 7,183 s β^+ 3,3	**Al 26** $7{,}17 \cdot 10^5$ a β^+ 1,2 γ 1809	**Al 27** 100	**Al 28** 2,245 min β^- 2,9 γ 1779	**Al 29** 6,56 min β^- 2,4 γ 1273	**Al 30** 3,62 s β^- 5,1 γ 2235	**Al 31** 644 ms β^- 5,7 γ 2317	**Al 32** 33 ms β^- γ 1941	**Al 33** 41,7 ms β^- γ 1941	**Al 34** 56,3 ms β^- 12,7 γ 929	**Al 35** 37,2 ms β^- 13,2 γ 64	**Al 36** 90 ms β^-	**Al 37** 10,7 ms β^-	**Al 38** 7,6 ms β^-	**Al 39** 7,6 ms β^-	27	28
12	**Mg 22** 3,8755 s β^+ 3,1 γ 583	**Mg 23** 11,3 s β^+ 3,1 γ 440	**Mg 24** 78,99	**Mg 25** 10,0	**Mg 26** 11,01	**Mg 27** 9,458 min β^- 1,8 γ 844	**Mg 28** 20,915 h β^- 0,5 γ 31	**Mg 29** 1,30 s β^- 4,4 γ 2224	**Mg 30** 335 ms β^- 6,1 γ 244	**Mg 31** 236 ms β^- γ 1613	**Mg 32** 86 ms β^- γ 2765	**Mg 33** 90,5 ms β^- 13,5 γ 1618	**Mg 34** 20 ms β^-	**Mg 35** 70 ms β^-	**Mg 36** 3,9 ms β^-	25	26		
11	**Na 21** 22,49 s β^+ 2,5 γ 351	**Na 22** 2,6018 a β^+ 0,5 γ 1275	**Na 23** 100	**Na 24** 14,997 h β^- 1,4 γ 1369	**Na 25** 59,6 s β^- 3,8 γ 975	**Na 26** 1,07128 s β^- 7,5 γ 1809	**Na 27** 301 ms β^- 8,0 γ 985	**Na 28** 30,5 ms β^- 14,0 γ 1474	**Na 29** 44,1 ms β^- 10,7 γ 55	**Na 30** 48 ms β^- 12,3 γ 1482	**Na 31** 17,35 ms β^- 15,4 γ 51	**Na 32** 13,2 ms β^- γ 885	**Na 33** 8,0 ms β^- 0,8 γ 885	**Na 34** 5,5 ms β^- γ 885	**Na 35** 1,5 ms β^-				
10	**Ne 20** 90,48	**Ne 21** 0,27	**Ne 22** 9,25	**Ne 23** 37,2 s β^- 4,4 γ 440	**Ne 24** 3,38 min β^- 2,0 γ 874	**Ne 25** 602 ms β^- 7,3 γ 90	**Ne 26** 197 ms β^- 7,3 γ 84	**Ne 27** 31,5 ms β^- 12,6 γ 63	**Ne 28** 20 ms β^- 12,2 γ 2063	**Ne 29** 15 ms β^- 15,7 γ 72	**Ne 30** 5,8 ms β^- γ 151		**Ne 32** 3,5 ms β^-	23	24				
9	**F 19** 100	**F 20** 11,0 s β^- 5,4 γ 1634	**F 21** 4,158 s β^- 5,3 γ 351	**F 22** 4,23 s β^- 5,5 γ 1275	**F 23** 2,23 s β^- 8,5 γ 1701	**F 24** 0,34 s β γ 1982	**F 25** 50 ms β^- γ 1703	**F 26** 8,2 ms β^- 18,2 γ 2018	**F 27** 5 ms β^- γ 2018		**F 29** 2,5 ms β^-	21	22						
8	**O 18** 0,205	**O 19** 26,476 s β^- 3,3 γ 197	**O 20** 13,5 s β^- 2,8 γ 1057	**O 21** 3,42 ms β^- 6,4 γ 1730	**O 22** 2,25 s β^- γ 72	**O 23** 97 ms β^- γ 2243	**O 24** 65 ms β^- γ 1832	17	18	19	20								
7	**N 17** 4,173 s β^- 3,2 γ 871	**N 18** 0,619 ms β^- 9,4 γ 1982	12	13	14	15	16												
6	**C 10** 0,747 s β^- 4,7	**O 17** 193 ms β^- γ 1375																	
5	**B 15** 9,93 ms β^- 16,0	11																	
	10																		

Protronenzahl

Neutronenzahl

Vereinfachter Auszug aus der Nuklidkarte

(Angaben nur zu häufigsten Energiewerten und nur für den Grundzustand)

Protronenzahl

Protonenzahl				112	113	114	115	116	117	118	119	120	121	122	123	124	125	126	127	128
92															U 238,02891			U 218 0,51 ms α 8,612	U 219 ≈ 42 μs α 9,774	
91											Pa 231,03588			Pa 213 5,3 ms α 8,235	Pa 214 17 ms α 8,116	Pa 215 14 ms α 8,088	Pa 216 105 ms α 7,948 γ 134	Pa 217 3,6 ms α 8,337 γ 466	Pa 218 113 μs α 9,616 γ 92	Pa 219 53 ns α 9,90
90									Th 232.0377			Th 210 16 ms α 7,917	Th 211 37 ms α 7,792	Th 212 31,7 ms α 7,809	Th 213 144 ms α 7,690	Th 214 87 ms α 7,678	Th 215 1,2 s α 7,392 γ 134	Th 216 26,0 ms α 7,923 γ 629	Th 217 237 μs α 9,261 γ 822	Th 218 117 ns α 9,666
89								Ac		Ac 207 27,0 ms α 7,693	Ac 208 95 ms α 7,572	Ac 209 87 ms α 7,577	Ac 210 0,35 s α 7,462	Ac 211 0,21 s α 7,477	Ac 212 0,93 s α 7,38	Ac 213 738 ms α 7,360	Ac 214 8,2 s α 7,215 γ 139 ε	Ac 215 0,17 s α 7,60	Ac 216 440 μs α 9,064	Ac 217 69 ns α 9,65
88				Ra				Ra 204 59 ms α 7,484	Ra 205 0,21 s α 7,340	Ra 206 0,24 s α 7,270	Ra 207 1,38 s α 7,133	Ra 208 1,110 s α 7,133	Ra 209 4,8 s α 7,003	Ra 210 3,70 s α 7,016	Ra 211 13,2 s α 6,909	Ra 212 13,0 s α 6,899	Ra 213 2,73 min α 6,625 γ 110	Ra 214 2,435 s α 7,137 ε no $β^+$	Ra 215 1,66 ms α 8,70 γ 834	Ra 216 182 ns α 9,349
87	Fr				Fr 200 46 ms α 7,470	Fr 201 53 ms α 7,369	Fr 202 0,372 s α 7,238	Fr 203 549 ms α 7,131	Fr 204 1,8 s α 7,031	Fr 205 3,92 s α 6,916 γ 565	Fr 206 15,9 s α 6,792 ε γ 629	Fr 207 14,8 s α 6,767	Fr 208 59,1 s α 6,641 ε γ 636	Fr 209 50,5 s α 6,646 ε γ 798	Fr 210 3,18 min α 6,545 γ 126 ε	Fr 211 3,10 min α 6,537 ε γ 540	Fr 212 20,0 min ε α 6,262 γ 1274	Fr 213 34,14 s α 6,775	Fr 214 5,0 ms α 8,427	Fr 215 86 ns α 9,36
86	Rn		Rn 197 55 ms α 7,260	Rn 198 65 ms α 7,205	Rn 199 0,59 s α 6,989 ε	Rn 200 1,06 s α 6,902	Rn 201 7,0 s α 6,72 ε	Rn 202 9,7 s α 6,640 ε	Rn 203 45 s α 6,498 ε	Rn 204 1,24 min α 6,417 ε	Rn 205 2,83 min ε α 6,263 γ 265	Rn 206 5,67 min α 6,260 ε γ 498	Rn 207 9,3 min ε α 6,133 $β^+$ γ 345	Rn 208 24,4 min α 6,138 ε γ 427	Rn 209 28,8 min ε $β^+$ 2,2 γ 408 α 6,039	Rn 210 2,4 h α 6,041 γ 458	Rn 211 14,6 h α 5,784 γ 674	Rn 212 24 min α 6,264 γ	Rn 213 19,5 ms α 8,089 γ 854	Rn 214 0,27 μs α 9,036
85	At			At 197 381 ms α 6,960	At 198 4,2 s α 6,753	At 199 6,92 s α 6,643 ε	At 200 43,2 s α 6,464 ε γ 666	At 201 1,5 min α 6,344 ε γ 592	At 202 184 s ε γ 677 α	At 203 7,4 min ε α 6,088 γ 639	At 204 9,2 min α 5,951 γ 684	At 205 26,2 min ε α 5,902 γ 719	At 206 29,4 min ε $β^+$ 3,1 α 5,703 γ 701	At 207 1,8 h ε $β^+$ α 5,759 γ 815	At 208 1,63 h ε α 5,640 γ 686	At 209 5,42 h ε $β^+$ γ 545 α 5,647	At 210 8,1 h ε $β^+$ γ 1181 α 5,524	At 211 7,214 h ε α 5,8695	At 212 314 ms α 7,68 γ 63	At 213 125 ns α 9,079
84	Po			Po 196 5,60 s α 6,5220 ε	Po 197 53,6 s ε α 6,281	Po 198 1,760 min α 6,182 ε	Po 199 5,47 min ε γ 246 α 5,952	Po 200 11,5 min ε α 5,863 γ 671	Po 201 15,6 min ε α 5,683 γ 890	Po 202 44,6 min ε γ 689 α 5,588	Po 203 36,7 min ε $β^+$ α 5,384 γ 909	Po 204 3,53 h ε α 5,377 γ 884	Po 205 1,66 h ε $β^+$ α 5,22 γ 872	Po 206 8,8 d ε α 5,2233 γ 1032	Po 207 5,80 h ε $β^+$ γ 992	Po 208 2,898 a α 5,1152 ε	Po 209 125,2 a α 4,883 ε	Po 210 138,376 d α 5,30433	Po 211 516 ms α 7,450	Po 212 0,3 μs α 8,785
83	Bi 208,980			Bi 195 183 s ε $β^+$ γ 808 α 5,42	Bi 196 5,13 min $β^+$ γ 1049 α 5,153	Bi 197 9,33 min ε γ 855	Bi 198 10,3 min ε 1063	Bi 199 27 min ε $β^+$ γ 842	Bi 200 36,4 min ε $β^+$ γ 1027	Bi 201 103 min ε $β^+$ 2,2 γ 629	Bi 202 1,71 h ε $β^+$ γ 961	Bi 203 11,76 h ε $β^+$ 1,4 γ 820	Bi 204 11,22 h ε γ 899	Bi 205 14,91 d ε $β^+$ γ 1764	Bi 206 6,24 d ε $β^+$ γ 803	Bi 207 31,55 a ε $β^+$ γ 570	Bi 208 $3,68 \cdot 10^5$ a ε γ 2615	Bi 209 100 $2,01 \cdot 10^{19}$ a α 3,077	Bi 210 5,012 d $β^-$ 1,2 α 4,656	Bi 211 2,14 min α 6,6229 γ 351
82	Pb 207,2			Pb 194 12 min ε α 4,64 γ 582	Pb 195 ≈ 15 min ε γ 384	Pb 196 36,4 min ε γ 253	Pb 197 8,1 min ε $β^+$ γ 386	Pb 198 2,4 h ε γ 290	Pb 199 90 min ε $β^+$ γ 367	Pb 200 21,5 h ε γ 148	Pb 201 9,33 h ε $β^+$ γ 331	Pb 202 $5,25 \cdot 10^4$ a ε no γ	Pb 203 51,92 h ε γ 279	Pb 204 1,4	Pb 205 $1,73 \cdot 10^7$ a ε no γ	Pb 206 24,1	Pb 207 22,1	Pb 208 52,4	Pb 209 3,234 h $β^-$ 0,644 no γ	Pb 210 22,2 a $β^-$ 0,02 γ 47 α 3,72
81	Tl 204,384			Tl 193 21,6 min ε $β^+$ γ 324	Tl 194 33 min ε $β^+$ γ 428	Tl 195 1,16 h ε $β^+$ 1,8 γ 564	Tl 196 1,84 h ε $β^+$ γ 426	Tl 197 2,84 h ε $β^+$ γ 426	Tl 198 5,3 h ε $β^+$ γ 412	Tl 199 7,42 h ε γ 455	Tl 200 26,1 h ε $β^+$ γ 368	Tl 201 3,0422 d ε γ 167	Tl 202 12,23 d ε γ 440	Tl 203 29,52	Tl 204 3,78 a $β^-$ 0,8 no γ	Tl 205 70,48	Tl 206 4,202 min $β^-$ 1,5	Tl 207 4,77 min $β^-$ 1,4	Tl 208 3,053 min $β^-$ 1,8 γ 2615	Tl 209 2,162 min $β^-$ 1,8 γ 1567
80	Hg 200,592			Hg 192 4,85 h ε γ 275	Hg 193 3,80 h ε $β^+$ γ 187	Hg 194 520 a ε no γ	Hg 195 10,53 h ε $β^+$ γ 780	Hg 196 0,15	Hg 197 64,14 h ε γ 77	Hg 198 10,04	Hg 199 16,94	Hg 200 23,14	Hg 201 13,17	Hg 202 29,74	Hg 203 46,59 d $β^-$ 0,2 γ 279	Hg 204 6,82	Hg 205 5,2 min $β^-$ 1,5 γ 204	Hg 206 8,15 min $β^-$ 1,5 γ 305	Hg 207 2,9 min $β^-$ 1,8 γ 351	Hg 208 ≈ 42 min $β^-$ γ 474

Neutronenzahl

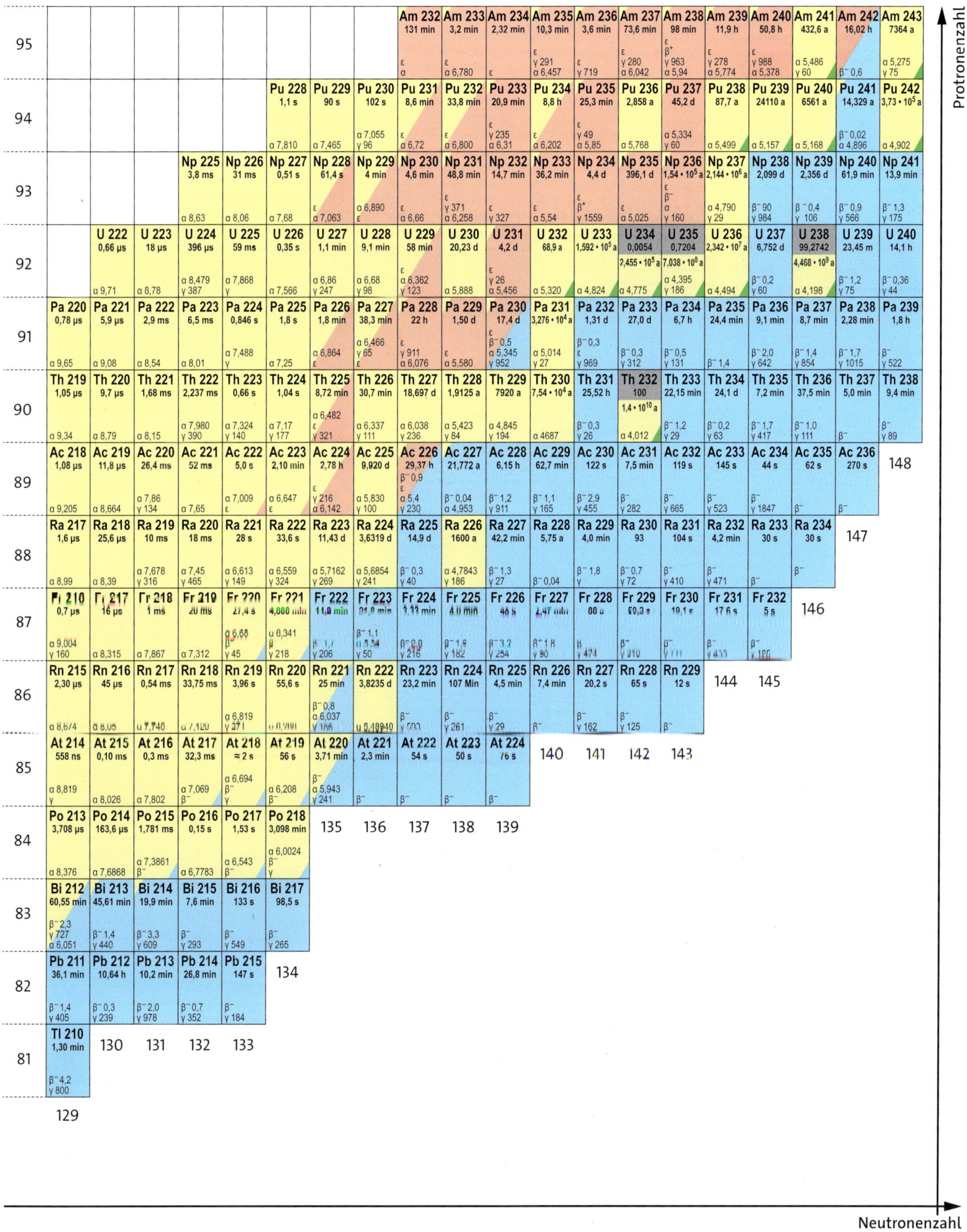

Protronenzahl																				
95									**Am 232** 131 min ε α	**Am 233** 3,2 min ε α 6,780	**Am 234** 2,32 min ε	**Am 235** 10,3 min ε γ 291 α 6,457	**Am 236** 3,6 min ε γ 719	**Am 237** 73,6 min ε γ 280 α 6,042	**Am 238** 98 min ε β^+ γ 963 α 5,94	**Am 239** 11,9 h ε γ 278 α 5,774	**Am 240** 50,8 h ε γ 988 α 5,378	**Am 241** 432,6 a α 5,486 γ 60	**Am 242** 16,02 h β^- 0,6	**Am 243** 7364 a α 5,275 γ 75
94						**Pu 228** 1,1 s α 7,810	**Pu 229** 90 s α 7,465	**Pu 230** 102 s α 7,055 γ 96	**Pu 231** 8,6 min ε α 6,72	**Pu 232** 33,8 min ε α 6,800	**Pu 233** 20,9 min ε γ 235 α 6,31	**Pu 234** 8,8 h ε α 6,202	**Pu 235** 25,3 min ε γ 49 α 5,85	**Pu 236** 2,858 a α 5,768	**Pu 237** 45,2 d α 5,334 γ 60	**Pu 238** 87,7 a α 5,499	**Pu 239** 24110 a α 5,157	**Pu 240** 6561 a α 5,168	**Pu 241** 14,329 a β^- 0,02 α 4,896	**Pu 242** $3,73 \cdot 10^5$ a α 4,902
93				**Np 225** 3,8 ms α 8,63	**Np 226** 31 ms α 8,06	**Np 227** 0,51 s α 7,68	**Np 228** 61,4 s ε α 7,063	**Np 229** 4 min α 6,890 ε	**Np 230** 4,6 min ε α 6,66	**Np 231** 48,8 min ε γ 371 α 6,258	**Np 232** 14,7 min ε γ 327	**Np 233** 36,2 min ε α 5,54	**Np 234** 4,4 d ε β^+ γ 1559	**Np 235** 396,1 d ε α 5,025	**Np 236** $1,54 \cdot 10^5$ a ε β^- α γ 160	**Np 237** $2,144 \cdot 10^6$ a α 4,790 γ 29	**Np 238** 2,099 d β^- 90 γ 984	**Np 239** 2,356 d β^- 0,4 γ 106	**Np 240** 61,9 min β^- 0,9 γ 566	**Np 241** 13,9 min β^- 1,3 γ 175
92		**U 222** 0,66 µs α 9,71	**U 223** 18 µs α 8,78	**U 224** 396 µs α 8,479 γ 387	**U 225** 59 ms α 7,868 γ	**U 226** 0,35 s α 7,566	**U 227** 1,1 min α 6,86 γ 247	**U 228** 9,1 min α 6,68 γ 98	**U 229** 58 min ε α 6,362 γ 123	**U 230** 20,23 d α 5,888	**U 231** 4,2 d ε γ 26 α 5,456	**U 232** 68,9 a α 5,320	**U 233** $1,592 \cdot 10^5$ a α 4,824	**U 234** 0,0054 $2,455 \cdot 10^5$ a α 4,775	**U 235** 0,7204 $7,038 \cdot 10^8$ a α 4,395 γ 186	**U 236** $2,342 \cdot 10^7$ a α 4,494	**U 237** 6,752 d β^- 0,2 γ 60	**U 238** 99,2742 $4,468 \cdot 10^9$ a α 4,198	**U 239** 23,45 m β^- 1,2 γ 75	**U 240** 14,1 h β^- 0,36 γ 44
91	**Pa 220** 0,78 µs α 9,65	**Pa 221** 5,9 µs α 9,08	**Pa 222** 2,9 ms α 8,54	**Pa 223** 6,5 ms α 8,01	**Pa 224** 0,846 s α 7,488 γ	**Pa 225** 1,8 s α 7,25	**Pa 226** 1,8 min α 6,864 ε	**Pa 227** 38,3 min α 6,466 γ 65 ε	**Pa 228** 22 h ε γ 911 α 6,076	**Pa 229** 1,50 d ε α 5,580	**Pa 230** 17,4 d ε β^- 0,5 α 5,345 γ 952	**Pa 231** $3,276 \cdot 10^4$ a α 5,014 γ 27	**Pa 232** 1,31 d β^- 0,3 ε γ 969	**Pa 233** 27,0 d β^- 0,3 γ 312	**Pa 234** 6,7 h β^- 0,5 γ 131	**Pa 235** 24,4 min β^- 1,4	**Pa 236** 9,1 min β^- 2,0 γ 642	**Pa 237** 8,7 min β^- 1,4 γ 854	**Pa 238** 2,28 min β^- 1,7 γ 1015	**Pa 239** 1,8 h β^- γ 522
90	**Th 219** 1,05 µs α 9,34	**Th 220** 9,7 µs α 8,79	**Th 221** 1,68 ms α 8,15	**Th 222** 2,237 ms α 7,980 γ 390	**Th 223** 0,66 s α 7,324 γ 140	**Th 224** 1,04 s α 7,17 γ 177	**Th 225** 8,72 min α 6,482 ε γ 321	**Th 226** 30,7 min α 6,337 γ 111	**Th 227** 18,697 d α 6,038 γ 236	**Th 228** 1,9125 a α 5,423 γ 84	**Th 229** 7920 a α 4,845 γ 194	**Th 230** $7,54 \cdot 10^4$ a α 4687	**Th 231** 25,52 h β^- 0,3 γ 26	**Th 232** 100 $1,4 \cdot 10^{10}$ a α 4,012	**Th 233** 22,15 min β^- 1,2 γ 29	**Th 234** 24,1 d β^- 0,2 γ 63	**Th 235** 7,2 min β^- 1,7 γ 417	**Th 236** 37,5 min β^- 1,0 γ 111	**Th 237** 5,0 min β^-	**Th 238** 9,4 min β^- γ 89
89	**Ac 218** 1,08 µs α 9,205	**Ac 219** 11,8 µs α 8,664	**Ac 220** 26,4 ms α 7,86 γ 134	**Ac 221** 52 ms α 7,65	**Ac 222** 5,0 s α 7,009 ε	**Ac 223** 2,10 min α 6,647 ε	**Ac 224** 2,78 h ε γ 216 α 6,142	**Ac 225** 9,920 d α 5,830 γ 100	**Ac 226** 29,37 h β^- 0,9 ε α 5,4 γ 230	**Ac 227** 21,772 a β^- 0,04 α 4,953	**Ac 228** 6,15 h β^- 1,2 γ 911	**Ac 229** 62,7 min β^- 1,1 γ 165	**Ac 230** 122 s β^- 2,9 γ 455	**Ac 231** 7,5 min β^- γ 282	**Ac 232** 119 s β^- γ 665	**Ac 233** 145 s β^- γ 523	**Ac 234** 44 s β^- γ 1847	**Ac 235** 62 s β^-	**Ac 236** 270 s β^-	148
88	**Ra 217** 1,6 µs α 8,99	**Ra 218** 25,6 µs α 8,39	**Ra 219** 10 ms α 7,678 γ 316	**Ra 220** 18 ms α 7,45 γ 465	**Ra 221** 28 s α 6,613 γ 149	**Ra 222** 33,6 s α 6,559 γ 324	**Ra 223** 11,43 d α 5,7162 γ 269	**Ra 224** 3,6319 d α 5,6854 γ 241	**Ra 225** 14,9 d β^- 0,3 γ 40	**Ra 226** 1600 a α 4,7843 γ 186	**Ra 227** 42,2 min β^- 1,3 γ 27	**Ra 228** 5,75 a β^- 0,04	**Ra 229** 4,0 min β^- 1,8 γ	**Ra 230** 93 β^- 0,7 γ 72	**Ra 231** 104 s β^- γ 410	**Ra 232** 4,2 min β^- γ 471	**Ra 233** 30 s β^-	**Ra 234** 30 s β^-	147	
87	**Fr 21[illegible]** 0,7 µs α 9,004 γ 160	**Fr 217** 16 µs α 8,315	**Fr 218** 1 ms α 7,867	**Fr 219** 20 ms α 7,312	**Fr 220** 27,4 s α 6,68 β^- γ 45	**Fr 221** [illegible] min α 6,341 β^- γ 218	**Fr 222** [illegible] min β^- [illegible] γ 206	**Fr 223** [illegible] min β^- 1,1 α 5,34 γ 50	**Fr 224** 3,33 min β^- [illegible] γ 216	**Fr 225** 4,0 min β^- 1,6 γ 182	**Fr 226** [illegible] s β^- 3,2 γ 254	**Fr 227** 2,47 min β^- 1,8 γ 90	**Fr 228** [illegible] s β^- γ 474	**Fr 229** [illegible] s β^- γ [illegible]	**Fr 230** 19,1 s β^- γ [illegible]	**Fr 231** 17,6 s β^- γ [illegible]	**Fr 232** 5 s β^- γ [illegible]	146		
86	**Rn 215** 2,30 µs α 8,674	**Rn 216** 45 µs α 8,05	**Rn 217** 0,54 ms α 7,740	**Rn 218** 33,75 ms α 7,1[illegible]	**Rn 219** 3,96 s α 6,819 γ 271	**Rn 220** 55,6 s α [illegible]	**Rn 221** 25 min β^- 0,8 α 6,037 γ 186	**Rn 222** 3,8235 d α 5,4[illegible]	**Rn 223** 23,2 min β^- γ [illegible]	**Rn 224** 107 Min β^- γ 261	**Rn 225** 4,5 min β^- γ 29	**Rn 226** 7,4 min β^-	**Rn 227** 20,2 s β^- γ 162	**Rn 228** 65 s β^- γ 125	**Rn 229** 12 s β^-	144	145			
85	**At 214** 558 ns α 8,819 γ	**At 215** 0,10 ms α 8,026	**At 216** 0,3 ms α 7,802	**At 217** 32,3 ms α 7,069 β^-	**At 218** ≈ 2 s α 6,694 β^- γ	**At 219** 56 s α 6,208 β^-	**At 220** 3,71 min β^- α 5,943 γ 241	**At 221** 2,3 min β^-	**At 222** 54 s β^-	**At 223** 50 s β^-	**At 224** 76 s β^-	140	141	142	143					
84	**Po 213** 3,708 µs α 8,376	**Po 214** 163,6 µs α 7,6868	**Po 215** 1,781 ms α 7,3861 β^-	**Po 216** 0,15 s α 6,7783	**Po 217** 1,53 s α 6,543 β^-	**Po 218** 3,098 min α 6,0024 β^- γ	135	136	137	138	139									
83	**Bi 212** 60,55 min β^- 2,3 γ 727 α 6,051	**Bi 213** 45,61 min β^- 1,4 γ 440	**Bi 214** 19,9 min β^- 3,3 γ 609	**Bi 215** 7,6 min β^- γ 293	**Bi 216** 133 s β^- γ 549	**Bi 217** 98,5 s β^- γ 265														
82	**Pb 211** 36,1 min β^- 1,4 γ 405	**Pb 212** 10,64 h β^- 0,3 γ 239	**Pb 213** 10,2 min β^- 2,0 γ 978	**Pb 214** 26,8 min β^- 0,7 γ 352	**Pb 215** 147 s β^- γ 184	134														
81	**Tl 210** 1,30 min β^- 4,2 γ 800	130	131	132	133															
	129																			

Neutronenzahl

Protokoll für das Fach Physik (Vorlage)

<table>
<tr><td rowspan="2">Experiment</td><td colspan="3">Thema:</td><td colspan="2">Datum:</td></tr>
<tr><td colspan="3">Name:</td><td colspan="2">Klasse:</td></tr>
<tr><td>Aufgabe:</td><td colspan="5"></td></tr>
<tr><td>Vorüberlegungen:</td><td colspan="5"></td></tr>
<tr><td>Geräte und Hilfsmittel:</td><td colspan="5"></td></tr>
<tr><td>Experimentier-aufbau:</td><td colspan="5"></td></tr>
<tr><td>Durchführung:</td><td colspan="5"></td></tr>
<tr><td>Messwerte:</td><td></td><td></td><td></td><td></td><td></td></tr>
<tr><td></td><td></td><td></td><td></td><td></td><td></td></tr>
<tr><td></td><td></td><td></td><td></td><td></td><td></td></tr>
<tr><td></td><td></td><td></td><td></td><td></td><td></td></tr>
<tr><td></td><td></td><td></td><td></td><td></td><td></td></tr>
<tr><td colspan="6">Auswertung:</td></tr>
</table>

Gefahrensymbole (Warnzeichen)

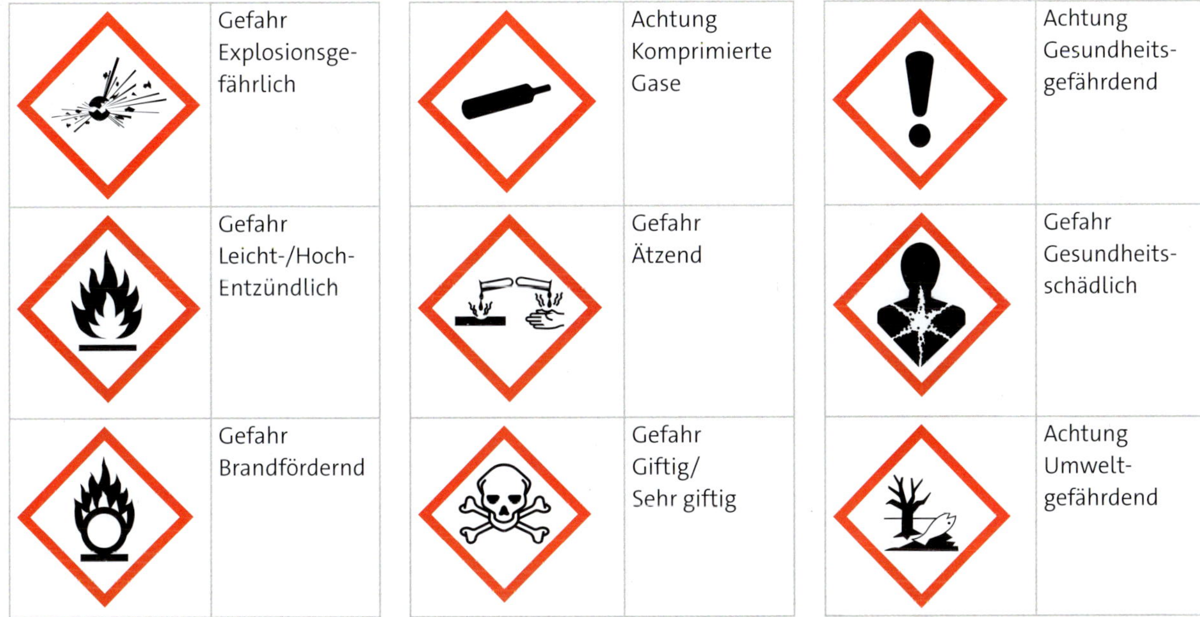

Bauteile und Schaltzeichen (Auswahl)

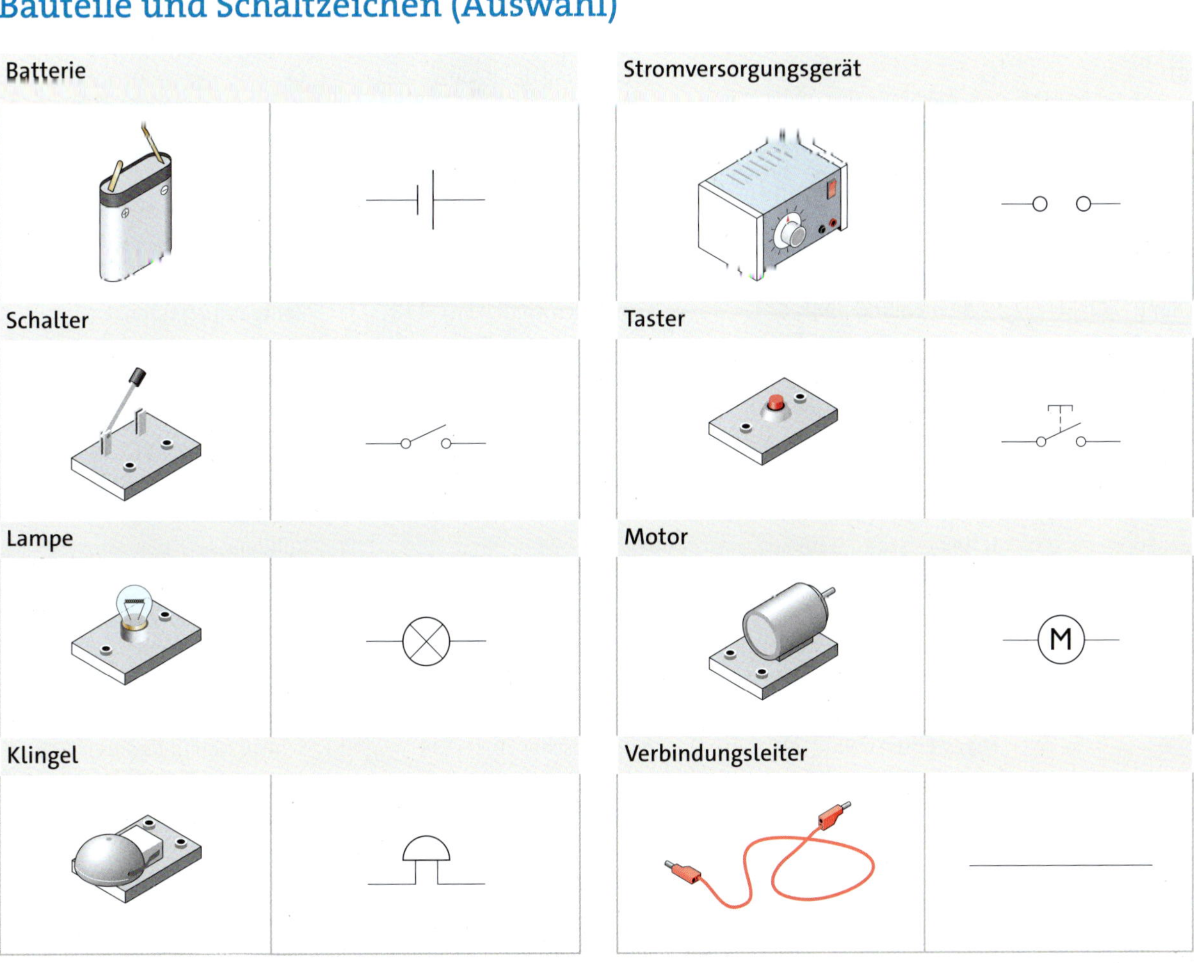

Stichwortverzeichnis

Quellenverzeichnis

Bildnachweis

Titelbild: Collage: Cornelsen/Magnetfeld: Science Photo Library/Kightley, Russell, Formel: Klein & Halm; Anneke Emse: 79/5; 79/6; 80/1; Bardo Diehl: 66/2, 69/4; Cornelsen/newVISION! GmbH Bernhard A. Peter, Pattensen: 21; 25; 28; 29; 30; 36; 37/3 A+B; 37/5 A+B; 38/2; 40/2; 40/4; 40/3; 41; 46/1; 47/3 A+B; 48/4 A+B; 48/1; 49/5; 49/6 A+B; 56; 58/1; 58/2; 59/2 un.; 60/3; 61/4 A+B; 63; 67/4; 67/5; 69/6 A+B; 70/3; 71/2; 72/5; 72/3; 73; 77/4 A+B; 78/4; 78/1; 78/2 A+B; 79/7; 79/8; 81/4 re.; 82/4; 82/3; 83/4; 83/3; 84/5; 88/1; 89/4 A-F/4 ob.; 90; 91; 92; 93/3; 95; 98; 99; 100/2 A+B; 101/3 A+B; 102; 103; 104; 104; 105; 108; 109; 110; 111/5; 111/6; 112/1; 118; 128; 129; 131; 133; 134; 135; 136; 137; 138; 140; 141; 142; 143; 144; 146; 147; 148; 149; 150; 151; 152; 153; 155; 157; 158; 159; 160; 162; 163; 164; 165; 166; 167; 168; 169; 170; 172; 173; 174; 175; 178; 180; 182; 184; 187; 189; 190; 192; 194; 197; 200; 201; 202; 204; 205; 207; Cornelsen/Rainer Götze: 221/Bauteile und Schaltzeichen; Cornelsen/ww-visuell Werner Wildermuth: 14; 15; 16/1; 18; 20; 22; 37/4; 38/3 A+B; 38/1 A+B; 39; 40/5; 42; 43; 46/2 A+B; 47/4 A+B; 48/3; 48/2; 49/8; 49/7; 50; 51; 52; 57; 58/3 A-C; 59/2 A+B; 60/2 A+B; 60/1 A-D; 61/6; 61/5; 61/7; 62; 66/3; 66/1; 67/5 A-C; 68; 70/4; 71/1; 72/4 A-C; 76; 77/5; 78/3; 80/2; 81/3; 81/5; 81/6; 82/1; 82/2; 82/4 li.; 83/2; 83/1; 84/6; 84/8; 89/3 A-C; 93/4; 100/1 A-C ; 101/4; 111/4; 112/3; 112/2 A+B; 114; 119; 120; 121; 122; 123; 124; 125; 130; 188; 191; 216; 217; 218; 219; EUROfusion, Culham Centre for Fusion Energy, UK Atomic Energy Authority: 107; Hans-Otto Carmesin: 88/2 C; 88/2 B; Marc Evers, www.physikun-tericht-online.de: 88/2 A; mauritius images/Science Source: 27; mauritius images/Tino Lehmann: 31; NASA/ GSFC Goddard: 33; sciencephotolibrary/ Mikkel Juul Jensen: 45; Shutterstock.com/ArthurStock: 11; Shutterstock.com/BALRedaan: 221/GHS-Symbole; Shutterstock.com/Billion Photos: 17; Shutterstock.com/Dobos Bella Noemi: 65; Shutterstock.com/ersin ergin: 55; Shutterstock.com/fizkes: 12; Shutterstock.com/Gunnar Pippel: 127; Shutterstock.com/Krasowit: 97; Shutterstock.com/MTrebbin: 87; Shutterstock.com/Pheelings media: 13; Shutterstock.com/Phonlamai Photo: 117; Shutterstock.com/POP_Studio: 35; Shutterstock.com/VH-studio: 16/2; stock.adobe.com/Alex Staroseltsev: 75; stock.adobe.com/DragonImages: 8/1; stock.adobe.com/Greg Epperson: 26.

Textnachweis

Qualitäts-und UnterstützungsAgentur - Landesinstitut für Schule (QUA-LIS NRW): Abitur-Prüfungsaufgaben: 128-206.